Pour le Mérite

Franz W. Seidler

Deutsche Opfer

Alliierte Täter 1945

Pour le Mérite

Titelseite: Verbrennung von Leichen auf dem Dresdener Altmarkt 1945 (Foto: Archiv des Verlages). Kleines Foto: Deutscher Junge 1945 auf der Suche nach Eßbarem (Foto: SV-Bilderdienst/Kurt Schraudenbach).

Bibliographische Information der Deutschen Bibliothek
Die Deutsche Bibliothek verzeichnet diese Publikation in der Deutschen Nationalbibliographie; detaillierte bibliographische Daten sind im Internet über http://dnb.ddb.de abrufbar.

ISBN 978-3-932381-66-9

Pour le Mérite – Verlag für Militärgeschichte
Postfach 52, D-24236 Selent

Gedruckt in Österreich

Einleitung

Was seit 1945 viele Europäer und viele Landsleute mit Deutschland assoziieren, ist nicht mehr das Land der Dichter und Denker und die Heimstatt einer großartigen Kultur, sondern das auf Kriegspropaganda beruhende Siegerzerrbild vom Hort verbrecherischer Bösewichte. In der veröffentlichten Meinung gelten im Gegensatz zu den historischen Tatsachen nur die Deutschen als Täter. Opfer sind die anderen. Für das, was damals geschah, wurde dem deutschen Volk eine ewige Kollektivschuld aufgebürdet. Die Deutschen seien Hitlers willige Vollstrecker gewesen. Außerdem hätten sie den Zweiten Weltkrieg angefangen.

Von den Siegermächten nach dem Zweiten Weltkrieg bis zur Charakterwäsche umerzogen, fügten sich die Deutschen der gelenkten Weltmeinung. Sie glauben, was ihnen von den Medien weisgemacht, in den Schulen gelehrt und von der Politik vertreten wird: Wir sind die Parias des 20. Jahrhunderts. Sie sind bereit, für vermeintliche Verbrechen der Generation, die das Dritte Reich von 1933 bis 1945 mitgetragen hat, die Verantwortung zu übernehmen, obwohl sie als Nachgeborene nichts damit zu tun haben. Sie fühlen sich verantwortlich für das Elend dieser Welt, das daraus abgeleitet wird. Dabei merken sie nicht, wie mit ihrer Bußfertigkeit Geschäfte gemacht werden. Von Selbsthaß zerfressen, scheinen manche von ihnen es sogar zu genießen, beschimpft und ausgebeutet zu werden. Ihr Verhalten zeigt psychopathologische Züge als Ergebnis systematischer Persönlichkeitszerstörung. Viele von denen, die hinter dem Propagandaschleier den Sachverhalt durchschauen, schweigen, weil sie Angst vor der sozialen Stigmatisierung als „Rechtsextremist" oder „Revisionist" haben. Mit der Meinungsfreiheit ist es nicht weit her.

Die Politiker folgen der Geschichtsversion der Siegermächte, die 1991 noch einmal im Zwei-plus-Vier-Vertrag festgeschrieben wurde. Die deutsche Bundeskanzlerin Angela Merkel zeigte am 16. März 2004 unterwürfigen Gehorsam, als sie beteuerte: „Es wird keine Umdeutung der Geschichte durch Deutschland geben."

Derweil pflegen die Medien die auf die zwölf Jahre des Nationalsozialismus verengte Geschichte der Deutschen. Auch Sachbücher, historische Romane, Rundfunk- und Fernsehdokumentationen sowie Filme verfolgen, wenn sie sich mit Themen der deutschen Geschichte beschäftigen, die immer gleiche Tendenz, nämlich dem Publikum die Schlechtigkeiten der Großväter vorzuführen und die Bußfertigkeit der Enkel zu erhalten.

Die großartige tausendjährige Geschichte der Deutschen bleibt ausgeblendet. In den Schulen erfahren die Kinder wenig davon, aber umso mehr über die zwölf Jahre der nationalsozialistischen Herrschaft, die als verbrecherischer Höhepunkt deutscher Geschichte dargestellt wird, als die Achse, um die sich alles dreht. In ihnen fokussiert sich angeblich, was die Deutschen am besten können: Krieg führen gegen eine Welt von Friedensfreunden und einzigartige Verbrechen begehen.

In Wirklichkeit haben auch andere Völker einzigartige Verbrechen vorzuweisen. Allein im Zweiten Weltkrieg waren unerhört und einzigartig

- die Flächenbombardements von deutschen Städten durch die Alliierten;
- die Massenvergewaltigungen durch die siegreichen alliierten Truppen;
- die bestialische Rache der von der NS-Herrschaft Befreiten;
- der Einsatz von Atombomben gegen bereits Besiegte;
- die Vertreibung von 15 Millionen Deutschen aus ihren angestammten Siedlungsgebieten in Ost-/Mitteleuropa.

„Aber wir haben halt den Krieg begonnen", leiern uns die bußfertigen Gutmenschen gebetsmühlenartig vor. „Mit Hitler nahm alles seinen Anfang", sagen sie. Woher sollen sie auch wissen, daß das so nicht stimmt? Niemand hat sie aufgeklärt. Diejenigen, die die Wahrheit kennen, wagen es nicht zu sagen: Nicht wer den ersten Schuß tut, beginnt einen Krieg, sondern der, der zum Krieg hetzt und den Angreifer zum ersten Schuß zwingt. Die Wahrheit heißt: Der Zweite Weltkrieg hatte mehrere Erzeuger. Die Hauptkriegstreiber waren Winston Churchill, Franklin D. Roosevelt und Josef Stalin. Hitlers Rolle und Möglichkeiten auf dem damaligen politischen Schachbrett verschiedener internationaler Spieler werden maßlos überschätzt. Wer so etwas heute sagt, riskiert viel.

Die Deutschen haben sich mit ihrer Täterrolle abgefunden. Die Sieger des Zweiten Weltkriegs und alle Völker, die sich dazu zählten, durften nach Kriegsende ihre Opferrolle pflegen. Denn die Deutschen waren beflissen, die Schuld, die ihnen aufgebürdet wurde, mit Geld abzutragen. Die Entschädigungszahlungen an wirkliche und vermeintliche Opfer erreichten Dimensionen, die einen armen Staat erdrücken würden. Aber die Deutschen arbeiteten und gaben den Politikern die Mittel dazu in die Hand. Die Sorge um das Wohlergehen von NS-Opfern wurde zum politischen Programm der Bundesrepublik Deutschland.

Weltpolitisch gesehen, lohnte sich der Zweite Weltkrieg nur für die USA und die UdSSR. Sie teilten die Welt unter sich auf. Alle anderen, die sich zu den Siegern zählten, gerieten in die Abhängigkeit der einen oder der anderen Weltmacht. Aber der Mythos, zu diesem Kreis zu gehören, blieb. Von den eigenen Sünden wollte niemand etwas wissen. Sieger haben keine Schuld.

Daß dieses verleumdete und schuldgebeutelte deutsche Volk 1989 ohne Waffengewalt und ohne Unterstützung ihrer angeblichen Freunde in einer friedlichen Revolution den menschenverachtenden SED-Staat hinwegfegte und mit dem Sturz des DDR-Regimes den Kalten Krieg für den Westen gewann, führte zwar zur Wiedervereinigung, aber das zusammengefügte Deutschland blieb die alte Bundesrepublik unter der Aufsicht der westlichen Siegermächte von 1945, und der Schuldkult wurde eher noch schlimmer.

Mit dem Zusammenbruch der Sowjetmacht bekam die Wahrheit vorübergehend eine Chance. Eine Zeitlang waren die Archive im Ostblock offen, und die Zeitzeugen wagten zu sprechen. Investigative Journalisten und wahrheitsbewußte Wissenschaftler halfen mit, Verschwiegenes aufzudecken. Was an Verbrechen zutage trat, die den Deutschen im Krieg und nach dem Krieg angetan worden waren, machte sie oft sprachlos. Viele der gefeierten Partisanen des Zweiten Weltkriegs entpuppten sich als Räuber- und Mörderbanden. Die Verbrechen der Vertreiberstaaten ließen sich nicht mehr verheimlichen. Die Behandlung der deutschen Kriegsgefangenen hatte allen internationalen Konventionen Hohn gesprochen. Eigentlich war damals eine „neue Geschichtsschreibung" zu erwarten. Aber in Deutschland hatte sich der Antifaschismus als Staatsideologie bereits so verfestigt, daß Abstriche am Topos der deutschen Schuld nicht mehr möglich waren. Aus politischen Gründen wurde nicht einmal das Mordgeschehen in den Vertreibungsgebieten thematisiert, wo Hunderttausende Deutsche in Massengräbern ruhen. Den Heimatvertriebenen wurde sogar ein Denkmal zur Erinnerung an ihr schweres Schicksal verweigert.

Die deutschen Soldaten und die Heimatvertriebenen sind die größten Opfergruppen, denen bisher eine offizielle Würdigung versagt blieb.

Vor vierzig Jahren machten Abgeordnete des Deutschen Bundestages den letzten Versuch, die Heimatvertriebenen zu Wort kommen zu lassen. Zum 30. Jahrestag des Kriegsendes wollten sie eine zusammenfassende Darstellung der an ihnen begangenen Verbrechen erarbeiten lassen, um die Jugend, die alles über deutsche Verbrechen wisse, darüber zu informieren, was „deutsche Menschen an Verbrechen zu erdulden hatten". Am 25. September 1974 lehnte der Parlamentarische Staatssekretär im Bundesinnenministerium, Gerhart Baum (FDP), als Vertreter der linksliberalen Koalition das Ansinnen ab. Eine Publikation darüber sei nicht zweckmäßig, weil sie zu Mißverständnissen führen und im In- und Ausland eine Diskussion auslösen könnte, die „bei allen Beteiligten – oder bei vielen Beteiligten – alte Wunden aufreißen" würde, was „der auf Versöhnung ausgerichteten Außenpolitik der Bundesregierung nicht dienlich" sei. Die Abgeordneten Heinrich Windelen, Claus Jäger, Gerhard Reddemann, Herbert Czaja, Gerhard Kunz, Herbert Hupka und Jürgen Wohlrabe, alle von der CDU/CSU-Fraktion, die das Anliegen einer großen Publikation über die Verbrechen an den Vertriebenen befürworteten, stießen nur auf Ausflüchte.[1]

Wie nicht anders zu erwarten, löste der bloße Wunsch nach einer solchen Publikation eine Woge von Protesten, Vorwürfen und Beschuldigungen im kommunistischen Ostblock aus: Die Tageszeitung „Neues Deutschland" vom 27. Juli 1974 sprach von „revanchistischen Fälschungen" und einem „Machwerk". Unter der Überschrift „Schmutziges Unterfangen" meinte die sowjetische Nachrichtenagentur TASS, das Ziel sei es, mithilfe einer Fälschung über die Verbrechen an Deutschen die „ungeheuerlichen Verbrechen des faschistischen Deutschlands an den Völkern Europas zu vertuschen". Die polnische Zeitung „Zycie Warszawy" schrieb am 8. August 1974: „Diese Dokumentation ist eine offene Fälschung und ein Versuch, die Zuverlässigkeit echter Dokumente aus der Zeit des Zweiten Weltkrieges infrage zu stellen." „Radio Moskau" sprach von „dreckigem Plunder".[2]

Im Würgegriff der Antifaschisten wagten die Bundesregierungen bei so viel Gegenwind immer seltener, auf die Ansprüche und Wünsche der Heimatvertriebenen einzugehen, nicht einmal nach dem Zusammenbuch des Ostblocks.

Was für die Heimatvertriebenen in den siebziger Jahren nicht mehr möglich war, hatten die deutschen Kriegsgefangenen in den sechziger

Jahren erreicht. Über ihr Schicksal erarbeitete eine Historische Kommission eine umfassende Dokumentation aufgrund von Heimkehrerbefragungen und den Berichten der Delegierten des Internationalen Komitees vom Roten Kreuz über die Besichtigungen der Lager, die sie besuchen durften. Das Werk erschien ab 1962 in 15 Bänden. Es war zwar ein Produkt des Kalten Krieges, aber immerhin wurde dokumentiert, was die Soldaten der Wehrmacht und der Waffen-SS nach dem Krieg erlitten hatten. Die schlechte Behandlung in den Lagern der UdSSR stand im Vordergrund. Die Lager der Westalliierten für die deutschen „Entwaffneten" wurden in milderem Licht gesehen. Das tausendfache Sterben in den Rheinwiesenlagern der Amerikaner fand damals kaum Beachtung.

Wäre Deutschland nach 1945 ein souveräner Staat gewesen, dann wäre die Einrichtung einer Zentralen Erfassungsstelle für Kriegsverbrechen an Deutschen im Zweiten Weltkrieg die gebotene Maßnahme gewesen. Dort hätte man die deutschen Opfer von Kriegsverbrechen wissenschaftlich erfassen und den jeweiligen Vorgang dokumentieren können, damit Wiedergutmachungen angestrebt werden könnten. Dann hätte es auch nie zum § 130 StGB in der vorliegenden Form kommen können, der nur den bestraft, der die unter der Herrschaft des Nationalsozialismus begangenen Handlungen öffentlich oder in einer Versammlung billigt, leugnet oder verharmlost, und damit den öffentlichen Frieden stört, und nicht auch die, die die Handlungen der kommunistischen Staaten billigen und die Untaten der Siegermächte leugnen oder verharmlosen. Eine solche Gedenkstätte für die Millionen deutschen Opfer von Kriegsverbrechen der Siegermächte im Zweiten Weltkrieg und danach hätte einen würdigen Aufstellungsort in Dresden finden können, wo mittlerweile am Jahrestag des Bombardements auf die Stadt die Ideologien besonders heftig aufeinanderprallen. Doch solange Deutschland sich im Würgegriff der Antifaschisten befindet, die Opfer erster und zweiter Klasse kennen, sind solche Ideen illusionär.[3]

Was den Deutschen am Ende des Zweiten Weltkriegs und kurz danach an Entbehrungen, Leid und Not zugefügt wurde, ist heute kaum mehr nachzuvollziehen. Eine Chronik der Ereignisse unter diesem Aspekt ist politisch unerwünscht. Sie könnte diejenigen herausfordern, die sich als Opfer wohlfühlen, und zu unerwünschten Erkenntnissen bei denen führen, die sich mit der Täterrolle abgefunden haben. Es könnte auch das Verständnis für die Generation derer wachsen, die die Zeit des Nationalsozialismus und den Zweiten Weltkrieg erlebten. Das soll nicht sein.

Die Ausführungen dieses Buches können der Wahrheit deshalb nur eine ganz schmale Gasse bahnen. Ob das nach fast 70 Jahren möglich ist? Die Schwachstellen dieses Buches sind dem Autor bewußt. Wer Opferschicksale darstellen will, muß zahlreiche Facetten des Leidens auslassen. Er erkennt bald, daß viele Quellen einander widersprechen. Die Angaben über die Opferzahlen differieren. Viele Statistiken sind erkennbar tendenziös. Was Einzelpersonen berichteten, die das Inferno überlebt hatten, ist oft nicht repräsentativ für das Ganze. Die meisten Versuche, einzelne Fälle juristisch aufzuarbeiten, verliefen im Sande.

Hätte ich alle Sachverhalte selbst verifiziert, wäre das Buch nie zustande gekommen. Ich mußte mich auf die vorhandenen Darstellungen verlassen, auch wo die Quellenlage nicht erschöpfend war. Mir genügte, wenn sie glaubhaft schienen. Es ist zu befürchten, daß ich aus anderen Büchern Fehler übernommen habe, ohne es zu wissen und zu wollen. Trotz dieser Mängel im einzelnen bin ich überzeugt davon, der Wahrheit sehr nahe gekommen zu sein.

Dem von politisch korrekten Lesern zu erwartenden Vorwurf, aufrechnen zu wollen, stelle ich mich gerne. Wer mit Zahlen operiert, will Meßgrößen vergleichen. Das ist der soziologische Sinn von demoskopischen Umfragen, wie sie heutzutage in allen Lebensbereichen gang und gäbe sind. Ich weiß: Die Größe von Verbrechen kann man nicht an der Zahl der Opfer messen. Um die Qualität von Verbrechen festzustellen, muß man die Berichte der Betroffenen würdigen. Die Methoden des Tötens und Quälens sind so vielfältig wie die Phantasie der Verbrecher. Die Ermordeten können keine Auskunft geben über das, was sie erlitten haben, bevor sie starben. Von denen, die den Massakern entkamen, haben viel zu wenige geredet. Was die wenigen erzählten, läßt vermuten, daß am Ende des Zweiten Weltkriegs und kurz danach Ideale wie Vertragstreue, Nächstenliebe, Toleranz, Menschenwürde und Humanität nichts anderes waren als politische Floskeln.

Vor der Wahrheit die Augen zu verschließen und Geschehnisse unberührt zu lassen, weil sie den Menschen als Bestie zeigen oder mit einem Tabu belegt sind, widerspricht der Pflicht des Historikers, die Erinnerung wachzuhalten, ohne die ein Volk stirbt.

Die Wahrheit tut oft weh. Aber ohne Wahrheit können Menschen und Völker nicht in Frieden zusammenleben.

Alliierte Kriegsverbrechen vor der Kapitulation am 8. Mai 1945

Terror und Zerstörung durch Flächenbombardements

Planung und Durchführung

1928 schrieb der Stabschef der „Royal Air Force", Sir Hugh Trenchard, in einem Memorandum: „Ziel der Luftwaffe ist es, den feindlichen Widerstand mit jenen Mitteln zu brechen, die am ehesten dazu geeignet sind, ein schnelles Ende herbeizuführen." Dabei müsse die „feindliche Fliegerabwehr durchbrochen" werden, „um die Bevölkerungszentren direkt angreifen zu können". Aufgrund dieser These plante die britische Luftwaffe das strategische Bombardement bereits in den dreißiger Jahren. Deshalb gelang es nicht, zwischen den beiden Weltkriegen ein Luftkriegsvölkerrecht zu schaffen. Die 15 Jahre langen Bemühungen der Abrüstungskonferenz, Luftbombardierungen in künftigen Kriegen auszuschließen, wurden von Großbritannien desavouiert. Den deutschen Vorschlag vom 31. März 1936, ein zweiseitiges „Abkommen zur Vermeidung eines strategischen Luftkriegs" abzuschließen, lehnte die britische Regierung ab. Im Unterschied zu Deutschland, das die Luftwaffe zur taktischen Unterstützung von militärischen Operationen auf der Erde vorsah, baute Großbritannien in den dreißiger Jahren Flugzeuge, die strategische Ziele im feindlichen Hinterland bombardieren konnten. Nachdem der Zweite Weltkrieg ausgebrochen war, brannte Winston Churchill, der britische Regierungschef, darauf, die Waffe einsetzen zu können. Am 11. Mai 1940 billigte das Kabinett die strategische Luftoffensive gegen Deutschland. James M. Spaight, bis 1937 Staatssekretär im britischen Luftfahrtministerium und einflußreicher Publizist, nannte diese Entscheidung einen „großartigen Entschluß, ebenso heldenhaft und selbstaufopfernd wie Rußlands Entschluß zur Politik der verbrannten Erde".[4] Bereits in der Nacht vom 10. auf den 11. Mai 1940 hatten 36 RAF-Bomber Mönchengladbach angegriffen. In den darauffolgenden Wochen fanden noch häufig Nachtangriffe der RAF, vor allem auf Wohngebiete in den Städten des Ruhrgebietes statt. Im Sommer 1940 proklamierte Churchill als Ziel die „Ausrottung der Naziheimat". Nachdem in der Nacht vom 24. auf den 25. August 1940 deutsche Kampfflugzeuge im Rahmen der Luftschlacht um England irrtümlich das Stadtgebiet von London angegriffen hatten, befahl Churchill einen sofortigen Gegenangriff auf Berlin. Viermal innerhalb von zehn Tagen wurde die Reichshauptstadt bombardiert, ohne großen Schaden anzurichten. Unter diesem Eindruck aber erfolgte der Zielwechsel der deutschen Luftwaffe: Statt weiterhin die britischen Flugplätze anzugreifen, geriet London in den Fokus. Als deutsche Bomber bei einem Angriff auf das britische Rüstungszentrum Coventry am 14. November 1940 auch Wohnhäuser und die Kathedrale der Stadt trafen, hatte Churchill den gewünschten Anlaß. Mit der Behauptung, die Deutschen hätten den Bombenkrieg gegen die Zivilbevölkerung angefangen, begann die britische Luftwaffe, alle deutschen Städte systematisch zu bombardieren.

Anfang 1942 schlug Churchills wissenschaftlicher Berater Frederick Lindemann, alias Lord Cherwell, in dem sogenannten „Dehousing paper" vor, den Bombenkrieg gegen Deutschland wie folgt zu verschärfen: „Die Bombenangriffe müssen gegen die Häuser der deutschen Arbeiterklasse gerichtet werden. Wenn sich die Bombenoffensive gegen die Wohnhäuser der deutschen Zivilbevölkerung richtet, dann sollte es möglich sein, in sämtlichen Städten mit mehr als 50.000 Einwohnern die Hälfte aller Häuser zu zerstören." Am 14. Februar 1942 billigte das britische Kabinett das Vorhaben. Neuer Oberbefehlshaber des RAF Bomber Command wurde Marschall Arthur Harris. Vom Luftwaffenstab erhielt er den Befehl: „Es ist beschlossen worden, daß Ihr Hauptangriffsziel von nun an die Moral der feindlichen Zivilbevölkerung, vor allem der Arbeiterschaft sein soll." Harris ging unverzüglich ans Werk. 19 deutsche Städte wurden nach ihrer Brandanfälligkeit katalogisiert. Das erste Opfer war Lübeck, das in der Nacht des 28. März 1942 mit 243 Bombern angegriffen wurde. 25.000 Brandbomben setzten die Innenstadt in Flammen. 15.000 Lübecker wurden obdachlos. 325 kamen ums Leben. Rostock war am 24. April dran. 1.765 Häuser wurden vernichtet, mehr als die Hälfte der Altstadt zerstört. In der Nacht vom 30. auf den 31. Mai 1942 flogen 900 Bomber gegen Köln. Bevor die Maschinen mit ihrer todbringenden Last starteten, sandte der Oberbefehlshaber der Royal Air Force, Marschall Sir Charles Portal, eine Aktennotiz an Harris: „Ich hoffe, es ist klar, daß die Angriffspunkte die Wohngebiete sein sollen." Bei dem Angriff auf Köln wurden 19.370 Wohnungen zerstört, 469 Menschen getötet und 5.027 verletzt. Harris war zufrieden: „Was Deutschland in der Vergangenheit zu spüren bekommen hat, war nur Hühnerfutter im Vergleich zu dem, was es noch bekommen wird!" So wurde auch der Angriff auf Kassel als voller Erfolg gewertet: In der Nacht vom 22. auf den 23. Oktober 1943 zerstörten 569 Bomber die gesamte mittelalterliche Stadt mit Luftminen, Sprengbomben und 420.000 Brandbomben. Der Feuersturm, der ausgelöst wurde, kostete mehr als 7.000 Menschen das Leben. Lindemann frohlockte: „Die Krokodilstränen in den Augen so vieler Deutscher können keinerlei Mitleid erwecken. Die Schläge, die Deutschland nun zugefügt werden, sind nur die gerechte Strafe für die Verbrechen, die das Dritte Reich verübt hat."[5] Das politische Programm der Alliierten erklärte alle Deutschen für kollektiv verantwortlich und schuldig, auch die Frauen und Kinder, die im Bombenhagel starben.

Der RAF verfügte zu diesem Zeitpunkt über fast 5.000 Bomber vom Typ Avro 683 „Lancaster", ein viermotoriges Langstreckenflugzeug mit einer Reichweite von etwa 2.700 Kilometern und einer Bombentragfähigkeit von rund 6.300 Kilogramm. Die Höchstgeschwindigkeit betrug 450 km/h bei 5.600 Metern Höhe. In der Regel hatte sie sieben Mann Besatzung. Die Markierung der Angriffsflächen über den Angriffszielen am Boden war Sache von Jagdbombern des Typs de Havilland „Mosquito", Flugzeuge mit einer Reichweite von ungefähr 2.200 Kilometern und einer Höchstgeschwindigkeit von nahezu 700 km/h, die bis zu 11.300 Meter hoch fliegen konnten. Sie waren weder für Flakgeschütze noch für Nachtjäger erreichbar.

In der Zeit vom 1. Januar 1942 bis 31. Dezember 1943 fielen 50 bis 5.000 Tonnen Bomben auf die Städte Mönchengladbach, Krefeld, Oberhausen, Bochum, Dortmund, Hagen, Wuppertal, Remscheid, Leverkusen, Mülheim, Bonn, Münster, Osnabrück, Emden, Wilhelmshaven, Cuxhaven, Bremen-Vegesack, Kiel, Lübeck, Rostock, Warnemünde, Stettin, Braunschweig, Münster, Kassel, Leipzig, Mainz, Darmstadt, Saarbrücken, Karlsruhe, Friedrichshafen, Ulm, München, Pilsen. 5.000 bis 10.000 Tonnen wurden abgeworfen über Düsseldorf, Duisburg, Hannover, Bremen, Frankfurt, Nürnberg, Mannheim und 10.000 bis 22.000 Tonnen auf Köln, Essen, Hamburg und Berlin.

In der Zeit vom 1. Januar 1944 bis 5. Mai 1945 fielen 2.000 bis 5.000 Tonnen auf Kleve, Wesel, Bottrop, Oberhausen, Homburg, Mönchengladbach, Neuss, Düren, Bonn, Castrop-Rauxel, Hagen, Münster, Osnabrück, Wangerooge, Helgoland, Wilhelmshaven, Hamburg-Harburg, Nordhausen, Leuna, Leipzig, Dresden, Böhlen (bei Leipzig), Chemnitz, Stettin, Magdeburg, Saarbrücken, München, 5.000 bis 10.000 Tonnen auf Düsseldorf, Wanne-Eickel, Frankfurt, Mannheim, Nürnberg, Bremen, Hannover, Braunschweig, Hamburg, Merseburg und 10.000 bis 23.000 Tonnen auf Köln, Duisburg, Essen, Gelsenkirchen, Dortmund, Kiel, Berlin, Stuttgart und Pforzheim.

Um die zur Einäscherung der deutschen Innenstädte effektivste Mischung aus Sprengbomben und Brandbomben zu finden, baute der deutsch-jüdische Architekt Erich Mendelsohn in der Wüste von Utah detailgetreu Fachwerkhäuser und Mietskasernen nach, an denen die Air Force Übungsangriffe fliegen konnte.

Was die Menschen in den Luftschutzkellern erlebten, hat Jörg Friedrich in seinem Buch *Der Brand* am besten beschrieben. Nachdem Luftminen und Sprengbomben die Dächer und Wände der Häuser beseitigt hatten, entzündeten Tausende von Stabbrandbomben Brände, die sich in den mittelalterlichen Fachwerkhäusern an den Holzwänden, aber auch an den Möbeln, Vorhängen und Teppichen rasant verbreiteten, bis sie die Kohlenvorräte und andere Lagerstoffe im Keller erreichten. Der Sauerstoff, der für das Feuer nötig war, wurde aus allen Winkeln und Ritzen der Gebäude abgesaugt. Statt dessen drang Rauch in die Luftschutzräume. Wenn die dort gelagerten Kohlenvorräte in Brand gerieten, setzen sie Kohlenmonoxid (CO) frei. An diesem geruchslosen Gas starben Tausende in den Luftschutzkellern. Dieser Gefahr bewußt, stellten die Schutzsuchenden zur Kontrolle des Sauerstoffgehalts in den Luftschutzräumen Kerzen auf. An der Blaufärbung der Flamme war der Sauerstoffmangel abzulesen. Dann breitete sich Panik aus. Wenn die Kerzen verlöschten, erstickten die Insassen am giftigen Gas. Während die Keller aus Ziegelgewölbe oder mit Stahlträgern verstärktem Betonguß ein sicheres Refugium gegen Sprengbomben bildeten, waren die Insassen schutzlos den einströmenden Verbrennungsgasen und dem Sauerstoffverlust ausgeliefert. Bei den Luftangriffen gingen bis zu 70 Prozent der Todesopfer auf eine CO-Vergiftung zurück. Wer rechtzeitig aus den Kellern entkam, riskierte den Tod auf den Straßen, wo riesige Feuerstürme tobten. Die aus den Häuserzeilen lodernden Flammen verbanden sich dort zu einer geschlossenen Feuerwand. Die Flüchtenden starben außerhalb der Luftschutzkeller, weil sie – wenn sie nicht verbrannten – die mehr als 260 Grad heiße Luft einatmeten. Bei diesen Flächenbränden entstand eine orkanartige Luftbewegung, ein Feuersturm, gegen den niemand eine Chance hatte. Die Straßen dienten als Luftzufuhrkanäle und saugten den Brand aus den Häusern in den Straßenraum hinein, bis die letzten Sauerstoffreste aus Räumen, Unterständen und Kellern in der Straßenluft verzehrt waren. Dann stiegen die Brände nach oben, wo genügend Sauerstoff war. Nach der Bombardierung Hamburgs im Sommer 1943 zog die Feuersbrunst sechs Kilometer nach oben. Es hatte den Anschein, als brenne eine Luftsäule über der Stadt.

Die Amerikaner im Stab des Combined Anglo-American Bomber Offensive bevorzugten im Unterschied zu den Briten lange Zeit militärrelevante Ziele, zum Beispiel Fabriken, Kasernen, Bahnhöfe, mit deren Vernichtung sie den Krieg verkürzen wollten. Sie flogen Tagesangriffe. Für die Präzisionsangriffe wählten sie 76 Zielorte in Deutschland aus. Die Verluste waren erheblich. Beim Angriff auf die Wälz- und Kugellagerfabriken in Schweinfurt wurden im Oktober 1943 von 299 Flugzeugen 77 abgeschossen. Das bekannteste amerikanische Bombenflugzeug war die viermotorige Boeing B17 „Flying Fortress", von der mehr als 8.000 Stück gebaut wurden. Bei einer maximalen Geschwindigkeit von 485 Stundenkilometern und einer Reichweite von knapp 3.000 Kilometern konnte eine Maschine bis zu 5.800 Kilogramm Bomben ins Ziel schleppen.

Ab Februar 1944 war die deutsche Abwehr nicht mehr in der Lage, die Einflüge massierter alliierter Flugzeuge ins Reichsgebiet zu verhindern. Die Alliierten hatten die Luftherrschaft errungen. Den 14.700 alliierten Flugzeugen standen jetzt maximal 3.000 deutsche entgegen, von denen die meisten zur Unterstützung von Heeresoperationen eingesetzt waren. An manchen Tagen flogen Ströme von 1.500 alliierten Bombern in Deutschland ein. Die Gegenwehr beschränkte sich immer häufiger nur noch auf das Abwehrfeuer der Flakgeschütze.

Ende 1944 gab es nur noch wenige Großstädte mit mehr als 100.000 Einwohnern, die noch keine großen Bombenangriffe erlebt hatten, so etwa Darmstadt, Wiesbaden, Nürnberg, Würzburg, Dresden. Da das Kriegsende absehbar war, hofften die Einwohner, weiterhin verschont zu bleiben. Die erste dieser Großstädte, die jäh aus ihren Illusionen gerissen wurde, war Darmstadt. In der Nacht vom 11. auf den 12. September 1944 wurde die Stadt zu 80 Prozent zerstört. Die weltbekannte Mercksche Arzneimittelfabrik blieb unversehrt. In den Abendstunden des 2. Januar 1945 wurde Nürnbergs Altstadt zu einem Trümmerhaufen. In der Nacht vom 2. auf den 3. Februar 1945 erlitt Wiesbaden einen Großangriff, der der Altstadt und den Kurvierteln galt. Am 13. und 14. Februar 1945 flogen die Westalliierten die verheerenden Angriffe gegen Dresden. Am 16. März 1945 war Würzburg dran. Von den größeren Städten Deutschlands blieben bis Kriegsende nur Heidelberg, Bamberg, Fürth und Ansbach unbombardiert.

Die Alliierten hatten vom Widerstandswillen der Deutschen eine hohe Meinung. Das Büro für psychologische Kriegsführung bei SHAEF (Supreme Headquarters Allied Expeditionary Force) war der Ansicht, vor der Besetzung Deutschlands müsse der Verteidigungswillen der Bevölkerung gebrochen sein. Dann sei man vor Widerstandshandlungen nach Partisanenart sicher. Am besten könne man die Menschen von der Nutzlosigkeit jeden Widerstandes überzeugen, wenn man ihnen die absolute Macht der alliierten Luftstreitkräfte vor Augen führt. Mit gezieltem Bombenterror bei Nacht und Tieffliegerbeschuß auch auf einzelne Personen bei Tag sollte der Zivilbevölkerung ein Gefühl vollkommener Hilflosigkeit vermittelt werden. Diese perfide Strategie kulminierte beim Angriff auf Dresden, dem Hunderttausende Menschen zum Opfer fielen. Sogar die sich auf die Elbwiesen rettenden Überlebenden wurden von tieffliegenden Begleitjägern unter Feuer genommen. Wenn der Krieg zu Ende sei, sollten die Deutschen ganz genau wissen, daß sie den Krieg wirklich verloren hatten. Dann könnten keine Legenden wie nach dem Ersten Weltkrieg entstehen. Bei der Operation „Clarion" am 22. und 23. Februar 1945 griffen über 8.000 Bomber und Jagdflugzeuge ohne Unterbrechung bei Tag und bei Nacht über 100 Ziele in Deutschland an, um die Macht der Alliierten zu zeigen. In der allerletzten Phase des Krieges sollten mit dieser Absicht auch Städte bombardiert werden, die bisher nur wenig von Luftangriffen mitgenommen worden waren. Auch den Menschen, die bisher von diesem Terror verschont waren, sollte ihre Ohnmacht gezeigt und das Ende des Deutschen Reiches signalisiert werden. Sie sollten sich wie die Bewohner der häufig bombardierten Städte nach dem Kriegsende sehnen.

Anfang 1945 verfügten die Alliierten über mehr Flugzeuge, als sie brauchten. Mit großen Verlusten brauchten sie angesichts der schwachen deutschen Abwehr nicht mehr zu rechnen. Es gab auch keine strategisch bedeutsamen Ziele mehr. Alle Rüstungsfabriken, Produktionsstätten, Raffinerien und Verkehrsknotenpunkte waren zerstört. Die Infrastruktur des Deutschen Reiches war nach den unzähligen Bombenangriffen auf Bahnhöfe und Gleisanlagen, auf Brücken und Viadukte fast vollständig zerstört. Deshalb richtete sich der Terror jetzt zum einen gegen alles, was sich auf der Erde bewegte: Kraftfahrzeuge, Eisenbahnzüge, Bauernkarren, Einzelpersonen, und zum anderen gegen reine Kulturstätten mit Kirchen, Klöstern, Museen, Denkmälern, Bibliotheken, mittelalterlichen Ensembles und anderen Kulturgütern. Der alliierte Luftkrieg trug die bisher mühsam kaschierten Züge von Mordlust und Vandalismus nun offen zur Schau. Angesichts der Kriegslage waren die Aktionen der alliierten Bomber- und Jagdgeschwader in den letzten Wochen des Krieges nicht nur Kriegsverbrechen, sondern auch Akte einer unmenschlichen Zerstörungswut. Eigentlich hätten sie den Siegermächten zur ewigen Schande gereichen müssen. Aber mit der Hervorhebung realer und vermeintlicher deutscher Kriegsverbrechen gelang es ihnen nach dem Krieg, ihre Untaten zu verstecken. Die Weltmeinung wurde zum Opfer einer geschickten Sieger-Propaganda.

Als am 26. April 1945 die Bombardierung deutscher Städte eingestellt wurde, waren etwa eine halbe Million Menschen tot. Bei der Bombardierung Hamburgs (Operation „Gomorrah") vom 24. Juli bis zum 5. August 1943 kamen allein am ersten Tag doppelt so viele Menschen um wie im Deutsch-Französischen Krieg 1870/71. Insgesamt fielen 35.000 Hamburger den rollenden Terrorangriffen zum Opfer. Der größte Angriff auf Berlin erfolgte am 3. Februar 1945. Die britische Zeitung „Times" berichtete am 5. Februar: „In zwei Wellen über die Hauptstadt dahinfegend, ließen die Bomber in 45 Minuten im schwersten Angriff, der von unseren Alliierten bisher ausgeführt wurde, 2.272 Tonnen Sprengbomben und Brandbomben auf das Herz der Reichshauptstadt fallen. […] Mehr als 900 Kampfflugzeuge begleiteten die Bomber und feuerten auf Bodenziele."[6] Am Ende waren im ganzen Land 13 Millionen Deutsche obdachlos geworden. Berlin hatte 43 Prozent des Wohnraums verloren, Hamburg 53 Prozent, Dortmund 66 Prozent und Köln 70 Prozent.[7]

Es hätte noch schlimmer kommen können, wenn der Krieg länger gedauert hätte. Churchill hatte vor, „Deutschland mit Giftgas zu durchtränken". Am 6. Juli 1944 wandte er sich mit einem Memorandum an die Stabschefs, in dem folgendes stand: „Ich muß Sie natürlich darum bitten, mich bei der Anwendung von Gas zu unterstützen. Wir können die Städte an der Ruhr und viele andere Städte Deutschlands derart überschütten, daß der größte Teil der Bevölkerung eine ständige medizinische Betreuung benötigt." Zum Einsatz der Gase Lost und Phosgen sowie des Milzbrandkampfstoffs N wurden 500.000 Bomben in den USA bestellt. Der Einsatz entfiel, weil sich der Krieg dem Ende zuneigte und der Einsatz solcher Waffen eine politische Begründung brauchte.[8]

Aus den bombengefährdeten Städten wurden während des Krieges 2,5 Millionen Jungen und Mädchen zwischen zehn und 14 Jahren in bombensichere ländliche Gebiete in Süd- und Ostdeutschland evakuiert. Sie wurden in der Regel zusammen mit den Lehrern in Lagern der „Kinderlandverschickung" untergebracht, von denen es bis zum Kriegsende 5.000 gab. Die „Mutter-und-Kind-Landverschickung" erfaßte Mütter mit Säuglingen und Kindern im vorschulpflichtigen Alter. Sie kamen bei Familien oder in Heimen unter. Viele der Evakuierten gerieten am Kriegsende in den Strudel der Rückzüge und Räumungen. In Ostpreußen waren es 200.000, in Ostpommern 100.000, in Ostbrandenburg 75.000 und in Schlesien 45.000.[9] Auch wer meinte, den Bombenangiffen entkommen zu sein, war seines Lebens nicht sicher.

An drei Beispielen soll der terroristische Charakter des alliierten Luftkriegs 1945 deutlich gemacht werden: Dresden, Pforzheim, Würzburg. Diese Kulturstätten wurden nur aus dem Grund vernichtet, weil Arthur Harris, der Chef des britischen Bomber Command, und General Carl Spaatz, der Kommandeur der 8. und 15. US Army Air Force, ihr riesiges Potential an Flugzeugen nicht brachliegen lassen wollten.

Der Terrorangriff auf Dresden am 13./14. Februar 1945

Dresden ist bis heute das Symbol für den anglo-amerikanischen Terror gegen die deutsche Zivilbevölkerung im Zweiten Weltkrieg geblieben. Keine andere Stadt wurde im Bombenkrieg in so kurzer Zeit so sehr verwüstet wie Dresden. Dresden gehört mit Hiroshima und Nagasaki zu den größten Kriegsverbrechen des 20. Jahrhunderts. Die britische Zeitung

„The Observer" nannte am 5. Mai 1963 den Angriff auf die Stadt „the greatest single holocaust by war".

Die Raffinesse und das Maß an Grausamkeit, die bei den Angriffen am 13. und 14. Februar 1945, Faschingsdienstag und Aschermittwoch, erreicht wurden, waren einzigartig. Was geschah, war mit keiner militärischen Notwendigkeit zu rechtfertigen. Das Unternehmen erleichterte weder den Vormarsch der Roten Armee noch behinderte es die Truppenverlegungen der Wehrmacht. Das alleinige Ziel war die Terrorisierung der Zivilbevölkerung in einer mit Flüchtlingen aus dem Osten übervölkerten Stadt, um den Menschen die Überlegenheit der Alliierten vor Augen zu führen und gleichzeitig eine der schönsten Kulturstädte Europas zu zerstören.

An der Planung des Unternehmens mit dem Decknamen „Thunderclap" (Donnerschlag) war der britische Premierminister Churchill direkt beteiligt.[10] Daß die Altstadt von Dresden ein außergewöhnliches kulturelles Kleinod war, interessierte ihn und die Führung des Bomber Command ebensowenig wie die ihnen bekannte Tatsache, daß die Stadt mit Verwundeten und Flüchtlingen vollgestopft war. In dem Vernichtungskrieg, den sie gegen Deutschland führten, spielten Menschenleben und Kulturgüter keine Rolle.

Innerhalb von 14 Stunden flogen englische und amerikanische Bomber drei Angriffe auf Dresden. Eine Wolkenlücke erleichterte den ersten Angriff am 13. Februar 1945 von 22.09 Uhr bis 22.28 Uhr. 244 „Lancaster"-Bomber warfen in diesen wenigen Minuten nach der Kennzeichnung des Abwurfgebietes durch die „Christbäume" der Markierungsbomber 270 Luftminen, 1.049 Sprengbomben und 14.098 Brandbomben ab. Das waren 507 Tonnen Sprengbomben und 370 Tonnen Brandbomben. Der zweite Bombenabwurf am 14. Februar 1945 erfolgte in den 25 Minuten zwischen 1.30 bis 1.55 Uhr auf die lichterloh brennende Stadt. 551 „Lancaster"-Bomber warfen 480 Luftminen, 1.005 Sprengbomben und 495.250 Brandbomben ab, anders formuliert 964,6 Tonnen Sprengbomben und 891,3 Tonnen Brandbomben. Der dritte Angriff am 14. Februar 1945 dauerte von 12.17 Uhr bis 12.30 Uhr. 311 Bomber vom Typ „Flying Fortress", begleitet von 200 Jagdflugzeugen vom Typ North American P 51 „Mustang", warfen 475 Tonnen an Minen und Sprengbomben und 206.900 Tonnen Stabbrandbomben ab, von denen ein Teil erst drei Minuten nach dem Aufschlag explodierte, um Feuerwehr und Selbstschutz abzuschrecken und zu behindern. Ein Teil der „Mustang"-Jäger, die die Bombenflugzeuge eskortierten, hatte den ausdrücklichen Auftrag, mit ihren Bordwaffen die Bewegungen auf den Straßen aufs Korn zu nehmen, „um das Chaos in einem Areal von fünf mal sieben Quadratkilometern zu vergrößern".[11]

Stalin war über die Bombardierung Dresdens nicht informiert worden. Er hätte ihr wohl nicht zugestimmt, weil die Stadt in der zukünftigen sowjetischen Besatzungszone lag. Mit der völligen Verwüstung einer Großstadt wie Dresden wollten die Westalliierten dem russischen Verbündeten die Schlagkraft der angloamerikanischen Luftstreitkräfte demonstrieren. Die Rote Armee stand zu diesem Zeitpunkt nur noch 150 Kilometer entfernt. Sie besetzte am 8. Mai 1945, am Tag der Kapitulation der Wehrmacht, eine total zerstörte Stadt, die als Elbflorenz ein Juwel der sowjetischen Besatzungszone hätte sein können. Daß Stalin die Bombardierung Dresdens verlangt hätte, ist eine bloße Rechtfertigungslegende aus der Zeit des Kalten Krieges.[12]

Den Bomberbesatzungen war weisgemacht worden, Dresden sei ein Industriezentrum und ein Verkehrsknotenpunkt für die deutschen Truppentransporte an die Ostfront. Daß Dresden eine Lazarett- und Flüchtlingsstadt war, erfuhren sie nicht.

Der Luftschlag traf die Einwohner Dresdens und die Menschen, die dort Zuflucht gesucht hatten, ziemlich unvorbereitet. Zu Beginn des Krieges hatte Dresden 630.000 Einwohner. Als europäische Kulturmetropole fühlte sich die Stadt in Sicherheit. Die Luftschutzvorrichtungen waren unzureichend, und die Abwehrbereitschaft war durch den Abzug der Flugabwehrgeschütze aufgegeben worden, als alle Kanonen im Winter 1944/45 zum Schutz der Ostfront und der Hydrierwerke bei Bitterfeld-Leuna-Zeitz eingesetzt wurden. Es fehlten große Bunker wie in Hamburg oder Berlin. Jedes Haus hatte zwar den vorgeschriebenen Luftschutzkeller, dessen Fenster mit Sandsäcken oder Betonblöcken zugestellt waren, aber die meisten Schutzräume hatten ungenügende Stahlträger in den Decken. Viele waren nur mit Holzstämmen abgestützt. Bei geschlossener Bebauung, dort wo Gebäude aneinander stießen, oder zwischen den Mietskasernen gab es Mauerdurchbrüche von Keller zu Keller, um den Menschen die Flucht aus den Luftschutzräumen eingestürzter Häuser in benachbarte Keller zu ermöglichen. Der damit verbundenen Gefahren war sich niemand bewußt. Die Löschwasserbecken und Splittergräben auf den großen Plätzen und die vorgeschriebenen öffentlichen Luftschutzräume in allen Vierteln gaben den Menschen das trügerische Gefühl der Sicherheit. Für die vielen Flüchtlinge, die mit ihren Trecks auf den Straßen und in den Elbwiesen standen, waren sie völlig unzureichend. Niemand rechnete damit, daß die Schutzräume eines Tages zusätzlich Tausenden Zuflucht gewähren müßten.

In den Lazarettzügen auf dem Hauptbahnhof befanden sich Hunderte Verwundete, die in den Dresdener Lazaretten nicht mehr untergekommen waren. Dort standen auch Flüchtlingszüge ohne Lokomotiven. Bäuerliche Flüchtlingstrecks mit Fuhrwerken kampierten am Rand des Großen Gartens und im Bereich des Ausstellungsgeländes. Möglicherweise befanden sich am 13. Februar 1945 200.000 ortsfremde Personen in der Stadt, als um 21.40 Uhr Fliegeralarm ausgelöst wurde.

„Der Ausstellungspalast mit seinen riesigen Hallen am Rande des Großen Gartens war mit Flüchtlingen überfüllt. Es gab weder Bunker noch Splittergräben, nicht einmal einen Keller. Durch die leichten Dächer sausten die Bomben und zerfetzten die Menschen. Stabbrandbomben explodierten erst beim Aufschlag auf dem harten Zementboden und verspritzten ihr Feuer. Große Kanister, mit Phosphor gefüllt, zerplatzten unter den armen Menschen, die, von wenigen Spritzern getroffen, sofort in Flammen standen. Die Hölle öffnete ihre Schlünde. Die Lagerstätten der Flüchtlinge aus Stroh und Heu loderten auf. Die Todgeweihten drängten zu den Ausgängen. Die Menschenknäuel preßten sich immer enger zusammen, keiner konnte mehr vor oder zurück. Der Wahnsinn feierte Orgien. Die Bomben fielen erbarmungslos bei jedem neuen Anflug. Jeder Einschlag war ein Volltreffer. Schutzloser sind wohl nie Menschen getötet worden. Ein einziger Schrei, aus tausend angstverschnüren Kehlen, aus tausend gemarterten Brüsten, rang sich von tausend zitternden Lippen, schlug hoch empor gen Himmel. Hörte ihn Gott?“[13]

In der Innenstadt wurden beim ersten Angriff die Dächer und Fenster durch Sprengbomben zerstört, so daß die Brandbomben, die in der Folge abgeworfen wurden, ihre volle Wirkung entfalten konnten. Eine halbe Stunde nach den ersten Bomben vereinigten sich die einzelnen Brände zu einem Feuersturm, der im Verlauf des zweiten Angriffs seine volle Wucht entfaltete. Aufgrund der Sogwirkung der zum Brandzentrum gerichteten Luftströmung erreichte der Sturm die Stärke eines Orkans. Es hörte sich an wie das Rauschen eines Wasserfalls. Wer von ihm erfaßt wurde, verbrannte. Die Kellerdurchbrüche erwiesen sich als Todesfallen, denn die geöffneten Durchgänge in die benachbarten Keller wirkten wie Schornsteine, durch die heiße Luft, Rauch und Kohlenmonoxid strömten. Die

Schutzsuchenden erstickten oder verbrannten wie Leichen in Krematorien. Die Brände und die explodierenden Zeitzünder hielten viele Menschen in den Schutzräumen fest, bis die Kohlenvorräte in den Kellern Schwelbrände erzeugten und den letzten Sauerstoff aufsaugten. Alte Menschen, Frauen mit Kindern und Behinderte, die aus den Kellern entkamen, wurden an den Ausgängen von Rauch und Funkenstürmen umfangen. Sie konnten die Barrieren aus Feuer, Hitze und Rauch nicht überwinden. Die Überlebenden versuchten, aus dem Stadtzentrum in die nicht getroffenen Randgebiete zu entkommen. Aber die Flucht über den glühenden Asphalt kostete Hunderte das Leben. Der Feuersturm entwikkelte Temperaturen von über tausend Grad und schuf Krematoriumsbedingungen, bei denen die Menschen zu Puppen schrumpften oder zu Asche verkohlten.

Margret Freyer erzählte: „Ich stand beim Kellereingang und wartete, bis keine Flammen mehr hineinschlugen, dann schlüpfte ich schnell durch und auf die Straße hinaus. Ich hielt meinen Koffer in der einen Hand und hatte einen weißen Pelzmantel an, der jetzt alles andere als weiß war. Ich hatte auch Stiefel und lange Hosen angezogen. Wie sich zeigte, waren diese Stiefel eine gute Idee gewesen. Wegen der herumfliegenden Funken und des Flammenmeers konnte ich zunächst nichts sehen. Ein Hexenkessel erwartete mich draußen: keine Straße, nur Schutt, fast ein Meter hoch, Glas, Balken, Steine, Krater. Ich versuchte, die Funken loszuwerden, indem ich sie dauernd vom Mantel abklopfte. Es war zwecklos. Ich hörte damit auf, stolperte, und jemand rief hinter mir aus: ‚Ziehen Sie den Mantel aus, er brennt bereits.' In der durchdringenden, extremen Hitze hatte ich es nicht einmal bemerkt. Ich nahm den Mantel ab und ließ ihn fallen. […] Links neben mir sah ich plötzlich eine Frau. Ich sehe sie noch heute und werde sie nie vergessen. Sie trug ein Bündel in den Armen. Es war ein Kleinkind. Sie lief, sie fiel, und das Kind flog im Bogen ins Feuer. Nur meine Augen nahmen das auf; ich empfand nichts. Die Frau blieb völlig unbeweglich auf dem Boden liegen. Warum? Wozu? Ich wußte es nicht. Ich stolperte weiter. Die Feuersbrunst war unvorstellbar. Von irgendwo kamen Hilferufe und Schreie, doch ringsherum war ein einziges Inferno. Ich hielt wieder ein nasses Taschentuch vor den Mund, meine Hände und mein Gesicht brannten; ich hatte das Gefühl, als hänge die Haut in Fetzen herunter. […] Ich schleppte mich weiter, dorthin, wo es dunkel war. Plötzlich sah ich wieder Leute, direkt vor mir. Sie schrien und fuchtelten mit den Händen, und dann – zu meinem höchsten Schrekken und Erstaunen – sah ich, wie einer nach dem anderen sich auf den Boden fallen zu lassen schien. Ich hatte das Gefühl, daß sie erschossen werden, doch mein Geist konnte einfach nicht aufnehmen, was wirklich vor sich ging. Heute weiß ich, daß diese unglücklichen Menschen die Opfer von Sauerstoffmangel wurden. Sie fielen in Ohnmacht und verkohlten dann. Ich stürzte, stolperte über eine Frau, die hingefallen war, und als ich direkt neben ihr lag, sah ich ihre Kleider verbrennen. Irrsinnige Angst packte mich, und von da an sagte ich mir unaufhörlich und immer wieder den einfachen Satz vor: Ich will nicht verbrennen."[14]

Der Hauptbahnhof, aus dem die dort stehenden Züge nicht mehr ausfahren konnten, wurde getroffen. Das Dach stürzte ein.

Karin Hus aus Bremerhaven, die als Kind nach Dresden gekommen war, erinnerte sich: „Plötzlich zittert das ganze Bahnhofsgebäude. Wir werden von den Erschütterungen hin und her geworfen. Mit gewaltigen Detonationen treffen sechs Sprengbomben-Volltreffer das Gebäude und reißen es auseinander. Die riesige Halle bricht über den Menschen in den unterirdischen Gängen zusammen. Die Decke senkt sich unter der Last der einstürzenden Bahnhofshalle. Der durch die Detonation hervorgerufene Luftdruck preßt die Lungen zusammen und legt sich auf das Trommelfell. Der Strom fällt aus. In der Dunkelheit beginnen die Menschen zu schreien, zu weinen und zu beten. Todesangst erfaßt uns. […] Die Türen sind inzwischen von Gebäudetrümmern verschüttet und nicht mehr passierbar. Endlich gelingt es einigen mit uns eingeschlossenen Soldaten, einen Notausgang freizulegen. Dieser gibt den Blick frei auf ein heulendes und brausendes Flammenmeer. Vom Treppengitter tropft glühendes Eisen, eine noch nicht detonierte Bombe ist auf dem Treppenaufgang niedergegangen. Blankes Entsetzen packt alle. Niemand hat den Mut, sich aus dem vermeintlichen Schutz des Kellers nach draußen zu begeben. Dort kann uns nur der sichere Tod erwarten. Die Soldaten schreien jetzt: ‚Raus hier, sonst sind wir alle verloren, wir werden hier alle ersticken.' Die Zivilisten schrecken jedoch vor dem draußen tobenden Inferno zurück. Sie bleiben, wo sie sind und ahnen nicht, wofür sie sich in dem Moment entschieden haben. Sie wissen nicht, daß der entstehende Sauerstoffmangel, das Einatmen stickiger Gase und eindringendes Kohlenmonoxid ihnen zum Verhängnis werden. Doch wir Kinder gehorchen. Dies sollte unsere Rettung sein. Im Sog des gewaltigen Feuersturms rennen mein Soldat und ich um unser Leben. Er zieht mich hinter sich her wie einen nassen Sack, ich stolpere über Trümmer und höre gellende Schreie verbrennender Menschen. Ich kann sie auch sehen, wie sie im glühenden Asphalt stecken und wie Fackeln brennen. So sterben sie unter schrecklichen Qualen. Immer wieder detonieren Bomben um uns herum. Es erscheint mir wie eine Ewigkeit, bis wir eine Bahnunterführung errei-

chen, wo schon Hunderte Schutz suchen. Die Enge wird immer größer, da ständig weitere Überlebende hineindrängen. Dort stehen wir die ganze Nacht." [15]

Besonders tragisch war das Schicksal der verwundeten Soldaten in den Lazaretten und Lazarettzügen, die auf Hilfe angewiesen waren. Die Helfer kämpften aber um ihr eigenes Leben.

In einem Behelfslazarett für Schwerverwundete spielten sich erschütternde Szenen ab: „Nervös eilte das Pflegepersonal umher. Bevor jedoch jeder recht begriffen hatte, welche Gefahr drohte, zischten schon die Stabbrandbomben in die Baracken. Einige Phosphorkanister zerplatzten auf den Dächern. Glühender Phosphor schoß an den Fenstern vorbei. Es sah aus, als ob ein Platzregen leuchtende Wassermassen herabschütten würde. Aber diese Ströme bestanden aus Feuer. In eine der Baracken sauste eine der neuartigen Benzinbrandbomben hinein. Beim Aufschlag schoß eine Benzinflamme von vier Metern Länge heraus und setzte die Betten in Brand. Wilde Schmerzensschreie gellten auf. Einige verbrannten, ohne noch einen Laut von sich geben zu können. Eine unbeschreibliche Panik brach aus. Blinde liefen mit nackten Füßen in den Phosphor hinein. Beinamputierte hüpften auf ihren Fäusten den Ausgängen zu. Hilferufe von allen Seiten! Aber der Höhepunkt war noch nicht erreicht. Weiter prasselten die Bomben erbarmungslos auf die Ärmsten der Armen, denen der Dank des Vaterlandes versprochen worden war. […] Ein grotesker Anblick: die hüpfenden, tastenden Kriegsopfer in ihren gestreiften Anzügen. Die Blinden sprangen hoch, wenn sie in glühende Asche traten. Mit eckigen, ruckartigen Bewegungen hasteten die Beinamputierten auf ihren blutenden, verbrannten Fäusten dahin. […] Aus den Gluten der Baracken flohen die Kriegsversehrten. Blinde trugen Beinamputierte, die ihnen den Weg wiesen. Ein Zug dieser Elendsgestalten, grausiger, als eine erhitzte Phantasie ihn sich vorstellen konnte, flüchtete zu den Gittern. Dann standen sie vor den hohen verschlossenen Eisengittern, vor den Eisentoren. Niemand besaß einen Schlüssel! Aber sie mußten herauskommen. Die Bäume, das Gras brannten, dazu die Hitze der brennenden Baracken. Menschenpyramiden wurden errichtet. Die Blinden standen übereinander und hoben die Beinamputierten hinauf, ließen sie jenseits der Eisengitter zu Boden fallen. Niemand hemmte ihren Fall. Keine hilfreiche Hand streckte sich ihnen entgegen." [16]

Diejenigen, die auf den Elbwiesen oder im Großen Garten die nächtlichen Bombardements überlebt hatten, wurden am Mittag des 14. Februar 1945 zur Zielscheibe amerikanischer Jagdbomber und Jäger.[17]

Die 3.000 Mann in den Einheiten der Dresdner Feuerschutzpolizei und der Luftwaffe, die die Brände zu löschen versuchten, wurden verstärkt durch Löschzüge aus Leipzig, Chemnitz und den sächsischen Kleinstädten. Beim zweiten Angriff, der sie – wie von den Alliierten geplant – bei der Rettung Verschütteter und beim Löschen von Bränden ertappte, erlitten die Rettungskräfte große Verluste an Personal und Ausrüstung. Die Stadt brannte sieben Tage und acht Nächte.

Gisela-Alexandra Moeltgen beschrieb, was sie bei den Rettungsversuchen während der Angriffe zu sehen bekam. „Ich mußte hilflos zusehen, wie Menschen, die sich an die Eisengeländer klammerten, gnadenlos vom Sog erfaßt und in das Flammenmeer fortgerissen wurden. Und nicht bloß Menschen, auch alle möglichen Dinge, sogar Kinderwagen wurden von dieser Gewalt gepackt und vom Flammenmeer aufgesogen. Wir konnten nichts dagegen tun. Und als wir dann zu den Kellern vordrangen, boten sich uns die grauenhaftesten Bilder. Junge Mädchen vom Reichsarbeitsdienst, ja ganze Gruppen von Leuten saßen tot in den Kellern ohne äußere Verletzungen, die Lungen vom Luftdruck zerrissen. Und andere Keller, bis oben mit Wasser gefüllt – waren voll mit Ertrunkenen. Viele Keller wurden durch Schutt blockiert, so daß die Leute erstickt waren. Ich war erschüttert von der Tatsache, daß jeder Keller, in den wir eindrangen, vor uns bereits vom Tod – in der einen oder anderen Form – heimgesucht worden war.“[18]

Nach den Angriffen waren von den 220.000 Wohnungen in Dresden 75.000 vollständig zerstört. Etwa 20.000 waren schwer beschädigt. Militärische Ziele waren kaum getroffen worden. Die Fabriken setzten nach wenigen Tagen ihre Arbeit fort. Nicht einmal die Elbbrücken waren zerstört. Der Hauptbahnhof war zwar getroffen worden, aber der Schienenverkehr konnte nach 48 Stunden wieder aufgenommen werden. Das Kasernenviertel im Norden der Neustadt blieb unversehrt.

Die Toten, die man bergen konnte, wurden in Massengräbern beerdigt oder in Stapeln auf dem Altmarkt auf Rosten aus Eisenbahnschienen verbrannt, weil die Gefahr von Seuchen in der vom Leichengeruch durchströmten Stadt nicht anders zu bekämpfen war. Tausende Tote blieben ungeborgen unter den Trümmern zurück.

Vom 15. Februar 1945 berichtete ein Augenzeuge: „Wo Merten auch hinsah: Tote, nichts als Tote, am Hindenburgufer, am Sachsenplatz, überall das gleiche

Bild. Jetzt erst kam ihm der Umfang der Katastrophe richtig zum Bewußtsein. Was er für verbrannte Balken gehalten hatte, die dicht an dicht neben- und übereinander lagen, waren verbrannte Menschen, zusammengeschrumpft lagen sie da, schwarzverkohlt. Ihre Gehirne waren aus den geplatzten Schädeln herausgequollen. Die Toten hatten nichts Menschenähnliches mehr.“[19]

Über die Zahl der Toten wurde jahrzehntelang diskutiert. Die Schätzungen reichten bis zu 300.000. Eine vom Oberbürgermeister der Stadt eingesetzte Kommission sollte der politisch nicht gewünschten Diskussion um die Höhe der Opferzahlen ein Ende setzen und kam 2009 zu dem vom Oberbürgermeister selbst vorgegebenen Ergebnis, daß bei dem Angriff nicht mehr als 25.000 Menschen ums Leben gekommen seien. Eine größere oder kleinere Zahl ändert jedoch nichts an der moralischen Verantwortungslosigkeit des britischen Bomberkommandos und an der Verwerflichkeit des Bombardements.

Die Zerstörung Pforzheims am 23. Februar 1945

1939 hatte Pforzheim 79.000 Einwohner und war bekannt wegen seiner Schmuckindustrie. Pforzheim nannte sich „Goldstadt“ und „Pforte zum Schwarzwald“. In der Nacht vom 23. auf den 24. Februar 1945 wurde die Stadt ausgelöscht. Die Bombardierung lief unter dem Tarnnamen „Yellowfin“ (Gelbflosse). 367 „Lancaster“-Bomber und 13 „Mosquitos“ warfen aus 8.000 Fuß Höhe 1.825 Tonnen Sprengbomben ab: 706 hochexplosive Luftminen, darunter 330 Wohnblockknacker („Cookies“) mit einem Gesamtgewicht von 1.880 Kilogramm, und 448.672 Stabbrandbomben. Die deutsche Flugabwehr war machtlos. Nur sieben Flugzeuge, die ihre Bombenlast bereits abgeworfen hatten, wurden von deutschen Jagdfliegern abgeschossen; drei weitere entkamen beschädigt nach England.[20] Die Bombardierung dauerte nur 16 Minuten und sieben Sekunden. Die bombardierte Fläche betrug drei Kilometer zu eineinhalb Kilometer und umfaßte die ganze Altstadt und einen Großteil der mittelalterlichen Stadt. 17.600 Menschen fanden den Tod. 80 Prozent der Gebäude wurden zerstört, so viele wie in keiner anderen Stadt bei einem einzelnen Angriff.[21] Verschont blieben nur die Siedlungen am Stadtrand, vor allem im Norden und Westen.[22]

Die mittelalterliche, verwinkelte und malerische Fachwerkstadt war unter dem Gesichtspunkt als Zielort ausgewählt worden, daß die Häuser leicht entzündbar waren und wie Zunder brennen mußten. Dem entsprach der hohe Anteil von Brandbomben, den die alliierten Flugzeuge mit sich führten. Der militärstrategische Grund für den Angriff war entfallen, seit die feinmechanische Industrie, die im Krieg auf die Produktion von Zündern umgestellt wurde, ausgelagert worden war. In Pforzheim befand sich keine Rüstungsindustrie, auch wenn im „Bomber's Baedeker" der britischen Luftwaffenführung, im „Guide of Importance of German Towns and Cities" vom August 1944 behauptet wurde: „almost every house in this city is a small workshop". (Beinahe jedes Haus in dieser Stadt ist ein kleiner Betrieb). Bis Anfang 1945 gehörte Pforzheim zu den „weniger wichtigen Zielen". Die Stadt stand unter den 19 Zielorten dieser Kategorie erst an 15. Stelle. Ihre Vernichtung war ein Akt willkürlicher Zerstörungswut ohne militärischen Sinn.

In Pforzheim gab es 64 öffentliche Luftschutzräume. Viele der alten Häuser hatten keine geeigneten Keller. Der Bau von Schutzstollen war gestoppt worden, weil Stuttgart, Karlsruhe und Mannheim der NSDAP-Gauleitung und dem Luftgaukommando VII schützenswerter schienen. Ende 1944 wurden jedoch einige Splittergräben ausgehoben. Bei der Warnung „Akute Luftgefahr" hatten die Pforzheimer zehn Minuten Zeit, Schutz zu suchen, dann waren die Flugzeuge, die in Frankreich gestartet waren, schon über der Stadt.

Der Angriff am 23. Februar 1945 erfolgte in vier Wellen. Um 19.52 Uhr trafen die ersten zwölf „Mosquitos" über Pforzheim ein und warfen aus 8.400 Metern Höhe die Markierungen ab. Um 19.54 Uhr fiel die erste Bombe. Jede Welle brauchte ungefähr vier Minuten zum Bombenabwurf. Schon kurz nach dem Brandbombenabwurf der ersten Flugzeuge brachen Großfeuer aus. Als die letzten Flugzeuge ihre Bombenlast abgeworfen hatten, glich die Stadt einem Feuermeer. Der Feuerorkan erreichte bereits nach zehn Minuten den Höhepunkt. Die schwarzbraune Rauchsäule über Pforzheim stieg 3.000 Meter in den Himmel. Der Feuerschein war noch in 200 Kilometern Entfernung zu sehen. Einige Brandbomben waren mit einem Zeitzünder versehen, der sich erst nach drei bis acht Minuten auslöste und die Menschen zusätzlich bedrohte. Der Feuersturm saugte den Sauerstoff aus der Luft und zischte als wabernde Lohe durch die Stadt. Die fünf großen Kastanienbäume auf dem Sedanplatz, wohin viele Menschen geflüchtet waren, fingen Feuer und standen im Nu als lodernde Fackeln da. Das prasselnde Feuer, das Krachen der einstürzenden Häuser, die Explosionen der Zeitzünder und die unerträgliche Hitze machten das Überleben zur Glückssache. In den Kellern erstickten die Menschen, die keinen Weg nach draußen fanden. Diejenigen, die draußen waren, hasteten in einem Flammenmeer über Schuttberge und glühende Steine. Der Tod trat in vielen Gestalten an die gequälten Menschen heran. In einigen Kellern schliefen sie wegen Sauerstoffmangels ein. Anderen wurde durch den Luftdruck der Explosionen von einem Augenblick zum anderen die Lunge zerrissen. Viele starben einen qualvollen Feuertod und verschmorten wie im Krematorium. Schrecklich war das Sterben für die Menschen, die verschüttet waren, zum Beispiel die Soldaten in der Calwer Schule, die Hausbewohner eines Hauses in der Tunnel Straße und unter vielen anderen Gebäuden der Stadt. Sie warteten auf Hilfe, die nicht kam, weil die Zufahrten mit Schutt blockiert waren. Alte und bettlägerige Personen, die keinen Keller aufsuchen konnten, hörten das Donnern und Bersten der Bomben, bis es sie traf. Viele, die sich in die Flüsse Nagold und Enz gerettet hatten, ertranken, weil das Nonnenmühlwehr getroffen wurde und eine Wasserflut über sie hereinbrach.[23] Für die Löschfahrzeuge gab es kein Durchkommen, weil Schuttberge bis zu drei Metern Höhe die Durchfahrt versperrten. Es konnte nur am Stadtrand gelöscht werden.[24]

Am nächsten Morgen lag beißender Rauch über der Stadt. Die meisten Feuer schwelten noch. Die Toten, die jetzt eingesammelt wurden, waren oft schrecklich verstümmelt, zu Puppengröße zusammengeschrumpft oder zu Asche verkohlt. Bei der Explosion der Luftminen waren viele Menschen in Stücke gerissen worden. Noch wochenlang nach dem Angriff wurden Leichenteile geborgen. Wer nicht als Toter registriert wurde, galt als vermißt. Auf dem Hauptfriedhof wurden Massengräber für die 17.000 Menschen ausgehoben, die innerhalb weniger Minuten einen gemeinsamen Tod gefunden hatten. Das waren 31,4 Prozent der Einwohner. Einige Stadtteile waren entvölkert, zum Beispiel die Viertel Marktplatz, Leopoldplatz und Sedanplatz. 1945 lebten nur noch 42.226 Personen in Pforzheim.[25]

Ein Überlebender schrieb: „An die Häuserreste sind viele Namen in Kreide geschrieben. Hinter den meisten steht ein Kreuz. Manchmal steht auch eine Adresse dahinter. Einmal heißt es im Pforzheimer Deutsch: ‚Wo sind ihr?‘ Dahinter in Blockschrift: ‚Alle tot.‘ In der Luisenstraße lagen reihenweise Tote, die Züge noch kenntlich. Viele Bekannte darunter. Fast alle trugen Sonntagskleider, Pelzmäntel, Handtaschen. Die Luftschutzbrillen über weit geöffneten Augen passen schlecht dazu. Die Leichen auf dem Reuchlinplatz sehen am scheußlichsten aus. Das blauschwarze Fleisch kolossal angeschwollen, Beine dick, als wären es allesamt Ringkämpfer gewesen. Leiber aufgetrieben, Köpfe wie Kürbisse, Lippen wie Neger, Arme starr ausgestreckt. An einem großen Rumpf betrachten zwei Frauen einen winzigen Stoffrest: ‚Es könnt doch die Emma sein', sagt die eine. ‚Ja, in dem Kleid isch se im Keller gsesse', die andere. Dann winken sie einem Mann mit Amtsmütze: ‚Schreibe se uff, des isch Frau Emma F. gwese.'"[26]

Die Stadt war eine Trümmerwüste von 237 Hektar Größe. Alle historischen Gebäude waren zerstört. Als die amerikanischen Truppen zwischen dem 6. und 8. Juli die Stadt aus den Händen der Franzosen übernahmen, fragte sich mancher GI, warum man den Gegner so demütigen mußte. Die Propagandaaussagen der US-Medien, daß die Deutschen die „Hunnen" und „Teufel" seien und die Amerikaner „God's own nation", stießen auf Zweifel.

Würzburg in Flammen am 16. März 1945

Würzburg hatte 1939 108.000 Einwohner. Anfang 1945 hielten sich noch etwa 80.000 Menschen in der Stadt auf. Am 6. April 1945, nachdem die Amerikaner die Stadt eingenommen hatten, ließen sich 36.850 Einwohner registrieren. Bei dem Luftangriff am 16. März 1945 waren etwa 5.000 Menschen ums Leben gekommen, 3.000 Würzburger Bürger und ungefähr 2.000 Flüchtlinge.

Auf der Liste von Flächenangriffszielen, die Churchill verlangt hatte, befanden sich am 8. Februar 1945 elf neue Zielstädte, darunter Würzburg. Die Stadt rangierte an zehnter Stelle als eines der „Füllziele" (filler targets). Da sie ohne militärische Bedeutung war und keine kriegswichtigen Einrichtungen beherbergte, konnten mit einem Angriff auf das mittelalterliche Stadtzentrum lediglich die Bevölkerung terrorisiert und Kulturwerte zerstört werden.

Die Einwohner Würzburgs wiegten sich jahrelang in der Illusion, vom Luftkrieg verschont zu werden. Dafür hatten sie drei Gründe. In der Stadt waren keine kriegswichtigen Industrien. Die Stadt beherbergte viele Krankenhäuser und Lazarette. Würzburg war eine Kulturstadt von Weltrang. Der Dom, die Residenz und die Festung waren vor dem Krieg Touristenattraktionen auch für Engländer und Amerikaner gewesen. Als am

23. Februar 1945 der Hauptbahnhof und das Bahngelände durch einen amerikanischen Fliegerangriff beschädigt wurden, fühlten sich die Bürger der Stadt noch sicher. Was sollten die Alliierten mehr wollen? Sie glaubten, bis zum nahen Kriegsende ungeschoren davonzukommen. Der Gauleiter Otto Helmuth warnte die Bevölkerung vergeblich vor so viel Selbsttäuschung. In einem Artikel in der „Mainfränkischen Zeitung" schrieb er, daß der alliierte Luftterror „weder Halt vor Frauen und Kindern noch vor alten Kulturstätten" mache. „Wir haben keinerlei Grund anzunehmen, daß die Luftpiraten Würzburg verschonen."

Die zahlreichen Fachwerkbauten und die räumliche Enge der Altstadt stellten eine besondere Gefahr für die Einwohner dar. Bei günstigen Witterungsverhältnissen war die Stadt ein ideales Angriffsziel für ein Nachtbombardement, zumal es keine nennenswerte deutsche Luftabwehr gab. Am 16. März 1945 formierten sich 500 britische Bomber des viermotorigen Typs „Lancaster" der Bombergruppen 1, 5 und 8 des British Bomber Command ab 17.00 Uhr westlich von London für Angriffe auf Würzburg und Nürnberg. Für den Angriff auf Würzburg waren 225 „Lancaster"-Bomber und elf „Mosquitos" der 5. Bomber Group bestimmt. In Würzburg wurde gegen 20.00 Uhr der Voralarm ausgelöst und um 21.07 Uhr der Vollalarm. Um 21.25 Uhr wurden die ersten Markierungen mit zwei Reihen von 18 dunkelroten Leuchtbomben zwischen Heidingsfeld, Neuberg, Steinberg und Greinberg gelegt. Das Ausleuchten des Zielgebietes erfolgte anschließend mit Flugkörpern an kleinen Schirmen, die von der Bevölkerung auch als Christbäume bezeichnet wurden. Für die einfliegenden Bombenflugzeuge wurde das Zielgebiet über den Sportplätzen an der Mergentheimer Straße fokussiert. Da die Flugzeuge mit einer Geschwindigkeit von 350 Stundenkilometern das Zielgebiet in weniger als einer Minute überflogen, mußte der Ablauf der Bombardierung vom Masterbomber exakt gesteuert werden. Das Manöver gelang. Die Flugzeuge warfen in drei Wellen zwischen 21.25 bis 21.42 Uhr ihre Bombenlast ab. 256 Sprengbomben und Luftminen zerstörten die Dächer und Fenster in der Altstadt und gaben den 300.000 Stabbrandbomben, die in der Folge abgeworfen wurden, die Möglichkeit, einen Feuersturm mit Temperaturen bis zu 2.000 Grad Celsius zu entwickeln. Um nicht verschüttet zu werden oder zu ersticken, stürzten die Menschen aus den Luftschutzkellern ins Freie und versuchten, daß Mainufer oder den Stadtrand zu erreichen. Der Gestank versengter und verbrennender Menschen erfüllte die Luft. Die Feuerwehren, die sofort ausrückten, führten einen aussichtslosen Kampf gegen das immer gräßlicher lodernde Feuer. Sie konnten bestenfalls Wassergassen für die Flüchtenden bilden. Die Fliegerbesatzungen sahen beim Rückflug noch aus 240 Kilometern Entfernung den Feuerschein der brennenden Stadt. Gegen 2.00 Uhr morgens am 17. März 1945 kehrten die letzten Bomber zu ihren Stützpunkten zurück. Sechs Flugzeuge waren über Deutschland abgeschossen worden. Im Abschlußbericht der Bombergruppen wurde der Zerstörungsgrad der Innenstadt Würzburg mit 89 von 100 Punkten angegeben. Nach den Feststellungen vor Ort waren 82 Prozent der Bausubstanz Würzburgs verloren. Im einzelnen waren 21.062 Wohnungen zerstört und 35 Kirchen ausgebrannt. Zu den weltberühmten Baudenkmälern, die vernichtet waren, zählten der Dom, Teile der Residenz, das Falkenhaus, das Bischöfliche Palais, das Rathaus und das Juliusspital. Zahlreiche Baudenkmäler waren einsturzgefährdet. Die Stromversorgung war mehrere Tage unterbrochen. Der Straßenverkehr war lahmgelegt. Insgesamt mußten in den folgenden Jahren 2,7 Millionen Kubikmeter Trümmerschutt beseitigt werden.

Die Bergung der Toten oder was von ihnen übrig geblieben war, beschäftigte die Menschen in den folgenden Tagen.

Ein Überlebender berichtete: „Ich sah einen Mann, der einen Sack mit fünf, sechs Ausbeulungen schleppte, als habe er Krautköpfe darin. Es waren die Häupter seiner Angehörigen, einer ganzen Familie, die er im Keller entdeckt hatte."

Ein Geistlicher erzählte: „Vormittags waren Herr L. und Frau F. aus der Pfauengasse zu mir in den Dom gekommen. Er hatte seine tote Frau, sie ihren toten Mann und wollten sie bestattet haben. Herr L. trägt den Leichenrest seiner Frau in einem Sack, Becken mit einem Stück Wirbelsäule und Ansätze der Oberschenkel. Frau F. trug ihren Mann in einem Einwecktopf: das voll erhaltene Gesäß daran und ein Stück der Wirbelsäule. Die Hose um das Gesäß war in das Fleisch eingebacken. An der zwar ausgeglühten, aber gut erkennbaren Eisenbahneruhr, die in der Tasche steckte, hatte die Frau ihren Mann erkannt. Wir hoben zwei Löcher aus, ich sprach die Beerdigungsgebete, dann schlossen wir die Gräber."[27]

Vernichtung von Kulturgütern

Kulturgüter sind die Reliquien der Vergangenheit: Werke der Architektur, der Bildhauerei, der Malerei, der Volkskunst und des Kunstgewerbes, ferner das Schriftgut verschiedenster Art wie Bücher und andere Druckerzeugnisse, handgeschriebene Urkunden und Akten. Sie geben Zeugnis vom Leben und von den Werten früherer Generationen und konservieren die Traditionen von Jahrhunderten. Sie gehören zum Kostbarsten, das ein Volk haben kann. Die Kirchenbauten prägten das Bild der Städte und waren Zeugnisse des Glaubens der Vorfahren. Die vielen Schlösser, Rathäuser und Patrizierhäuser waren Beispiele der regionalen Baukunst in den verschiedenen Stilen der vergangenen Epochen. In den Museen befand sich, was kennzeichnend war für die früheren Generationen, außer Kunstgegenständen auch Möbel, Arbeitsgeräte, Trachten, Küchenausstattungen. Das Straßenbild der mittelalterlichen Städte zeigte, wie die Menschen an diesem Ort seit Jahrhunderten lebten. Jede Provinz in Deutschland pflegte das Kulturgut der Vergangenheit als kostbares Geschenk für die kommenden Generationen.

Der größte Teil dieser Kulturgüter war vor den Spreng- und Brandbomben der alliierten Flieger überhaupt nicht zu schützen. Nur bewegliches Kulturgut konnte in abgelegenen Bauernhöfen, Klöstern, Bunkern, Höhlen und Bergwerksstollen deponiert werden. Die Verlagerung dorthin bot nur relative Sicherheit, weil niemand ausschließen konnte, daß auch diese Auslagerungsstätten bombardiert werden würden. Oft fehlte es an Transportgelegenheiten und an Verpackungs- und Konservierungsmitteln, um die ausgelagerten Werke wirksam zu schützen. In manchen Bergungsorten wurden die Schätze durch Feuchtigkeit und Versalzung beschädigt oder ruiniert.

Bei den Flächenbombardements und bei gezielten Angriffen in den vier Monaten Januar bis April 1945 erlitten auch die letzten, bis dahin heil gebliebenen Städte riesige Schäden an Kirchen, Schlössern, Denkmälern, Museen und Kunststätten. Ohne militärischen Sinn, zielten die letzten Angriffe des Luftkriegs über Deutschland nicht nur auf die Demoralisierung der Einwohner, sondern auch auf die bewußte Zerstörung deutscher Kulturgüter. Es hatte den Anschein, als sollten die Beweise dafür, daß die angeblich so verbrecherischen Deutschen eine Kulturnation waren, vernichtet werden. Eine Aufzählung der bei den Fliegerangriffen zerstörten Kulturgüter kann nur Splitter erfassen.

Nürnberg – 2. Januar 1945

Als 521 Bomber der RAF innerhalb einer halben Stunde 6.000 Sprengbomben und eine Million Brandbomben abwarfen und unter der Bevölkerung über 2.000 Tote und 100.000 Obdachlose zu beklagen waren, gingen nicht nur Hunderte Denkmäler und Gebäude zu Bruch, sondern auch das Gesamtbild einer mittelalterlichen Stadt. Von den Kirchen, die den Weltruhm Nürnbergs ausmachten, wurden besonders schwer getroffen die Lorenzkirche aus dem 15. Jahrhundert, die Frauenkirche aus dem 14. Jahrhundert und die Sebalduskirche aus dem 11. bis 15. Jahrhundert. Die Moritzkapelle mit den Heiligenfiguren aus der Zeit um 1350 wurde völlig zerstört. Große Teile der Kaiserburg brannten aus. Alle Tortürme der Stadtbefestigung verloren die Dächer. Von den großartigen Patrizierhäusern blieben nur wenige übrig. Das Dürerhaus brannte aus. Schwere Schäden erlitten die Gebäude des Germanischen Nationalmuseums. Unwiederbringliche Bestände gingen verloren.[28]

Magdeburg – 16. Januar 1945

Bei dem nur 39 Minuten dauernden Luftangriff kamen 2.000 bis 2.500 Menschen zu Tode. Die Innenstadt vom Bahnhof bis zur Uferböschung der Stromelbe, eine acht Quadratkilometer große Fläche, wurde zerstört. 60 Prozent aller Gebäude lagen nach den tagelangen Bränden in Schutt und Asche. Den Breiten Weg, eine wunderschöne Barockstraße, gab es nicht mehr. Die Barockhäuser waren ausgebrannt. Von 24 evangelischen Kirchen der Stadt existierte nach dem Angriff nur noch die Hälfte. Alle neun Kirchen der Altstadt lagen in Trümmern. Beim Einsturz der Westfassade des Doms in das Innere der Kirche wurden vier Gewölbefelder zerstört, deren Mauermassen auf die Orgel fielen. Die gesamte Verglasung des Doms lag in Scherben.[29]

Berlin – 3. und 26. Februar 1945

Der Bombenangriff am 3. Februar war der dreihundertste, den die Alliierten gegen Berlin flogen. 900 „Fliegende Festungen" der US Air Force hatten das Regierungsviertel im Visier. Durch Berlin Mitte und Kreuzberg zog sich nachher eine Schneise der Zerstörung bis nach Friedrichshain. 2.200 Tonnen Sprengstoff zerstörten das Schloß und den benachbarten Dom, Kaufhäuser, Kirchen und Tausende Wohnhäuser. Das Rote Rathaus und die Staatsoper wurden getroffen. Die Gebäude der Museumsinsel lagen in Trümmern. Der Angriff kostete etwa 20.000 Menschen das Leben. Am 26. Februar warfen 1.100 US Flugzeuge 2.900 Tonnen Bomben ab. Diese und die vorangegangenen Bombenangriffe auf die Reichshauptstadt vernichteten Kulturgütergüter von Weltrang: Vom Schloß standen nur noch die Außenmauern und zwei Säle. In der Straße Unter den Linden war kaum ein Haus unversehrt. Ganze Viertel waren vernichtet. Der Tiergarten, angelegt und gestaltet von Georg Wenzelslaus von Knobelsdorff und Peter Joseph Lenné, war bei Kriegsende eine Wüstenei. Von den mittelalterlichen Kirchen blieb nur die Marienkirche erhalten. Das Schloß Charlottenburg war schwer getroffen. Die Festräume Friedrichs des Großen brannten aus. Zu den wichtigsten Kulturgütern Berlins gehörten seine Museen. Die kostbarsten Ausstellungsstücke waren in den Flaktürmen in Sicherheit gebracht worden. Die Antikensammlung im Flakturm Friedrichshain ging am 5. und 6. Mai 1945 unter, als der Turm – lange nach der Übergabe der Stadt – explodierte. 411 Bilder der Gemäldegalerie, rund 400 Plastiken sowie zahlreiche Werke der Kleinplastik und 850 Blätter aus dem Kupferstichkabinett waren verloren. Was nicht zerstört war, transportierte die sowjetische Besatzungsmacht nach dem Kriegsende in die UdSSR oder fiel den Plünderungen durch die Rotarmisten zum Opfer.[30]

Dresden – 13. Februar 1945

Mit der Vernichtung der gesamten Altstadt gingen unter der Schloßkomplex mit der katholischen Hofkirche, der Zwinger mit seiner Gemäldegalerie, die Semperoper, das Palais im Großen Garten und die anderen Stadt-Palais. Bis auf die Kreuzkirche und die Annenkirche wurden alle evangelischen Kirchen vernichtet. Die Rathäuser der Altstadt und der Neustadt brannten aus. Die alten malerischen Straßen und Gassen hörten auf zu bestehen. Mit den Bürgerhäusern verschwanden die Beweise des Wohlstands in der alten Residenzstadt der sächsischen Könige. Der größte Teil des Bibliotheksbestandes der Kunstakademie, ursprünglich 12.000 Bände, fiel dem Feuer zum Opfer. Nach dem Krieg wurden große Teile des geretteten Kunstbestands in die UdSSR transportiert, zum Beispiel die Reste des Kupferstichkabinetts, die 152.000 Münzen, Medaillen und Geldzeichen des Münzkabinetts und die Sammlung des Grünen Gewölbes.[31]

Pforzheim – 23. Februar 1945

Als 17.000 Einwohner starben, fiel auch die Altstadt mit allen wichtigen Bauwerken samt Schloßkirche in Trümmer. Die Bestände des Städtischen Museums und des Stadtarchivs, die erst im Herbst 1944 auf Anordnung der Wehrmacht aus Westwallbunkern zurück nach Pforzheim geholt worden waren, wurden im Keller der Hildaschule ein Opfer der Flammen.[32]

Mainz – 27. Februar 1945

80 Prozent der Stadt wurden zerstört. Ein großer Teil der Altstadt wurde völlig in Trümmer gelegt. Der Dom verlor die Dächer des Langhauses, des Kreuzgangs und der Nikolauskapelle. Die Kirche des ehemaligen Altmünsterklosters brannte aus. Dasselbe Schicksal erlitten das ehemalige Karmeliterkloster aus dem 14. Jahrhundert, das ehemalige Jesuiten-Noviziat und die meisten anderen Kirchen und Klöster. Mit dem Pfarrhaus von St. Quintin verschwanden ein Teil des Archivs, die wertvolle Bibliothek und die Altertümer. Das Kurfürstliche Schloß brannte völlig aus. Dort verschmorten auch die noch nicht sichergestellten Bestände des Römisch-Germanischen Zentralmuseums. Schwer getroffen wurden zahlreiche ältere Wohnbauten, zum Beispiel das Bischöfliche Palais, der Kronberger Hof, der Schönborner Hof und die meisten anderen Höfe. Fast alle Bürgerhäuser nördlich des Doms bis zur Hinteren Bleiche wurden vernichtet.[33]

Würzburg – 16. März 1945

Von den Kunstbauten der Stadt wurden fast 95 Prozent zerstört. Bis auf zwei brannten alle Kirchen aus oder wurden durch Sprengbomben schwer beschädigt, auch der Dom aus dem 9. Jahrhundert. Das Chorgestühl, die Chorbogenaltäre, fast alle Langhausaltäre und die Mehrzahl der Altarblätter und der Domschatz gingen unter. In der Augustinerkirche wurde die reiche Rokokoausstattung vernichtet. In allen Kirchen gingen zahlreiche Zeugnisse der fränkischen Kunst verloren. Die Residenz, die der größte deutsche Barockarchitekt Balthasar Neumann für die Fürstbischöfe erbaut hatte, brannte bis auf wenige Teile aus. Das gleiche Schicksal erlitt das Alte Rathaus. Von den Würzburger Spitälern blieben nur Ruinen übrig. Auf der Festung Marienberg brannten der Fürstenbau, die Echtersche Bibliothek und der östliche Teil des Nordbaues aus. Sämtliche Domherrenhöfe und die Bürgerhäuser der Altstadt wie der Rokokobau zum Falken am Markt gingen unter.[34]

Hildesheim – 22. März 1945

Bei dem Angriff wurden die Zeugnisse der jahrhundertealten Vergangenheit der bischöflichen Residenz und des Bürgertums zerstört. Der

Dom wurde auf das schwerste getroffen. Das Chorgestühl aus dem 14. Jahrhundert verbrannte zusammen mit dem barocken Hochaltar. Die Schatzkammer wurde vernichtet. Bis auf die Umfassungsmauern wurden zerstört die Magdalenenkirche (Baubeginn 1234), die Gebäude des dazugehörigen Klosters, die Kreuzkirche, die ehemalige Propstei und die anschließenden Fachwerkbauten. Die Brandbomben wurden den Fachwerkhäusern, die das malerische Bild von Hildesheim bestimmten, zum Verhängnis. Eine Häuserreihe nach der anderen brannte aus. Das Knochenhauer-Amtshaus gehörte mit dem Kaiserhaus, dem Altdeutschen Haus, dem Storreschen Haus am Markt, dem Pfeilerhaus am Andreasplatz und der Neustädter Schenke zu den Gebäuden, die das Bild von Alt-Hildesheim geprägt hatten. Von den 1.500 Fachwerkhäusern blieben lediglich 200 erhalten, 90 Prozent der historischen Altstadt gingen im Feuersturm unter. Aber inmitten aller Zerstörungen blieben das Huckup-Denkmal vor der Ruine der Andreaskirche und der Tausendjährige Rosenstrauch, das Wahrzeichen der Stadt auf dem Domfriedhof, erhalten.[35]

Potsdam – 14. April 1945

Der Angriff der RAF mit 724 Flugzeugen kostete 3.500 Menschen das Leben. In der Innenstadt wurden mehr als tausend Gebäude zerstört. Das Stadtschloß und die Garnisonkirche brannten vollständig aus. Auch die Nikolaikirche, die Heilig-Geist-Kirche, das Schauspielhaus und das Alte Rathaus wurden ein Opfer der Flammen. Die Kolonnaden zur Lustgartenbrücke und zum Marstall stürzten ein. Das Lusthaus Friedrich Wilhelms I. mußte nach dem Krieg abgebrochen werden, so schwer war es beschädigt. Eine ganze Anzahl von sehenswerten Bürgerhäusern wurde bis auf die Fassaden zerstört.[36]

Tötung Wehrloser

Ermordung deutscher Piloten am Fallschirm

Im Unterschied zur deutschen Luftwaffe scheuten sich alliierte Flieger nicht, gegnerische Piloten, die aus ihren getroffenen Flugzeugen aussteigen mußten und wehrlos am Fallschirm hingen, mit Bordwaffen zu beschießen. Wenn das über deutschem Boden oder über von der Wehrmacht besetztem Gebiet geschah, sollte damit verhindert werden, daß der Pilot nach der Landung mit einer neuen Maschine starten könnte. Flugzeugführer ließen sich schwerer ersetzen als Flugzeuge. Je länger der Krieg dauerte, desto größer wurde in der deutschen Luftwaffe der Mangel an qualifizierten und erfahrenen Piloten aller Flugzeugklassen. In den Luftkämpfen zur Reichsverteidigung am Ende des Krieges hatten die jungen, kurz ausgebildeten und ungeübten Piloten der Jagdwaffe gegenüber den alliierten Routiniers fast stets das Nachsehen. Die wenigen Flugzeugführer, die in den letzten Kriegswochen in der Lage waren, das Düsenflugzeug Me 262 zu fliegen, waren ein besonderes Ziel der westalliierten Flieger, wenn sie am Fallschirm niedergingen. Mit jedem erschossenen Piloten war die Gefahr für die einfliegenden alliierten Bomberverbände durch die überlegenen Düsenflugzeuge geringer. Der amerikanische Militärhistoriker Raymond F. Toliver, Oberst der US Air Force, gab zu: „Bei der US-Luftwaffe bestand – im Gegensatz zur deutschen Luftwaffe – der Befehl, feindliche Piloten am Fallschirm noch in der Luft beziehungsweise am Boden abzuschießen. Deutsche Piloten hingegen hielten sich strikt an die ungeschriebenen Gesetze von Ritterlichkeit und Fair-Play."[37]

Es ist nirgendwo registriert, wie viele deutsche Flieger, wehrlos am Fallschirm hängend, ihr Leben einbüßten. Nur wenige Fälle wurden bekannt: Oberleutnant Ernst Süß, Staffelkapitän der 9. Staffel / Jagd-Geschwader 11 am 20. Dezember 1943 bei Wardenburg südlich Oldenburg; Oberfeldwebel Rudolf Ehrenberger, Flugzeugführer in der 6. Staffel / Jagd-Geschwader 53 am 8. März 1944 bei Wittenberg (Elbe); Hauptmann Emil Omert, Kommandeur der III. Gruppe / Jagd-Geschwader 77 am 24. April 1944 bei Finta Mare südwestlich Ploieşti (Rumänien); Oberleutnant Eugen-Ludwig Zweigart, Flugzeugführer im Stab der III. Gruppe / Jagd-Geschwader

54, am 8. Juni 1944 bei Les Champeaux nordöstlich Argentan an der Invasionsfront; Feldwebel Erich Müller, Flugzeugführer in der II. Gruppe/Schlacht-Geschwader 2 „Immelmann" am 22. Juli 1944 vier Kilometer nordnordwestlich Zilistea (Rumänien).

In Afrika war der australische Pilot Clive Caldwell, 250. Squadron RAF, der später Kommandeur der 112. Squadron der RAF wurde, in den eigenen Reihen berühmt dafür, am Fallschirm hängende Gegner zu ermorden. Er hatte den bezeichnenden Spitznamen „Killer".[38]

Zwei Fälle auf deutschem Boden wurden nach dem Krieg in der Presse bzw. literarisch bekannt: Leutnant Franz Schwaiger, Staffelkapitän der 1. Staffel/Jagd-Geschwader 3 „Udet", starb am 24. April 1944 bei Bayerdilling/Rain am Lech südöstlich Donauwörth, als er sich nach der Notlandung auf einer Wiese zu einer Feldkapelle retten wollte, die 400 Meter entfernt am Ortsausgang stand. Auf dem Weg dorthin wurde er von einer amerikanischen „Mustang" mit Bordwaffen beschossen und getötet.[39] In seiner Autobiographie *Die Ersten und die Letzten* beschrieb der Generalleutnant Adolf Galland, seit 1942 Träger des Ritterkreuzes mit Brillanten, auch seinen letzten Einsatz am 26. April 1945. Er wurde in seiner Me 262 von einer amerikanischen P 51 „Mustang" angegriffen, seine Maschine wurde schwer beschädigt. Eigentlich wollte er mit dem Fallschirm aussteigen, ließ dann aber davon ab. Er begründet das in seinem Buch so: „Dann aber lähmt mich der Schreck, am Fallschirm erschossen zu werden. Wir Turbo-Jäger mußten erfahrungsgemäß damit rechnen."[40]

Bei den deutschen Jagdfliegern galt so etwas als Mord. Als Hitler nach dem Frankreichfeldzug die Invasion in England plante, wurde bei einem Gespräch zwischen dem Oberbefehlshaber der Luftwaffe Hermann Göring und den Offizieren Werner Mölders und Adolf Galland die Frage aufgeworfen, ob die Effizienz der Luftwaffe eher durch Personenverluste oder durch Materialverluste beeinträchtigt werde. Alle drei waren sich einig, daß Piloten schwerer zu ersetzen seien als Flugzeuge. Galland schreibt in seinen Erinnerungen: „Göring sah mir fest in die Augen und sagte: ‚Was würden Sie von einem Befehl halten, im Luftkampf mit dem Fallschirm abgesprungene Piloten abzuschießen?' – ‚Ich würde das für Mord halten, Herr Reichsmarschall!', antwortete ich, ‚und versuchen, mich einem solchen Befehl mit allen Mitteln zu widersetzen'. Göring legte mir beide Hände auf die Schultern und sagte: ‚Genau diese Antwort habe ich von Ihnen erwartet, Galland.' Einen am Fallschirm hängenden Piloten zu beschießen, wäre uns damals als ein Akt unausdenkbarer Bar-

barei erschienen. Jedenfalls wurde davon, auch später, als der Luftkrieg so grauenhafte Formen annahm, in der deutschen Luftwaffe nie wieder gesprochen."[41] Es blieb dabei: Piloten am Fallschirm wurden nicht bekämpft. Die – vor allem bei der Luftschlacht um England 1940 – im Kanal niedergegangenen Piloten beider Nationen wurden vom Deutschen Seenotrettungsdienst aus dem Meer gefischt. Die Briten kamen in Gefangenschaft, die Deutschen bekamen ein neues Flugzeug. Von den deutschen Seenotstaffeln wurden mehr als 7.000 deutsche und fast 4.000 alliierte Soldaten gerettet. Bei den Einsätzen wurden die mit dem Roten Kreuz versehenen Wasserflugzeuge gelegentlich sogar beschossen.[42]

Die völkerrechtskonforme noble Haltung der Luftwaffenoffiziere fand in der vom Bombenkrieg terrorisierten Bevölkerung nicht immer eine Entsprechung. Notgelandete oder mit dem Fallschirm über Deutschland abgesprungene Piloten der Royal Air Force oder der amerikanischen Luftwaffe wurden gelegentlich im Einvernehmen mit der Parteiführung von Zivilisten mißhandelt, die durch den Bombenkrieg neben Hab und Gut auch Angehörige verloren hatten, in einigen Fällen sogar gelyncht, ohne daß dagegen eingeschritten wurde. Solche „Fliegermorde" blieben jedoch trotz der Grausamkeiten des Bombenterrors selten. In der Regel wurden die mit dem Fallschirm niedergegangenen oder mit ihren Flugzeugen notgelandeten britischen und amerikanischen Piloten festgesetzt und in ein Gefangenenlager abtransportiert. Die meisten Frauen und Männer, die sich an alliierten Piloten vergriffen hatten, wurden nach dem Krieg überführt, vor ein Militärgericht gestellt und bestraft. Zu ihnen gehörte Johann Wilhelm Lütfring, ein politischer Leiter der NSDAP. Er wurde von einem britischen Militärgericht zum Tode verurteilt und am 5. September 1947 in Hameln am Galgen hingerichtet, weil er einen kanadischen Piloten ermordet hatte, der mit dem Fallschirm abgesprungen war. Alliierte Täter mußten sich jedoch nie für die Morde an wehrlosen deutschen Flugzeugbesatzungen vor einem Gericht verantworten.

Im Zweiten Weltkrieg und Jahrzehnte danach war die Schonung von Fliegern am Fallschirm lediglich eine Frage der Ritterlichkeit und der Moral. Erst 1977 gab es eine entsprechende völkerrechtliche Bestimmung. Das Zusatzprotokoll I vom 8. Juni 1977 zu den Genfer Konventionen vom 12. August 1949 legte allgemeinverbindlich fest: „Mit der Ausnahme von Luftlandetruppen werden Insassen von Luftfahrzeugen durch diesen Artikel geschützt (Art. 42 III ZP I). Falls Insassen mit dem Fallschirm aus einem Luftfahrzeug, das sich in Not befindet, abspringen, dürfen diese weder während des Absprungs noch nach der Landung auf dem Boden eines von einer gegnerischen Partei kontrollierten Gebiets angegriffen werden. Vielmehr muß ihnen die Möglichkeit gegeben sein, sich vor dem Angriff zu ergeben, es sei denn, sie begehen offensichtlich eine feindselige Handlung" (Art. 42 I-II ZP I).

Beschießung Schiffbrüchiger

Schiffbrüchige deutsche Marinesoldaten wurden nach der Versenkung ihrer Schiffe durch Besatzungen britischer Schlachtschiffe häufiger umgebracht, als bekannt wurde. Die Wehrmachtuntersuchungsstelle konnte nur die Vorfälle registrieren, die gemeldet wurden. Oftmals gab es keine Überlebenden und keine Zeugen.[43] Aus den letzten vier Monaten des Krieges sind keine Aufzeichnungen erhalten. Was während fünf Kriegsjahren passierte, wird auch im sechsten passiert sein: die Ermordung Schiffbrüchiger von versenkten deutschen Booten.

Im Zweiten Weltkrieg war das 10. Haager Abkommen betreffs „Die Anwendung der Grundsätze des Genfer Abkommens auf den Seekrieg" vom 18. Juli 1907 geltendes Recht. Danach waren Schiffbrüchige wie Verwundete zu behandeln. Sie waren ohne Rücksicht auf die Nationalität zu retten. Der Kombattantenstatus ruhte, wenn sie vom Gegner gerettet wurden. Jeder Widerstand nach der Rettung war als Vertrauensbruch strafbar. Wurden die Schiffbrüchigen von den eigenen Streitkräften in Sicherheit gebracht, durften sie sofort wieder als Kombattanten eingesetzt werden.[44]

Nach der Versenkung des deutschen Zerstörers Z 12 „Erich Giese" durch die britischen Zerstörer HMS „Cossack" (F03) und HMS „Foxhound" (H 69) am 13./14. April 1940 vor Norwegen wurde auf die deutschen Schiffbrüchigen geschossen, während sie versuchten, an Land zu schwimmen.

Nach dem Einmarsch der Wehrmacht in Griechenland versenkte am 12. Mai 1941 das britische U-Boot „Rorqual" den griechischen Motorsegler „Osia Paraskevi", der sich auf dem Weg von Kastron (Limnos) nach Kavala befand. Die vier deutschen Soldaten an Bord durften im Unterschied zur griechischen Besatzung nicht in die Rettungsboote. Nach der Versenkung des Schiffes wurden die vier schwimmenden Deutschen mit Maschinengewehren erschossen.

Am 9. Juli 1941 versenkte das britische Unterseeboot „Torbay" einen deutschen Motorsegler vor Kreta. Sieben deutsche Soldaten, Angehörige einer Gebirgsdivision auf Kreta, die sich in ein Schlauchboot gerettet hatten, wurden auf Befehl des U-Boot-Kommandanten Fregattenkapitän Anthony Miers mit Maschinengewehren erschossen. Dasselbe Unterseeboot versenkte mehrere weitere deutsche Motorsegler und hinderte die Besatzungen daran, von Bord zu gehen.

Am 8. April 1942 versenkte der US Zerstörer „Roper" an der amerikanischen Küste das deutsche U-Boot U 85. Etwa 40 Besatzungsmitglieder konnten sich retten und schwammen im Wasser. Der Zerstörer warf elf Wasserbomben, durch deren Detonationen alle im Wasser schwimmenden Schiffbrüchigen getötet wurden.[45]

Während der Schlacht um den Konvoi ONS.5 sichtete der britische Zerstörer „Oribi" am 6. Mai 1942 das deutsche U 125 in dichtem Nebel mit Radar und rammte es. Der britischen Korvette „Snowflower" wurde vom Kommandeur der Begleitschiffe auf der HMS „Tay" untersagt, die Schiffbrüchigen zu retten. Die Besatzung von U 125 ertrank.

Nach der Versenkung des britischen Truppentransporters „Laconia", der als Hilfskreuzer armiert war – 300 Meilen südlich von Kap Palmas –, stellte der Kommandant des deutschen Unterseebootes U 156 am 12. September 1942 fest, daß unter den 4.000 Passagieren, die mit dem torpedierten Schiff von Suez nach England gebracht werden sollten, 1.800 italienische Kriegsgefangene waren. U-Boot-Kapitän Werner Hartenstein meldete den Vorfall über Funk an die deutsche Seekriegsleitung. Diese beauftragte alle Boote in einer Entfernung von weniger als zwei Tagesfahrten vom Versenkungsort, Hartenstein bei der Rettung der Schiffbrüchigen zu Hilfe zu kommen. Auch die in Dakar liegende französische Flotte wurde um Hilfe gebeten. Da bis zur Ankunft dieser Schiffe viele Schiffbrüchige ertrinken oder von Haien gefressen würden, wandte sich Hartenstein in einem offenen Funkspruch in englischer Sprache an die Alliierten, in dem er sie ersuchte, seine Rettungsaktion zu unterstützen. Hartenstein barg 263 Schiffbrüchige an Bord seines U-Bootes, darunter 21 britische Soldaten, und nahm einige Rettungsboote und Rettungsflöße in Schlepp. Am 16. September überflog ein amerikanisches viermotoriges Flugzeug die Unglücksstelle. Hartenstein, der überzeugt war, daß dieses Flugzeug zu Hilfe komme, ließ auf der Brücke eine Rotkreuzflagge auslegen und schickte dem Flugzeugführer eine Morsebotschaft, die ihn von der dramatischen Lage der Schiffbrüchigen unterrichtete. Das Flugzeug entfernte sich, kehrte aber nach einer halben Stunde wieder zurück und bombardierte das U-Boot, brachte Rettungsboote zum Kentern und tötete zahlreiche Schiffbrüchige. U 156 mußte eine Alarmtauchung vornehmen, bei der alle auf dem Oberdeck befindlichen Personen ins Wasser gezogen wurden. Den Verstoß des amerikanischen Flugzeugs gegen die Gebote der Humanität und gegen den Schutz des Rotkreuzabzeichens meldete der U-Boot-Kommandant nach Berlin. Über den Vorfall erbost, untersagte der Befehlshaber der U-Boote, Admiral Karl Dönitz, allen U-Boot-Kommandanten, sich in Zukunft um die Schiffbrüchigen torpedierter Schiffe zu kümmern.[46]

Am 7. Oktober 1944 nahm das Flugzeug vom Typ Dornier Do 24 mit der Kennung J9+DA der 7. Seenotrettungsstaffel im Golf von Saloniki 27 im Wasser treibende Marineangehörige an Bord. Sie waren der Rest von ehemals 142 Besatzungsmitgliedern des unter deutscher Flagge fahrenden Torpedobootes TA 37 (ex-ital. „Gladio"). Nach der Versenkung des Bootes wurde die Besatzung von den britischen Zerstörern „Tergamant" und „Tuscan" aus mit Maschinenwaffen beschossen, während die Männer im Wasser trieben.[47]

Die Versenkung deutscher Transportschiffe in der Ostsee durch sowjetische U-Boote, etwa der „Goya", der „Steuben" und der „Wilhelm Gustloff", zählt streng juristisch nicht als Kriegsverbrechen, obwohl Tausende zu Tode kamen. Die Schiffe hatten sowohl Soldaten als auch Zivilisten an Bord. Die Rettung der Schiffbrüchigen konnte von den sowjetischen Schiffen nicht erwartet werden, da sie sich in Gefahr gebracht hätten.

Tieffliegerangriffe auf Zivilisten

Am 22. und 23. Februar 1945 flogen 3.000 Bomber und 1.500 Jagdflugzeuge des Allied Bomber Command 9.000 Einsätze im Rahmen der Operation „Clarion", um das deutsche Verkehrsnetz lahmzulegen. Angegriffen wurden Bahnhöfe, Brücken, Häfen, Züge und Haltestellen. Kleinstädte und Dörfer, die nicht verteidigt waren, wurden einbezogen, wenn sie an Straßenkreuzungen lagen. Angriffe auf Einzelpersonen war den US-Piloten freigestellt, und die Jabos machten davon reichlich Gebrauch. Dabei wurden Gespanne, Bauern auf dem Feld, Fußgänger, aber auch spielende Kinder, aus geringer Höhe mit Bordwaffen beschossen. Die einmotorigen

Flugzeugtypen „Mustang“ und „Thunderbolt“ sowie die zweimotorigen „Mosquitos“ und „Lightnings“ mit ihrem großen Aktionsradius waren dafür besonders geeignet. Fahrende Personenzüge erwiesen sich auf offenen Strecken als ideale Angriffsziele mit großer Wirkung. Die Lokomotivführer hatten den Auftrag, bei drohenden Luftangriffen so schnell wie möglich Waldgebiete zu erreichen. Die Fahrgäste flüchteten so schnell sie konnten aus dem Zug, wenn die ersten Geschoßgarben prasselten. Die Bahnvorschriften für die Passagiere lauteten: „1. Ruhe bewahren! 2. Den Anweisungen der Bahnbeamten Folge leisten! 3. Alles für schnellste Räumung des Zuges vorbereiten! Nur das Allerwichtigste nimmt man in einer leichten Tasche an sich! Größeres Gepäck verbleibt im Zug. Die Gänge müssen frei sein. Die Fenster müssen sich schnell öffnen lassen als ‚Ausgang‘ für die männlichen Reisenden; Türen bleiben Frauen, Kindern und Gebrechlichen vorbehalten.“ Es sind Hunderte Angriffe auf Personenzüge dokumentiert. In den meisten Fällen war erkennbar, daß es sich nicht um Militärtransporte handelte. Beispiele: Am 19. Februar 1945 richteten zwei Tiefflieger ihren Angriff auf einen Personenzug in der Nähe der Station Steinau auf der Bahnstrecke Bebra–Fulda, wobei elf Tote und sieben Verletzte zu verzeichnen war. Bei einem Angriff auf einen Personenzug in Guntersblum fanden zwölf Menschen den Tod. Am 15. März 1945 war ein Personenzug, der in den Bahnhof Wallau bei Biedenkopf einfuhr, das Ziel zweier Tiefflieger, wobei fünf Menschen starben und fünf weitere schwer verletzt wurden. Am 6. April 1945 gab es auf dem Bahnhof Usingen acht Tote und zahlreiche Verletzte.

In der Heimatliteratur, in Ortschroniken und in den Pfarrarchiven findet man Hinweise, daß Menschen bei der Erntearbeit, bei der Weinlese, beim Obstpflücken und beim Hüten von weidenden Tierherden angegriffen und getötet wurden. Vielfach wurden auch einzeln stehende Bauernhöfe beschossen. In Zscherben im Saalkreis starben die Brüder Friedrich und Kurt Reikow am 25. Februar 1945 unter den Maschinengewehrsalven eines Tieffliegers. Am 19. März fand in Volkmarsen der Schäfer Schmand bei seiner Schafherde den Tod. Der Gastwirt Breternitz aus Bad Blankenburg in Thüringen war am 12. April mit einem Pferdefuhrwerk in Begleitung eines russischen Landarbeiters unterwegs, als sie von einem Tiefflieger angegriffen worden. Der Russe und die beiden Pferde waren sofort tot, der Gastwirt starb am Tag darauf. Vor allem in Bayern gibt es an vielen Orten mitten auf den Feldern Gedenkkreuze (Marterln) zur Erinnerung an Fußgänger oder Landarbeiter, die an dieser Stelle aus der

Luft beschossen und tödlich getroffen wurden. Die Kirchenbücher und Zeitungsarchive aus dem Jahr 1945 geben Auskunft über die Fälle, die schriftlich oder mündlich festgehalten wurden.

Daß amerikanische Jagdbomber nach dem dritten Angriff auf Dresden am 14. Februar 1945 Bordwaffen einsetzten, um das Chaos zu vergrößern, ist aktenkundig. Bei der Bilanzierung der Bombardierung Dresdens gab das Allied Bomber Command zu, daß die „Mustang"-Piloten angewiesen worden waren, durch Bodenangriffe die Wirkung der vorangegangenen Bombardierungen zu vergrößern: „Dresden 13/14 February 1945 [...] Part of the American Mustang-fighter escort was ordered to strafe traffic on the roads around Dresden to increase the chaos."[48] (Ein Teil der amerikanischen Jagdflieger erhielt den Befehl, durch Tieffliegerangriffe auf den Straßenverkehr rund um Dresden das Chaos zu vergrößern.) Alliierte Piloten wurden nie zur Rechenschaft gezogen, weil sie Jagd auf Zivilisten gemacht hatten.

Mißachtung des Roten Kreuzes

Seit der Gründung des Roten Kreuzes im Jahr 1864 ist die farbverkehrte Schweizer Fahne das Zeichen für Menschlichkeit. Die nationalen Rot-Kreuz-Organisationen übernahmen es. Unter dem Schutz des Roten Kreuzes standen im Zweiten Weltkrieg insbesondere die kranken und verwundeten Soldaten. Die Genfer Konvention zum Schutz der Verwundeten und Kranken hatte dies 1929 vertraglich bestätigt. Eine zusätzliche Konvention zum Schutz der Zivilbevölkerung in Kriegszeiten, die 1929 angeregt worden war, kam nicht mehr zustande.

Ärzte und Sanitäter standen wie die Verwundeten und Kranken unter dem Schutz des Roten Kreuzes. Sie waren Soldaten wie andere auch, galten jedoch als „Nichtkombattanten", solange sie mit der Versorgung von Verwundeten beschäftigt waren. Im ersten Kriegsjahr gab es beim deutschen Feldheer (ohne Luftwaffe und Marine) 9.100 Sanitätsoffiziere und 102.000 Mann Sanitätspersonal. Im vierten Kriegsjahr stiegen die Zahlen auf 21.700 Sanitätsoffiziere und 192.630 Sanitätssoldaten, von denen 17.034 Offiziere und 164.898 Mann direkt bei der Truppe waren. Mit ihnen waren 200.000 Frauen im Rahmen der „freiwilligen Krankenpflege" im Einsatz. Das Deutsche Rote Kreuz bildete sie zu Krankenschwestern und Hilfsschwestern aus. Sie gehörten zum sogenannten Wehrmachtgefolge und wurden vereidigt. Viele Frauen meldeten sich freiwillig. Andere wurden nach der Notdienstverordnung vom 15. Oktober 1938 einberufen. Am 25. Dezember 1943 stellten die 18 Wehrkreise für den regionalen und den überörtlichen Einsatz in mobilen Sanitätseinheiten und Reservelazaretten 4.300 DRK-Ärzte, 15.660 DRK-Schwestern und -Hilfsschwestern, 48.000 DRK-Schwesternhelferinnen, 313.000 DRK-Helferinnen und 65.000 DRK-Helfer. Sie waren das Rückgrat des Sanitätswesens im Reichsgebiet, etwa im Luftschutz und bei der Krankenversorgung. In den Wehrmacht- und SS-Lazaretten arbeiteten sie vorwiegend im rückwärtigen Heeresgebiet und in der Etappe, seltener auf Lazarettschiffen, in Feldlazaretten und auf Hauptverbandplätzen hinter der Front.[49] In den Lazaretten der drei Wehrmachtteile Heer, Luftwaffe und Kriegsmarine wurden während des Krieges insgesamt 5,25 Millionen Kranke und Verwundete betreut.

Alle Angehörigen der militärischen Sanitätsdienste trugen in den ersten Jahren des Krieges deutlich sichtbar Rote-Kreuz-Armbinden an den Uniformen. Das Rote-Kreuz-Zeichen wurde auch an Verbandsplätzen, Fahrzeugen, Gebäuden und anderen Sanitätseinrichtungen angebracht, die zur Unterbringung und zum Transport von Verwundeten dienten. Da das Zeichen jedoch im Ostfeldzug von der Roten Armee ständig mißachtet wurde und Verwundetensammelstellen und Sanitäter gezielt attakkiert wurden, kam es in Fortfall.

Wenn die Lazarette im rückwärtigen Heeresgebiet der Ostfront bei Rückzügen nicht rechtzeitig verlegt werden konnten, gerieten Verwundete und Sanitätspersonal in den Strudel der Niederlage. Die Rote Armee nahm keine Rücksicht auf das Zeichen des Roten Kreuzes. Da der Kreml die Genfer Verwundetenkonvention nicht unterzeichnet hatte, brauchten die Rotarmisten keine Hemmungen zu haben, Verwundete zu töten, Sanitätspersonen zu erschießen und Krankenschwestern ebenso zu schänden, wie die Frauen in der Zivilbevölkerung.

Im Luftkrieg nahmen auch die Westalliierten wenig Rücksicht auf das Zeichen des Roten Kreuzes. Bei den Flächenbombardements auf deutsche Städte wurden Lazarette, Krankenhäuser und in Hilfslazarette umgewandelte Schulen ebenso zerstört wie Privathäuser und öffentliche Gebäude, obwohl sie auf ihrer gesamten Dachfläche ein großes leuchtendes rotes Kreuz trugen. Die Zerstörung von Sanitätseinrichtungen wurde damit entschuldigt, daß das Rote-Kreuz-Zeichen bei den nächtlichen Angriffen aus großer Höhe nicht sichtbar war. Daß bei Flächenbombardements auch Lazaretteinrichtungen betroffen sein könnten, spielte bei den Planungen keine Rolle. Das Ergebnis störte die alliierte Luftwaffenführung nicht: Tausende Verwundete starben im Hagel der Sprengbomben und verbrannten im Feuersturm. Die Schwerverwundeten, die nicht gehfähig waren, waren in den Krankenzimmern dem Tod ausgeliefert.

Nach den Rückzügen der Wehrmacht aus den besetzten Gebieten konzentrierten sich die Unterbringungsorte für die verwundeten und kranken deutschen Soldaten im Reichsgebiet. Die Transporte erfolgten mit der Eisenbahn in speziellen Verwundetenzügen. In den letzten Kriegswochen galten die Tieffliegerangriffe allem, was auf Deutschlands Straßen und Schienenwegen unterwegs war. Auch die Verwundetentransporte wurden bombardiert und beschossen. Obwohl alle Sanitätskraftwagen und Eisenbahnzüge deutlich sichtbare Rote-Kreuz-Zeichen auf dem Dach aufgemalt hatten, waren sie bevorzugte Ziele von Jagdbombern, besonders in den Bahnhöfen beim Ausladen der Patienten zum Transport in die örtlichen Lazarette. Das Rote Kreuz bot keinen Schutz mehr gegen alliierte Piloten und Bordschützen im Siegesrausch, die gefahrlos Hilflose töten konnten. Es gab keine Lazarettstadt in Deutschland ohne Gräber von Soldaten, die als Verwundete einem Luftangriff zum Opfer fielen.

Ein Blogger berichtet im Internet: „Mein Onkel war Sanitätsfeldwebel bei einer Luftwaffeneinheit bei Brandenburg/Havel. Am 14. April 1945, genau an seinem 29. Geburtstag, begleitete er noch als letzten Auftrag einen Lazarettzug, der von Brandenburg/Havel, über Belzig Richtung Dessau/Elbe mit vielen Verwundeten unterwegs war. Dieser Zug wurde in Dippmannsdorf von alliierten Tieffliegern zusammengeschossen. Es gab viele Tote, darunter auch mein Onkel. Die Toten wurden in Brandenburg/Havel auf dem Soldatenfriedhof Marienberg bestattet."

Derartige Verbrechen richteten sich auch gegen die Kriegsmarine. Während des Zweiten Weltkriegs stellte sie 73 Schiffe als Lazarettschiffe oder als Verwundetentransportschiffe in Dienst. Lazarettschiffe standen seit dem Ersten Weltkrieg unter dem Schutz des Roten Kreuzes. Das „Abkommen betreffend die Anwendung des Genfer Abkommens auf den Seekrieg" vom 18. Oktober 1907 regelte in den Artikeln 1, 4 und 5 die Verwendung und Kennzeichnung dieser Schiffe: „Die militärischen Lazarettschiffe, das heißt die Schiffe, die vom Staate einzig und allein erbaut oder eingerichtet worden sind, um den Verwundeten, Kranken und Schiffbrüchigen Hilfe zu bringen, und deren Namen beim Beginn oder im Verlauf der Feindseligkeiten, jedenfalls aber vor irgendwelcher Verwendung, den kriegführenden Mächten mitgeteilt werden (Notifizierung), sind zu achten und dürfen während der Dauer der Feindseligkeiten nicht weggenommen werden. Die Regierungen verpflichten sich, diese Schiffe zu keinerlei militärischen Zwecken zu benutzen. Die militärischen Lazarettschiffe sind kenntlich zu machen durch einen äußeren weißen Anstrich mit einem waagerecht laufenden etwa 1,5 Meter breiten, grünen Streifen. Alle Lazarettschiffe und die Boote dieser Schiffe sollen sich äußerlich dadurch kenntlich machen, daß sie neben der Nationalflagge die im Genfer Abkommen vorgesehene weiße Flagge mit dem roten Kreuz hissen. Wollen sich die vorstehend erwähnten Schiffe und Boote auch während der Nacht den ihnen gebührenden Schutz sichern, so haben sie mit Genehmigung des Kriegsführenden [...] die notwendigen Vorkehrungen zu treffen, damit der sie kenntlich machende Anstrich genügend sichtbar ist." Lazarettschiffe fuhren deshalb nachts mit voller Beleuchtung.

Obwohl die deutschen Lazarettschiffe die Vorschriften beachteten, wurden sie von alliierten Flugzeugen angegriffen. Zwischen dem 11. September 1940 und dem 19. November 1944 wurden 28 Angriffe registriert. Wenn das Auswärtige Amt über seine Schutzmacht Schweiz Beschwerde einlegte, rechtfertigten sich die Alliierten in der Regel mit „schlechter Sicht". Die Wehrmachtuntersuchungsstelle, die damit befaßt war, alliierte Verstöße gegen das Völkerrecht zu dokumentieren, erfaßte im Bereich des Seekriegs nicht nur die Beschießung deutscher Schiffbrüchiger, sondern auch die Angriffe auf deutsche Lazarettschiffe. Die Briten hatten es abgelehnt, neben den notifizierten deutschen Lazarettschiffen auch kleinere Boote anzuerkennen wie die „Bonn", die „Erlangen" oder die „Freiburg", die Verwundetentransporte durchführten. Diese Schiffe wurden von den Briten angegriffen oder gekapert, auch wenn sie mit dem Zeichen des Roten Kreuzes kenntlich gemacht waren. Viele alliierte Übergriffe auf deutsche Lazarettschiffe sind aktenkundig.

19. Mai 1943
KONSTANZ vor Tunis mit Bomben angegriffen und von Prisenkommando nach Malta entführt und beschlagnahmt.

9. Oktober 1943
STUTTGART bei einem Fliegerangriff auf Gotenhafen durch alliierte Flugzeuge versenkt, der Großteil der eingeschifften Verwundeten kam ums Leben.

6. April 1944
CHRISTINA im Hafen Seste von britischen Flugzeugen angegriffen.

10. April 1944
INNSBRUCK im Hafen Triest angegriffen.

29. April 1944
HÜXTER im Hafen von St. Malo mit Bordwaffen beschossen und in der Nacht vom 4. auf den 5. Juli 1944 von der 65. kanadischen Schnellbootflottille angegriffen. In den Hafen geschleppt, wurde das Schiff am 9. August 1944 durch einen Luftangriff versenkt.

7. Juni 1944
CHRISTINA im Hafen St. Malo von Jagdbombern mit Bomben beworfen.

13. Juni 1944
ERLANGEN im Seegebiet von Viareggio von vier feindlichen Bombern angegriffen und beschädigt. Geborgen und zur Ausbesserung nach Genua geschleppt, wurde das Schiff bei einem Luftangriff auf Genua am 4. September 1944 endgültig versenkt.

14. August 1944
FREIBURG im Hafen von Venedig von „Spitfires“ mit Splitterbomben angegriffen.

1. September 1944
BORDEAUX vor der Kanalinsel Guernsey von amerikanischen Zerstörern aufgebracht und nach England eingebracht.

13. September 1944
UNTERNEHMING vor Terneuzen mit 56 Verwundeten versenkt. Die ANTONIA, die zur Rettung herbeieilte, wurde so schwer beschädigt, daß sie an Strand gesetzt werden mußte.

18. September 1944
BONN auf der Fahrt von Pola nach Sibenik südlich Kap Promontore zur Rückkehr gezwungen. Am 4. November 1944 wurde das Schiff völkerrechtswidrig von britischen Seestreitkräften aufgebracht und nach Bari eingebracht.

8. Oktober 1944
MÜNCHEN vor St. Nazaire von britischen „Thunderbolt“-Jagdbombern angegriffen.

23. Oktober 1944
FREIBURG durch den englischen Zerstörer HMS „Lamerton“ aufgebracht und vom 27. Oktober 1944 bis zum 22. März 1945 widerrechtlich in Brindisi festgehalten. Erst auf Intervention des Schweizer Roten Kreuzes freigegeben.

18. November 1944
TÜBINGEN durch britische Bomber in der Nähe von Pola versenkt.

Über die Angriffe auf deutsche Lazarettschiffe in den letzten Kriegsmonaten sind in den Akten der Wehrmachtuntersuchungsstelle, die der Bundesrepublik zurückgegeben wurden, keine Aufzeichnungen vorhanden.

Alle Kriegführenden verdächtigten die andere Seite, Lazarettschiffe zum Truppentransport oder gar zum Transport von Kriegsgerät und Munition zu mißbrauchen. Wenn es zu riskant schien, ein Prisenkommando zur Kontrolle an Bord zu schicken, wurde das Schiff beschossen, um die Reaktion zu testen. Schießt man zurück oder nicht? Erfreulicherweise sank keines der deutschen Lazarettschiffe, die auf hoher See von feindlichen Jagdbombern irrtümlich oder absichtlich attackiert und von U-Booten torpediert wurden. Sie wurden lediglich beschädigt.[50] Am 18. November 1944 griffen zwei britische Flugzeuge das große deutsche Lazarettschiff „Tübingen" in der Nähe von Pola an. Das Schiff war mit verwundeten Soldaten auf der Reise von Bari nach Triest. Die Verluste beliefen sich auf 16 Verwundete, einen Toten und drei Vermißte, unter ihnen der Chefarzt. Bei dem folgenden Notenwechsel beschuldigte die britische Regierung die Schiffsführung, das Boot nicht ordnungsgemäß beleuchtet zu haben, obwohl der Angriff bei völlig ruhigem Wetter und klarer Sicht gegen 8:00 Uhr morgens erfolgt war.[51] Mehrmals kamen britische Prisenkommandos an Bord der deutschen Lazarettschiffe, um sich zu überzeugen, daß weder Munition noch Truppen transportiert wurden.[52]

Da die deutschen Lazarettschiffe von der Sowjetunion nicht anerkannt wurden, entschloß sich das Oberkommando der Kriegsmarine für den Einsatz in der Ostsee sogenannte Verwundetentransportschiffe (VTS) auszurüsten. Bis Ende 1944 wurden acht Schiffe in Dienst gestellt, die wie Lazarettschiffe eingerichtet waren, jedoch auf den Schutz der Genfer Konvention verzichteten. Die Einheiten waren grau gestrichen und mit Flugabwehrgeschützen und U-Boot-Abwehrwaffen ausgerüstet. Zu ihnen gehörte zum Beispiel das kleine Lazarettschiff „Rügen", das am 13. August 1944 südwestlich von Memel von russischen Flugzeugen angegriffen wurde, und die „Meteor", die am 9. März 1945 in Pillau bei der Übernahme von Verwundeten bombardiert wurde. Am 6. März 1945 ging das Lazarettschiff „Robert Möhring" mit 737 Verwundeten und 20 Flüchtlingen nach Bombenvolltreffern vor Saßnitz in Flammen auf und sank.

353 Verwundete starben. Zu den bekanntesten Schiffen, die von Januar bis Mai 1945 während der Transportfahrten in der Ostsee versenkt wurden, zählen die „Wilhelm Gustloff", die „Memel", die „Steuben" und die „Goya". Mindestens 30.000 Verwundete und Flüchtlinge fanden den Tod.

Bis zur Kapitulation am 8. Mai 1945 schafften es neben den zivilen Flüchtlingen etwa 350.000 Verwundete, von Ostseehäfen aus über See den rettenden Westen zu erreichen. Fast 100.000 blieben zurück und fielen in die Hände der Roten Armee.

Ebenso wenig wie die Sanitätsschiffe und V.T.S. wurden die zum Lufttransport eingesetzten Ju 52 verschont, die verwundete Soldaten aus Kesseln oder über weite Strecken transportierten. Sie trugen auf der Unterseite der Flügel und an den Seiten ein großes rotes Kreuz im weißen Kreisfeld. Als die deutsche Luftüberlegenheit auch im Osten endete, mußten die Flugzeuge auf Sichtweite oder nachts fliegen. Viele stürzten wegen schlechter Wetter- und Sichtverhältnisse ab, und viele wurden vom Boden aus sogar mit Handfeuerwaffen abgeschossen, vor allem beim Ausfliegen von Verwundeten aus Kesseln in geringer Höhe. Auch im Westen kümmerten sich die anglo-amerikanischen Jagdflugzeuge wenig um das rote Kreuz auf den deutschen Flugzeugen. So wurden zum Beispiel während des Griechenlandfeldzugs 1941 die beiden Ju 52 der Sanitäts-Flugbereitschaft 8 durch britischen „Beaufighter"-Zerstörer im Tiefflug angegriffen und durch Bordwaffenbeschuß zur Notlandung gezwungen. Insgesamt wurden während des Krieges 46 Angriffe auf deutsche Lazarett- und Seenotflugzeuge bekannt.[53]

Erschießung deutscher Kriegsgefangener

Boykott der völkerrechtlichen Vorschriften

Die wichtigsten Bestimmungen des Kriegsvölkerrechts für die Kriegsgefangenen des Zweiten Weltkriegs finden sich in der „Haager Landkriegsordnung“ (HLKO) von 1907 und im Genfer „Abkommen über die Behandlung der Kriegsgefangenen“ von 1929. Die Siegermächte haben – vor allem in den letzten Kriegsmonaten – fast alle ignoriert. Im zweiten Teil der Haager Landkriegsordnung beschäftigen sich 17 Artikel mit den Rechten und Pflichten von Kriegsgefangenen und ihrer Behandlung durch den feindlichen Gewahrsamsstaat. Danach unterstanden die Kriegsgefangenen der Gewalt der feindlichen Macht, in deren Gewahrsam sie waren, und nicht der Gewalt der Personen oder Truppenteile, die sie gefangengenommen hatten. Nicht die Truppe, sondern der Staat trug die Verantwortung für sie. Die Weitergabe von Kriegsgefangenen an andere Staaten war prinzipiell nicht statthaft. Der Arbeitseinsatz der Kriegsgefangenen war eindeutig geregelt: Er durfte „nicht übermäßig“ sein und vor allen Dingen „in keiner Beziehung zu den Kriegshandlungen stehen“. Was Ernährung, Unterkunft und Bekleidung betrifft, waren die Kriegsgefangenen „den Truppen der Regierung, die sie gefangengenommen hat, gleichzustellen“. Sie waren den Gesetzen, Vorschriften und Befehlen unterworfen, die bei den Truppen des Gewahrsamsstaates galten. Dieser mußte „Auskunftsstellen“ einrichten, die alle wichtigen Daten der Gefangenen bereitzuhalten hatten. Den „menschenfreundlichen Bestrebungen“ der Hilfsgesellschaften für Kriegsgefangene, zum Beispiel dem Internationalen Komitee vom Roten Kreuz, mußte jede nötige Unterstützung gewährt werden. Nach dem „Friedensschluß“ waren die Kriegsgefangenen „binnen kürzester Frist in ihre Heimat zu entlassen“. Das Genfer Abkommen über die Behandlung der Kriegsgefangenen von 1929 präzisierte und ergänzte die Regelungen der Haager Landkriegsordnung. Nach den Artikeln 3 und 6 hatten die Kriegsgefangenen „Anspruch auf Achtung ihrer Person und ihrer Ehre“. Artikel 2 besagte: „Sie müssen jederzeit mit Menschlichkeit behandelt und insbesondere gegen Gewalttätigkeiten, Beleidigungen und öffentlichen Neugier geschützt werden.“ Artikel 3 lautete: „Frauen sind mit aller ihrem Geschlecht schuldigen Rücksicht zu behandeln." Alle Gebrauchsgegenstände, persönlichen Sachen, Wertgegenstände, Ausweise und Auszeichnungen mußten den Kriegsgefangenen bei der Gefangennahme belassen werden. Dazu gehörten auch die Stahlhelme und Gasmasken. Für das Geld, das ihnen abgenommen wurde, war ihnen eine Empfangsbestätigung zu geben. Artikel 10 verlangte, daß die Kriegsgefangenen in Häusern oder Baracken unterzubringen waren, deren „Reinlichkeit und Zuträglichkeit" gewährleistet sein mußte. Der Gewahrsamsstaat hatte für den Unterhalt zu sorgen. Dazu bestimmte der Artikel 11: „Die Verpflegung der Kriegsgefangenen hat in Menge und Güte derjenigen der Ersatztruppen [des Gewahrsamsstaates] gleichwertig zu sein." Trinkwasser mußte ihnen in ausreichenden Mengen geliefert werden. Die Kriegsgefangenen waren mit „Kleidung, Wäsche und Schuhwerk" auszustatten, wenn sie die eigenen Sachen verloren oder abgenützt hatten. Nach Artikel 13 waren die Gewahrsamsstaaten verpflichtet, „alle nötigen hygienischen Maßnahmen zu treffen", um Massenerkrankungen vorzubeugen. Spätestens eine Woche nach der Ankunft im Lager hatte jeder Kriegsgefangene das Recht, seiner Familie eine Postkarte mit Nachrichten über seine Gefangennahme und seinen Gesundheitszustand zu senden, die mit „möglichster Beschleunigung zu befördern" war. Gesunde Kriegsgefangene, ausgenommen Offiziere, durften „je nach Dienstgrad und Fähigkeiten als Arbeiter" verwendet werden, Unteroffiziere jedoch nur zum Aufsichtsdienst, es sei denn, sie wollten wie die Mannschaften arbeiten (Artikel 27). Vorher mußte – im allgemeinen durch einen Arzt – festgestellt werden, daß sie dazu „körperlich tauglich" waren (Artikel 29). Verboten waren nach Artikel 32 „unzuträgliche oder gefährliche Arbeiten". Das hatte bereits Artikel 6 der Haager Landkriegsordnung verlangt. Die Gefangenen behielten während der Gefangenschaft ihre volle bürgerliche Rechtsfähigkeit. Sollten sie straffällig geworden sein, mußten sie von denselben Gerichten und nach demselben Verfahren verurteilt werden wie die Soldaten des Gewahrsamsstaates. Außerdem hatte jeder Kriegsgefangene das Recht, gegen das Urteil die gleichen Rechtsmittel einzulegen wie die zu den Streitkräften des Gewahrsamsstaates gehörenden Personen. Vertretern der Schutzmacht durfte nicht verwehrt werden, den Prozessen beiwohnen. Die Kriegsgefangenen hatten das Recht, sich an die Vertreter der jeweiligen Schutzmacht zu wenden und Beschwerden vorzubringen (Artikel 42). Nach Artikel 75 sollten beim Abschluß eines Waffenstillstandes die Bedingungen für die Ausschaffung der Kriegsgefangenen festgelegt werden. Dem Buchstaben nach erfolgte die Entlassung erst nach einem Friedensvertrag, aber dann „binnen kürzester Frist".

Neben dem kodifizierten Völkerrecht existierte auch das Völkergewohnheitsrecht, das sich aus dem praktizierten Verhalten der Staaten herausgebildet hatte. Es verlangte, daß in allen Fällen die Gebote der Menschenrechte und der Humanität zu beachten waren.

Das Schicksal der Verwundeten war ein besonderes humanes Anliegen der Staatengemeinschaft. Im Juli 1929 verabschiedeten die Völkerbundstaaten das „Abkommen zur Verbesserung des Loses der Verwundeten und Kranken der Heere im Felde". Die Unterzeichner verpflichteten sich, die Bestimmungen dieses Abkommens „unter allen Umständen" zu beachten. Verstöße dagegen waren „mit Strafe zu belegen" (Artikel 29). Der Artikel 1 verlangte, daß Personen, die verwundet oder krank waren, „unter allen Umständen geschont und geschützt werden". Sie waren mit „Menschlichkeit zu behandeln und zu versorgen". Gegen „Beraubung und schlechte Behandlung" waren sie zu schützen (Artikel 3). Auch das gefangengenommene Sanitätspersonal stand unter dem besonderen Schutz der Konvention, weil in dessen Hand die medizinische Versorgung der Kranken und Verwundeten lag. Die Abzeichen und Personalausweise durften den Sanitätern nicht weggenommen werden, damit sie als Sanitätspersonal erkennbar waren (Artikel 21). Die Beerdigungen von in der Gefangenschaft Verstorbenen sollte „in ehrenvoller Weise" erfolgen, und es sollte sichergestellt werden, daß ihre Gräber jederzeit wiedergefunden werden konnten.

Die Gründe für die Mißachtung dieser Bestimmungen und das Massensterben der Kriegsgefangenen auf allen Seiten waren vielfältig. Der entscheidende Punkt war in allen Fällen die mangelhafte Vorbereitung für die Versorgung von Zehntausenden Kriegsgefangenen bei einem Massenanfall nach Kesselschlachten oder nach der Kapitulation von militärischen Großverbänden.

Die Überwachung der beiden Genfer Konventionen lag in den Händen der Internationalen Kommission vom Roten Kreuz (IKRK) in Genf. Um sicherzustellen, daß die Bestimmungen eingehalten würden, wurden während des Krieges und nach dem Krieg alle Kriegsgefangenenlager von Zeit zu Zeit besichtigt, die dem IKRK gemeldet worden waren. Für die Kontrollen war die Zustimmung der Gewahrsamsmacht nötig. Die Besuche mußten angemeldet werden. Verbesserungen in den Lagern waren in der Regel nur im Einvernehmen mit den Lagerbeauftragten zu erreichen. Das IKRK hatte keine Mittel, einen Gewahrsamsstaat zur strikten Einhaltung der Abkommen zu nötigen oder ihn bei Verstößen zu bestrafen. Alle Delegierten des IKRK waren Schweizer Staatsbürger. Ihre Zahl reichte nicht aus, um alle Brennpunkte zu erreichen. Wenn sich die Situation der Kriegsgefangenen in gewissen Lagern als besonders schlecht erwies, konnten die angemahnten Verbesserungen am ehesten bei mehrfachen Besuchen nach Rücksprache mit den Lagerkommandanten erreicht werden. Von Kriegsbeginn 1939 bis Ende 1947 absolvierten die Delegierten des IKRK insgesamt 11.175 Lagerbesuche, 4.400 Besuche galten nach dem Krieg den Lagern mit deutschen Kriegsgefangenen.[54]

Die Haager Landkriegsordnung und die beiden Genfer Konventionen waren nicht in allen Staaten, die am Zweiten Weltkrieg beteiligt waren, geltendes Recht. Beide Verträge waren zwar von Deutschland und seinen westlichen Kriegsgegnern ratifiziert worden, aber nicht von der Sowjetunion. Als Rechtsnachfolger des Russischen Reiches hatte der Kreml nach der Revolution die vom Zarenreich geleistete Unterschrift zur Haager Landkriegsordnung zurückgezogen. Die vertraglichen Bindungen sollten nach dem Willen des Politbüros nur gelten, wenn sie ausdrücklich von ihm bestätigt würden. Das war vollumfänglich nie der Fall. Die Genfer Verwundetenkonvention und die Genfer Kriegsgefangenenkonvention, beide von 1929, wurden von der Sowjetunion, die damals bereits seit elf Jahren bestand, nicht unterzeichnet. Es gibt keinen Befehl Stalins, der die Rote Armee verpflichtete, die beiden Abkommen zu beachten. Der Artikel 82 der Kriegsgefangenenkonvention wurde ignoriert, der die Bestimmungen auch für die kriegführenden Staaten als verbindlich vorschrieb, die nicht Vertragspartei waren. Die Martenssche Klausel der HLKO, die die Staaten zur Einhaltung der unter gesitteten Völkern feststehenden Gebräuche, der Gesetze der Menschlichkeit und der Forderungen des öffentlichen Gewissens aufforderte, band für die Sowjetunion allein das Zarenreich und war ohne Verpflichtung für die Rote Armee.

Im Unterschied zum russischen Kriegsschauplatz und zum Balkan wurden auf den westlichen und südlichen Kriegsschauplätzen die Bestimmungen des Kriegsvölkerrechts bis Ende 1944 von den Kriegsparteien (Deutsches Reich, Italien, Frankreich, Großbritannien, USA) im großen und ganzen beachtet. Trotz mehrfacher Rechtsverstöße der Fronttruppen auf beiden Seiten und der Übergriffe der Partisanen hielten sich die Kriegsgegner an das Kriegsvölkerrecht. Die 700.000 deutschen Kriegsgefangenen, die bis Ende 1944 in die Hand der Westalliierten gefallen waren, wurden ebenso korrekt behandelt und versorgt wie die von 1939 bis 1945 in deutsche Kriegsgefangenschaft geratenen 1,9 Millionen Franzosen, 180.000 Briten, 80.000 Amerikaner, 65.000 Belgier und 600.000 Italiener. Letztere galten ab Oktober 1943 als „Militärinternierte" mit uneingeschränkter Arbeitspflicht. Die Zahl der französischen Kriegsgefangenen sank bis Ende 1944 auf 940.000, weil viele von ihnen freigelassen oder im Rahmen der Relève gegen Zivilarbeiter ausgetauscht worden waren.

Vom Verhalten der im Süden, Norden und Westen Kämpfenden unterschied sich die Kampfweise Roten Armee. Die Wehrmachtuntersuchungsstelle registrierte Hunderte von Grausamkeiten an deutschen Soldaten, die in die Hände der Roten Armee gefallen waren.[55] Von den in Gefangenschaft Geratenen gab es keine Nachricht. Besonders rücksichtslos waren die Partisanen. Da sie ihrerseits keinen völkerrechtlichen Kombattantenstatus beanspruchen konnten, fühlten sie sich in ihrem Verhalten gegenüber deutschen Gefangenen und Verwundeten weder an das Völkerrecht noch an die Gebote der Menschlichkeit gebunden. Auf ihrer Seite kam es zu unvorstellbaren Völkerrechtsverletzungen gegenüber deutschen Soldaten. Partisanen machten grundsätzlich keine Gefangenen. Die Leichen von deutschen Gefangenen, die in die Hände der Partisanen gefallen waren, wiesen die grausamsten Verstümmelungen auf, wenn sie gefunden wurden.

Nach den Bestimmungen der Genfer Konvention waren die Staaten für die Kriegsgefangenen zuständig, in deren Gewalt sie geraten waren. Sie hatten die Ausfälle durch Krankheit und mangelnde ärztliche Versorgung zu verantworten. Für die registrierten deutschen Kriegsgefangenen soll sich gemäß Rüdiger Overmans folgendes Bild ergeben haben:

Gewahrsamsland	**Zahl der Kriegsgefangenen**	**Verluste absolut**	**Verlust in Prozent**
Frankreich	937.000	24.178	2,6
UdSSR	3.060.000	1.094.250	35,8
Ost- und Südosteuropa	289.000	93.028	32,2
Großbritannien	3.635.000	1.254	0,03
USA	3.097.000	5.802	0,2
sonstige	76.000	675	0,9
Summe	**11.094.000**	**1.219.187**	**11,0**

Diese Zahlen sind mit großer Vorsicht zu verwenden, erhält der Leser doch den fälschlichen Eindruck, die Sterblichkeitsrate deutscher Soldaten in westalliierter Gefangenschaft sei moderat bis gering gewesen. Etwas Wesentliches unterschlagen diese Zahlen: Es handelt sich hierbei um offiziell registrierte Kriegsgefangene. Ihre Menge ist erheblich geringer als die Anzahl der deutschen Soldaten, die bis Kriegsende tatsächlich in die Hände der Alliierten fielen. Die Tatsache, daß sehr viele davon bei oder kurz nach der Gefangennahme ermordet oder – ohne Registrierung – in schnell errichtete Lager gesperrt wurden und dort durch Hunger, Krankheit, Verwundung oder Entkräftung den Tod fanden sowie an unbekanntem Ort verscharrt wurden, bleibt völlig unbeachtet. Auf diese vergessenen Opfer wird im Laufe der Darstellung noch näher eingegangen werden.

Laut den Angaben des Suchdienstes des Deutschen Roten Kreuzes ist das Schicksal von 1.300.000 deutschen Militärangehörigen ungeklärt, sie gelten als vermißt. Auf den Märschen in die Sammellager, während des Aufenthaltes dort und auf dem Transport in die verschiedenen Kriegsgefangenenlager starben diese Soldaten namenlos. Niemand registrierte ihre Namen. Auf den wochenlangen Märschen und Transporten in der Sowjetunion kamen bis zu 35 Prozent der Gefangenen ums Leben.

Obwohl für die Kriegsgefangenen die Staaten verantwortlich waren, die sie gefangengenommen hatten, wurden 140.000 deutsche Soldaten, die an der Ostfront gekämpft hatten, aber sich in den letzten Kriegstagen den Amerikanern oder Briten ergeben hatten, an die Sowjets ausgeliefert. 740.000 übergaben die Amerikaner den Franzosen zur Zwangsarbeit, darunter viele, die gerade aus den USA nach Europa gebracht worden waren. Dies alles geschah widerrechtlich.

Obwohl es bis heute zu keinem völkerrechtlich bindenden Friedensvertrag kam, mußten nach Ansicht des IKRK die deutschen Soldaten nach dem Ende der Kampfhandlungen aufgrund der bedingungslosen Kapitulation der Wehrmacht entlassen werden. Daß erst 1958 alle ehemaligen deutschen Soldaten zu Hause waren, zeigt, wie wenig die humanen Aspekte des Völkerrechts von den Siegermächten beachtet wurden, die eigentlich die Grundlage jeglichen rechtlichen Denkens und aller Völkerrechtsvereinbarungen sein sollten.

Die Erschießung von Kriegsgefangenen ist Mord. Dies gilt uneingeschränkt. Werden gefangengenommene Soldaten umgebracht, wenn sie schon in den Sammelstellen oder in den Kriegsgefangenenlagern sind, ist dies besonders verwerflich. An der Front ist die Gefangennahme für beide Seiten mit Risiken verbunden. Jeder Soldat, der seine Arme hebt, um anzuzeigen, daß er waffenlos ist, muß damit rechnen, auf der Stelle niedergestreckt zu werden. Er gilt dann als „im Kampf erschossen". Der Streß und die Erregung in verlustreichen Gefechten ließ dies auf allen Seiten oft geschehen. In den USA sind solche Szenen in Filmen und TV-Serien über den Zweiten Weltkrieg zu sehen, zum Beispiel in dem Film „Save Private Ryan" (dt. „Der Soldat James Ryan"). In einer Szene werden deutsche Soldaten, die mit erhobenen Armen aus einem Bunker herauskommen, reihenweise erschossen. Bei der Vorführung solcher Bilder sollen Zuschauer in amerikanischen Kinos gejubelt haben. Jubel über Morde! Für Soldaten, die Feinde gefangennehmen und sie nach den Regeln des Kriegsvölkerrechts behandeln wollen, beginnen die Probleme unmittelbar nach der Gefangennahme, wenn es gilt, sie zu den Gefangenensammelstellen zu bringen. Mit jeder Person, die zu diesem Zweck eingesetzt wird, schwächt die Einheit, die sich gesetzeskonform verhält, ihre Kampfkraft, vor allem, wenn es sich um kleine Gruppen handelt. Das Problem entfällt, wenn die Gefangenen auf der Stelle erschossen werden. Diese Lösung wurde auf allen Seiten gelegentlich bevorzugt. Da werden Soldaten zu Mördern. Bei Stoßtruppunternehmungen, an denen nur wenige Soldaten teilnehmen, ist die Rückführung von Gefangenen nahezu unmöglich. Eine Rückkehr zu den eigenen Linien ist mit Kriegsgefangenen ausgeschlossen. Bei solchen Unternehmungen wurde in der Regel auf beiden Feindseiten nur selten jemand gefangengenommen, und zwar nur wenn es galt, Informationen über die gegnerische Seite zu erhalten. In der Zahl der Gefallenen aller kriegführenden Nationen verbirgt sich eine unbekannte Menge Männer, die sich gefangennehmen lassen wollte, aber dabei umgebracht wurde.

Morde am laufenden Band

Von den Alliierten wurde häufig ein Unterschied gemacht zwischen Angehörigen der Wehrmacht und Angehörigen der Waffen-SS. Letztere wurden zu Tausenden erschossen, nachdem sie in ihre Hand gefallen waren. SS-Männer galten als eingefleischte Nationalsozialisten und als fanatische Kämpfer. Sie waren für die Alliierten keine „Soldaten wie andere auch". Briten und Amerikaner hatten bereits bei der Invasion im Juni 1944 festgelegt, diesen Personenkreis nicht zu schonen. Während der Invasionsschlacht fanden deutsche Soldaten bei alliierten Kriegsgefangenen entsprechende Befehle.[56] Als Oberbefehlshaber der 3. Armee wiederholte General George W. Patton den Befehl, den er als Befehlshaber der 7. Armee in Italien gegeben hatte, keine Gefangene aus der Waffen-SS zu machen. An den Fronten, an denen Waffen-SS-Verbände kämpften, waren die Verluste der Gegner in der Regel besonders groß. Die Erschießung gefangener SS-Soldaten stellte auch eine Art Vergeltung für den eigenen Blutzoll dar. Nachdem die angebliche Erschießung amerikanischer Kriegsgefangener durch Waffen-SS-Einheiten während der Ardennenoffensive bei Malmedy im Dezember 1944 in den US Medien als unerhörter Verstoß gegen das Kriegsvölkerrecht angeprangert worden war, gaben mehrere amerikanische Divisionskommandeure den Befehl, SS-Männer, die sich ergeben wollten, nicht zu schonen. SS-Angehörige, die sich bei der Kapitulation von Wehrmachteinheiten unter den Gefangenen befanden, sollten abgesondert werden.

Aus drei Kampfdivisionen der US Army ist der Befehl bekannt, den Soldaten der Waffen-SS kein Pardon zu geben: Der Kommandeur der 328. US-Infanteriedivision befahl am 21. Dezember 1944 in Befehl Nr. 27 für den nächsten Tag: „No SS troops or paratroopers will be taken prisoners, but will be shot on sight." (Weder Soldaten der Waffen-SS noch Fallschirmjäger werden gefangengenommen, sondern nach Erkennen erschossen.)[57] Den gleichen Befehl muß es in der 11. US-Panzerdivision gegeben haben, denn am 27. Dezember 1944 wurden bei Chenogne 21 deutsche Soldaten erschossen, die mit einer weißen Fahne aus einem brennenden Haus kamen.[58] Am 29. Dezember 1944 wurden auf Befehl der Divisionsführung der 11. US-Panzerdivision „sixty miserable lice-ridden prisoners" der Waffen-SS auf einem freien Feld erschossen, nachdem sie zum angeblichen Malmedy-Massaker befragt worden waren.[59] Am 1. Januar 1945 wurden bei Manhay 60 Waffen-SS-Angehörige von Soldaten des 36. US-Panzerinfanterieregiments nach ihrer Gefangennahme „in cold blood" (kaltblütig) erschossen. General Patton schrieb in sein Tagebuch: „Ich hoffe, wir können das verheimlichen."[60]

Erst wenn deutsche Soldaten ein westalliiertes Gefangenenlager erreichten, durften sie sich in relativer Sicherheit fühlen. Bis zu ihrer Registrierung konnten sie jederzeit umgebracht werden, ohne daß jemand davon Notiz nahm. Dann wurden sie in Deutschland als „Vermißte" geführt. Ernest Hemingway, der als Kriegsberichterstatter und Offizier des Geheimdienstes OSS im Range eines Hauptmanns an der Besetzung Frankreichs nach der Invasion teilnahm, rühmte sich, in dieser Zeit 122 „Krauts" umgebracht zu haben, bevor sie ins Sammellager kamen.[61] Zwei Fälle schilderte er genauer: „Einmal habe ich einen rotzigen SS-Kraut (snotty SS-kraut) gekillt, der, als ich ihm sagte, daß ich ihn umlege, wenn er mir nicht seine Wegemarkierungen (his escape route signs) verrate, erwiderte: Du wirst mich nicht umbringen, weil du Angst hast und weil ihr eine degenerierte Mischrasse seid. Außerdem wäre es gegen die Genfer Konvention. Bruder, da irrst du dich aber, sagte ich und schoß ihm dreimal in den Bauch und schoß ihm dann, als er in die Knie sackte, eins oben drauf, so daß sein Hirn aus dem Mund kam und aus der Nase."[62] In einem anderen Brief schilderte Hemingway, wie er einem einzelnen deutschen Soldaten, der nicht älter war als sein Sohn Patrick, in den Rücken schoß, als dieser auf dem Fahrrad fliehen wollte.[63]

Niemand weiß, wie oft das vorkam, was Hemingway tat. Erst nach der Registrierung im Kriegsgefangenenlager galten die Überlebenden offiziell als „Kriegsgefangene" und konnten erwarten, nach der Genfer Kriegsgefangenenkonvention behandelt zu werden. Erst dann durften sie, wenn alles mit rechten Dingen zuging, den Angehörigen mitteilen, daß sie in Gefangenschaft geraten waren.

Auch noch auf deutschem Boden wurden viele Kriegsgefangene von den alliierten Truppen umgebracht. Die Gründe blieben meistens unbekannt. Oft spielten Rache für dem Nationalsozialismus zugeschriebene Untaten oder Vergeltung für wirkliche oder vermeintliche Übergriffe der Wehrmacht die Hauptrolle: Am 30. März 1945 mußten mehr als hundert deutsche Soldaten als Vergeltung für den Tod eines amerikanischen Generals sterben. An diesem Tag fand südlich von Paderborn die letzte große Panzerschlacht des Zweiten Weltkriegs auf europäischem Boden statt. Deutsche Panzerverbände aus Sennelager gingen zwischen Borchen und Dörenhagen in Stellung gegen die Sturmtruppen der 1. US-Armee, die am 20. März ihren Vormarsch aus dem Brückenkopf Remagen gestartet hatten. Am 29. März legte die 3. US-Panzerdivision an einem Tag 150 Kilometer bis kurz vor Paderborn zurück. Während sich dort der deutsche Widerstand versteifte, schwenkte ein Teil des Verbandes nach Norden ab und schloß den Kessel um das Ruhrgebiet 50 Kilometer westlich von Paderborn bei Lippstadt. Hauptmann Wolf Koltermann, Führer der 3. Kompanie der schweren Panzerabteilung „Truppenübungsplatz Senne" erwartete mit zwölf Panzern und minimalen Treibstoffreserven im Süden von Paderborn den Angriff der Amerikaner. Am 30. März kam es zu dem erwarteten Gefecht, in dessen Verlauf die Deutschen 21 „Sherman"-Panzer und etwa 20 weitere gepanzerte Fahrzeuge vernichteten. Die überlegenen „Königstiger" schossen mit ihren langen 8,8 cm-Kanonen den „Sherman"-Panzern die Türme von den Wannen und stoppten für gut 36 Stunden den Vormarsch. Generalmajor Maurice Rose, Kommandeur der 3. US-Panzerdivision, wollte sich selbst ein Bild von der Gefechtslage machen und begab sich in die vorderen Linien. Dabei geriet er mit seinen Begleitern in zwei Jeeps und einem Schützenpanzer an der Abzweigung nach Schloß Hamborn direkt vor die gerade abziehenden deutschen „Königstiger". Einer von ihnen versperrte den Weg und richtete die Kanone auf die Amerikaner. Aus der Turmluke forderte der deutsche Panzerkommandant die Gegner auf, ihre Waffen wegzuwerfen und sich zu ergeben. Roses Begleiter folgten der Aufforderung. Als der Divisionskommandeur seine Pistole aus der Ledertasche am Gürtel hervorholen wollte, glaubte der Deutsche, er wolle die Waffe ziehen, und schoß mit der Maschinenpistole auf ihn. Von drei Kugeln getroffen, war Rose sofort tot war. Seinen Begleitern gelang die Flucht. Sie meldeten den Vorfall. Die Deutschen hatten Rose nicht als General erkannt, ließen die Taschen mit den Geheimdokumenten liegen und zogen ab.

Rose, Sohn eines Rabbi, war bei seinen Soldaten als Draufgänger bekannt. Sein Spitzname war „Big Six". Er starb als elfter US-General auf dem europäischen Kriegsschauplatz. Die Rache der Amerikaner war fürchterlich. In blinder Wut erschossen sie mehr als 100 deutsche Kriegsgefangene, darunter Angehörige der Hitler-Jugend und alte Volkssturmmänner. Hinter dem Friedhof in Etteln kamen 27 durch Genickschuß um; 18 Erschlagene wurden in Dörenhagen hinter einer Hecke entdeckt; in Nordborchen wurden acht Deutsche erschossen; vier erschlagene deutsche Soldaten fand man in einem Steinbruch bei Henglarn. Bei den späteren Umbettungen wurden an zahlreichen weiteren Skeletten schwere Schädelverletzungen festgestellt. Es wird vermutet, daß noch heute auf beide Seiten der Straße zwischen Borchen und Dörenhagen Soldatengräber liegen. Viele Tote wurden damals einfach in Schützenlöchern oder Granattrichtern verscharrt.[64]

Der 15jährige Friedhelm Knorr fand Ende April 1945 tote SS-Männer in den Wäldern des nordwestlichen Oberharzes, Opfer des Kampfes um die Festung Harz, an dem auch das 330. Infanterieregiment der 83. US-Infanteriedivision beteiligt war, das kein Pardon gab. In Altenau im Oberharz erschossen die Amerikaner deutsche Soldaten, die bereits die Waffen weggeworfen und sich ergeben hatten. 17 SS-Soldaten wurden bei Oderbrück im Harz mit Genickschuß umgebracht, nachdem sie sich ergeben hatten. Fünf Hitlerjungen hingen an einem Baum, totgeprügelt von den US-Soldaten. Am 15. April kamen bei Harkerode im Südharz 16 Hitlerjungen in Gefangenschaft. Sie wurden von US Soldaten in einen Steinbruch getrieben und dort erschossen. In Treseburg im Bodetal (Harz) nahmen die alliierten Soldaten am 18. April 1945 vierzehn Sühnegefangene, darunter elf Hitlerjungen. Sie wurden in Richtung Allrode in den Wald geführt und mit Genickschüssen getötet. Es scheint, daß diese Morde an Jugendlichen aus der durch die US-Propaganda geschürten Angst vor „Werwölfen" begangen wurden.

Am 25. Januar 1945 ergab sich eine deutsche Kampfgruppe im Schloß Nennig/Saar; alle Angehörigen wurden von Soldaten der 94. US-Infanteriedivision in einen nahe gelegenen Hohlweg getrieben und von hinten erschossen. Am 9. April 1945 erschossen amerikanische Truppen auf dem Gut „Auf der Horst" in Flierich im Kreis Unna zwei deutsche Soldaten, die sich dort versteckt hatten. Die Leichen wurden von den Amerikanern weggefahren. Zwei gefangene Flaksoldaten wurden auf der Fahrt nach Hertingshausen im Hessischen auf dem Kühler eines Jeeps hinterrücks erschossen.[65] Die Leichen der von den Amerikanern in der Burg Heid bei Lampaden im Hunsrück umgebrachten deutschen Kriegsgefangenen wurden mit unbekanntem Ziel abtransportiert. Es handelte sich um ein Dutzend SS-Soldaten, die beim Verlassen des Gebäudes erschossen worden waren. Bei der Säuberung der Gegend um Heilbronn erlitten die US-Truppen schwere Verluste. Am 10. April 1945 meldete der SS-Hauptsturmführer Beutner der Division „Götz von Berlichingen", in Willenbacherhof im Landkreis Heilbronn seien zehn bis 20 verwundete Divisionsangehörige nach der Gefangennahme durch die Amerikaner erschossen worden. Die Einwohner von Herbolzheim entdeckten sieben SS-Männer, die nach der Gefangennahme mit Kopfschüssen umgebracht worden waren. In Kressbach bei Tübingen wurden sechs gefangene SS-Männer in einen Schuppen geführt und durch Genickschuß getötet.

Im Bereich der 42. Infanteriedivision, der so genannten „Regenbogendivision", in der auch Sträflinge zur Bewährung dienten, wurden besonders viele Deutsche umgebracht. Zu ihren Opfern gehörten auch bis zu 200 Soldaten der 17. SS-Panzergrenadierdivision „Götz von Berlichingen", die in der Nacht zum 21. April 1945 bei den Kämpfen um Nürnberg in Gefangenschaft gerieten. Ein Bericht sagt: „Auch in der Nacht zum 21. April ging der Kampf mit unverminderter Heftigkeit weiter. Das Polizeipräsidium war gefallen, und als auch das Feuer aus dem Palmenhof-Bunker schwieg, erlosch der Kampf gegen Abend des 21. April in Richtung Unschlittplatz. Im Bereich der Färberstraße dauerten die Kampfhandlungen noch bis zum Morgen des 22. April an. Das I. Bataillon des SS-Panzergrenadierregimetes 38 hatte aufgehört zu bestehen. Kleinen

Gruppen gelang es, sich durch die amerikanischen Linien, teils ohne, teils mit Waffengewalt durchzuschlagen. Nur wenige Männer gerieten unverwundet in Gefangenschaft, die Masse war gefallen oder verwundet. In einigen Fällen wurden verwundete deutsche Soldaten nach ihrer Gefangennahme erschossen oder erschlagen." Ein Gräberkommando aus deutschen Kriegsgefangenen begrub sie. Sie bezeugten, daß eine Reihe Toter zertrümmerte Schädel oder Einschußlöcher im Hinterkopf hatte. Die meisten trugen an der Uniform den Ärmelstreifen „Götz von Berlichingen". Einige Jahre später wurde die Leiche des Führers des I. Bataillons, SS-Hauptsturmführer Kukula, exhumiert und identifiziert.[66]

So kurz vor dem Kriegsende waren solche Fälle besonders verwerflich, weil die Amerikaner die Gefangenen ungefährdet zu den Gefangenensammelstellen bringen konnten. Sie befanden sich in keiner kritischen militärischen Lage und hatten genügend Personal dafür.

Nahe Geismar auf dem Eichsfeld fanden zwei namentlich bekannte Soldaten den Tod, nachdem sie in einem Keller aufgespürt worden waren. In Offenhausen bei Hersbruck erschossen amerikanische Soldaten drei junge Angehörige der Waffen-SS, nachdem sie bereits einen Tag und eine Nacht in Gefangenschaft gewesen waren. Auf dem Gemeindefriedhof von Lampoldshausen am Kocher wurden nach dem Krieg sechs Soldaten begraben, die am 13. April 1945 in einen Jeep steigen mußten und am Waldstück Fuchsberg erschossen wurden. In Waldhausen bei Aalen töteten amerikanische Truppen am 11. Januar 1945 zehn SS-Soldaten nach der Gefangennahme. Nach den Kämpfen bei Hermersberg in der Südwest-Pfalz wurden am 11. April 1945 tote Landser mit Drahtschlingen um den Hals gefunden; andere Soldaten waren mit Spaten totgeschlagen worden. Alle Leichen waren ausgeplündert. Einigen war der Ringfinger abgeschnitten, um schneller an die Eheringe zu kommen. Am Feuersee in Orlach bei Braunsbach im Landkreis Schwäbisch Hall wurden drei gefangene deutsche Soldaten erschossen. Am Osterdienstag 1945 wurden in Tiefenbach im Oberen Bayerischen Wald drei Angehörige der Waffen-SS von Amerikanern durch das Dorf geführt und am Ortsende ermordet. Weil ein Unteroffizier sich nach der Gefangennahme bei der Vernehmung weigerte, mehr zu sagen als seinen Namen und seinen Dienstgrad – was völkerrechtlich korrekt war –, wurde er beim Zollhaus Erching bei Hallbergmoos, wo heute der Franz-Joseph-Strauß-Flughafen liegt, erschossen. In Eggstätt bei Endorf im Kreis Rosenheim wurden auf dem dortigen Staatsgut unter den Bombenevakuierten deutsche Soldaten entdeckt, die dort Unterschlupf gefunden hatten.

Keiner von ihnen hatte eine Waffe. Ein amerikanischer Offizier wählte zwei junge SS-Männer aus, die sich vor den Augen der Zivilisten Grablöcher schaufeln mußten. Bevor sie fertig waren, schossen die Amerikaner die 17jährigen mit ihren Maschinenpistolen zusammen. Beide waren verwundet und schrien immer wieder „Mutter! Mutter!" In Bernbach im Kreis Günzburg wurden zwei deutsche Gefangene von den Amerikanern ermordet und in Kleinweil an der Loisach im oberbayerischen Alpenvorland zwei deutsche Gefangene an einer Hauswand erschossen. In Katzberg, Kreis Cham, fanden zwei unbekannte SS-Angehörige den Tod. Am 26. April 1945 erschlugen amerikanische Soldaten den schwer verwundeten Unteroffizier Georg Hachmann, der in Thenried, Kreis Kötzting, begraben wurde. Mit einem Genickschuß endete am 20. April 1945 das Leben eines unbekannten SS-Oberscharführers der 30. Waffen-Grenadierdivision der SS (weißruthenische Nr. 1). Am 3. Mai erschossen die Amerikaner sechs Führer und Unterführer des Hauptzeugamtes der Waffen-SS, dessen Personal sich in St. Georgen bei Traunstein ergeben hatte, im Garten der Ortspfarrei von Stein an der Traun. Die Leichen blieben drei Tage unbeerdigt liegen und wurden dann heimlich von den Ortsbewohnern im nahe gelegenen Wald in einem Bombentrichter verscharrt.[67]

Zu den wehrlosen Opfern der Amerikaner auf ihrem Vormarsch durch Deutschland auf dem Weg zur vermeintlichen Alpenfestung gehörten auch Zivilpersonen, die irgendwie das Mißfallen der Amerikaner erregt hatten.

In Dingolfing erschossen die Amerikaner den Schuhgeschäftsinhaber Michael Kronbeck in einer Parkanlage. In Freising wurde der Kaufmann Josef Biesendorfer mit Gewehrkolben zusammengeschlagen, in einen Jeep gezerrt und in den Isarauen „auf der Flucht erschossen". Das gleiche passierte dem Werkmeister Johann Hobmaier, dessen Leiche man erst nach 17 Tagen fand.[68] Der in Moosbach bei Grafing wohnhafte Albert Georg Schörner wurde aus unbekanntem Grund im Wald erschossen. In Waldbach im Kreis Öhringen wurde die Bäuerin Gurr mit ihren Kindern im Obstgarten erschossen, offenbar, weil die Kinder abfällige Bemerkungen über eine Ami-Dirne gemacht hatten. Die Leiche des Lehrers Buhr aus Prezier bei Lüchow, der von vier Amerikanern am 19. April 1945 abtransportiert worden war, fand man am nächsten Morgen tot auf einem Feldweg. In Uschlag wurden Sophie Witzel und Anna Dümer von den Amerikanern in einem Bunker, in dem die Frauen mit ihren Kindern Zuflucht gefunden hatten, erschossen. Im niederbayerischen Landkreis Pfarrkirchen wurden Josef Eiben aus Siebenbach am Inn und Josef Hofbauer aus Hirschbach festgenommen und interniert. Beide wurden von amerikanischen Offizieren umgebracht. Die Leiche Hofbauers wurde später im Wald verscharrt entdeckt. In Kreuzberg rückten die Amerikaner am 25. April 1945 ein und nahmen den Bauer Josef Atzinger fest, sperrten ihn gemeinsam mit dem Lehrer im Schulhauskeller ein und erschossen ihn in der Sandgrube unterhalb des Ortes, weil er Mitglied der Allgemeinen SS war. In Traßheim bei Ruderting erschossen die Amerikaner den 17jährigen Fritz Hemmrich und den zufällig des Weges kommenden Alois Kaufen. In Oberndorf töteten sie den Bauern Stadlen und in Tittling bei Passau den Bürgermeister Karl Bottlen. Die Frau und die vier Kinder des Ermordeten durften erst am 14. Tag die Leiche begraben. In Hengersberg erschossen die Amerikaner den Bürgermeister Bruckmüller samt seiner Frau, seine zwei schulpflichtigen Kinder und einen Metzgergesellen, der sich auf dem Bauernhof befand. In Rosenheim erschossen die Amerikaner den kriegsversehrten Franz Sigl, in Roggenstein, Kreis Vohenstrauß, den Bürgermeister Anton Wolf. In Erding wurde der Brauereibesitzer Peter Gebhardt von den Amerikanern erschossen. In Vilshofen wurden fünf Bürger durch die Amerikaner ermordet. Sie waren von einem ehemaligen KZ-Insassen denunziert worden. Diese Morde schadeten dem Ansehen der US-Streitkräfte in dem Ort, die ursprünglich als Befreier willkommen geheißen worden waren. Das „Straubinger Tageblatt" veröffentlichte am 17. September 1951 einen Bericht über das Geschehen.[69]

Zu den Zehntausenden Soldaten, die nach der Kapitulation der Wehrmacht von den Amerikanern widerrechtlich an die Sowjets ausgeliefert worden waren, gehörte auch E. Schamp. In der Nähe von Mauerkirchen-Altheim bei Braunau/Inn auf Wiesen zusammengetrieben, wurden seine Kameraden und er am 30. April von amerikanischen Soldaten einer Panzereinheit von Uhren, Ringen, Geld und Stiefeln befreit. Anfang Mai folgte die Verlegung der ausgeplünderten Gefangenen nach Altheim. Die Sonne brannte, als der Zug in Sechserreihen dahintrottete. Durst quälte die Männer. Als mitleidige Einheimische Wasser reichen wollen, sprangen die Bewacher aus ihren Jeeps, schütteten das Wasser vor die Füße der Gefangenen und stülpten ihnen die Eimer über die Köpfe. Bald nach diesem Zwischenfall fielen die ersten Schüsse. Sie galten denen, die nicht mehr weiterkonnten.

Ähnliche Erfahrungen machten die Angehörigen der 3. SS-Panzerdivision „Totenkopf", Reste von anderen Einheiten und Zivilisten, die in der Nähe von Pregarten im Mühlviertel kampierten und froh waren, den Sowjets entkommen und in vermeintlicher Sicherheit bei den Amerikanern zu sein. Am 14. Mai 1945 erhielt die 11. US-Panzerdivision den Befehl, sie den Sowjets auszuliefern. Den Gefangenen wurde ein Marsch nach Linz angekündigt: in Blöcken von 500 Mann, SS-Führer vorneweg; jeder Fluchtversuch werde durch gezielte Schüsse vereitelt. Als es losging, schoben sich zwischen die Marschblöcke Panzer mit aufgesessenen Schützen. Sie bestimmten das Tempo. Als die Kriegsgefangenen merkten, daß es nicht nach Linz, sondern in Richtung Rote Armee ging, häuften sich die Fluchtversuche. Es kam, wie sich ein Überlebender erinnerte, zu einem großen Schießen, von dem die Welt bis heute noch nichts erfahren hat. Ein anderer überlebender Zeuge berichtete: „Auch Kameraden, die auf dem Marsch infolge Verwundung, Krankheit oder Schwäche aus der Kolonne ausscherten oder zurückblieben, wurden von der Wachmannschaft erschossen." Ein dritter erzählte: „Wer den Sprung in den Straßengraben wagte, um zu fliehen, wurde niedergeknallt." Der Kommandeur der 11. US-Panzerdivision berichtete anschließend, daß insgesamt 34.125 Mann an die Sowjets ausgeliefert worden seien. Von ihnen erreichten nur 2.000 das Lager Odessa in sowjetischer Kriegsgefangenschaft. Es ist unbekannt, wie viele Männer Erschießungsopfer der Amerikaner und wie viele Hungeropfer der Sowjets waren. Feldmarschall Douglas McArthur gehörte zu den wenigen höheren Offizieren der US Army, die sich schämten, daß die USA Hunderttausende deutscher Kriegsgefangener den Sowjets unter Verletzung jedes humanitären Prinzips und aller Traditionen zur Hinrichtung oder zur Sklavenarbeit auslieferten.[70]

Die Liste der amerikanischen Kriegsverbrechen, begangen an wehrlosen Deutschen, ist sehr lang. Tausende starben durch die Hand amerikanischer Soldaten. Die folgenden 369 registrierten Fälle ereigneten sich innerhalb eines Monats. Die amerikanischen Truppenteile, die sie zu verantworten hatten, sind ebenso festgehalten wie der Ort des Geschehens. In keinem einzigen Fall wurde gegen die Mörder ermittelt, weder nach der Tat noch später.

Datum	**Ort**	**US-/UK-Verband**	**Opfer**
21. März	Pfälzer Wald	7. US-Armee	15 Kriegsgefangene
30. März	südl. Paderborn	3. US-PzDiv	57 Kriegsgefangene
1. April	Istha	9. US-PzDiv	1 Kriegsgefangener
2. April	Neuenbeken	3. US-PzDiv	2 Schwerverwundete
5. April	Heiligenrode	2. US-PzDiv	2 Zivilpersonen
6. April	Tietelsen	3. US-PzDiv	13 Kriegsgefangene

7. April	Struth	65. US-InfDiv	1 Zivilperson
7. April	Karlshafen	3. US-PzDiv	6 Kriegsgefangene
7. April	Beverungen	1. US-PzDiv	9 Kriegsgefangene
8. April	Lauenförde	1. US-PzDiv	20 Kriegsgefangene
8. April	Rehburg	11. UK-PzDiv	15 Kriegsgefangene
8. April	Lippoldsberg	104. US-InfDiv	1 Kriegsgefangener
9. April	bei Göttingen	104. US-InfDiv	13 Kriegsgefangene
9. April	Steimke	11. UK-PzDiv	1 Schwerverwundeter
10. April	Rinteln	102. US-InfDiv	2 Schwerverwundete
10. April	Osterode	3. US-PzDiv	6 Kriegsgefangene
11. April	Erfurt	80. US-InfDiv	46 Kriegsgefangene
12. April	Kelbra/Kyffh.	3. US-PzDiv	2 Verwundete
12. April	Bad Frankenhausen	2. US-PzDiv	ca. 15 Kriegsgefangene
14. April	Osterwieck	poln./amerik. Einh.	16 Verwundete
14. April	Ilfeld	104. US-InfDiv	1 Kriegsgefangener
15. April	Annarode	3. US-PzDiv	40 Kriegsgefangene
15. April	Harkerode	3. US-PzDiv	16 Kriegsgefangene
16. April	Walsrode	7. US-PzDiv	7 Kriegsgefangene
19. April	Thale	9. US-InfDiv	10 Kriegsgefangene
19. April	Treseburg	9. US-InfDiv	14 Kriegsgefangene
20. April	Wienrode	1. US-InfDiv	7 Kriegsgefangene
20. April	Westerhausen	8. US-PzDiv	10 Kriegsgefangene
20. April	Schmallenberg	99. US-InfDiv	1 Kriegsgefangener
22. April	Schierke	8. US-PzDiv	2 Kriegsgefangene
23. April	Oker	8. US-PzDiv	1 Kriegsgefangener
26. April	Vahrendorf	7. US-PzDiv	17 Verwundete
			369 Ermordete [71]

Die folgenden Gruppenerschießungen sind in der Aufstellung nicht enthalten.

Ermordung von 24 deutschen Soldaten in Spitze am 14. April 1945

Der kleine Ort Spitze nordöstlich von Bergisch Gladbach war im Laufe des 13. April 1945 von fast allen Seiten durch Einheiten der 97. und 78. US-Infanteriedivision eingeschlossen worden. Eine vorher dort gelegene deutsche Flakbatterie war abgezogen, aber ein deutsches 8,8 cm-

Geschütz hatte an der Straßengabelung bei Spitze Stellung bezogen. Eine Panzersperre aus Baumstämmen versperrte den Zugang zum Ort. Am Abend des 13. April kamen aus Richtung Bergisch Gladbach einige US-Panzer, die von dem Geschütz unter der Leitung eines jungen Leutnants beschossen wurden, wobei mindestens ein Panzer vernichtet wurde. Die übrigen drehten ab. Nachts zogen sich die deutschen Soldaten mit ihrem Geschütz zurück. Die Einwohner von Spitze beseitigten die Panzersperre und hängten weiße Fahnen an den Häusern auf. Während der Nacht schossen US Panzer und Artillerie mehrfach in das Dorf und beschädigten mehrere Häuser. Die Ortsbewohner verbrachten die Nacht im Keller.

Um 6 Uhr morgens am 14. April stürmten US-Panzer den Ort. Soldaten der Infanterie durchsuchten alle Häuser und trieben die Bewohner, darunter mehrere französische Fremdarbeiter, die bei den Bauern arbeiteten, zusammen. Aus dem Keller einer Gaststätte holten sie 20 Flaksoldaten und Polizisten, darunter einen Offizier, die aber nichts mit der Aktion des Vortages zu tun hatten, sondern im Ort das Kampfende abwarten wollten. Nach der Aussonderung der Fremdarbeiter standen die Deutschen längere Zeit mit erhobenen Händen vor den amerikanischen Soldaten an der Wand der St. Jakobus-Kapelle. Die Franzosen redeten beschwichtigend auf die Amerikaner ein, erzählten von der guten Behandlung durch ihre Arbeitgeber und bestritten die Teilnahme der Gefangenen an der Verteidigung der Straßengabelung am gestrigen Tag.

Schließlich wurden die Gefangenen auf der Straße in Richtung Bergisch Gladbach weggeführt. Man befürchtete nichts Schlimmes. Einige hundert Meter weiter schwenkte die Gruppe rechts auf eine Wiese, mußte sich in einer Reihe aufstellen und wurde durch MG-Feuer niedergemäht, der deutsche Offizier, der etwas abseits stand, als letzter.

Zwei Tage später befahl ein US-Offizier den Ortsbewohnern, die Leichen zu bestatten. Durch die Sorgfalt des Pfarrers, der für jeden Toten in einem Beutel Erkennungsmarken, Papier und Wertsachen getrennt sicherte, konnten die Ermordeten zunächst in einem Reihengrab, später in würdigen Einzelgräbern auf dem Dürscheider Friedhof beigesetzt werden. Dazu kamen noch einige Tote, die man in den nächsten Tagen fand.

Als ein Bürger aus der Nähe des Ortes ab 1961 wiederholt die Staatsanwaltschaft, den Justizminister von Nordrhein-Westfalen und den Petitionsausschuß des Deutschen Bundestages um die Bestrafung der Schuldigen ersuchte, gaben die US-Justizbehörden die Antwort, es lasse sich nicht mehr mit hinreichender Sicherheit feststellen, welche US-Einheit damals bei Spitze eingesetzt war und für das Massaker verantwortlich gewesen sein könnte. Daß dies eine Ausrede war, beweist der Heimatkalender für Bergisch Gladbach aus dem Jahr 1995, der in Übersetzung die täglichen „After-Action-Reports", praktisch das Kriegstagebuch, der dort kämpfenden US-Truppen mit genauen Ortsangaben zitierte.

Am Karfreitag, dem 14. April 1995, wurde unter großer Anteilnahme der Bevölkerung ein Gedenkstein zur Erinnerung an dieses Massaker neben der St. Jakobus-Kapelle aufgestellt, finanziert durch eine Geldsammlung in der Umgebung. Der schlichte Stein trägt ein Kreuz, das dem Eisernen Kreuz nachempfunden ist, und die sehr zurückhaltende Inschrift: „Zum Gedenken an jene 24 Soldaten, die hier in Spitze am 14. April 1945 ihr Leben lassen mußten. St. Jakobus, bitte für sie! Spitzer Dorfgemeinschaft 1995."

Bis zu 48 ermordete Soldaten in Jungholzhausen am 14. April 1945

In der zweiten Aprilwoche des Jahres 1945 stieß die als „Gangster-Division" berüchtigte 63. US-Infanteriedivision von Westen gegen das württembergische Hohenlohe vor. Sie hatte ihren Namen zu Recht. Nach der Eroberung von Hermersberg in der Südwestpfalz am 11. April fand man tote Landser mit Drahtschlingen um den Hals. Ein Augenzeuge erzählte, daß einige deutsche Soldaten dort nach der Gefangennahme ihre Gräber schaufeln mußten, bevor sie mit dem Spaten totgeschlagen wurden.[72] In dem Dorf Jungholzhausen bei Langenburg im Kreis Schwäbisch Hall richtete sich am 12. April eine SS-Jägerkompanie aus Leoben in der Steiermark zur Verteidigung des Ortes ein. Am Sonntag, dem 15. April, fand am frühen Abend um das Dorf und im Dorf ein heftiger Infanteriekampf statt, den die K-Kompanie des 254. US-Infanterieregiments für sich entschied. Die Amerikaner nahmen eine größere Zahl von Deutschen gefangenen, vorwiegend Heerespioniere und SS-Männer. Die Sieger schlugen ihr Hauptquartier im Haus des Bürgermeister Baumann auf, dessen Familie in den Keller geflüchtet war. Vom Kellerfenster aus sah der 15jährige Jörg Baumann, was die GIs am Abend des 15. April auf der Dorfstraße mit den deutschen Kriegsgefangenen anstellten. Er berichtete: „Die Amerikaner ließen die Deutschen immer in Vierergruppen mit erhobenen Händen vor sich laufen. Dann erschossen sie die Gefangenen mit ihren MPs von hinten in den Kopf. Mindestens einer der Ermordeten war Sanitäter und trug deutlich sichtbar eine Rote-Kreuz-Armbinde. Ich habe nichts verblümt", betonte der Zeuge als Bauer Jahre später. „Ich will sagen: So war es!" Pauline Baumann, Jahrgang 1929, die Tochter des Bürgermeisters, ergänzte: „Am anderen Tag lagen die Toten im ganzen Ort herum. Sie hatten keine Waffen. Alle waren von hinten erschossen". Auf Anordnung der Amerikaner sollte Bürgermeister Baumann die Leichen einsammeln lassen. Es handelte sich um 30 bis 60 Tote, wie die differierenden Zeugenaussagen lauten. Für das Massengrab war bereits ein Platz zugewiesen. Aber ein amerikanischer Offizier besann sich anders. Die Leichen wurden auf Lastwagen geladen und nach Bensheim abtransportiert.

Nachdem das geschilderte Verbrechen jahrzehntelang ungesühnt geblieben war, behandelte das „Haller Tageblatt" 1995 in einer Sonderausgabe den Fall. Der pensionierte US-Oberstleutnant George Finley, der in Hohenlohe lebte, war davon so erschüttert, daß er „höchste" Stellen in Washington über das Massaker informierte. Daraufhin befaßten sich im Herbst 1996 Beamte der Stuttgarter Dienststelle der amerikanischen Criminal Investigation Division mit dem Fall. Die Beamten hörten sich auch die Aussagen zweier ehemaligen Pioniere an, die von dem Massaker verschont geblieben waren. Der eine, Herbert Heßler, hatte sich dreieinhalb Tage in einem Backofen versteckt und konnte sich dann, von Einheimischen mit Zivilkleidern versehen, nach Hause durchschlagen. Der andere, Heinrich Weber, hatte sich beim ersten Schuß fallen lassen. An der Hüfte angeschossen, stellte er sich tot und schlug sich nach Einbruch der Dunkelheit durch die Front zu den deutschen Einheiten bei Wolpertshausen durch.

Die Untersuchungen der CID ergaben, daß sich von den 63 toten deutschen Soldaten mindesten 13 – vielleicht sogar bis 48 – ergeben hatten und schon entwaffnet waren, als sie erschossen wurden. Für die Erschießungen waren Angehörige der „K-Kompanie des 254. US-Infanterieregiments verantwortlich. Nach dem Wortlaut des amerikanischen Kriegstagebuches kam die amerikanische Einheit um 18.25 Uhr in Jungholzhausen an und nahm den Ort „nach einem sehr heftigen Kampf gegen eine Kompanie von 70 SS-Angehörigen" ein. Es seien 48 Deutsche getötet und 18 gefangengenommen worden. Im Laufe des Tages wechselte das Kommando über die Kompanie von Oberleutnant Harvey H. Carrow zu Hauptmann James R. Hyde. Das mache es schwer, die Verantwortung für den Vorfall festzulegen. Die deutschen Zeugen waren der Ansicht, daß weniger als zehn deutsche Soldaten beim Häuserkampf fielen. Die übrigen seien nach der Gefangennahme erschossen worden. Die amerikanischen CID-Agenten nahmen die Zeugenaussagen auf und schickten sie in die USA. Von Untersuchungen gegen die am Massaker beteiligten US-Soldaten wurde nichts bekannt.[73]

Brutal ermordete deutsche Soldaten in Lippach am 22. April 1945

In Lippach, einem Dorf nordöstlich von Lauchheim im württembergischen Ostalbkreis, nahmen auf dem Rückzug befindliche deutsche Truppen für einige Tage Quartier, bevor sie nach Süden abzogen. Am 21. April 1945 kam als Nachhut eine rund 300 Mann starke Einheit der Waffen-SS und bezog eine Verteidigungsstellung am Ortsrand und im vorgelagerten Gelände. Es waren junge Angehörige der Waffen-SS, mit wenigen Ausnahmen erst 17 und 18 Jahre alt. Die meisten waren erst kurz zuvor in die Garnison Ellwangen eingezogen worden.

Am Sonntag, dem 22. April, rollten etwa 80 „Sherman"-Panzer aus Richtung Ellwangen auf Lippach zu. Sie schossen angesichts des Widerstands elf Wohnhäuser, Stallungen und Scheunen in Brand, wobei 80 Stück Vieh mit verbrannten.

Da erkannten die Offiziere der Waffen-SS-Einheit, daß die Übermacht für die jungen unerfahrenen Soldaten viel zu groß war, und setzten sich mit ihren Männern nach Süden ab. Leider gelang es nicht allen, sich in Sicherheit zu bringen.

Ein Zeitzeuge, Herr Oppold, erzählte, bei ihm seien sieben SS-Soldaten und eine Frau einquartiert gewesen. Als gegen 13 Uhr amerikanische Truppen ins Dorf einrückten, versuchten die Männer, über den Hinterhof zu entkommen. Es gelang nicht allen. Ein Soldat wurde auf der Flucht erschossen und ein weiterer, vermutlich der Unterscharführer Georg Roth aus Waldhütten, geriet in Gefangenschaft. Er wurde von den Amerikanern so brutal geschlagen, daß er mehrmals zusammenbrach. Als er sich nicht mehr erheben konnte, wurde ihm mit dem Gewehrkolben der Schädel eingeschlagen. Anschließend wurde ihm sein Seitengewehr durch den Brustkorb bis ins Erdreich gestoßen.

Der Augenzeuge Franz Frank erzählte: „Gegen 16 Uhr wurden sechs der 17 und 18 Jahre alten SS-Soldaten, nur mit Stiefel, Hose und Unterhemd bekleidet, mit erhobenen Händen, von zirka 20 betrunkenen Negersoldaten unter Gejohle und mit Musikbegleitung zum Friedhof gejagt. Ab und zu wurden die Jungs in den Straßengraben geprügelt, aus dem sie sich blutverschmiert wieder hochrappelten. Bei den Kreuzwegstationen feuerten die Amerikaner mehrfach Salven in die Luft, den sechs Jungen wurden die Schädel eingeschlagen, der ganze Weg war mit Gehirnmasse bespritzt." Der Zeuge Pfitzer, der die Toten barg, bestätigte: „Alle hatten eingeschlagene Schädel und keinerlei Schußwunden. Die Namen der sechs erschlagenen Jungen sind unbekannt, da bei ihnen weder Erkennungsmarken noch Soldbücher gefunden wurden."

Zur gleichen Zeit wurden in der Scheune des Landwirts Ladenburger, Haus Nr. 51, zwei entwaffnete SS-Männer, Martin Erk und sein Kamerad Heinz, von betrunkenen schwarzen US-Soldaten auf den Tisch einer Kreissäge gelegt, um sie bei lebendigem Leibe zu zersägen. Ein Stromausfall verhinderte das bestialische Vorhaben. Daraufhin wurden beide mit Maschinenpistolen zusammengeschossen. Während Heinz verstarb, wurde Martin Erk für tot gehalten und hinter dem Haus in eine Hecke geworfen. Nach Aussage einer Lippacherin veranlaßte tags darauf ein schwarzer US-Offizier, daß der Schwerverletzte in ein Lazarett gebracht wurde.

Am Abend des 22. April verließ die US-Einheit den Ort. Zu den wenigen, die im Dorf blieben, gehörte der US-Offizier, der Erk in ärztliche Behandlung gebracht hatte. Er veranlaßte am Montag, dem 23. April, die Bergung und Beerdigung der Toten, insgesamt 36 Mann. Auf der Schafweide hatte man weitere zehn tote deutsche Soldaten gefunden, einige waren mit einem Kopfschuß niedergestreckt worden. Am Ortsausgang, Richtung Baldern, lagen weitere vier unbewaffnete deutsche Soldaten auf freiem Feld, viele Meter von ihren Schützenlöchern entfernt, wo sie die Waffen abgelegt hatten, als sie sich ergaben. Sie waren von hinten erschossen worden. Die Ortseinwohner Ludwig Beuther, Georg Oppold, Johannes Ernst, Alfred Opitz und Felix Pfitzer bekamen den Befehl, die Toten zu begraben. Alfred Opitz – einem armamputierten, nach Lippach gezogenen Musikdirektor aus Dortmund – ist es zu verdanken, daß 26 der toten SS-Männer anhand ihrer Soldbücher und Erkennungsmarken registriert werden konnten. Er sammelte die Hinterlassenschaft der Toten in Säckchen.

Zur traurigen Bilanz des amerikanischen Einmarschs gehörte, daß zirka 20 Frauen zwischen 17 und 40 Jahren, unter ihnen auch einige Schwangere, an diesem Sonntag von den „Befreiern" vergewaltigt wurden. Nur dem beherzten Eingreifen von Pfarrer Josef Boy war es zu verdanken, daß es nicht noch mehr waren. Er hielt die meisten Frauen und Mädchen in seinem geräumigen Pfarrhauskeller versteckt.

Die Geschehnisse in dem Dorf wurden jahrzehntlang verschwiegen. Die Augenzeugin Theresia Beuther pflegte die Grabstätte der ermordeten jungen Männer in den ersten Jahren heimlich, oft auch bei Nacht. Nach ihrem Tod tat dies die Schwiegertochter Petronilla Beuther. Eine SS-Kameradschaft aus Schwäbisch Gmünd nahm sich später der Grabstätte an. Unterstützt wird sie dabei durch den Landesverband und die Truppenkameradschaft der 3. SS-Panzerdivision „Totenkopf".

Erst Schlagzeilen in der örtlichen Presse im August 1989 bewirkten, daß sich die Öffentlichkeit für den Fall interessierte. Der amerikanische General Raymond Haddock kam nach Lippach. Als Kommandeur der US-Pershing-Verbände in Europa initiierte er Nachforschungen in den USA. Als die Fakten bestätigt wurden, sprach er sein Bedauern über die Vorgänge aus. Derartige Exzesse kämen leider in jedem Krieg vor, meinte er, das Geschehen ließe sich aber leider nicht rückgängig machen. Er könne, über Gräber hinweg, nur um Freundschaft bitten.

Von juristischen Schritten gegen die US-Soldaten, die am Massaker beteiligt waren, wurde nichts bekannt. Sie wurden wohl gar nicht angeregt. Was die Menschen einer kleinen Gemeinde tief bewegt, ist für Soldaten „auf der Siegesstraße" nichts Besonderes.[74]

Die Erschießung von 18 deutschen Kriegsgefangenen in Zell an der Speck im Landkreis Eichstätt am 25. April 1945

Der 25. April 1945, ein Mittwoch, versprach ein schöner, sonniger Frühlingstag zu werden für das kleine Bauerndorf Zell, zwei Kilometer westlich von Nassenfels, und für Meilenhofen, das nur wenige hundert Meter weiter in westlicher Richtung gegen den Wald zu liegt. Doch er wurde zu einem Schicksalstag, von dem heute noch achtzehn Gräber deutscher Soldaten, zum Teil erst sechzehn Jahre alt, künden. In den frühen Morgenstunden hatte Pfarrer Lorenz Schmid die alljährliche Bittprozession zum Markustag von Meilenhofen nach Zell durchgeführt und die beiden Dörfer im gemeinsamen Gebet vereint. Die Kriegsfront näherte sich. Während die Bewohner von Meilenhofen, um vor amerikanischen Jagdbombern sicher zu sein, entlang des Waldes in das Dorf zurückkehrten, ging Pfarrer Schmid in Zell von Haus zu Haus, um den Segen und die Generalabsolution zu spenden. Das tat er dann auch in Meilenhofen. Als er zum letzten Haus des Dorfes kam, schlug die erste Granate ein. Fast unbemerkt von den Dorfbewohnern hatte nachts eine deutsche Flakeinheit am Nordrand des Dorfes Stellung bezogen. Es waren zwei der vom Gegner gefürchteten 8,8 cm-Geschütze sowie, etwas weiter östlich, sechs Geschütze der leichten Flak mit 2 cm-Kanonen. Weitere deutsche Flak- und Artilleriegeschütze standen an der Nordseite des Galgenberges, an der Westseite von Nassenfels und Buxheim.

Die amerikanischen Truppen, die sich den Dörfern am Haselberg genähert hatten, gehörten zur 45. Infanteriedivision, bestehend aus drei Infanterieregimentern, einer Schwadron leichter Panzer, zwei Artilleriebataillonen und einer Pioniereinheit. Der Heimatstandort dieser Division lag in Oklahoma, im südlichen Westen der Vereinigten Staaten. Da Oklahoma ursprünglich ein stark indianisch geprägtes Land war, nannten sie sich nach dem indianischen Götterboten die „Thunderbirds". Diesem Verband kam in den letzten Wochen des Krieges eine besondere Bedeutung zu, da sie als östlichste Einheit der 7. Armee an der Nahtstelle zur 3. Armee operierte. Dort kämpfte das 179. Infanterieregiment, dessen II. Bataillon wenige Tage zuvor die verlustreichen Kämpfe bei Bamberg bestanden, an der Eroberung Nürnbergs beteiligt und über Weißenburg und Pappenheim in diese Gegend gekommen war. Die Namensliste der Offiziere des Regiments enthält eine große Zahl deutscher Namen. Die Kompanie des II. Bataillons wurde von einem Oberleutnant deutscher Abstammung geführt, und der Vernehmungsoffizier des Regiments, der die deutschen Kriegsgefangenen befragte, war sogar in Deutschland geboren.

Auf deutscher Seite hatte ursprünglich keine Absicht bestanden, in Zell eine Verteidigungslinie aufzubauen. Der Gedanke dazu kam von lokalen Befehlsträgern.

Die deutschen Einheiten in diesem Gebiet gehörten zur 2. Gebirgsdivision, die sich aus Einheiten zusammensetzte, die im Grunde längst aufgerieben waren und nur noch aus wenigen Männern bestanden. Lediglich die leichte Flak war noch eine intakte Einheit, wenngleich auch in ihr Soldaten dienten, die erst kürzlich dazugekommen waren, darunter zwei sechzehnjährige Oberschüler aus Heilbronn und ihr Freund, der gerade siebzehn geworden war. Drei Wochen zuvor hatten sie noch als Luftwaffenhelfer Dienst getan.

Der Kampf der Geschütze gegen amerikanische Panzer wurde bald abgebrochen. Die Deutschen zogen sich zurück. Ein Amerikaner war zu Tode gekommen. Im Wald bei Zell versteckten sich 18 Soldaten, die nicht mehr weiterkämpfen wollten. Nachdem von dort ein Schuß abgefeuert worden war, durchkämmten die Amerikaner den Wald und nahmen die versteckten Soldaten gefangen. Alle 18 wurden erschossen, einige mit Genickschuß. Die näheren Umstände sind nicht bekannt, da keiner überlebte. Der Pfarrer von Zell, der sie beerdigte, bestätigte, daß sie Einschüsse im Nacken hatten. Auf dem Zeller Friedhof liegen die 19 Toten, die deutschen und der eine Amerikaner, nebeneinander. Die Dorfbewohner von Zell und Nassenfels betreuen die Gräber bis heute.[75]

Ermordung von 17 Soldaten auf einer Wiese bei Eberstetten am 28. April 1945

Am Samstag, dem 28. April 1945, erreichten amerikanische Panzerspitzen gegen 14 Uhr, von Pfaffenhofen kommend, die Ortschaft Eberstetten in der Hallertau. Dort befanden sich neben anderen Wehrmachtangehörigen auch 20 junge SS-Männer, die meisten von ihnen Volksdeutsche. Alle hatten die Waffen niedergelegt. 15 von ihnen ergaben sich den Amerikanern auf dem Bauernhof Daniel, fünf von ihnen flohen. Die gefangenen SS-Männer wurden von den Amerikanern auf Panzer geladen, die mit ihnen rückwärts aus dem Dorf fuhren. Nach etwa 100 Metern mußten die Deutschen absitzen und wurden in die anliegenden Wiesen getrieben. Nach etwa 50 Metern wurden sie von hinten von weißen GIs mit Maschinenpistolen zusammengeschossen und liegen gelassen. Augenzeuge war der Schreinermeister Georg Walter. Er berichtete: „Ich befand mich [...] auf dem Dachboden meines Anwesens. Ich beobachtete, wie plötzlich amerikanische Fahrzeuge mit aufsitzenden deutschen Soldaten zurückfuhren und am Ortsrand etwa 100 Meter vor mir hielten. Die Amis befahlen ihnen mittels Gebärden abzusitzen und nach links in die Wiese zu laufen. Darauf eröffneten sie mit Maschinenpistolen von hinten das Feuer auf die deutschen Soldaten. Nach geraumer Zeit kam nochmals ein Jeep angefahren, auf dem sich noch drei Gefangene befanden. Diese wurden von den Amis nach rechts in die Wiese geschickt und ebenfalls mit einer MP-Salve von hinten getötet. Darunter befand sich auch ein etwa 40jähriger verwundeter und gehbehinderter Soldat aus einem Lazarett, der in Eberstetten von einem Sanka abgeholt werden sollte. Gestützt auf seine zwei Kameraden wurde er zum Hinrichtungsort geführt. Ein angeschossener Soldat rief noch eine Stunde lang um Wasser und um Hilfe. Doch kein Eberstettener durfte Hilfe bringen. Nach einer weiteren Stunde passierte ein nachfolgender amerikanischer Verband die Stätte des Grauens. Ein weißer Amerikaner hörte das Wimmern des letzten Überlebenden. Er beendete es kurzerhand mit einem Kopfschuß aus seiner Pistole. Erst am dritten Tag durften wir auf Geheiß eines amerikanischen Kommandeurs die Toten begraben."

Der Augenzeuge Walter nahm den Toten die Orden, Armbanduhren und Erkennungsmarken ab und sammelte die Soldbücher, Brieftaschen und alle Erinnerungsstücke aus den Taschen. Er übergab alles dem Bürgermeister. Dessen Nachfolger bewahrte die Sachen in einer Kiste auf. Acht Tage später fand ein amerikanischer Hauptmann, der nach Waffen suchte, die Kiste. Er nahm sie mit, ungeachtet der Bitten, die Unterlagen zur Benachrichtigung der Hinterbliebenen zurückzulassen. Seitdem weiß niemand, wer die Ermordeten waren. Der Amerikaner, der vorgab, nach Waffen zu suchen, war wie viele andere lediglich auf der Jagd nach Souvenirs.

1952 wurden die in dem Massengrab bestatteten Soldaten vom Volksbund deutscher Kriegsgräberfürsorge auf einen Soldatenfriedhof bei Regensburg überführt. Dabei fand man zwei Eheringe, mit deren Hilfe man die Identität von zwei Männern feststellen konnte. Bei beiden handelte es sich um SS-Unterführer. Alle ermordeten SS-Männer kamen von der SS-Division „Götz von Berlichingen".

Erst am 3. Mai 1980 wurde von der Stadtverwaltung Pfaffenhofen, wohin Eberstetten inzwischen eingemeindet worden war, ein Steinkreuz errichtet. Es trägt die Inschrift: „In den Wirren der letzten Kriegstage kamen unweit dieser Stelle 17 Soldaten auf tragische Weise ums Leben."[76]

Das Massaker von Webling an 48 Soldaten der Waffen-SS am 29. April 1945

Am Morgen des 29. April 1945 besetzten 48 Soldaten des SS-Bataillons z.b.V. „Reichsführer SS" aus Augsburg eine Verteidigungsstellung in Webling bei Dachau, die dort vorher angelegt worden war. Angeblich beschossen sie von dort amerikanische Soldaten der 42. Infanteriedivision „Rainbow" auf dem Weg nach Dachau. Daraufhin belegten die Amerikaner das Dorf mit MG- und Artilleriefeuer. Dann besetzten sie den Ort. Beim Einzug in den Weiler wurde ein GI des 222. Infanterieregiments getötet. Der erste, der nach dem Beschuß aus dem Keller kam und den Amerikanern entgegenging, der Bauer Furtmayer, wurde auf der Stelle erschossen. Die SS-Männer ergaben sich. Alle wurden auf der Stelle umgebracht, als erster der SS-Hauptsturmführer Veit-Heinrich Freiherr von Truchseß aus Augsburg, einer der beiden Offiziere der Einheit. Ihm wurde von einem amerikanischen Soldaten der Kopf mit dem Spaten gespaltet. Die anderen Soldaten der Waffen-SS-Einheit, die ebenfalls ihre Waffen niedergelegt hatten, wurden an einer nahen Böschung erschossen. Der kurzfristige Bürgermeister von Dachau Georg Scherer erlebte den Mord.[77] Als die Amerikaner in Richtung Dachau abzogen, blieben zwei tote SS-Offiziere und 41 tote SS-Leute zurück. Nach der Aussage der Deutschen Dienststelle für die Benachrichtigung der nächsten Angehörigen von Gefallenen wurden in Webling insgesamt 48 deutsche Soldaten in einem Massengrab beigesetzt. Sie wurden nach dem Krieg exhumiert und in Einzelgräbern bestattet. Der Gedenkstein, der 1989 zu ihren Ehren und zur Erinnerung an das Massaker errichtet wurde, mußte auf Druck links-politischer Aktivisten entfernt werden.

Massaker bei der Besetzung des KZ Dachau am 29. April 1945

Am Sonntag, dem 29. April 1945, näherten sich die ersten amerikanischen Soldaten dem Konzentrationslager Dachau. Von allen Wachtürmen wehten weiße Fahnen. Der SS-Untersturmführer Heinrich Skodzensky (alias Heinrich Wicker), der zusammen mit dem Schweizer Delegierten des Roten Kreuzes Victor Maurer das Lager den amerikanischen Truppen übergeben wollte, wurde sofort erschossen. Gleich hinter dem Eingang zum Lager stießen die Soldaten auf mehrere Waggons voller Leichen. Es sollen 2.310 gewesen sein. Die Toten waren nach einer 20tägigen Irrfahrt bei der Ankunft in Dachau nicht mehr ausgeladen worden. Es handelte sich um Häftlinge aus dem KZ Buchenwald, die nach Dachau verlegt werden sollten. Nach dem, was die Soldaten gesehen hatten, begann „in der Erregung“ die Jagd auf alle Uniformträger. Der größte Teil des regulären KZ-Personals war in den vorangegangenen Wochen zum Frontdienst abkommandiert und von Wehrmachtangehörigen, zum Teil von Invaliden, ersetzt worden, die für ihre neue Funktion in Dachau in die SS übernommen worden waren. Bei der letzten Zählung am Morgen des 29. April 1945 bestand das Lagerpersonal aus 560 Mann, davon etwa 200

SS-Angehörige. Alle anderen waren Wehrmachtangehörige oder Soldaten der ungarischen Armee in den entsprechenden Uniformen. 122 Deutsche wurden an verschiedenen Stellen des Lagers erschossen, darunter 20, die – nachdem sie sich ergeben hatten – von einem Wachturm herabstiegen. Mehrere Männer wurden von den befreiten KZ-Insassen ermordet, zum Teil mit Waffen, die sie von den Amerikanern ausgehändigt bekommen hatten. 121 Tote, von denen 95 namentlich bekannt waren, wurden auf dem Dachauer Waldfriedhof begraben, bis der Volksbund Deutsche Kriegsgräberfürsorge sie auf die Kriegsgräberstätte Augsburg-Westfriedhof umbettete.

Am erschreckendsten war die Räumung des SS-Reservelazaretts, das sich im KZ-Areal befand: Gegen 16.30 Uhr kam ein amerikanischer Stoßtrupp in den Lazarettbereich. Der leitende Arzt Dr. Schröter wollte das Lazarett formgerecht übergeben, wurde aber von einem amerikanischen Soldaten so zusammengeschlagen, daß er – wie sich später herausstellte – einen Schädelbasisbruch erlitt. Dann wurden alle gehfähigen Lazarettinsassen mit den Ärzten, dem Pflegepersonal und dem technischen Personal auf die Straße vor dem Heizwerk getrieben. Dort fanden sich auch Männer der SS-Strafkompanie ein, die ebenfalls zum Lager gehörte. Die Amerikaner sortierten unter den Gefangenen diejenigen aus, die sie für SS-Leute hielten und nahmen den Männern mit vorgehaltener Pistole Uhren, Ringe, Füllfederhalter und Geld ab. 40 Männer wurden an die Mauer gestellt. Der amerikanische Kriegsberichterstatter Arland Musser hielt in einem Filmstreifen fest, wie sie mit einem Maschinengewehr von links nach rechts und zur Mitte zurück niedergeschossen wurden. Bevor die Verwundeten und die, die sich fallengelassen hatten, getötet werden konnten, erschien Dr. Schröter mit einem amerikanischen Offizier, der die Aktion einstellte. Die Verwundeten wurden ins Lazarett geschleppt. Zwölf Tote blieben liegen. Ihre Papiere und Erkennungsmarken wurden auf amerikanischem Befehl entfernt.[78]

Der SS-Oberscharführer Hans Linberger, der überlebte, war an der Ostfront schwer verwundet worden und nach einem langen Lazarettaufenthalt am 9. März 1945 zum Ersatztruppenteil nach Dachau kommandiert worden. Er berichtete, daß er und die anderen schwerversehrten Kameraden am 29. April 1945 ihre Waffen niedergelegt hätten. Sie hätten sich beim Chefarzt des Standortlazaretts Dr. Schröder gemeldet und seien in eine Baracke eingewiesen worden. In einer anderen Baracke seien evakuierte Frauen und Kinder untergebracht gewesen. Während sich das Sanitätspersonal auf die Kapitulation vorbereitet habe, ging Linberger, durch seinen leeren Ärmel als Schwerversehrter erkennbar, den anstürmenden Amerikanern entgegen. Ein GI habe ihm die MPi auf die Brust gesetzt, ihm ins Gesicht geschlagen und im Flur einer Lazarettbaracke einen unbekannten Verwundeten zusammengeschossen, der regungslos liegenblieb. Ärzte, Apotheker und sonstiges Sanitätspersonal seien aus den Behandlungsräumen getrieben und an die Wand gestellt worden. Die Frauen und Kinder, die aus ihrer Baracke hinausgejagt worden seien, hätten mit weitaufgerissenen Augen zugesehen, wie das Maschinengewehr drei Salven abfeuerte. „Der unmittelbar hinter mir stehende Kamerad fiel mit dem letzten Aufschrei ‚Au, die Schweine schießen auf den Bauch' über mich, da ich mich aus unerklärlichen Gründen einfach fallen hatte lassen. So bekam ich nur das Blut des Toten, der aus der Brust stark blutete, über Kopf und Gesicht, daß ich schwer angeschlagen aussah."[79] Als Häftlinge die Angeschossenen mit dem Spaten erschlagen wollten, gebot ein US-Offizier Einhalt.

Der Befehl zu dem Massaker kam von Leutnant Jack Bushyhead, Chef der 1. Kompanie, III. Bataillon, 157. Regiment der 45. Infanteriedivision „Thunderbird" der 7. US-Armee, ein Cherokee-Indianer aus dem Staate Oklahoma. Der Arzt Dr. Howard Buechner, der mit dem III. Bataillon der 42. Infanteriedivision nach Dachau gekommen war, sah die Leichen der deutschen Soldaten unmittelbar nach der Erschießung. Er schrieb ein Buch über das Massaker. Der Kommandeur der 45. Infanteriedivision, Oberst Felix Sparks, berichtete dem Oberbefehlshaber der 7. Armee, General George Patton, von den Vorfällen. Der schuldige Leutnant wurde zum Rapport nach Augsburg bestellt und die „Mordkompanie" bereits am nächsten Tag aus Dachau abgezogen. Der Assistant Inspector General der 7. Armee Joseph M. Withaker nahm zwar befehlsgemäß Ermittlungen auf und hörte eine Reihe von Zeugen. Ein Kriegsgerichtsverfahren wurde aber nicht anberaumt. In einem vertraulichen Bericht meinte der US-Militärstaatsanwalt, der oberste Richter der US-Streitkräfte in Europa, daß eine Verurteilung im Hinblick auf die psychologische Lage der das Lager besetzenden GIs sowieso unwahrscheinlich sei. Im Ergebnis wurde kein an den Dachauer Morden Beteiligter disziplinarisch oder strafrechtlich zur Rechenschaft gezogen. Das amerikanische Oberkommando unter General Eisenhower gab am 30. April 1945 ein kurzes Kommuniqué heraus: „Unsere Streitkräfte befreiten und säuberten das berüchtigte Konzentrationslager Dachau. Ungefähr 32.000 Häftlinge wurden befreit. 3.000

SS-Lagerwächter wurden schnell neutralisiert." Die Regimentsgeschichte der 157. Infanteriedivision geht über das, was in Dachau geschah, einfach hinweg. Die Befreiung von Dachau wird lediglich mit dem Abzug von etwa 50 deutschen Kriegsgefangenen, die die Hände über dem Kopf halten, bildlich dokumentiert. In der amerikanischen Literatur heißt es meistens, es habe sich bei der Erschießung um die Exekution von KZ-Sadisten gehandelt. „The murderers of Dachau did not go unpunished." (Die Dachauer Mörder kamen nicht ungeschoren davon.)

Beim Durchkämmen des Lagers wurden insgesamt 358 deutsche Soldaten gefangengenommen. Zwölf wurden von den Amerikanern erschossen, eine unbekannte Zahl von Insassen in gestreifter Häftlingskluft mit Spaten und ähnlichen Mordwerkzeugen erschlagen, 30 wurden „im Kampf erschossen" und zehn, denen die Flucht zunächst gelungen war, wurden eingefangen und der Rache der Insassen überlassen.[80]

Die Erschießung von sechs Waffen-SS-Angehörigen in Haar bei München am 1. Mai 1945

Am Morgen des 1. Mai 1945 wurden sechs Soldaten der Waffen-SS, bis auf einen lauter junge Burschen, in Haar, einer Gemeinde südöstlich von München, von amerikanischen Truppen ermordet, die den Ort kampflos eingenommen hatten. Am Vorabend hatten sie zur Kenntnis genommen, daß Hitler tot war. Zusammen mit einer versprengten Gruppe von Wehrmachtsoldaten ergaben sie sich tags darauf den Amerikanern. Als sie mit erhobenen Armen aus dem „Pflegerhaus" an der Wasserburger Landstraße Nr. 15 traten und die US-Soldaten der Panzereinheit, die aus München angerollt war, ihre Zugehörigkeit zur Waffen-SS erkannten, wurden sie auf die andere Straßenseite getrieben, am Gartenzaun an der Einmündung der Leibstraße aufgestellt und von einem Lkw aus mit dem Maschinengewehr erschossen. Alle Bitten der anwesenden Zivilisten wurden zurückgewiesen: „Go home!", sagten die GIs. Eine Schülerin versuchte vergebens, den US-Soldaten mit ihren geringen Sprachkenntnissen klarzumachen, daß es sich nicht um Freiwillige handelte, sondern um Eingezogene.

Die Toten wurden am 3. Mai 1945 auf dem Gemeindefriedhof begraben. Der verwitterte Grabstein mit der die Umstände beschönigenden Aufschrift steht noch: „Gefallen am 1. Mai 1945 in Haar". Die Namen sind bekannt.

Der Haarer Bürger Günther Hauser dokumentierte die Vorgänge, aber sein Bericht wurde nie veröffentlicht.

Ein paar Tage später bekam der Ort noch einmal eine historische Bedeutung: Am 5. Mai 1945 kapitulierte die Heeresgruppe G in Haar vor den amerikanischen Truppen. Unterzeichnet wurde die Kapitulation auf deutscher Seite von General Hermann Foertsch (1885–1961), Oberbefehlshaber der 1. Armee, als Vertreter für General Friedrich Schulz, dem Oberbefehlshaber der Heeresgruppe G, und auf amerikanischer Seite von General Jacob L. Devers (1887–1979), Oberbefehlshaber der 6. US-Heeresgruppe, Vertreter für General Dwight D. Eisenhower (1890–1969), dem Oberbefehlshaber der alliierten Streitkräfte in Europa.

Sieben Ermordete im bayerischen Oberpframmern am 1. Mai 1945

Der protestantische Pfarrer Dr. Wilhelm Feldner schilderte die Geschehnisse, die sich am und im oberbayerischen Dorf Oberpframmern abspielten: „Auch Pframmern wird in die Tragödie hineingezogen. Wie in einem gut gebauten Drama wird das Hauptthema an einer kleineren Nebenhandlung abgewandelt. Immer näher kommt das Grollen der Geschütze, zwischen Dorf und Wald geht ein Flugzeug nieder. Die Einheiten, die noch da sind, räumen den Ort; manche Männer schlüpfen in die Mimikry des Dorfbewohners, ziehen Arbeitszeug an und gehen mit irgendeinem Gerät aufs Feld. Doch immer noch treffen Nachzügler auf der feindwärts gelegenen Straße ein, als letzter ein Landser auf einem Schimmel. Er ist auf der Suche nach seinem Truppenteil, aber er ist so erschöpft, daß er nicht mehr weiter kann. Der Bäckermeister zieht ihn in sein Haus und gibt ihm zu essen, dann bietet er ihm Zivilkleider an und beschwört ihn, heimlich zu verschwinden. Vergebens, der Mann – er ist aus Wien – will seine Einheit und seinen Schimmel nicht im Stich lassen. Ehe er sich wieder in den Sattel schwingen kann, rollen die ersten Panzer heran und stellen ihn. Und nun entwickelt sich eine Szene von Shakespearischer Dämonie, nur daß hier der Tod Regie führt und das Stichwort gibt. Die Amerikaner haben im Dorf eine Fahne des untergehenden Reiches gefunden. Sie wird mit Benzin übergossen und in Brand gesteckt, und der Gefangene muß die Flammen mit den Füßen austreten. Zur Belohnung erhält er eine Zigarette, dann wird er auf die Wiese hinter dem Hof geführt – ein Schuß, und der Schimmel wartet vergebens auf seinen Reiter.

Inzwischen haben sich weitere acht Gefangene angesammelt, unter ihnen drei Gendarmerieoffiziere aus dem benachbarten Glonn, die auf einem Dienstgang aufgebracht worden waren. Sie stehen im Hof des ‚Alten Wirt', die Hände über dem Kopf, das Gesicht gegen die Mauer des Austraghauses.

Das Wetter ist rauh, in der Nacht hat es geschneit. Der Schnee ist zwar weg, doch die Luft ist noch scharf. Die Männer fröstelt es, sie haben Hunger und Durst, aber niemand darf ihnen etwas reichen. Das Sprechen ist ihnen untersagt. Der Sergeant, der die Aufsicht führt, sitzt irgendwo und trinkt.

Endlich, es geht schon dem Abend entgegen, taucht er auf und läßt im Dorf sieben Spaten requirieren. Als diese den Gefangenen in die Hand gedrückt werden, wissen sie, was ihnen bevorsteht. Ein Siebzehnjähriger ruft verzweifelt, ob denn niemand für sie eintreten wolle, aber der Sergeant, der gut Deutsch spricht, läßt sich auf nichts ein. Von der Wache eskortiert, marschieren die Sieben mit ihren Spaten durch die leere Dorfstraße zum Ortsrand. Vor dem nächsten Acker wird Halt befohlen. Es ist ein gesegnetes Stück deutsches Land, auf dem sie stehen, die Wiesen sind schon grün, und die Saat beginnt zu sprießen. In der Ferne steigt das Gebirge auf, die Gipfel sind noch mit Schnee bedeckt. Rechts leuchtet das Andreaskreuz vom Kuppelturm der Kirche. Dort verrichten die Sieben ihre letzte Arbeit. Nur zögernd graben sich die Spaten in die weiche Erde. Dann krachen ein paar Schüsse, die durch das ganze Dorf hallen und die Menschen vor Entsetzen erstarren lassen: Die Tragödie ist zu Ende, die Sieben liegen in ihrem Blut, ohne Gericht und Urteil erschossen. Als es dämmert, wird die Bevölkerung an den Toten vorbei in den Wald getrieben." Vier von ihnen waren Angehörige der Waffen-SS.[81]

Gefechte und Erschießungen in Ostbayern in den letzten Kriegstagen

Der Kampf um Siegsdorf am 3. Mai 1945 war das letzte Gefecht auf bayerischem Boden. Von Rosenheim kommend, erschienen die amerikanischen Truppen auf der Autobahn vor Siegsdorf. An den Ortsausgängen waren Panzersperren errichtet. Auf der Traunbrücke hatten Pioniere zwei Kisten mit Sprengladungen befestigt. Das Sprengkommando hatte den Auftrag, alle Brücken der Auto- und Eisenbahn von Bergen nach Siegsdorf zu zerstören, was jedoch unterblieb. An der Autobahnausfahrt Siegsdorf wurden die Amerikaner mit Granaten beschossen. Einheiten der Heeresgruppe G hatten ostwärts von Siegsdorf mit schweren Waffen Stellung bezogen. Zwischen den deutschen und Amerikanern entwickelte sich ein erbitterter Feuerkampf. Die Amerikaner gewannen den Eindruck, daß Siegsdorf ein deutscher Stützpunkt sei, der energisch verteidigt werde. In Wirklichkeit suchten Hunderte deutscher Soldaten angesichts der Aussichtslosigkeit des Kampfes Schutz in den Luftschutzräumen des Ortes. Nur wenige beteiligten sich an dem Infanteriekampf im Ort, überwiegend Männer der Waffen-SS. Nach der Einnahme des Dorfes kamen die deutschen Soldaten aus den Schutzräumen und ergaben sich. Ein SS-Sturmführer, der sich im Keller des Gasthofs versteckt hatte, wurde von den Amerikanern herausgeholt und im Garten erschossen. Das gleiche Schicksal ereilte einen SS-Mann in der Nähe der Petrusquelle. Die im Ort und in der Nähe gefundenen toten deutschen Soldaten wurden von der Bevölkerung geborgen und auf dem Siegsdorfer Friedhof begraben. Zu den 30 Toten gehörten vier SS-Männer, die von rückwärts niedergestreckt worden waren. Die deutschen Gefangenen aus der ganzen Umgebung wurden in der Nähe des Bahnhofs auf einer Wiese zusammengetrieben und mit Lastwagen in die Sammellager gefahren. Als die Amerikaner am 4. Mai abzogen, nahm im alten Schulhaus ein französischer Stab Quartier. Die französischen Truppen blieben bis zum 6. Mai und plünderten fast in jedem Haus. Am 8. Mai 1945 kapitulierte Generalleutnant Theodor Tolsdorff als Oberbefehlshaber des LXXXII. Armeekorps gegenüber dem Kommandeur der 101. US-Luftlandedivision in Siegsdorf.

Nach der Kriegsgräberliste vom 15. Juli 1954 waren am Ende des Krieges 20 Soldaten in Siegsdorf begraben. Es ist nicht bekannt, wo die restlichen Opfer beerdigt wurden.

In den Kirchenbüchern oberbayerischer Orte sind zahlreiche Tote registriert, die nach der Kapitulation erschossen wurden oder Selbstmord begingen, zum Beispiel 37 im Kreis Traunstein und 25 in der weiteren Umgebung. Allein im Forstamt Reit im Winkel erschossen sich 17 SS-Führer. Ein Oberst der Wehrmacht brachte sich mit seiner Frau und drei Kindern im Wald bei Wimpasing um, wo sie vier Tage unbeerdigt lagen, bis sie gefunden wurden. Die meisten Toten sind namentlich bekannt. Auch ihr Dienstgrad wurde festgehalten. Viele von ihnen waren Unterführer der Waffen-SS. Die von den Besatzungstruppen nach dem 6. Mai Erschossenen sind Mordopfer. Von einigen ist bekannt, wie sie umgebracht wurden, in der Regel geschah dies durch Genickschuß.

Vergewaltigungen und Prostitution

Wenn das Thema „Frauenschändung" durch Soldaten in den deutschen Medien erwähnt wird, ist der Hinweis auf die vermeintlich vorher begangenen Untaten der Wehrmacht in den besetzten Ländern obligatorisch. Die Saat für die Übergriffe auf deutsche Frauen und Mädchen am Ende des Krieges durch die späteren Sieger hätten die deutschen Streitkräfte in sechs Kriegsjahren ausgebracht. In der Sendung „Das Tabu ‚Sexuelle Gewalt' in der amerikanischen Besatzungszone" des Bayerischen Rundfunks am 9. Mai 2010 durfte die unbelegte Behauptung nicht fehlen: „Deutsche Soldaten schändeten systematisch in den besetzten Ländern, Tausende Frauen wurden in die Wehrmacht- und KZ-Bordelle getrieben, für nach Deutschland verschleppte Zwangsarbeiterinnen gehörte sexuelle Gewalt zum Alltag."[82] Erst nach diesem Vorspann wurden einige Notzuchtfälle von amerikanischen GIs an deutschen Frauen ausgebreitet. Suggeriert wurde, es könnten ja nicht viele gewesen sein, denn im Mai 1945 erstatteten nur 180 Frauen Anzeige wegen Notzucht.[83] In der Regel wurde ihnen kein Glauben geschenkt.[84] Die Militärbehörden waren taub für solche Vorwürfe. In der amerikanischen Öffentlichkeit sollte das Ansehen der Kämpfer für Freiheit und Menschenrechte nicht beschädigt werden. In Briefen nach Hause beklagte der eine oder andere amerikanische Soldat das Verhalten seiner Kameraden, aber solche Mitteilungen waren privater Natur. Wenn einer schrieb: „The percentage is large enough to have given our army a pretty black name, and we too are considered an army of rapists" (Der Prozentsatz ist hoch genug, um unsere Soldaten ziemlich verrucht dastehen zu lassen und auch uns als eine Truppe von Vergewaltigern hinzustellen), dann blieb das eine Einzelmeinung.[85]

In Wirklichkeit jedoch gab es sehr viele Notzuchtfälle. Der Pfarrer von St. Nikolaus in Bad Reichenhall meinte, daß im Ort etwa 200 Frauen geschändet worden seien.[86] Die Autoren der Sendung des Bayerischen Rundfunks behaupteten, daß die Vergewaltiger „rigoros" bestraft wurden. Im unmittelbaren Kampfgebiet sollen sogar „viele standrechtlich sofort von ihrer Einheit hingerichtet" worden sein. Diese Aussage ist genauso falsch wie die Behauptung des Pfarrers von Flintsbach, der am 30. Juli 1945 schrieb: „In der ersten Maihälfte sind sechs schwarze amerikanische Soldaten wegen Vergewaltigung von Frauen gehängt worden."[87]

In der amerikanischen Armee dienten weiße und schwarze Soldaten. Zu Beginn des Zweiten Weltkriegs durften nach einer Direktive des amerikanischen Präsidenten Franklin D. Roosevelt nur maximal zehn Prozent der GIs Schwarze sein. Weiße und Farbige dienten in getrennten Einheiten, Farbige vorwiegend in den rückwärtigen Diensten. Es herrschte eine strikte Rassentrennung. Es gab keine gemeinsamen Speisesäle und keine gemeinsamen Transportmittel, keine gemeinsamen Gottesdienste und keine gemeinsamen Paraden. Die meisten Offiziere der schwarzen Einheiten waren Weiße, oft aus den Südstaaten. Für sie waren die Farbigen keine ebenbürtigen Kameraden, sondern militärisches Prekariat. Die Moral dieser Truppen war schlecht und die Zahl der Verstöße gegen das Militärstrafrecht groß.[88] Erst im Laufe des Krieges wurden mehrere gemischte Einheiten gebildet, zuerst bei den Versorgungseinheiten der rückwärtigen Dienste, schließlich jedoch auch bei den Fronttruppen. Einige dieser Verbände bewährten sich sogar durch besondere Kampfleistungen, zum Beispiel die 92. und 93. Infanteriedivision.

In den USA herrschte zu dieser Zeit noch eine strenge Rassentrennung. Heiraten zwischen Weißen und Schwarzen waren verboten. Es gab Schulen für farbige Kinder und Schulen für weiße Kinder. In den öffentlichen Verkehrsmitteln wurde auf Rassentrennung geachtet. Weiße Frauen galten für Schwarze als unerreichbar. Wenn weiße Männer mit schwarzen Frauen Mischlinge zeugten, galten diese als Farbige und hatten nicht die Rechte ihrer Väter.

In Europa erlebten die farbigen Soldaten erstmals eine Welt ohne Rassentrennung. Jetzt waren weiße Frauen für sie prinzipiell erreichbar, wenn die Frauen nichts dagegen hatten. Während der Stationierung amerikanischer Truppen in Großbritannien zur Vorbereitung der Invasion kam es zwar zu zahlreichen Verbindungen zwischen weißen GIs und Engländerinnen, aber nur selten zwischen weißen Frauen und schwarzen Soldaten. Die Vorbehalte gegen die Kolonialvölker – und in diese Kategorie fielen für die Briten auch die farbigen US-Soldaten – waren in England zu ausgeprägt. Auch in Frankreich gingen die Frauen den farbigen Soldaten eher aus dem Weg, so wie es im Verhältnis zu den Kolonialvölkern üblich gewesen war. Die farbigen Soldaten waren auf Bordelle angewiesen, die es in großer Zahl gab. Dazu gehörten auch die Bordelle, die in vielen französischen Standorten für Wehrmachtsoldaten eingerichtet worden waren. Die Voreingenommenheit der Frauen gegen Farbige und die Beschränkung der Neger auf Bordelldirnen erklärt, warum in allen

Ländern, in denen amerikanische Truppen auftauchten, mehr Frauen von Schwarzen als von Weißen vergewaltigt wurden. Schwarze Soldaten sahen in der Demütigung weißer Frauen eine Form der Rache an der weißen Rasse, die sie zu Hause in den USA so sehr herabwürdigte und kujonierte. Einer formulierte es so: Mit jeder vergewaltigten weißen Frau vergewaltigte man eine weiße Amerikanerin. Jede Tat sei ein Akt der Freiheit gewesen.[89]

In den amerikanischen Streitkräften wurde Vergewaltigung im Krieg (war rape) nach Artikel 96 des Militärstrafgesetzes (Articles of War) bestraft. Die Bandbreite der Strafen reichte je nach den Umständen von Disziplinarstrafen bis zur Todesstrafe. Das Gesetz machte keinen Unterschied zwischen Weißen und Schwarzen. In der Praxis wurden Neger jedoch härter bestraft als Weiße. Während der Vorbereitung der Invasion wurden in Großbritannien mehrere Schwarze wegen Notzucht sogar zum Tode verurteilt, aber kein einziger Weißer, obwohl auch weiße GIs wegen Vergewaltigung vor Gericht standen. Vor der Invasion gab es in Großbritannien 2.420 und in Frankreich nach der geglückten Invasion 3.620 Vergewaltigungsfälle, von denen in Großbritannien 121 und in Frankreich 182 zu militärgerichtlichen Strafurteilen führten.[90]

Beim Einmarsch in Deutschland wurde den amerikanischen Soldaten jegliche Form von Fraternisierung mit Deutschen untersagt. Alle Kontakte zur deutschen Bevölkerung waren verboten. Kein Soldat durfte Beziehungen mit einer deutschen Frau haben. Aber die Sieger hatten die Macht und nahmen sich, was sie wollten. Die deutschen Frauen wurden Notzuchtopfer. Joanna Bourke, Professorin für Geschichte an der Birckbeck-Universität in London, wagte den Satz „After American troops entered Germany, they engaged in orgies of rape and murder."[91] (Nach dem Einmarsch in Deutschland feierten die amerikanischen Truppen Orgien von Vergewaltigung und Mord.) Oft war Gewalt nicht einmal nötig. Zur Verwunderung der amerikanischen Soldaten warfen sich ihnen viele deutsche Frauen von selbst an den Hals. Blondinen waren bei den Farbigen besonders beliebt. Sie kosteten mehr als andere. Wurden die Soldaten von der Militärpolizei mit deutschen Frauen ertappt, hatten sie 65 Dollar Strafe zu zahlen. Das war ihnen das Abenteuer wert, vor allem den Farbigen, die es noch nie erlebt hatten, daß eine weiße Frau sich mit ihnen abgab.

Im Unterschied zu Großbritannien und Frankreich benahmen sich auf deutschem Boden Weiße und Farbige nach den Dokumenten des Judge Advocate General, des obersten Militärrichters und Generalstaatsanwalts, gleich kriminell, was gerichtsnotorische Notzuchtvergehen betrifft. Die Vergewaltigungen, die auf deutschem Boden registriert wurden, wurden zu gleichen Teilen von schwarzen und weißen Soldaten verübt.[92] In militärgerichtlichen Strafverfahren wurden 552 Täter zur Rechenschaft gezogen, aber nur je einer zum Tode bzw. zu lebenslanger Zwangsarbeit verurteilt. Sie waren wegen mehrerer Vergewaltigungen angeklagt und hatten in Tateinheit Einbruchdiebstahl, Körperverletzung, Totschlag und Mord begangen.[93]

In Frankreich oder England wurden Soldaten, die gegen den Artikel 96 der „Articles of war" verstoßen hatten, viel härter bestraft als in Deutschland. Dort wurden bis Juni 1947 70 Männer wegen einschlägiger Straftaten sogar zum Tode verurteilt. 56 Prozent der Soldaten, die in Großbritannien wegen Notzucht hingerichtet wurden, waren Schwarze und nur 22 Prozent Weiße. Ein einziger war Hispano-Amerikaner. In Frankreich waren es zu 86 Prozent Schwarze und 14 Prozent Weiße.[94] Absolute Zahlen sind nicht bekannt. Mit solch drastischen Strafen wollte man die Bevölkerung dieser befreundeten Länder beruhigen und den Leumund der Armee wahren. Wenn Todesstrafen oder lebenslange Freiheitsstrafen ausgesprochen wurden, hieß das nicht, daß sie auch vollstreckt wurden. Das hing von der weiteren Behandlung der Fälle bei den Bestätigungs- und Revisionsinstanzen ab.[95]

Die Dunkelziffer bei Vergewaltigungen war hoch. Viele Frauen zeigten die Tat nicht an oder wurden bei der Anzeigeerstattung von den amerikanischen Militärdienststellen abgewiesen.[96] Was man dort von Vergewaltigungen hielt, zeigt sich schon daran, daß die Anzeigen in Deutschland auf dem Formular für „mindere Kriegsschäden" eingereicht werden mußten, zu denen neben Vergewaltigungen auch der Diebstahl von Uhren und Fahrrädern gehörte. In der Regel kam es nicht einmal zu einer konsequenten Fahndung. Den vergewaltigten Frauen wurde unterstellt, zu dem Delikt beigetragen zu haben.[97]

Die meisten Vergewaltigungen, die zu einem Verfahren führten, ereigneten sich nachts, wenn die Soldaten in die Häuser einbrachen und die Frauen im Schlaf überraschten. Die übliche Entschuldigung der Angeklagten vor Gericht war, daß sie betrunken gewesen seien und sich an nichts mehr erinnern könnten. Die vergewaltigten Frauen bestätigten oft, daß die Vergewaltiger nach Alkohol stanken. Diese Aussage half den Angeklagten. Bei 31 Prozent aller Notzuchtfälle erkannten die Gerichte eine Strafminderung wegen Trunkenheit an.[98]

Selbst nach brutalen Vergewaltigungen kamen die Täter glimpflich davon. Der 26 Jahre alte Gilbert F. Newburn von der 46. Bestattungskompanie, ein weißer Soldat, der die dreijährige Ingrid in der Nacht vom 20. zum 21. August 1945 mißbrauchte, entging der Todesstrafe. Man fand den Täter um fünf Uhr morgens schlafend neben dem Kind. Das Opfer blutete aus der Vagina, der Damm war bis zum Anus aufgerissen. Newburn gab vor, er habe die Mutter gesucht. An mehr konnte er sich nicht erinnern. Seine Kameraden bestätigten, daß er am Vorabend eine größere Menge Schnaps getrunken hatte. Das Militärgericht bestrafte ihn mit lebenslanger Zwangsarbeit. Es ist nicht bekannt, wie viele Jahre er inhaftiert war.[99]

Zwei Soldaten des 652. Panzerbataillons vergewaltigten am 14. März 1945 die 16jährige Hildegard. Während der eine bei dem Mädchen war, hielt der andere mit der Waffe in der Hand die Familienangehörigen im Nachbarzimmer in Schach. Anschließend nahmen sie sich die 13jährige Schwester Helga vor. Bei der ärztlichen Untersuchung fand man an der älteren der beiden mehrere Hämatome als Zeichen von Gewaltanwendung. Der Vorgesetzte bescheinigte den Angeklagten vor Gericht, daß sie exzellente Soldaten seien, bessere gäbe es in Europa nicht. Diese Aussage beeindruckte das Gericht.[100] Die Täter kamen mit einer geringen Haftstrafe davon. Am gleichen Tag, an dem die beiden Mädchen vergewaltigt wurden, wurden nach der Gerichtsstatistik der Army fünf weitere Frauen Sexualopfer der amerikanischen Armee.[101] Über sie liegen keine Gerichtsentscheidungen vor.

Ende Februar 1945 drangen ein weißer und ein schwarzer Soldat der 394. Infanteriekompanie in der Nähe von Nürnberg in eine Wohnung ein. Der Neger vergewaltigte die Mutter eines eineinhalbjährigen Kindes mehrmals, während sein weißer Kamerad die Familienangehörigen bewachte. Die Militärpolizei, die herbeigerufen worden war, nahm beide fest. Der Schwarze verteidigte sich vor Gericht, daß die Frau willig gewesen sei.[102]

Auf der Suche nach Souvenirs vergewaltigten sechs Negersoldaten der 642. Transportkompanie in Hessen Ende März 1945 vier Frauen. Obwohl Wachen aufgestellt waren, stahlen sie sich aus dem Feldlager. Zusammen machten sie sich über eine Frau und ihre Tochter her. In einem Nachbarhaus fanden sie zwei weitere Opfer, die mehrfach vergewaltigt wurden.[103]

In der Nacht vom 8. auf den 9. April 1945 fanden zwei Soldaten des 227. Feldartilleriebataillons bei einer vorgeblichen Kontrolle auf einem Bauernhof elf Italienerinnen in der Scheune. Eine von ihnen nahmen sie mit sich in ein zehn Gehminuten entferntes Haus, wo sie mehrfach von ihnen und anderen Soldaten vergewaltigt wurde. Am nächsten Morgen schickten sie sie zum Bauernhof zurück.[104]

Vor den Augen der Eltern vergewaltigte William J. Blakely von der 405. Infanteriekompanie am 9. April 1945 in Westfalen ein 17jähriges Mädchen in der Wohnung der Eltern. Er schüchterte die drei Personen mit der Pistole ein und machte sich das Mädchen mit der Drohung fügsam: „Mama und Papa kaputt". Er verbrachte die Nacht im Haus. Als er am Morgen von einer Militärstreife geweckt wurde, gab er vor, das Opfer heiraten zu wollen.[105]

Am 9. April 1945 wurden in Westfalen zwölf Frauen von amerikanischen Soldaten vergewaltigt. Die Täter wurden vor Gericht gestellt.[106]

Während der eintägigen Besetzung des Ortes Siegsdorf im Kreis Traunstein am 3. Mai 1945 durch die US-Truppen wurden 12 Frauen vergewaltigt.

Noch wehrloser als diese Frauen waren die weiblichen Internierten. Die Verhöre in den Internierungslagern führten häufig zu sexuellen Übergriffen. Im Internierungslager Moosburg, wo die Amerikaner die Identifizierung von Kriegsverbrechern betrieben und dabei vor Mißhandlungen nicht zurückschreckten, erlebte der Kraftfahrer Johannes Heilmeyer im Juli 1945, wie mit weiblichen Gefangenen umgesprungen wurde.

„Die Fotografie meiner Braut wurde mir mit den Worten ins Gesicht geschlagen: ‚Ah, blond girl, prima ficken, jetzt wir ficken, nicht mehr Du Nazischwein.' Ich sollte die Adresse verraten, was ich aber nicht tat. Dann wurde mir mein Schnurrbart mit der Zigarette weggebrannt. […] Zu dieser Zeit war mein Zustand so, daß ich am ganzen Körper zitterte und stark benommen war. Als ich etwas klarer wurde, bemerkte ich, daß sich ein weiterer Posten in diesem Zimmer befand, welcher sich mit einem bis auf Schlüpfer und Büstenhalter entblößten Mädchen beschäftigte, das an den Händen gefesselt war. Während der eine Posten bei mir verblieb, ging der andere zu dem Mädchen hin, sprach etwas und kam zu mir zurück und sagte: Dies ist ein Nazigirlschwein, du aufpassen, wir die jetzt ficken. Sie rissen ihr Schlüpfer und Büstenhalter herunter, legten sie gewaltsam auf ein Feldbett und stürzten sich auf sie."[107]

Auf deutschem Boden wurde – im Unterschied zu Frankreich und Großbritannien – kein amerikanischer Soldat allein wegen Vergewaltigung zum

Tode verurteilt. Die verhängten zeitlichen Gefängnis- und Zwangsarbeitsstrafen wurden in der Regel von der vorgesetzten Behörde bei der Überprüfung der Urteile herabgesetzt. Die Strafen waren milder, weil die Taten in einem feindlichen Land begangen wurden und es sich um „Nazi-Frauen" handelte. Vielen unterstellte man, daß sie den Vergewaltigern keinen Widerstand entgegengesetzt oder den Tätern sogar entgegengekommen waren.[108] Die drei Todesurteile gegen amerikanische Soldaten auf deutschem Boden wurden wegen anderer Schwerverbrechen verhängt und im Ausland vollstreckt.

In den USA wurde über die Übergriffe amerikanischer Soldaten auf deutsche Frauen in den Medien nichts berichtet. Es sollte nicht bekannt werden, zu welchen Verbrechen die „most Christian soldiers" der US Army fähig waren. Nach den Grundsätzen der US-Kriegspropaganda gehörten alle Deutschen zu einem Verbrechervolk. Man hatte den GIs eingetrichtert, daß die deutschen Soldaten, vor allem die SS, in den besetzten Gebieten Frauen zu Tausenden vergewaltigt hätten, vor allem Jüdinnen.[109] Mit solchen Verbrechern sollte kein Amerikaner verglichen werden können. Einer der ersten, der die Übergriffe der angeblich untadeligen GIs zur Sprache brachte, war Dr. Austin J. App von der katholischen Universität in Scranton. Er veröffentlichte im April 1946 einen Artikel mit der Überschrift „The Ravishing Women of Conquered Europe" (Die bezaubernden Frauen des eroberten Europa), in dem er die Vergewaltigungsorgien der Roten Armee beschrieb und auf die Übergriffe der westalliierten Soldaten, besonders der Franzosen in Südwestdeutschland, verwies. Der Schriftsteller John Dos Passos zitierte im Magazin „Life" am 7. Januar 1946 einen amerikanischen Major mit dem Ausspruch „Lust, liquor and loot are the soldier's pay" (Der Sold des Soldaten besteht aus Sex, Alkohol und Plünderung). Manche amerikanische Familie würde das Grausen bekommen, wenn sie erführe, wie „our boys" sich gegenüber den deutschen Frauen benähmen. Im Unterschied zur Roten Armee handele es sich zwar nicht um eine „army of rapists", aber die farbigen Soldaten der amerikanischen Kreuzzugstruppen hätten bereits auf dem Vormarsch in Italien gezeigt, daß sie, die ehemaligen Sklaven, die Frauen wie Sklavinnen gebrauchten. Wer die Not von Frauen ausnutze, um seinen Sexualtrieb zu befriedigen, betreibe eigentlich sexuelle Sklaverei. „Time Magazine" brachte am 17. September 1945 einen Artikel mit der Nachricht, daß jeden Monat 50 Millionen Kondome an die amerikanischen Soldaten verteilt würden und ihnen gesagt würde: „Teach these Germans a lesson – and have a wonderful time" (Bring den Deutschen eine Lektion bei und habe eine schöne Zeit).

Nach der Aufhebung des Fraternisierungsverbots am 1. Oktober 1945 erkauften sich die amerikanischen Besatzungssoldaten die Einwilligung zum Geschlechtsverkehr mit ein paar Zigaretten. Sie nutzten die Notlage der Deutschen aus. Die Menschen hungerten und hatten nichts zum Tauschen. Zigaretten, Kaffee und Seidenstrümpfe waren die Schwarzmarktwährung, um an Brot, Milch oder Kartoffeln zu kommen. Dafür bot sich manche Frau an, darunter auch Mütter in der Sorge um ihre Kinder. Am 5. Dezember 1945 gab „The Christian Monitor" die Aussage eines Offiziers der Militärpolizei wieder, daß Vergewaltigung eigentlich kein Thema mehr sei, weil die Soldaten sich die Frauen mit einer Tafel Schokolade, einem Stück Seife und etwas Essen kaufen könnten. Frauen gehörten zu den Souvenirs wie Uhren, Kameras und Ferngläser, die man für ein paar Cents bekam. Eine Folge der neuen Fraternisierung war, daß Geschlechtskrankheiten in der Armee und in den von den Amerikanern besetzten Gebieten rapide um das Zwanzigfache stiegen.[110]

Bald waren Liebesbeziehungen zwischen deutschen Frauen und amerikanischen Soldaten, egal ob weiß oder farbig, nichts Ungewöhnliches mehr. 1957 registrierte man in der Bundesrepublik Deutschland 94.000 Kinder von Besatzungssoldaten, unter ihnen 3.000 Mischlinge.[111] Viele amerikanische Soldaten nahmen die Frauen, mit denen sie Kinder hatten oder die sie als Partnerin begehrten, bei ihrer Heimreise in die USA mit. Die deutschen „war brides" waren in den fünfziger Jahren ein beliebtes „Mitbringsel" aus der Besatzungszeit. Die US Navy richtete spezielle „war bride ships" ein, mit denen die Frauen in die USA befördert wurden.

Über das, was im besetzten Deutschland den Frauen durch westalliierte Besatzungssoldaten angetan wurde, schweigen die Feministinnen bis heute.

Gewaltorgien der französischen Truppen bei der Besetzung Süddeutschlands

Die 1. französische Armee, die aus den nordafrikanischen Truppen und den Forces françaises de l'Intérieur bestand, gehörte zur 6. amerikanischen Heeresgruppe und übernahm unter dem Befehl des Generals Jean de Lattre de Tassigny die Besetzung Südwestdeutschlands, wo sich die Vichy-Regierung im deutschen Exil niedergelassen hatte. Diese französische Armee hatte bereits beim Vormarsch in Frankreich zahlreiche Kriegsverbrechen begangen. Auf deutschem Boden verbreitete sie Angst und Schrecken. Bereits im Elsaß kam es zu Klagen, besonders über die 2. Panzerdivision, die bei der Besetzung von Erstein, Benfeld, Huttenheim und Obernai im Übermaß plünderte (pillage d'une sauvagerie inouie) und die Zivilbevölkerung mißhandelte.[112]

In einigen französischen Einheiten gehörte die Erschießung von Angehörigen der Waffen-SS zur Alltagsroutine. Die 1. Kompanie des 501. Regiments unter dem späteren französischen Minister Robert Galley beging solche Kriegsverbrechen mit Billigung des Divisionskommandeurs, General Jacques Leclerc, bei der Besetzung Süddeutschlands in großer Zahl. Einige wurden erst bekannt, als Galley 2012 starb. Andere hatte Pierre Quillet, der in seiner Kompanie diente, bereits 1997 publik gemacht. Galley erschoß mehrere Deutsche, die sich weigerten auszusagen, persönlich. Andere wurden von seinen Untergebenen auf seinen Befehl hin ermordet. Eine Gruppe von Angehörigen der deutschen Ostlegionen wurde bei lebendigem Leib verbrannt, weil sie angeblich eine Französin vergewaltigt hatten. In keinem Fall gab es ein Gerichtsurteil.[113]

Am 15. April 1945 erreichte die 1. französische Division, über die Schwäbische Alb kommend, Freudenstadt. Die „Perle des Schwarzwalds" zählte damals 11.500 Einwohner. In Lazaretten und Krankenhäusern lagen 1.200 Verwundete. Dazu kamen Evakuierte und Flüchtlinge in unbekannter Zahl. Obwohl die Franzosen wußten, daß sich im Umkreis von zehn Kilometern keine deutschen militärischen Einheiten befanden und die Stadt mehrere Lazarette hatte, setzten sie mit dem Beschuß durch 15,5 cm-Geschütze etwa 650 Häuser in Brand. Die Innenstadt brannte lichterloh, als die Regimentsspitze gegen 10 Uhr beim Rathaus eintraf, wo dem französischen General Henri Navarre die Stadt offiziell übergeben wurde. Er befahl den Feuerwehren, das Löschen einzustellen. Die Brände weiteten sich aus. In den folgenden drei Tagen wurde Haus für Haus von den marokkanischen und algerischen Soldaten, die in den drei Bataillonen des Regiments – marokkanische Infanterie, marokkanische Panzertruppe und algerische Alpenjäger – dienten, „gesäubert". Bei den Plünderungen wurden weitere Häuser in Brand gesetzt. Als auch das Rathaus der Stadt, in dem die Ortskommandantur untergebracht war und wo alles, was die Einwohner abzuliefern hatten, gestapelt war, zu brennen anfing, machten die Franzosen die Deutschen verantwortlich, obwohl sie selbst den Brand verursacht hatten.[114] 160 Bürger der Stadt im Alter von 16 bis 50 Jahren wurden als Geiseln genommen und nach Lindau abtransportiert. Tage später kamen sie wieder zurück, weil keine Vorfälle Vorwand zu Sühnemaßnahmen gaben.

In den ersten drei Tagen der Besetzung waren die Frauen in Freudenstadt Freiwild für die Sieger. Es gab nur wenige Einwohnerinnen zwischen 15 und 60 Jahren, die sich der Vergewaltigung entziehen konnten. 800 suchten das Krankenhaus zur Behandlung auf. Die Truppenführung ließ den Soldaten freie Hand. Bei der Verteidigung ihrer Frauen fanden mehrere Männer den Tod. In Freudenstadt sprach man danach von den „drei Freinächten". Erst in der darauffolgenden Woche erreichten die deutschen Orts- und französischen Divisionsgeistlichen, daß mit Hilfe von Anschlägen in französischer und arabischer Sprache „Viol et pillage – peine de mort" (Auf Vergewaltigung und Plünderung steht die Todesstrafe) den Ausschreitungen Einhalt geboten wurde.

Die französischen Soldaten waren nicht die einzigen, die über die Frauen herfielen. Es gab im Raum Freudenstadt eine große Anzahl polnischer Fremdarbeiter, die sich durch die Franzosen befreit fühlten und sich das Recht nahmen, zu plündern und zu vergewaltigen. Der Kommandeur der 1. französischen Division, Christian Lattre de Castries, der dem Unwesen seiner Soldaten freien Lauf gelassen hatte, soll in den Untaten seiner Soldaten eine Vergeltung für das Massaker von Oradour-sur-Glane gesehen haben. 70 Menschen fanden bei der Besetzung von Freudenstadt den Tod.

Freudenstadt ist nur ein Beispiel für das Wüten der französischen Soldateska nach dem Einmarsch in Südwestdeutschland. Was in Freudenstadt geschah, ereignete sich in allen Orten, die von Kolonialsoldaten oder ehemaligen Maquis, die jetzt als „Forces française de l'Interieur" offiziell anerkannt waren, besetzt wurden. Überall wurde geplündert und in Brand gesetzt, wurden Frauen vergewaltigt und Männer, die ihnen zu Hilfe kamen, erschossen. Den Frauen wurde in den ersten Tagen nach dem Einmarsch geradezu „systematisch Gewalt angetan". Im Kreis Tübingen begaben sich bis August 1945 mehr als 900 Frauen nach einer Vergewaltigung zur Behandlung in die Universitätsfrauenklinik. In Bruchsal und Umgebung wurden schätzungsweise 30 bis 40 Prozent der Frauen und Mädchen Opfer französischer Armeeangehöriger. Fünf marokkanische Soldaten drangen in Pforzheim nachts in eine Wohnung ein. Einer von ihnen vergewaltigte die dort anwesende 50jährige Frau, während die vier anderen mit Waffengewalt die übrigen Hausbewohner daran hindern, der schreienden Frau zu Hilfe zu kommen. Marokkanische Soldaten holten Frauen und Mädchen aus den Kellern des Ortes Neuenhausen im Kreis Pforzheim und schänden sie. In den Gehöften ostwärts Pforzheim vergewaltigten vorrückende französische Truppen zahlreiche Frauen und Mädchen, die sich aus der zerstörten Stadt dorthin geflüchtet hatten. Manche wurden acht bis zehn Mal hintereinander – auch im Beisein von Eltern, Kindern und Ehemännern – vergewaltigt. Täglich unterzogen sich 60 bis 70 Frauen und Mädchen im Krankenhaus St. Trudpert in Pforzheim einer ärztlichen Behandlung.

Lörrach wurde am 24. April 1945 besetzt. Die sexuelle Gewalt der Besatzer ging erst zurück, als dort ein Bordell für die Kolonialtruppen eingerichtet wurde, für das auch Einwohnerinnen der Stadt angeworben wurden. Auch die Verhaftung eines Marokkaners, der auf dem Tüllinger Berg zwei Rotkreuzschwestern vergewaltigt hatte, soll nach einem Bericht des Pfarrers Knebel vom 19. August 1945 zur Beruhigung etwas beigetragen haben. Die verängstigten Frauen trauten dem Frieden lange nicht.[115]

Von einem Arzt ist folgender Situationsbericht erhalten: „Seit dem Einmarsch der fremden Truppen haben sich die Vergewaltigungen zu einer furchtbaren Seuche ausgeweitet und sind zur wahren Landplage geworden. Die Vergewaltiger waren zuerst in der überwiegenden Mehrzahl farbige Truppen (Marokkaner oder andere Kolonialsoldaten), aber von Anfang an waren doch auch weißrassige Vertreter daran beteiligt, und diese haben im Laufe der Zeit an Zahl etwas zugenommen. Die Vergewaltigung erfolgt in der Regel in den Häusern, wohin die Franzosen eindringen unter dem Vorwand, Waffen oder versteckte deutsche Soldaten zu suchen, um dann die Frauen in ein Zimmer zu verschleppen, die Tür zu ver-

schließen und – oft unter Bedrohung mit der Waffe – zu mißbrauchen. In vielen Fällen kommt es zum mehrfachen Mißbrauch durch den gleichen Mann sowie durch ihn und mehrere seiner Kameraden. Als höchste Zahl einer solchen serienweise protrahierten Vergewaltigung wurde mir zwanzig angegeben. Die jüngste der armen Opfer war elfeinhalb Jahre, die älteste 76 Jahre alt."[116]

Die vergewaltigten Frauen wurden in ihrer Not allein gelassen. Eine ärztliche Kommission in Südbaden verfügte in einem Rundschreiben vom 28. Juli 1945, daß „die Tatsache der Vergewaltigung als Ursache von Schwangerschaft keine Indikation zur Unterbrechung ist, daß nach wie vor nur ärztliche Indikationen einen Grund zur Unterbrechung der Schwangerschaft abgeben, und daß die Kommission eingesetzt wurde, um festzustellen, ob zufällig bei einer Vergewaltigung eine derartige ärztliche Indikation vorliegt, d.h. eine nachhaltige Bedrohung der Gesundheit oder des Lebens der Mutter durch die Schwangerschaft."[117] Die katholische Kirche teilte diese Ansicht. Man unterstellte den Frauen sogar, daß sie sich unter dem Vorwand der Vergewaltigung ungewollter Schwangerschaften entledigen wollten. In der Tat gab es in der Not jener Tage Mütter, die sich hingaben, um ihre Familie durchzubringen, und dabei ungewollt schwanger wurden.

In Stuttgart, das am 22. April 1945 von den Franzosen „befreit" wurde, wurden in einer einzigen Woche mehr Frauen vergewaltigt als von Wehrmachtangehörigen in vier Jahren Besatzungszeit in Frankreich. Die Disziplinlosigkeit der Soldaten des Generals Lattre de Tassigny empörte den amerikanischen Oberbefehlshaber der 6. Heeresgruppe, General Jacob L. Devers, zu dessen Befehlsbereich Tassignys Verband gehörte. Von Devers informiert, berichtete der amerikanische Senator James Eastland im US-Senat in Washington, daß in Stuttgart über tausend Frauen in den Wagenburgtunnel verschleppt worden seien, um sie dort zu notzüchtigen. Der deutsche Polizeichef von Stuttgart nannte 1.198 Fälle von Schändungen an Frauen und Mädchen in seinem offiziellen Bericht. Die meisten Überfälle seien in den Wohnungen erfolgt. In einigen Fällen wurden die Frauen bis zu zehnmal hintereinander vergewaltigt. Die New Yorker Zeitung „Herald" vom 11. August 1945 berichtete von den Vorfällen in Stuttgart mit großer Empörung über die französischen Truppen.[118] Über ähnliche Untaten der amerikanischen Soldaten schrieb sie nichts.

Am 21. April 1945 kamen die Franzosen nach Magstadt, eine Gemeinde von 2.500 Einwohnern westlich von Stuttgart, und hausten dort wie die

Landsknechte im Dreißigjährigen Krieg. Etwa 250 Frauen und Mädchen, darunter Schulkinder und alte Frauen von 70 Jahren, wurden geschändet. Einige Opfer wurden pervers mißbraucht, so daß sie Verletzungen davontrugen, die chirurgisch behandelt werden mußten.

Der Ortspfarrer kommentierte die Ausschreitungen: „Was jedoch in jener Nacht geschah, kann keine Feder zu Papier bringen. Vor allem hatten unsere Frauen und Mädchen viel durchzumachen und zu leiden. Die Marokkaner, die vorher in Schaffhausen sich in einer Schnapsbrennerei anscheinend des Guten etwas zu viel taten, waren teils schlimmer als die Tiere. Zirka 260 Vergewaltigungen – medizinisch festgestellt, angefangen bei Konfirmandinnen bis hin zur ältesten Frau – werden stets neben allem anderen diesen Tag zum furchtbarsten machen, was die Gemeindemitglieder leiblich und seelisch jemals erdulden mußten."[119]

Viele Vergewaltigungen im Kreis Böblingen wurden aus Scham den Dienststellen nicht gemeldet. In Deckenpfronn wurden mehrere Frauen bis zu achtzehn Mal Opfer von Vergewaltigungen. Besonders schlimm verhielten sich die französischen Truppen in der Goldberg-Siedlung in Sindelfingen. Die einrückenden Soldaten machten dort keinen Unterschied zwischen deutschen Frauen und russischen Ostarbeiterinnen. Auch Nagold hatte sehr zu leiden. Es meldeten sich mehr als 100 Frauen im Krankenhaus. Die gleichen Ausschreitungen gegen deutsche Frauen und Plünderungen deutschen Eigentums kamen auch in den Gebieten vor, in die nach dem Abzug der Amerikaner die Franzosen einzogen. Aus dem Zabergau im Norden von Stuttgart kamen besonders viele Klagen über die Wildheit der Tunesier und Marokkaner. Die Kolonialsoldaten fühlten sich als Sieger und forderten ihre Beute, auch in Form von Frauen. In Mühlacker zog ein Regiment Maquis ein, Hafengesindel aus Marseille, das sich im Ruhme der Résistance sonnte. Es herrschte ein Zustand absoluter Rechtlosigkeit. Auch die algerische Spahi-Truppe verbreitete Angst und Schrecken im Bezirk.

Nach dem Einmarsch der Franzosen in Herrenberg südwestlich von Stuttgart wurden über 100 Frauen geschändet, oft unter Bedrohung mit Waffen. Häufig mußten Mütter, Väter und Ehemänner zusehen, wie Soldaten ihre Angehörigen abwechselnd mißbrauchten. Selbst Frauen mit 70 und mehr Jahren wurden nicht geschont. Im benachbarten Nehringen erschoß ein französischer Soldat rücklings eine deutsche Frau, die den

Beischlaf verweigerte und mit dem jüngsten Kind auf dem Arm aus dem Haus zu flüchten versuchte.

Marokkaner drangen nachts in einen Bauernhof in Gottrazhofen bei Isny im Allgäu ein. Da ihnen der taubstumme Bauernsohn keine Auskunft geben konnte, schossen sie ihn tot. Dem herbeieilenden Bauern, der die anwesenden Frauen warnen wollte, wurde der Schädel eingeschlagen.

Im April 1945 richteten der selbsternannte französische Oberleutnant Deletre und der französische Leutnant Schwab gemeinsam mit dem Tschechen Milan Kovar, einem entlassenen KZ-Häftling, für 55 angebliche Nazis, Angestellte der Deutschen Öl-Schiefer-Forschungsgesellschaft, in Dormettingen im Zollernalbkreis, ein Privat-KZ ein. Die Gefangenen wurden auf das grausamste gefoltert. Arno Schreiber, der die „Hölle von Dormettingen" überlebte, hatte nach einem ärztlichen Befund „25 Wunden am Kopf, teilweise bis auf die Knochen, Gleichgewichtssinn gestört, beide Augen verletzt, Nasenbein gebrochen, aus dem Oberkiefer drei Zähne ausgeschlagen, Brustbein und drei Rippen gebrochen, Schulterkapsel mehrfach gebrochen, Schlüsselbein angebrochen, rechtes Hüftgelenk verletzt, beide Hände, beide Knie und Fußgelenke verletzt". Zu den Quälereien der Gefangenen gehörte, daß auf ihren Köpfen Flaschen zerschlagen wurden. Mindestens 17 Gefangene fanden den Tod, einige nahmen sich selbst das Leben. Unter den Opfern befanden sich auch zwei namenlose Franzosen und ein Holländer. 1951 befaßte sich ein französisches Militärgericht in Rottweil aufgrund deutscher Erhebungen mit den Vorgängen von Dormettingen. Die beiden französischen Offiziere und der Tscheche waren nicht auffindbar. Bestraft wurde ein deutscher Denunziant, der die Verhaftungslisten für die Franzosen aufgestellt hatte.[120]

Anfang Mai 1945 kamen französische Besatzungstruppen nach Unterfinning im Kreis Landsberg. Ein Augenzeugenbericht hielt das Geschehene fest.

„Als die Franzosen ins Haus kamen, haben sie auf alles geschossen, auf Gläser, Krüge, Uhr, Kruzifix, in die Decke usw. Das ganze Haus wurde besetzt. Wir konnten nichts mitnehmen, nur das, was wir am Leibe trugen. Geschlafen haben wir irgendwo im Stadel. Unsere Hühner wurden alle von den Franzosen erschossen. Ein Schwein wurde erschossen, angezündet und auf dem Hof liegengelassen. Unsere Kleider und Wäsche wurden auf einen Haufen geworfen, mit Benzin übergossen und angezündet. Die Betten wurden aufgeschnitten, die Federn zerstreut und Mehl hineingeschüttet. Die Möbel wurden mit der Axt zerschlagen.

In der Stube wurde auf dem Boden eine Hakenkreuzfahne angebracht. Die Ortsbewohner mußten niederknien, auf die deutsche Fahne spucken, dann wurden sie mit einem Fußtritt wieder hinausgeworfen. [...] Vergewaltigungen waren an der Tagesordnung. Unsere fünfzehnjährige Magd Maria aus Niederbayern lieferte Milch in der Käseküche ab. Sie wurde von den Franzosen nackt ausgezogen und nackt wieder heraufgeführt. Nach ihrer Aussage kamen nachts einmal elf Franzosen über sie. [...] Auch der Pfarrer mußte aus dem Pfarrhof ausziehen. Besonders schlimm war es am 9. Mai wegen der Feiern zur Kapitulation. Französische Soldaten waren betrunken, läuteten ständig mit den Kirchenglocken, spielten Orgel und sangen in der Kirche. Sie nahmen die Kerzen aus der Kirche und zündeten sie überall in der Ortschaft an den Fensterstöcken an."[121]

In den letzten Kriegswochen hinterließen die beiden französischen Divisionen der 7. US-Armee eine Spur der Verwüstung auf ihrem Siegeszug durch Bayern nach Österreich. In Stephanskirchen im Kreis Rosenheim beklagte der Ortspfarrer gegenüber dem Ordinariat, daß die marokkanischen Soldaten neun Tage lang die Frauen und Mädchen der Gemeinde belästigt und mehrere vergewaltigt hätten. Sie hätten die Frauen mit Waffengewalt gefügig gemacht. Die französischen Offiziere ließen die Soldaten gewähren und erklärten die Übergriffe später mit angeblichen deutschen Sabotagehandlungen und vermeintlichen Aktionen des „Werwolf", der nichts anderes war als ein Propagandaphantom und den es dort in Wirklichkeit gar nicht gab.[122]

Bei den Kolonialsoldaten auf französischer und britischer Seite brachen sehr oft die Stammeseigenheiten durch, die bei Auseinandersetzungen in ihrer Heimat üblich waren. Die Auflagen der Haager Landkriegsordnung von 1907 und der Genfer Konvention von 1929 waren ihnen wesensfremd. Sie verhielten sich oft wie „Wilde". Dagegen waren auch die Vorgesetzten machtlos. Es gibt Hunderte Vorfälle, die zeigen, wie brutal sie gegen Kriegsgefangene, Verwundete und Zivilisten vorgingen. Auf dem Vormarsch in Italien vergewaltigten die marokkanischen, algerischen und senegalesischen Soldaten des Generals Alphonse Juin, Kommandeur des Corps expéditionnaire français en Italie der 5. US-Armee unter General Mark W. Clark, allein in Latium nachweislich 3.500 Frauen und 800 Männer. Das gehörte zur Siegesbeute, die die Maghrebiner nach Kriegsbrauch beanspruchten. Vor dem Durchbruch durch die deutsche Gustav-Linie motivierte Juin seine Soldaten mit dem Tagesbefehl: „Wenn ihr den Feind besiegt habt, gehören euch die Häuser, die Frauen und der Wein für

50 Stunden. 50 Stunden könnt ihr tun und lassen, was ihr wollt." Für die 5.000 Mulattenkinder, die neun Monate später zur Welt kamen, zahlte der französische Staat Entschädigungen bis zu 5.000 Lire.[123]

Ob die folgenden Morde im Berchtesgadener Land auf Weiße oder Kolonialtruppen zurückzuführen sind, ist nicht bekannt. Am 6. Mai 1945 wurden in Egglergraben in der Nähe des Bahnhofs fünf deutsche Offiziere erschossen. Sie wurden ursprünglich an Ort und Stelle begraben. Ihre Namen sind bekannt: Oberleutnant Friedhelm Feit, Leutnant Christoph Schütte, Leutnant Josef Tintrop, Leutnant Arno Müller und Fahnenjunker Horst Forstmann. Am 7. Mai 1945 wurden in einer Kiesgrube im Winkel drei SS-Männer erschossen aufgefunden. Es handelte sich um den SS-Hauptsturmführer Richard Mende, den SS-Sturmmann Werner Giesbers, und den SS-Kanonier Oskar Gröner. Sie wurden 1952 umgebettet zur Kriegsgräberstätte Berchtesgaden-Schönau. Am gleichen Tag wurden auf dem Holzlagerplatz in Oberaschau die Leichen von zwei Panzersoldaten gefunden. Es handelte sich um den SS-Oberscharführer Hermann Krause, und den SS-Untersturmführer Hans Schier. Sie waren mit dem Messer ermordet, verstümmelt und angezündet worden. Die Leichenreste wurden an Ort und Stelle begraben. Am 28. Januar 1948 wurden sie exhumiert und dem Alten Friedhof beigesetzt.[124]

Die letzten Morde begingen Angehörige der 2. französischen Division unter dem General Leclerc am Tag der Kapitulation der deutschen Wehrmacht am 8. Mai 1945 in der Nähe von Bad Reichenhall ausgerechnet an französischen Landsleuten. Zwölf französische Soldaten der Waffen-SS-Division „Charlemagne", die von den Amerikanern gefangengenommen worden waren, wurden den Franzosen übergeben. Leclerc befahl, sie alle ohne Gerichtsurteil zu erschießen.[125]

Die Greuel der Roten Armee

Auf der Flucht vor der Roten Armee

Von den über zehn Millionen Ostdeutschen, die nach dem Zweiten Weltkrieg ihre Heimat verloren, ist fast die Hälfte vor dem Ende des Krieges vor der Roten Armee nach Westen geflüchtet. Es war nicht absehbar, daß diese Fluchtbewegungen die Vorstufe der danach folgenden Vertreibung aller Deutschen sein würde. Das, was anfangs wie eine kriegsbedingte Bevölkerungsevakuierung aussah, war nach der Potsdamer Konferenz eine von den Siegermächten gebilligte „Aussiedlung". Den Flüchtlingen aus Ost- und Westpreußen, Pommern und Schlesien wurde die Rückkehr in ihre Wohngebiete verweigert. Die Deutschen, die noch dort waren, wurden des Landes verwiesen. Zusammen mit den Deutschen aus dem Sudetenland und vom Balkan verloren etwa 15 Millionen Menschen ihre Heimat.

Die Tragödie begann im Januar 1945. Die Rote Armee überwand mit der Frühjahrsoffensive ab dem 17. Januar 1945 innerhalb von 18 Tagen die 400 Kilometer weite Strecke vom Weichselbogen bis zur mittleren Oder. In den Gebieten des damaligen Generalgouvernements und in der Provinz Posen waren die Deutschen im allgemeinen rechtzeitig evakuiert worden. Nicht so in Ostpreußen, Pommern, Ostbrandenburg und Schlesien, wo die Menschen oft nur 14 Tage Zeit hatten, wenn sie der Roten Armee entgehen wollten, oder gar erst aufbrachen, wenn die Frontlinie an die Wohnorte heranrückte.

Die Berichte über das Verhalten der Rotarmisten in den eroberten Gebieten machten den Menschen Angst. Die Nachrichten von den Erfolgen der Roten Armee und das sichtbare Elend der Flüchtlingszüge nahmen vielen den Mut, ihre Wohnorte zu verlassen. In Königsberg blieben etwa 100.000 Menschen zurück. Tausende zogen den Selbstmord vor. Auch die Furcht vor den Gefahren der Flucht lähmte die Bevölkerung in den gefährdeten Gebieten. Von Januar bis März 1945 herrschte in Mittelosteuropa ein strenger Winter. Die Temperatur sank bis auf minus 30 Grad. Eisglatte Straßen und Schneeverwehungen behinderten die Trecks auf den Straßen. Andere Transportmittel als Bauernwagen standen nur wenigen zur Verfügung. Die weiten Entfernungen bis zu Oder und das Tempo des russischen Vormarsches machten den Eisenbahntransport zur einzigen sicheren Variante. Wer Glück hatte, kam in einem der überfüllten Züge unter. Vielerorts traten panikartige Fluchten in letzter Minute an die Stelle der geregelten Evakuierung. Die NSDAP-Funktionäre, die dafür zuständig waren, gestanden sich, betäubt von der Endsiegpropaganda Berlins, die prekäre Kriegslage zu spät ein.

Die Flucht aus Ostpreußen entwickelte sich zu einer besonderen Tragödie. Bevor Mitte Januar 1945 der russische Großangriff begann, leugnete die Parteiführung die Notwendigkeit vorsorglicher Evakuierungen. Nirgendwo fand eine rechtzeitige und organisierte Räumung statt. Resultat: Als Ostpreußen am 26. Januar 1945 bei Elbing abgeschnürt war, blieben den Menschen nur noch zwei Fluchtmöglichkeiten offen: mit Schiffen über See von Pillau aus oder im Treck über das Eis des Frischen Haffs auf die Nehrung und von dort nach Danzig. Mehr als 200.000 Menschen im Südwestteil der Provinz hatten überhaupt keine Chance. Sie wurden unterwegs von der Roten Armee überrollt. Insgesamt geriet von den 2,3 Millionen Ostpreußen eine halbe Million in die Fänge der Roten Armee. 175.000 kamen rechtzeitig über die Weichsel oder konnten von Elbing über See abtransportiert werden. Die Einschiffung der Flüchtlinge in Pillau lief am 25. Januar an. Bis zur Einnahme der Stadt am 25. April durch die Rote Armee konnten 451.000 Menschen über die Ostsee entkommen. 200.000 wurden zur Frischen Nehrung übergesetzt. Über die Flucht aus Ostpreußen gibt es viele erschütternde Berichte.

Elisabeth Krahn, geboren 1935, berichtete von ihrer Flucht zur Weichsel: „In eisiger Mitternacht in einer endlosen Reihe von vor Angst und Kälte Erstarrten […] letztes Auto, keine Bremsklötze, dunkles, gurgelndes Wasser. Irgendwo in weiter Ferne der rettende Westen. Was ist der rettende Westen? In der Nähe Kanonendonner. Die Fähre gibt auf. Das bedeutet, eine ungewisse Zukunft für die Wartenden am anderen Ufer, und der Russe ist bald da. Auf einer Landstraße fahren wir in einer Reihe mit der zurückflutenden deutschen Armee. Rechts und links liegen Trecks. Wagen und Pferde liegen im Graben, das Gepäck verstreut herum. Viele Menschen schlafen im Schnee – wie Mutter mir auf eine Frage antwortet. Aber wieso schlafen die Kinder auch, sie toben doch immer im Schnee? Sogar Säuglinge schlafen. Später erzählt Mutter, daß Tiefflieger über die Menschen geflogen und gezielt auf diese Menschen geschossen haben. Die letzte Brücke über die Weichsel wird gesprengt."[126]

Von denen, die über das zugefrorene Frische Haff flüchteten, erreichten nur die Glücklichen das Ziel. Wegen der extremen Minustemperaturen erfroren die Schwachen und Alten unterwegs in ihren Pferdefuhrwerken. Auf der 56 Kilometer langen schmalen Nehrungsstraße boten die Wagenkolonnen bei klarem Wetter der russischen Luftwaffe leichte Ziele. Auch die sowjetische Artillerie schoß sich auf dieses Ziel ein. Fast 50.000 Menschen, die sich nach den Strapazen der Flucht schon in Sicherheit wähnten, kamen auf der Nehrung zu Tode. Als im Februar 1945 Tauwetter einsetzte, hielt das Eis nicht mehr, und der Zustrom verebbte. Zurück blieben zertrümmerte Trecks mit Hausrat, toten Tieren und vielen Leichen.[127]

Ein Augenzeuge, der Danzig erreichte, beschrieb, wie 300 Wagen auf einmal versanken, „als nähme eine unsichtbare Hand sie weg".

„Vor Beginn des Trecks hatten die Parteifunktionäre die Weisung ausgegeben, möglichst viel aufzupacken. Als nun die Fuhrwerke das Frische Haff erreichten, zeigte sich, daß dieser Rat falsch gewesen war. Das bereits brüchig gewordene Eis vermochte die überlasteten Gefährte nicht zu tragen. Die ergangene Anordnung, über die weite Eisfläche, die keinerlei Deckung versprach, in einem Wagenabstand von 50 Metern zu fahren, war zweckmäßig, aber schwer durchführbar. Zwar bemühten sich die Wagenlenker, Disziplin zu halten, brausten aber die russischen Flieger an und ließen im Niederstoßen ihre Bordwaffen rattern oder warfen Bomben, so entstand doch eine Panik. Die Treckwagen jagten davon. Jeder versuchte, sich vor den Tieffliegerangriffen zu retten. Oftmals verhedderten sich die Gejagten zu einem dichten Knäuel, dessen Gewicht zu sehr drückte: Die Eisdecke barst mit einem grimmigen Krachen, und Menschen und Gespanne sanken in die Tiefe."[128]

Agnes Pless erinnerte sich als alte Frau in Duisburg an das, was sie als Kind erlebte: „Auch ich bin eine von vielen, die das Trauma der Monate Januar bis April 1945 nicht losläßt. Manchmal wache ich noch heute nachts schweißgebadet auf und sehe sie vor mir, die Bilder: das zugefrorene Haff mit den eingebrochenen Pferden, umgekippten Wagen, Hunderten von verletzten und toten Menschen. Aber ich sehe auch das zerbombte, auseinandergebrochene Schiff in Swinemünde, auf dem Wasser treibend die vielen ertrunkenen Menschen, die Schreie der anderen und überall Trümmer. Ich schwamm mittendrin, im eiskalten Wasser, an einer Bohle festgeklammert, wie konnte ich eigentlich überleben? Ich war damals 13 Jahre alt."[129]

In Westpreußen, Danzig und Pommern lebten Anfang 1945 fast drei Millionen Einheimische und eine halbe Million Evakuierte aus den bombengefährdeten Städten im Westen. Viele Flüchtlinge aus Ostpreußen und Westpreußen ließen sich durch die relativ friedlichen Verhältnisse in Danzig und Pommern während des Februars 1945 verleiten, sich dort häuslich einzurichten. Sie hofften, in ihre Heimat zurückkehren zu können, sobald die sowjetische Offensive zurückgeschlagen worden war. Der Schrecken war groß, als die Rote Armee am 1. März bei Köslin und zwei Tage später bei Stettin zur Küste durchbrach und die Flucht nach Westen auf dem Landweg unmöglich machte. 80.000 Menschen warteten in Kolberg auf die Rettung über See. 70.000 wurden eingeschifft. Der Endkampf um die Städte Danzig und Gotenhafen begann am 22. März. Auf Schiffen der Kriegs- sowie der Handelsmarine konnten über die Häfen Danzig und Gotenhafen Zehntausende entkommen. Etwa 200.000 Menschen blieben in Danzig zurück, das am 27. März von der Roten Armee besetzt wurde. Von den ostpommerschen Häfen konnten bis Ende April rund 900.000 Flüchtlinge nach Westen ausgeschifft werden. Auf dem Landweg gelangten immerhin noch 200.000 bis 300.000 aus Pommern hinaus. Von der Halbinsel Hela aus glückte im April 1945 noch fast 400.000 die Flucht. 1,5 bis 2 Millionen Deutsche, viele von ihnen Flüchtlinge aus Ostpreußen, erreichten den Westen nicht.

Der Bauer Uschkoreit, der am 19. Januar 1945 mit den Landarbeiterfamilien und zwei Russenfamilien in Gumbinnen mit fünf Fuhrwerken und 16 Pferden aufgebrochen war, berichtete von der Flucht: „Die Hauptstraße nach Osterode ist voll von Trecks. Stürmische Winde jagen Eiseskälte vor sich her. Schneeverwehungen erschweren den Marsch. Nur Schritt für Schritt kommen sie voran. Die Unterbrechungen werden immer länger, die Angst größer. Tausende von Rindern irren herrenlos über die weiße Fläche. Sie hungern, schreien, erfrieren, denn keiner kann ihnen helfen. Und dann ist der Schrei in der Luft: ‚Russische Panzer!' Polternd kommen sie angerollt. Die Leute von den Trecks suchen im Graben Deckung, aber die Kälte treibt sie zu den Fahrzeugen zurück. Russische Soldaten sind unter den Flüchtlingen. Sie durchwühlen die Wagen nach Wertsachen. Sonderbar: Die russischen Familien lassen sie in Ruhe. Und da diese nur das Beste von den deutschen Bauern berichten, tut man auch diesen nichts. Doch dann kommt die Nacht. Schreie der Angst, der Not, der Schmerzen. Dann Schüsse. Und als der Morgen graut, sind die russischen Familien verschwunden, die meisten Frauen und Mädchen sind Opfer der Soldaten geworden, die Wagen wurden ausgeplündert."[130]

Es gehört zu den großen Leistungen von Kriegsmarine und Handelsschifffahrt, daß fast zwei Millionen Deutsche über die Ostsee gerettet wurden.

26.170 fanden zwischen September 1944 und Mai 1945 dabei den Tod. Sie ertranken, wenn die Schiffe, die sie an Bord genommen hatten, auf der Fahrt nach dem Westen versenkt wurden. Die größten Katastrophen waren:

22. September 1944
655 Menschen kamen ums Leben, als bei der Evakuierung von Reval der deutsche Transporter MOERO mit 1.273 Verwundeten und Flüchtlingen versenkt wurde.

7. Oktober 1944
Von den 625 Flüchtlingen von der Insel Ösel wurden nur 94 gerettet, als der Transporter NORDSTERN vor Windau versenkt wurde.

30. Oktober 1944
Beim Untergang des Transporters BREMERHAVEN vor Gotenhafen verloren 3.171 Passagiere (darunter 1.515 Verwundete) und 45 Mann Besatzung ihr Leben.

20. November 1944
Als der Militärtransporter FÜSILIER (6.157 BRT) im Nebel bei Memel strandete und von der sowjetischen Artillerie unter Beschuß genommen wurde, wurden die Schiffbrüchigen mit Bordwaffen angegriffen und 237 Mann getötet.

30. Januar 1945
Das Wohnschiff WILHELM GUSTLOFF versank mit 1.500 Mann militärischen Personal und zirka 8.000 Flüchtlingen auf der Fahrt von Gotenhafen nach Swinemünde. Nur rund tausend Menschen überlebten.

31. Januar 1945
Das U-Boot-Begleitschiff MEMEL sank vor Swinemünde durch eine britische Luftmine. Etwa 300 Menschen wurden gerettet und 600 starben.

10. Februar 1945
Vor Stolpmünde wurde das Verwundetentransportschiff STEUBEN auf der Fahrt von Pillau nach Swinemünde mit 2.800 Verwundeten, 800 Flüchtlingen, 500 Angehörigen der Kriegsmarine und 170 Mann Besatzung an Bord torpediert. 3.600 Menschen wurden Opfer der Katastrophe.

17. Februar 1945
Bei einem Bombenangriff ging der Marine-Transporter EIFEL mit 923 Soldaten an Bord vor Libau unter. Nur 138 Menschen konnten gerettet werden.

23. Februar 1945
Ein Torpedotreffer versenkte den mit 1.500 Heeressoldaten belegten Transporter GÖTTINGEN auf der Fahrt von Stettin nach Libau. 500 überlebten den Angriff nicht.

6. März 1945
Das Lazarettschiff ROBERT MÖHRING mit 737 Verwundeten und 20 Flüchtlingen ging nach einem Bombenvolltreffer vor Saßnitz (Rügen) in Flammen auf und sank. 353 Verwundete fanden den Tod.

12. März 1945
Der Dampfer ANDROS geriet mit 2.000 Flüchtlingen aus Pillau an Bord in Swinemünde in einen Bombenangriff auf die Hafenanlagen. 570 Menschen kamen in dem brennenden Wrack ums Leben.

25. März 1945
Bei dem sowjetischen Artilleriebeschuß auf den Hafen von Danzig-Neufahrwasser explodierten die Munitionstransporter BILLE und WESER. 250 Soldaten kamen dabei ums Leben.

9. April 1945
250 Menschen starben beim Untergang des Dampfers VALE, als das Schiff bei Pillau bombardiert wurde.

10. April 1945
Bei einem Flüchtlingstransport aus dem belagerten Pillau wurde der Transporter NEUWERK kurz vor Danzig durch Torpedotreffer versenkt. Von 1.034 Menschen kamen nur 78 mit dem Leben davon.

11. April 1945
Nach einem sowjetischen Bombenangriff auf die Halbinsel Hela ging der Transporter MOLTKEFELS mit 2.700 Flüchtlingen, 1.000 Verwundeten und 300 Soldaten an Bord in Flammen auf. 400 bis 500 Menschen ka-

men um. Beim selben Angriff wurde das Lazarettschiff POSEN mit etwa 540 Verwundeten, 100 Flüchtlingen, 30 Soldaten und 50 Mann Personal an Bord getroffen. 300 Menschen, überwiegend Verwundete und Flüchtlinge, kamen in den Flammen um.

13. April 1945
Der Dampfer KARLSRUHE wurde auf der Fahrt von Pillau nach Kopenhagen bei Hela mit 1.083 Menschen an Bord zweimal von Torpedobombern angegriffen und versenkt. 970 Menschen gingen in der Ostsee unter.

16. April 1945
Vor Stolpmünde torpedierte ein sowjetisches U-Boot den mit 7.000 Menschen besetzten Frachter GOYA auf der Fahrt von Hela nach Kopenhagen. Er sank innerhalb von sieben Minuten. Nur knapp 400 Menschen überlebten den Angriff.

16. April 1945
Der Transporter CAP GUIR wurde bei einem Flugzeugangriff auf Libau vollkommen zerstört, 770 Menschen fanden den Tod.[131]

In Schlesien wohnten 40 Prozent der deutschen Bewohner jenseits von Oder und Neiße. Anfang 1945 waren das rund 4,7 Millionen. Die Flucht der schlesischen Bevölkerung fand unter günstigeren Bedingungen statt als die der Menschen aus den anderen Gebieten Ostdeutschlands. Die Evakuierung verlief in Wellen, die vom Vordringen der Roten Armee bestimmt waren. Die erste begann am 19. Januar 1945 an der schlesisch-brandenburgischen Grenze. Im oberschlesischen Industriegebiet wurde lediglich Frauen mit kleinen Kindern die Evakuierung erlaubt. Alle anderen durften den Wohnort nicht verlassen, damit die Produktion in vollem Umfang aufrechterhalten werden konnte. Als um den 20. Januar herum die sowjetischen Truppen immer näher kamen, setzten unkontrollierte Fluchtbewegungen ein. Bereits am 22. Januar wurde der Zugverkehr über Breslau nach Westen eingestellt. Von da an versuchten die Flüchtlinge auf dem Landweg über Ratibor nach Böhmen und Mähren zu gelangen. Bis zu 400.000 Menschen erreichten das Ziel. Im Protektorat Böhmen und Mähren und im Sudetenland erlebten sie Anfang Mai 1945 die tschechische Erhebung. Unter den Untaten litten nicht nur die Sudetendeutschen, sondern auch die deutschen Flüchtlinge aus Schlesien. Viele von denen, die sich nach Sachsen aufgemacht hatten, gerieten am 13. und 14. Februar in die schweren Bombenangriffe auf Dresden und fanden dort den Tod. Eine halbe Million Deutsche blieb im oberschlesischen Industriegebiet zurück. In Breslau lebten noch etwa 200.000 Zivilpersonen, als sich der Ring um die Festung schloß. Den Landkreis Breslau verließ der überwiegende Teil der Bevölkerung im Treck.

„Meine Schulfreundin Ursula ist eine von Zigtausenden, die – von einem Bauernhof bei Trebnitz in Schlesien stammend – auf einem Pferdefuhrwerk im Treck hockte. Sie war gerade elf Jahre alt und hielt den eben geborenen kleinen Bruder im Arm. Ihre Mutter war noch zu schwach nach der Entbindung, und die Geschwister waren noch kleiner als sie. So fuhren sie bei 27 Grad minus Richtung Westen – verjagt, vertrieben, heimatlos. Als der Treck schließlich hielt, war der Säugling, der kleine Bruder, tot – erfroren. Sie hatte ein totes Geschwisterchen in den Armen gehalten. Schließlich mußte sie diesen armen Winzling eigenhändig ‚beerdigen'. Kann sich heute jemand, der die ‚Gnade der späten Geburt' hat, vorstellen, was in so einem elfjährigen Kind vorgegangen sein mag? Kein Trost, kein Psychologe, der diese geschundene Kinderseele aufgefangen hätte."[132]

In Striegau befanden sich noch 15.000 Menschen, als die Stadt am 13. Februar von den Russen besetzt wurde, und in Liegnitz waren es zirka 20.000. Von der gesamten schlesischen Bevölkerung blieben etwa 1,5 Millionen Menschen in ihren Wohnorten oder wurden auf der Flucht von der Roten Armee überrollt. Dann spielten sich fürchterliche Szenen ab.

„Die Panzer rasten durch die Wagenreihen. Wagen wurden in die Gräben geschleudert, die Pferdeleiber lagen verendet im Graben, Männer, Frauen und Kinder kämpften mit dem Tode, Verwundete schrien um Hilfe."[133]

Plünderung, Brandstiftung, Vergewaltigung

Die Verbrechen der Roten Armee waren so groß, so vielfältig und so grausam, daß sie hier umfassend gar nicht beschrieben werden können. Es traf Zivilisten und Soldaten gleicherweise. Viele von denen, die jene Zeit überlebten, schrieben später auf, was sie erlebt hatten. Wenn man liest, was sie berichten, fühlt man sich in den Dreißigjährigen Krieg (1618–1648) versetzt, in dem die Söldner hausten wie die Hunnen mehr als tausend Jahre früher. Die Rotarmisten waren 200 Jahre später nicht besser, obwohl Aufklärung und Liberalismus die Menschen angeblich zu besseren Wesen gemacht hatten und die Ideologie des Kommunismus von ihnen proletarische Solidarität mit den Armen und Schwachen verlangte.

Das im Zweiten Weltkrieg geltende, in der Haager Landkriegsordnung 1907 festgelegte Kriegsvölkerrecht schrieb vor, daß die Zivilbevölkerung eines besetzten Landes – wie die Kriegsgefangenen und Verwundeten – menschlich zu behandeln sei. Der russische Zar Nikolaus II. hatte diesen internationalen Staatsvertrag initiiert und unterschrieben, aber die kommunistische Regierung der UdSSR hatte die Unterschrift aufgekündigt. So gesehen war sie nicht durch diese Vorschriften gebunden. Aber den allgemeinen humanen Bedingungen des Krieges sollte auch die Rote Armee unterworfen sein. Diejenigen, die sich ergeben hatten und die, die schutzlos waren, sollten menschlich behandelt werden. Solche Vorschriften und sittlichen Gebote kümmerten die Propagandisten der Roten Armee wenig. Sie hetzten in den Truppenzeitungen gegen alles, was deutsch war. Die Rotarmisten handelten, wenn sie ihre Untaten begingen, im Einklang mit dem, was sie gelesen und gehört hatten. Im Polituntericht, in Zeitungen, Flugblättern und Rundfunksendungen war ihnen alles, was die Deutschen besaßen, als Beute angeboten worden. Sie durften Raub und Mord nach Belieben ausüben. Sie durften die Deutschen behandeln, wie sie wollten. Die Politruks, Offiziere des NKWD, ermutigten sie zu den Ausschreitungen. Die Armeeoffiziere schritten nicht nur nicht dagegen ein, sondern beteiligten sich an den Untaten. Sie hätten, selbst wenn sie gewollt hätten, auch gegen die Politruks keine Handhabe gehabt, die Politoffiziere waren ihnen vorgesetzt. Alles geschah im Einklang mit dem, was die Propaganda erlaubt hatte.

Alle Soldaten kannten die Aufrufe des Schriftstellers Ilja Ehrenburg. Er forderte die Soldaten auf, auf deutschem Boden Rache zu nehmen für das, was der Krieg auf russischem Boden an Vernichtung und Zerstörung angerichtet hatte. Eines seiner haßerfüllten Flugblätter enthielt folgendes Bekenntnis: „Wir werden töten. Wenn du nicht im Laufe des Tages einen Deutschen getötet hast, so ist das ein verlorener Tag gewesen. […] Wenn du einen Deutschen getötet hast, so töte einen zweiten. Für uns gibt es nichts Lustigeres als deutsche Leichen.“[134] Am 17. September 1944 schrieb er in der Frontzeitung „Unitschtoschim Wraga“*: „Die deutsche Frau

* Auf deutsch: Wir vernichten den Feind. – A.d. Verl.

wird die Stunde verfluchen, in der sie ihre Söhne, diese Wüteriche, geboren hat. Wir werden nicht nur schänden. Wir werden verfluchen. Wir werden nicht hören. Wir werden totschlagen."[135] Die Rotarmisten ließen sich zu Übergriffen hinreißen, weil sie für eine gute Sache zu kämpfen glaubten und für die Ängste und Entbehrungen entschädigt werden wollten, die sie ausgestanden hatten. Seit Jahren aufgestaute Aggressionen, die sich durch menschenfeindliche Befehle, brutale Vorgesetzte und ein Klima der ständigen Einschüchterung aufgebaut hatten, entluden sich nun. Frauen und Beute waren in den Augen der Rotarmisten das Recht des Siegers. Sie machten den Krieg erträglich. Ehrenburg verhetzte die Soldaten: „Tötet!, Tötet! Es gibt nichts, was an den Deutschen unschuldig ist. […] Brecht mit Gewalt den Rassenhochmut der germanischen Frauen. Nehmt sie als rechtmäßige Beute. Tötet, ihr tapferen, vorwärtsstürmenden Rotarmisten!"[136] Daß dieses Verhalten im Widerspruch dazu stand, was die Ideologie des Marxismus-Leninismus vom neuen Sowjetmenschen erwartete, spielte keine Rolle. Die zivilen Einpeitscher und die Politkommissare rechtfertigten die Untaten der Soldaten mit den angeblich von der Wehrmacht auf russischem Boden begangenen Greueltaten. Sie ermutigten die Soldaten sogar zu den Übergriffen, um sie für die Kämpfe der nächsten Tage zu motivieren. Es wurde großzügig Alkohol verteilt. Alkohol beseitigte die letzten Hemmungen und dämmte das Gewissen. In den besetzten Gebieten wurde nach Alkohol genauso intensiv gesucht wie nach Frauen. Er stimulierte zum Angreifen, Schänden, Rauben und Plündern. Im alkoholisierten Zustand tobten die Rotarmisten ihren Sadismus besonders brutal aus. Nachschubverbände hausten im allgemeinen schlimmer als Kampfverbände, Einheiten aus Komsomolzen verhielten sich brutaler als Gardeeinheiten. Asiatische Verbände kannten überhaupt keine Hemmungen. Im letzten Kriegsjahr waren auch Schwerstkriminelle in die sowjetische Armee eingegliedert worden, denen Straferlaß versprochen wurde, wenn sie sich an der Front bewährten. Viele Einheiten der Roten Armee waren mit solchem Gesindel durchsetzt. Auf deutschem Boden konnten diese Männer ungestraft ihren verbrecherischen Trieben freien Lauf lassen. Die Tagesbefehle der Heeresgruppenbefehlshaber vor dem Einmarsch in Deutschland bestätigten sie: „Gnade gibt es für niemanden. […] Das Land der Faschisten muß zur Wüste werden. […] Die Faschisten müssen sterben."[137]

Der deutsche Offizier Heinrich Graf von Einsiedel, Vizepräsident des „Nationalkomitees Freies Deutschland", das aus Wehrmachtangehörigen bestand, die in der Gefangenschaft zum Feind übergelaufen waren und sich landesverräterisch betätigten, beobachtete enttäuscht und zornig bei einem Frontbesuch in Ostpreußen Anfang 1945, was seine sowjetischen Waffenbrüder dort anstellten.

„Die Russen sind verrückt nach Wodka und Schnaps aller Art. Sie vergewaltigen Frauen, besaufen sich bis zur Bewußtlosigkeit und stecken Häuser in Brand. [...] In den letzten Tagen, seitdem ich wieder beim Frontstab bin, sind nach und nach alle unsere Helfer bei den Divisionen in Ostpreußen hier eingetroffen. Sie haben den Untergang von Ostpreußen miterlebt – den Hunnensturm. Sie sahen die russische Soldateska Städte und Dörfer niederbrennen. Sie sahen sie Gefangene und Zivilisten erschießen, Frauen vergewaltigen und Lazarette mit dem Kolben in ein Totenhaus verwandeln. Sie sahen sie Spritballone und Parfumflaschen aussaufen, plündern, zerstören, sengen und brennen. [...] Sie haben eine Vernichtungsorgie erlebt, wie sie noch kein zivilisierter Landstrich über sich hat ergehen lassen müssen. Nur wenige können die Tränen zurückhalten, wenn sie hiervon erzählen."[138]

Die Deutschen waren Freiwild. Niemand war seines Lebens sicher, wenn er einem Rotarmisten begegnete. Die Soldaten schossen um sich und töteten aus reiner Mordlust. Der Willkür waren keine Grenzen gesetzt. Jeder, dessen Verhalten einem Rotarmisten mißfiel, konnte auf der Stelle tot sein. Frauen und Kinder waren ebensowenig sicher wie die alten Männer, die in den Familien zurückgeblieben waren. Systematischen Liquidierungen fielen alle zum Opfer, die als Funktionsträger des Nationalsozialismus angesehen wurden. Dazu gehörten alle Uniformträger, auch Bahn- und Postbeamte sowie Polizisten. Die Denunziation hatte Konjunktur. Ehemalige Kommunisten leisteten genauso Zuträgerdienste wie unentdeckte Nationalsozialisten, die einen in der Hoffnung, mit Ämtern belohnt zu werden, die anderen, um ihren Gesinnungswandel zu dokumentieren. Ausländische Fremdarbeiter, von denen es in der Landwirtschaft Tausende gab, zeigten ihre Arbeitgeber an und ließen sie erschießen, wenn sie sich schlecht behandelt fühlten.

Das Wüten der sowjetischen Soldateska traf deutsche Soldaten und Zivilisten gleicherweise. Die Schwachen, Kranken, Verwundeten und Hilfsbedürftigen fielen ihnen ebenso zum Opfer wie die, die sich zur Wehr setzten. Zehntausende Verwundete, die nicht rechtzeitig abtransportiert worden waren, wurden abgeschlachtet wie Vieh. Es gab keine Mordmethode, die nicht praktiziert wurde. Deutsche Lazarette, die der Roten Armee ordnungsgemäß übergeben worden waren, wurden mit Flammenwerfern ausgeräuchert. Wenn Verwundete in Scheunen untergebracht waren, wurde das Gebäude einfach angezündet. Wer noch fliehen konnte, wurde erschossen.

Ein Angehöriger des Artillerieregiments der 121. Infanteriedivision, der in Königsberg in russische Gefangenschaft geraten war, berichtete, daß er mit einer Gruppe von etwa 30 Kameraden mit der Bergung und dem Abtransport deutscher Leichen eingesetzt war. „Die an deutschen Menschen begangenen Grausamkeiten, die meine Kameraden und ich auf den Straßen und Plätzen und in den Häusern der Stadt erleben mußten, erfuhr eine Steigerung, die jedes menschliche Vorstellungsvermögen übertraf, als wir das Schauspielhaus an der Hufenallee betraten. An der Südwestecke des Gebäudes befand sich im Erdgeschoß oder Souterrain eine Turnhalle, die die deutsche Wehrmacht bei den Kämpfen um Königsberg als Lazarett benutzt hatte. Dieses Lazarett, in dem überwiegend schwerverwundete Soldaten versorgt und betreut wurden, war mit Flammenwerfern angegriffen worden. Die hilflosen Menschen waren dort einem grausamen Flammentod zum Opfer gefallen. Beim Auftrag, die Turnhalle zu räumen, fanden meine Kameraden und ich verkohlte und vom Feuersturm angesengte oder angebrannte menschliche Körperteile aller Art, die teilweise in einem noch erhaltenen, aber schon in Verwesung übergegangenen Zustand waren. Reste von verbrannten oder verkohlten Köpfen, Armen, Beinen, menschliche Torsi, blutdurchtränkte und vereiterte Verbände, verkohlte Feldbetten, auf denen die Verwundeten gestorben waren, alles durcheinander. Menschliche Schädel, teils verbrannt, teils angesengt, teils geborsten, teils aber auch noch völlig erhalten, so daß ihnen das erlebte Grauen anzusehen war. Dazu aufgedunsene und bereits in Verwesung übergegangene Körperteile. Das verweste Fleisch, die Reste von Blut und Eiter in den Verbänden und der alles umgebende Müll verbreiteten einen unerträglichen Gestank, so daß ich und meine Kameraden uns häufig erbrachen und die Arbeit, die wir mit bloßen Händen zu verrichten hatten, unterbrechen mußten. Einigen Kameraden versagten die Kräfte, und sie fielen um. Andere Kameraden, die sich der Arbeit zu entziehen und eine Pause zu erreichen versuchten, wurden von der russischen Wachmannschaft nicht vorgehaltener Maschinenpistole und mit Fußtritten zur Fortführung der Arbeit gezwungen. Ein verzweifelter Aufschrei eines meiner Kameraden ist mir noch in Erinnerung. ‚Wie konnten wir nur unsere Kameraden diesen Bestien überlassen!'"[139]

Ungezählte Soldaten und Volkssturmmänner, die sich mit erhobenen Händen ergaben, wurden oft schon bei der Gefangennahme, sonst auf dem Weg zur Sammelstelle oder dort, erschossen. Kopfschüsse aus nächster Nähe beendeten das Leben vieler Soldaten, die sich schon in Sicherheit glaubten.

Die Zivilisten traf das Schicksal zu Hause und auf der Flucht. Weniger als die Hälfte derer, die sich auf den Weg gemacht hatten, erreichte die Gebiete westlich der Oder. In den Ostseestädten Königsberg, Pillau, Danzig oder Gotenhafen warteten noch Tausende auf einen Schiffsplatz zur Flucht über die Ostsee, als die Rote Armee über sie kam.

Die Flüchtenden mußten umkehren, wenn die Rote Armee schneller war als die Hilfe. Das Gepäck wurde durchwühlt und alles Brauchbare gestohlen. Die Frauen wurden vergewaltigt. Wenn die Pferde weggenommen wurden, ging es zu Fuß zurück. Auf dem Rückweg waren die Menschen der Willkür der siegreichen Armee ausgeliefert, deren Einheiten an ihnen vorüberzogen.

Dora Schneider, geboren 1936, erzählte von dem Heimweg nach mißlungener Flucht: „So machten wir uns mit verwundeten und kleinen Kindern im Straßengraben auf den 15 Kilometer langen Heimweg. Die Straßen wurden von der Roten Armee befahren. An den Straßenbäumen hatte man deutsche Soldaten aufgehängt. Erschossene Soldaten und Flüchtlinge lagen links und rechts auf der Straße. Viele waren verstümmelt, es war die Hölle. Über uns flogen Tiefflieger und beschossen uns. Meine Mutter und andere junge Frauen wurden auf diesem Weg vor unseren Augen mehrmals vergewaltigt. Wir hatten nichts zu essen. Den Durst löschten wir mit Schnee. Erfrierungen der Füße und Hände blieben nicht aus. Meinen Großvater zogen wir verwundet auf einen kleinen Schlitten hinter uns her. Bei einbrechender Dunkelheit suchten wir Bauerngehöfte auf, die oft schon hoffnungslos überfüllt waren. Zu 20 bis 25 Personen saßen wir in einem Raum. Licht und Heizung gab es nicht. Ein Wechseln der Kleidung war undenkbar. Feuchte Sachen trockneten am Körper.“[140]

Diejenigen, die zu Hause geblieben waren, erlebten zusätzliche Facetten der Grausamkeit: Plünderungen und Brandstiftungen. Alle Häuser wurden von den aufeinander folgenden Einheiten der Roten Armee nach Wertvollem durchsucht. Bei den Plünderungen konnten die Besitzer nur ohnmächtig zuschauen, wie ihr Eigentum gestohlen oder zerstört wurde. Schmuck und Armbanduhren waren das beliebteste Beutegut. Was die

Soldaten nicht brauchen konnten, wurde zerschlagen, zerfetzt, zertrampelt. Wenn die Einheiten abzogen, hinterließen sie verwüstete Liegenschaften oder Brandherde. Tausende Gebäude gingen in Flammen auf. Es waren nicht nur betrunkene Rotarmisten, die zündelten und plünderten. Häufig waren die Brände eine Art von klassenkämpferischer Rache an den wohlhabenden Kapitalisten. Denn was die Soldaten an Wohnkultur und Wohlstand sahen, entsprach in der ihnen durch Schule, Partei und Propaganda eingetrichterten Ideologie der Lebensart kapitalistischer Ausbeuter. In den Städten und auf den Gutshöfen begegneten die Eroberer ungewohntem Luxus: elektrisches Licht, fließendes Wasser, Bäder, Toiletten, Aufzüge, Gardinen, Porzellangeschirr usw. Was zerstört werden konnte, wurde zerstört. Polstermöbel wurden auf der Suche nach versteckten Wertsachen aufgeschlitzt. Glasvasen und Porzellangeschirr klirrten so herrlich, wenn man sie an die Wand warf. In manchen Städten, so etwa in Danzig, wurde sogar die Bausubstanz, die den Bombenkrieg überstanden hatte, durch mutwillig gelegte Brände zerstört. Fachwerkhäuser loderten besonders schön.

Die Zerstörungswut hatte aber noch einen weiteren Grund. Bei Überschreiten der Reichsgrenzen sahen die einfachen Soldaten der Roten Armee, die in der UdSSR angeblich im „Paradies der Werktätigen" lebten, einen ungekannten und nie geahnten Wohlstand, den es laut kommunistischer Ideologie bei einfachen Menschen im Kapitalismus nie geben dürfte. Sie begriffen, diesen Lebensstandard nie erreichen zu können und raubten, was sie sich selbst nie verdienen konnten und zerstörten, was sie nicht mitnehmen konnten.

Vergewaltigungen gehörten wie das Plündern zum Siegen. Sie waren eine Massenerscheinung. Der amerikanische Historiker Giles Macdonogh formulierte das Verhalten der der Roten Armee unverblümt: „The Red Army raped wherever they went."[141] (Die Rotarmisten schändeten die Frauen, wo immer sie hinkamen.) Soldaten aller Dienstgrade machten Jagd auf Frauen. „Frau komm!" gehörte zum Sprachschatz aller Soldaten. Vom zehnjährigen Mädchen bis zur Greisin, alle wurden Opfer der Gewalt. Wer sich weigerte, riskierte, erschossen zu werden. Mütter, die ihre Töchter vor der Vergewaltigung schützen wollten, mußten den Einsatz mit dem Leben bezahlen. Nur wenige Frauen entgingen der Vergewaltigung. Die meisten wurden vielfach und pervers mißbraucht, viele in aller Öffentlichkeit, viele im Angesicht ihrer Angehörigen, auch der Kinder.

Die Offiziere wollten den Schaden, den die Disziplin der Truppe durch diese Ausschweifungen nahm, lange nicht zur Kenntnis nehmen. Erst als sie erkannten, daß Geschlechtskrankheiten, Dienstunfähigkeit, Alkoholismus und Gehorsamsverweigerung die Folgen waren, schritten sie ein. Nach so schönen Erlebnissen und so viel Beute hatten viele Soldaten die Lust verloren, ihr Leben „auf dem Weg nach Berlin" in weiteren Schlachten aufs Spiel zu setzen. Die propagandageschürte Rache an Deutschen schwächte die Kampfkraft der Truppe. Erst am 20. April 1945, während des Angriffs auf Berlin, verbot das sowjetische Oberkommando weitere Ausschreitungen gegen die Zivilbevölkerung. Den Soldaten wurden Strafen angedroht, wenn sie plünderten oder vergewaltigten. Die sowjetische Seite hatte auch erkannt, wie sehr die Greueltaten der Roten Armee den Widerstandswillen der deutschen Streitkräfte gestärkt hatten. In der Praxis zeigte der Befehl jedoch wenig Wirkung. Das Verhalten der Eroberer Berlins unterschied sich nicht von dem, das sie auf dem Weg nach Berlin gezeigt hatten.

Beim Einmarsch der Roten Armee in Deutschland wurden etwa zwei Millionen Mädchen und Frauen vergewaltigt, die meisten von ihnen mehrfach. In Berlin waren es mehr als 100.000 und in Wien zwischen 70.000 und 200.000.[142] Sie wurden mit der Waffe bedroht, um sie gefügig zu machen, von Kameraden festgehalten, bis sich eine ganze Kohorte befriedigt hatte, in Gebäude verschleppt, wo sie wie Dirnen gebraucht wurden. Es wurden alle Perversionen praktiziert, die denkbar waren. Wer sich zu ihrer Verteidigung in den Weg stellte, wurde erschossen. Viele Ehemänner, die ihre Ehefrauen schützen wollten, und viele Mütter, die ihre Töchter nicht hergeben wollten, fanden den Tod. Viele der Vergewaltigten starben nach den Orgien der Sowjetsoldaten blutbeschmiert einen qualvollen Tod. Andere wurden, nachdem sie mehrfach geschändet worden waren, erschossen. Es gab Einheiten der Roten Armee, die in den eroberten Städten Razzien nach deutschen Frauen durchführten, um den Soldaten für mehrere Tage eine Auswahl von Opfern zur Verfügung zu stellen. 180.000 Frauen sollen nach der Vergewaltigung zu Tode gekommen sein. Allein in Berlin starben 10.000 an den Folgen der Schändungen.[143] Bis Ende 1945 wurden 60.000 Todesfälle aufgrund sowjetischer Übergriffe registriert.[144] In den Wochen nach der Vergewaltigung mußten viele Opfer feststellen, daß sie mit einer Geschlechtskrankheit infiziert waren. Mit Sulfonamiden war die Ausheilung eine langwierige Angelegenheit. Penicillin fehlte. Manche Patientin konnte Syphilis oder Tripper nicht ausheilen und blieb das ganze Leben unfruchtbar.[145]

Was sich in den Seelen der betroffenen Frauen abspielte, kann niemand nachvollziehen. Viele trugen körperliche Schäden davon, viele litten zeitlebens unter seelischen Depressionen, viele brachten sich selbst um. Von irgendwelcher psychologischen oder psychiatrischen Hilfe war keine Rede.

Von den zahllosen Zeugnissen über Vergewaltigungen seien einige wenige herausgegriffen: „Tagsüber hielt sich Leonie im Haus auf, in dem Dachbodenversteck. Um nicht aufzufallen, verkleidete sich die Vierzehnjährige als Junge, ihre Mutter hatte ihr die Haare kurz geschnitten, und sie wurde nun Fritz gerufen, ein gewohnter Name in russischen Ohren. Ihr Versteck teilte sie mit gut 20 weiteren Frauen. Unter ihnen befanden sich auch einige junge Nonnen aus dem benachbarten Kloster und Genesungsheim St. Georg, das von Elisabethanerinnen geleitet wurde. Dorthin hatten sich viele Menschen in der Hoffnung geflüchtet, die Russen würden nicht in ein Kloster eindringen. Doch das Gegenteil war der Fall. Horden von Rotarmisten überfielen die Schutzsuchenden und vergewaltigten Frauen und Mädchen. […] Merkwürdigerweise sprach niemand das Wort Vergewaltigung aus, umschreibend und verharmlosend sagten Frauen und Männer, die Russen hätten sich deutsche Frauen und Mädchen geholt und genommen, allenfalls fiel das Wort Schändung.“ [146]

„Ich bin Augenzeuge geworden, wie eine Frau mit zwei Töchtern in einem Hause hinter Johannishöhe von zirka 100 Russen vergewaltigt wurde, die jüngste der Töchter war acht Jahre und die älteste zwölf Jahre. Die Ärmsten wurden so lange gebraucht, bis alle besinnungslos dalagen. […] Eine junge Frau, auch aus unserem Dorfe, lag mit ihren zwei kleinen Kindern typhuskrank, und trotz der Krankheit wurde sie von zwölf Russen gebraucht. Derartige Vorfälle könnte ich noch und noch anführen. Ich bin Augenzeuge gewesen, wie eine Frau aus dem Ort Puppen von einer Gruppe Russen, so an die 100 Mann, auf der Straße […] angetroffen wurde. Die Frau hatte zwei kleine Kinder bei sich. Wie die Frau vergewaltigt wurde, fingen die Kinder an zu schreien. So wurden die Kinder buchstäblich zerrissen, und die Frau wurde so lange gebraucht, bis sie tot dalag, und nachdem die Frau schon tot war, wurde sie noch gebraucht.“[147]

„Nachdem die Russen uns dann alles geraubt hatten, holten sie sich Frauen und Mädchen heraus und haben diese vergewaltigt. Oft haben sie es auch gleich

im Keller getan, trotzdem Kinder und viele andere Menschen darin waren. Ich selbst wurde auch einige Male geholt und vergewaltigt. […] Nach einigen Tagen verließen wir den Keller. […] Wir gingen dann in eine Kirche in Danzig. Hier lag eine junge Frau, die im siebten Schwangerschaftsmonat war. Ein Russe kam herein und trat diese Frau mit den Füßen in den Bauch. Sie war schwer verletzt, denn Bauch und Brust waren aufgerissen. Ich habe es selbst gesehen. Die Frau ist dann nach einigen Tagen verstorben. Wir waren noch nicht ganz im Keller, da holte mich schon ein ungefähr 20jähriger Russe heraus und hat mich vergewaltigt. […] Am Tage und in der Nacht haben uns die Russen vergewaltigt. Überall, wo wir glaubten, keinem Russen zu begegnen, tauchten sie auf und vergewaltigten uns. Wir gingen ins katholische Katharinenkrankenhaus nach Königsberg und wurden hier auch aufgenommen. Hier hörten wir, daß die Russen sogar die Nonnen vergewaltigt hatten."[148]

„Eine Woche, nachdem ihre Mutter entführt worden war, hörte Gisela, daß sie ganz in der Nähe, in einem kleinen Auffanglager in der ehemaligen Fleischerei Norkeweit sei. Als die 10jährige dort nach ihr suchte, ging sie an ihr vorüber. Gisela erkannte ihre Mutter nicht mehr, sie war eine gebrochene Frau, ganz weiß geworden nach der Angst um ihre Kinder und den vielen Vergewaltigungen. Das Mädchen beschaffte sich einen kleinen Leiterwagen, legte die Mutter darauf und brachte sie in die Wohnung. Beinahe jede Nacht kamen russische Soldaten und holten sich Frauen aus dem Haus. Gisela und Irmgard hörten ihre Schreie."[149]

„Nach geraumer Zeit wurden wir in Richtung Tannenberger Allee abgeführt und in Behelfsheimen untergebracht. Ein Zimmer dieser Behelfsheime war für die Vergewaltigungen hergerichtet, die nun erfolgen sollten. Zuerst kamen die jüngeren Frauen dran, ich erst gegen Morgen und wurde gleich von drei russischen Soldaten gebraucht. Diese Vergewaltigungen wiederholten sich täglich zweimal, jedes Mal mehrere Soldaten, bis zum siebten Tag. Der siebte Tag war mein schrecklichster Tag; ich wurde abends geholt und morgens entlassen. […] Dann folgten noch drei dieser schrecklichen Tage bis zum sechsten Tag. Dann waren wir nach Ansicht der russischen Soldaten fertig und wurden nackt aus diesem Höllenraum herausgejagt. Andere Frauen traten an unsere Stelle."[150]

Inge C., 1930 in Breslau geboren, berichtete von den Monaten nach der Eroberung der Stadt: „Wir sind in die kaputten Häuser gegangen und haben nach Eßbarem gesucht. Wir hatten Hunger, es gab ja nichts zu essen. Mehl, Graupen, Haferflocken – alles, was man essen konnte, haben wir mitgenommen. In einer

Wohnung nebenan war eine Zwölfjährige, die auch Essen suchte. Auf einmal hörten wir Schritte, in unserer Panik krochen meine Freundin und ich unter das Bett. Dann waren auch schon drei Russen in der Wohnung. Einer fiel über das Mädchen her, sie konnte sich nicht mehr verstecken. Wir unter dem Bett konnten alles beobachten. Wir haben uns vor Angst in die Hose gemacht. Dann mußten wir sehen, wie die Russen dem Mädchen alle Kleider runterrissen. Sie sind über sie hergefallen wie wilde Tiere. Als sie nicht aufhörte zu schreien, schlug der Russe mit der MPi dem Mädchen ins Gesicht, und sie blutete ganz schlimm. Plötzlich war sie ganz still und bewegte sich nicht mehr. Als die Russen genug hatten, nahm der eine das Mädchen am Arm, der andere an den Beinen und warfen sie dann aus dem Fenster in den Hof. Die Russen hauten dann ab, nahmen aber noch vieles aus der Wohnung mit. Als sich nichts mehr rührte, kamen wir langsam unter dem Bett vor. Wir hatten wahnsinnige Angst, aber die Russen waren weg. Wir sind dann in den Hof, und da haben wir die Tote gefunden. Wir haben ihren Körper in Papier und Kleiderfetzen gewickelt und unter Trümmern vergraben. Ich weiß heute noch nicht, wie ich das verkraftet habe."[151]

Gabi Köpp, geboren 1929, erzählte als 70jährige von ihrer Flucht im Januar 1945 aus Schneidemühl, Posen-Westpreußen: „Ich war 15, als ich am 26. Januar 1945 mit meiner ältesten Schwester Juliane am späten Vormittag unser Elternhaus verließ – auf der Flucht vor der Roten Armee. Nur wenige Stunden danach verlor ich Juliane, wie auch eine Tante mit ihren beiden jüngsten, drei- und siebenjährigen Söhnen. Ich sah sie nie wieder. Für mich begann eine eineinviertel Jahre währende Flucht-Odyssee, an deren Anfang ich am 27. Januar 1945 – noch vollkommen kindlich und unaufgeklärt – aus meinem Kindsein brutal in die schlimmste Form des Frauseins gestoßen wurde. Einen Tag, eine Nacht, noch einen Tag und noch eine Nacht; […] es lastet noch heute auf mir. Weshalb erzähle ich Ihnen das? Weil es mich kränkt und tief verletzt, daß die offiziellen Vertreter unseres Landes und meines eigenen Volkes, dem ich mich zugehörig fühle, sich bis heute nicht dazu durchringen können, solche Schicksale ihrer eigenen Landsleute zumindest zu achten. Schicksale, die schwere seelische Folgen hatten, mit denen die Betroffenen nicht selten drei bis vier Jahrzehnte allein gelassen wurden. […] Ich werde böse bis zornig, immer wieder von offizieller oder medialer Seite hören zu müssen: ‚Ja, wir wissen – doch dürfen wir nicht vergessen, was die Ursache war. Weshalb das geschah.' Diese maßlose Überheblichkeit tut weh. […] Ganz gewiß bedrückt mich die Ignoranz, mit der in unserem Land meinem eigenen Erleben begegnet wird, das ich mit unzähligen Frauen teile, die sich seit 60 Jahren mit dieser seelischen Last herumschleppen."[152]

Als der Krieg im Mai 1945 zu Ende war, hörten die Übergriffe der Besatzungstruppen nicht auf. Deutsche Frauen blieben nach wie vor Freiwild für die Rotarmisten. Zu der Angst vor Vergewaltigungen kamen Hunger, Krankheit und die Unbehaustheit in einem Land, das einmal das Zuhause war.

Marianne Jecht, geborene Koß, Jahrgang 1938, berichtete aus dem besetzten Königsberg: „In Königsberg marschierten die Russen ein. Es begann für uns die Hölle. Meine Mutter lebte mit mir und meinen zwei Brüdern, einer elf und einer zehn Jahre alt, in einer Siedlung in Lieb. Hier wurden wir von den Russen rausgeschmissen. Wir kamen in ein großes Lager und waren mit vielen Menschen auf engstem Raum eingepfercht. Nach etwa einer Woche konnten wir wieder in unsere Wohnung, doch es zeigte sich uns ein Bild des Grauens. Die Wohnung war vollständig zerwühlt, Fensterscheiben kaputt, die Türen mit Füßen eingetreten. Sämtliche Sachen, die wir ja alle zurücklassen mußten, lagen verstreut auf der Straße. […] Ich mußte sehen, daß meine Lieblingspuppe vollkommen zerschmettert auf dem Boden lag. Arme und Beine waren herausgerissen, und der Kopf war zertreten. Mir hat mein kleines Kinderherz vor Kummer geblutet. Noch heute steigt in mir Wut auf, wenn ich an diese Zeit zurückdenke. Meine Mutter raffte schnell ein paar Sachen für uns Kinder in einen kleinen Koffer zusammen. Doch als wir gerade den Weg überqueren wollten, hielt ein Laster kurz an, ein Russe sprang herunter, trat meine Mutter in den Unterleib, riß ihr den Koffer aus der Hand und war verschwunden. Nun standen wir da mit nichts! Wir liefen und liefen, wußten jedoch nicht, wohin. Dann endlich kamen wir in eine andere Siedlung, die fast leerstand. Alle, die nun eine Bleibe suchten, liefen in die leerstehenden Häuser. Die Häuser hatten ein Unter- und ein Obergeschoß. Hier ließen uns die Russen auch nicht in Ruhe. Eines Tages, ich sehe es noch wie heute, kamen zwei große, kräftige Russen ins Haus. Sie sahen sich um, griffen meine Mutter und waren plötzlich verschwunden. Nach einer ganzen Zeit hörte ich, wie die zwei Russen vom Obergeschoß lachend herunterkamen. Von oben hörte ich meine Mutter laut weinen und schreien. Die zwei hatten sie brutal vergewaltigt, eine Frau kümmerte sich um meine Mutter. Ich schlich mich hoch und sah meine Mutter auf einer nackten Federmatratze liegen, Hose und Bluse waren zerrissen, und sie schrie nur immer: ‚Nein, die Russen, die Russen!' Dann wurde sie ohnmächtig. Hier konnten wir auf keinen Fall bleiben. So ist meine Mutter mit uns drei Kindern in den Schrebergarten gezogen. Von hier aus war es nicht weit bis in die Stadt. Mutter war schwach und krank, sie hatte zu viel miterlebt, und ihr Herz wurde immer schwächer. Wir drei Kinder gingen nun jeden Tag in die

Stadt und haben von Tür zu Tür um ein Stück Brot gebettelt. Mir gaben die Russenfrauen ab und zu etwas zu essen, doch meine Brüder hatten es schwer. Sie mochten nur kleine Kinder und mein älterer Bruder wurde oft die Treppe heruntergeschubst und getreten, dazu kam immer das häßliche Gerede: ‚Wenn du Hunger hast, geh zu Hitler!' Es war grausam. Da Hunger sehr weh tut, haben wir in den Höfen auf den Müllbergen nach etwas Eßbarem gesucht. Ab und zu fanden wir mal eine Kartoffel, ein paar Nudeln oder einen verfaulten Apfel. Doch die Russenfrauen wurden beauftragt, jedes bettelnde Kind zu melden. Nun ging es uns noch schlechter. Wir bekamen von niemandem mehr etwas zu essen. Da fand mein Bruder eines Tages auf einem Abfallhaufen verschimmeltes Brot. Er dachte, ehe wir alle verhungern, essen wir etwas davon. Mein großer Bruder und ich haben noch etwas braunes Brot herausgefunden, jedoch mein kleiner Bruder war so ausgehungert, daß er das grasgrüne Brot aß. Noch am selben Tage starb er schrecklich an den Folgen der Vergiftung. Wir waren alle sehr traurig und beschlossen, unseren kleinen Sonnenschein, der zehn Jahre alt war, nicht für ein Massengrab freizugeben. So haben meine Mutter und mein großer Bruder ihn heimlich nachts im Garten begraben. Das alles machte meine Mutter noch kränker und schwächer. Wir hatten schon seit Tagen nichts Richtiges mehr gegessen, mal ein paar Kartoffelschalen, mal eine Wassersuppe. Da kam ein Russe zu uns in den Garten, der hatte Konservenbüchsen dabei. Er sagte: ‚Frau, du kriegen zu essen für deine Kinder, ich kriege das.' Er zeigte dabei auf den Ehering meiner Mutter. Doch sie wehrte sich mit allen Mitteln dagegen; es war doch das einzige, was sie an meinen Vater erinnerte. Sie überlegte sehr lange, doch als sie uns beide ansah, war der Hunger stärker, und sie willigte ein. Der Russe bekam den Ring und verschwand. Wir hatten großen Hunger und öffneten sofort die Büchsen, doch was wir sahen, waren Lumpen und Erde. Da haben wir alle geweint, einmal vor Hunger und einmal vor Wut."[153]

Daß die Rotarmisten, die nach dem Abzug der Kampftruppen in die Dörfer kamen, nicht besser waren, zeigt der folgende Bericht. „Etwa am 10. Juli wurde das Haus des Bauern K., der hier mit uns zusammen war, von russischem Militär geräumt, und der russische Offizier sagte mir, wir könnten jetzt dort mit den drei Familien einziehen. Wir haben uns dann am 12. Juli dort einquartiert. In der einen Stube standen noch die Holzpritschen von den Soldaten, die uns dann auch als Schlafstätte dienen sollten. Plötzlich war nachts ein fürchterlicher Lärm auf dem Hofe. Die Tür wurde aufgerissen und etwa 50 russische Soldaten drangen ins Zimmer. Mit zusammengedrehten, angezündeten Papierschlangen suchten sie nach Frauen und Mädchen. Meine Frau und meine Tochter (16 Jahre alt) wurden rausgeschleppt. Auf meinen Einspruch erhielt ich einen Kolbenschlag, daß ich zusammenbrach. Gegen Morgen brachten zwei Soldaten meine Frau, die kaum noch gehen konnte, ins Zimmer zurück. Kaum daß ich sie mit einer Decke bedeckt hatte, stürzten schon wieder einige Soldaten ins Zimmer und schleppten sie wieder heraus. Nach etwa zwei Stunden schleppte meine Frau sich ins Zimmer, ihre Kleider waren vollkommen mit Blut durchtränkt. Plötzlich fielen draußen mehrere Pistolenschüsse. Ich glaubte, jetzt hätten diese Bestien meine Tochter erschossen. Kurz darauf brachte ein russischer Offizier meine Tochter ins Zimmer geschleppt. Er sagte mir, daß er nur durch Abgabe der Schüsse meine Tochter von den Soldaten errettet habe. Meine Tochter schwamm förmlich im Blute. Die Vergewaltigungen erfolgten in bestialischer, tierischer Weise. In dieser einen Nacht wurde meine Frau 26 Mal vergewaltigt, meine Tochter ist bei der 16. Vergewaltigung ohnmächtig geworden."[154]

Die meisten Frauen, die nach einer Vergewaltigung schwanger wurden, ließen die Frucht abtreiben. Wenn kein Arzt verfügbar war, machte eine Kurpfuscherin die Arbeit, oft zum Schaden der Schwangeren. Das unerwünschte Kind eines unbekannten Vaters auszutragen war in der chaotischen Zeit, geprägt von Hunger, Kälte, Entbehrungen und den Verlust von Angehörigen, unzumutbar. Außerdem war es eine Schande, ein außereheliches Kind zu haben, noch dazu ein „Russenkind". Eine Hochrechnung anhand der Krankenakten der Berliner Krankenhäuser kommt zu dem Ergebnis, daß 20 Prozent der damals in Berlin vergewaltigten Frauen schwanger wurden. 90 Prozent von ihnen ließen eine Abtreibung vornehmen. Nur 10 Prozent brachten ein Russenkind zur Welt. Viele von denen, die das Kind austrugen, hatten Angst vor einer Abtreibung, die damals, wenn keine ärztliche Hilfe vorhanden war, lebensgefährlich sein konnte. Eine Schätzung geht davon aus, daß zwischen September 1945 und August 1946 von den Flüchtlingsfrauen aus Ostdeutschland und von den Einwohnerinnen der Stadt 150.000–200.000 Russenkinder geboren wurden.[155] Wie viele der vergewaltigten Frauen Selbstmord begingen, weiß niemand. Im Glambecker See bei Neustrelitz sollen Hunderte geschändete Frauen mit Ziegelsteinen beschwert den Freitod gesucht haben. Auf dem nahegelegenen Friedhof wurden sie mit anderen Frauen, die sich erschossen, erhängt, vergiftet oder die Pulsadern aufgeschnitten hatten, in Massengräbern beigesetzt. Für 737 Frauen und Kinder, deren Namen bekannt ist, wurde dort eine Gedenktafel errichtet.[156] Da viele Selbstmörderinnen in den Gräbern ihrer Familien bestattet wurden, kann die Gesamtzahl derer, die freiwillig aus dem Leben schieden, nie festgestellt werden. In Neubrandenburg waren es mindestens 600, Burg Stargard verzeichnete 120, Penzlin 230, Tessin 107, Malchin 500, Demmin über 900. Aus den meisten Städten sind keine Zahlen bekannt.[157]

Auch nach der Einrichtung der sowjetischen Besatzungszone und die Übernahme der vollziehenden Gewalt durch die sowjetischen Militärbehörden im Juli 1945 hörte das wüste Treiben der sowjetischen Soldaten nicht auf. Es gab keine deutsche Regierung, die sich für die entrechteten Deutschen hätte einsetzen können. Die Schweiz, die die deutschen Interessen im Zweiten Weltkrieg gegenüber den Feindmächten vertreten hatte, mußte ihre Schutzmachtfunktionen einstellen. Die Deutschen waren rechtlos. Das Ausmaß der Vergewaltigungen nahm zwar ab, aber die Plünderungen hielten an. Die Beweise der bürgerlichen Dekadenz, die die sowjetischen Soldaten in Deutschland vorfanden, waren zu schön. Sie schickten sie als Beutegut in vielen Paketen nach Hause. Es kam auch zu organisierten Beutezügen der Besatzungsmacht. Spezielle Einheiten beschlagnahmten alles, was ihnen wert schien, und ließen es in die Sowjetunion transportieren: Lebensmittel, Möbel, technisches Gerät, Musikinstrumente, Radios, Bibliotheken, Kunstgegenstände. 1945 fuhren mehr als 400.000 Güterzüge mit Beutegut in die UdSSR.[158]

Die Besetzung deutscher Gebiete

Die Massaker von Nemmersdorf und Metgethen

Nemmersdorf in Ostpreußen liegt südlich der Kreisstadt Gumbinnen an der Angerapp. Es war das erste Dorf auf deutschem Boden, das aufgrund der Mordtaten der Roten Armee im Zweiten Weltkrieg traurige Berühmtheit erlangte. Am 21. Oktober 1944 besetzte ein Bataillon der 11. Gardearmee des sowjetischen Generals Kusma Galitskij den Ort. Als ein deutsches Sturmbataillon der 4. Armee des Generals Friedrich Hoßbach zwei Tage später den Ort zurückeroberte, fanden die deutschen Soldaten zahlreiche tote Zivilpersonen, in der Mehrzahl Frauen und Kinder, die von den Rotarmisten umgebracht worden waren. Die Ermordung dieser Menschen gilt als das erste dokumentierte Verbrechen der Roten Armee auf deutschem Boden. Das Geschehen wird so beschrieben: Am Freitag, dem 20. Oktober, herrschte Chaos in der Gegend. Flüchtlingstrecks und

Militärtransporte blockierten sich gegenseitig. Für die Zivilbevölkerung war entgegen dem Rat des Militärs kein Räumungsbefehl erteilt worden. Verläßliche Informationen über den Frontverlauf fehlten. Die meisten Bewohner des Kreises Gumbinnen schlossen sich den Trecks an, die aus Litauen und dem Memelland kamen und nach Westen zogen. Andere warteten ab, was geschehen würde. Am 21. Oktober morgens um sechs Uhr begann der Beschuß des Ortes, der nur schwach verteidigt wurde. Um 7.30 Uhr drangen die sowjetischen Soldaten über die Angerapp-Brücke in Nemmersdorf ein. Als die ersten Granaten einschlugen, suchten vierzehn Dorfbewohner und Flüchtlinge Zuflucht in einem Unterstand. Bei einem von Flugzeugen unterstützten deutschen Gegenangriff kamen auch russische Soldaten in den Bunker. Sie befahlen den Deutschen, den Unterstand zu verlassen. Oben angekommen, wurden sie von den Rotarmisten hinterrücks erschossen. Nur eine junge Frau überlebte, weil der Kopfschuß durch den Mund wieder austrat. Am 23. Oktober gegen 4.30 Uhr zogen sich die Russen unter deutschem Druck auf die andere Seite der Angerapp zurück. Den deutschen Soldaten boten sich Bilder des Grauens. Die dreizehn ermordeten Bunkerinsassen waren nicht die einzigen Toten. Es wurden nahezu einhundert Opfer gefunden. Sechs Frauen waren nackt gekreuzigt worden, vier an einem Leiterwagen, zwei an Scheunentoren. Einer blinden Greisin war mit einer Axt oder einem Spaten der Schädel gespalten. Alle Mädchen und Frauen waren vergewaltigt worden. Unter den Opfern befanden sich auch französische Kriegsgefangene, in Nemmersdorf zwei, in den umliegenden Gehöften bis zu 38.

Der Volkssturmmann Karl Potrok zählte 72 Opfer, als er ins Dorf kam. Nachdem einige der Toten identifiziert und das Geschehen für den Armeestab dokumentiert worden war, wurden die Leichen begraben. Am 27. Oktober traf eine achtköpfige internationale Untersuchungskommission unter Vorsitz des estnischen Landesdirektors Dr. Hjalmar Mae ein. Die Toten wurden exhumiert und von den Ärzten pathologisch untersucht. Die Ergebnisse wurden am 31. Oktober im großen Saal der Berliner Charité vor 600 Zuhörern, unter ihnen etwa 100 Pressevertreter, ausgebreitet. Die Ärzte bestätigten, daß alle Frauen und Mädchen vergewaltigt worden waren, bevor sie ermordet wurden. Die Protokolle der Untersuchungskommission sind heute verschollen, nur die Fotos blieben erhalten. Die Presseresonanz auf die Morde der Roten Armee schadete der Kriegsallianz so sehr, daß die Sowjets sofort mit der Gegenpropaganda begannen: Die Morde und Zerstörungen seien von den Deutschen verübt worden; die Rote Armee sei gar nicht in Nemmersdorf gewesen; die Protokolle der internationalen Ärztekommission in Nemmersdorf seien Fälschungen. Ähnliches wurde auch noch in den Nürnberger Prozessen gegen die Hauptkriegsverbrecher behauptet. Die deutsche 4. Armee erstellte ihrerseits ein Protokoll über die Geschehnisse. Darin wurden die Aussagen von Dorfbewohnern, Soldaten, Offizieren (darunter der Stabschef der 4. Armee in Ostpreußen, Generalmajor Erich Dethleffsen) und die Korrespondentenberichte der norwegischen Zeitung „Fritt Folk" vom 6. November und des Genfer „Courier de Genève" vom 7. November 1944 aufgenommen. Der Wehrmachtführungsstab überreichte am 4. April 1945 dem Auswärtigen Amt eine Zusammenfassung der Berichte. Sie enthielt auch folgenden Hinweis: Sowjetische Kriegsgefangene hätten ausgesagt, „daß sie von ihren politischen Offizieren darüber unterrichtet worden seien, daß sie auf deutschem Gebiet tun und lassen könnten, was sie wollten. Dies gelte insbesondere für die Behandlung von Frauen und Mädchen, die ohne weiteres vergewaltigt werden könnten".

Der Reichsminister für Volksaufklärung und Propaganda Dr. Joseph Goebbels wußte die sowjetischen Untaten in Nemmersdorf für sich so auszuwerten, daß die deutschen Versäumnisse verdrängt werden konnten, zum Beispiel das Versagen der Parteidienststellen, die fehlenden Evakuierungsanweisungen und der mangelhafte Schutz der Flüchtlingstrecks. Im Parteiorgan „Völkischer Beobachter" vom 27. Oktober war von 61 Opfern der „sowjetischen Bestialität" die Rede. Die Wirkung des Artikels war durchschlagend. Die deutschen Soldaten erkannten darin einen Appell an ihre Tapferkeit. Spätestens jetzt waren sie sich bewußt, daß es sich lohnte weiterzukämpfen, auch wenn sie den Krieg für verloren hielten. Es mußte alles getan werden, um die Flucht der deutschen Bevölkerung aus den vom sowjetischen Einmarsch bedrohten Gebieten zu ermöglichen. Bei der Zivilbevölkerung verstärkten die Berichte aus Nemmersdorf die Angst vor der Roten Armee. Jedoch zogen die Parteibehörden aus dem Massaker nicht die notwendigen Konsequenzen. Sie vertrauten weiterhin auf die Kampfkraft der deutschen Streitkräfte und hofften auf den versprochenen Einsatz der Wunderwaffen. Notwendige Evakuierungsaufforderungen kamen fast überall zu spät.

Was sich in Nemmersdorf ereignete, geschah in der folgenden Zeit in allen Orten, die von der Roten Armee besetzt wurden. Aufsehen erregten noch einmal die Vorkommnisse in dem ostpreußischen Dorf Metgethen im Kreis Königsberg, das in der Nacht zum 1. Februar 1945 von der Roten

Armee eingenommen wurde, weil auch dort nach der Rückeroberung des Ortes durch die Wehrmacht die Untaten der Roten Armee dokumentiert werden konnten. In Metgethen und in dem benachbarten Waldgebiet hatte sich eine unbekannte Anzahl von Zivilpersonen aufgehalten, außer Einwohnern auch Flüchtlinge aus dem Osten und ukrainische Fremdarbeiter, als die Rotarmisten das Dorf besetzten. Nachdem am 19. Februar 1945 deutsche Truppen den Korridor Pillau–Königsberg zurückerobert hatten, wurde eine große Zahl Toter entdeckt, deren Leichen Anzeichen von Vergewaltigung, Verstümmelung und Mißhandlung aufwiesen. Einer der Tatortzeugen war Hermann Sommer, damals Hauptmann im Stab des Festungskommandanten von Königsberg General Otto Lasch. Zu seinen Zuständigkeiten gehörte die Unterbringung von Ausländern und Kriegsgefangenen. Nach der Rückeroberung fand er „neben den über den ganzen Ort verstreuten Einzelleichen zwei besonders große Leichenhügel", in denen mehrere hundert Tote lagen: deutsche Frauen und Kinder und ukrainische Fremdarbeiter. An der Straßenkreuzung nach Powayen stand ein russischer Panzer, der vier unbekleidete Frauen hinter sich hergeschleift hatte. Auf dem Tennisplatz befand sich ein offener Sprengtrichter von etwa zehn Metern Durchmesser und vier Metern Tiefe. In seinem Inneren, an seinem Rand, in der nächsten Umgebung, selbst am und auf dem hohen Drahtzaun des Tennisplatzes und in den Ästen der umstehenden Bäume lagen und hingen Leichenteile von etwa 25 Männern, Frauen, Kindern, drei oder vier Flaksoldaten und einigen Männern in deutscher Polizeiuniform. Rund um den Trichter lagen einige Pferdekadaver und Fuhrwerke mit zerfetztem Flüchtlingsgut. Weitere Leichenteile fand man bis zu 200 Meter in der Umgebung des Tennisplatzes verstreut.[159]

Nach der Entdeckung der Greuel wurde eine Kommission zur Identifizierung der Opfer und Klärung des Hergangs gebildet, die „mehrere hundert Leichen" fotografierte und Aussagen von Tatzeugen protokollierte.[160] Ein Teil der Unterlagen wurde in Sommers eigener Dienststelle in Königsberg verwendet, wenn Abwehroffiziere und Kriminalbeamte sowjetische Kriegsgefangene aus dem Frontabschnitt verhörten, um Näheres über das Massaker zu erfahren. Etwa 200 Tote wurden mit Truppenfahrzeugen der 1. und 561. Infanteriedivision zur Identifizierung nach Königsberg gebracht.

Die Greuel in Brandenburg und Berlin

Die Bevölkerung Ostbrandenburgs wurde durch den schnellen Vormarsch der Roten Armee Ende Januar 1945 völlig überrascht. Die 640.000 Einwohner hatten darauf vertraut, daß die Obra-Stellung entlang der alten Reichsgrenze, an der während des ganzen Herbstes 1944 geschanzt worden war, standhalten würde. Zwischen dem 29. und 31. Januar flohen die Menschen aus den Kreisen Schwerin, Landsberg, Soldin und Königsberg in der Neumark panikartig nach Westen, fanden aber in der Mehrzahl kein Entkommen. Zwei Drittel wurden überrollt. Wer zu Hause geblieben war, erlebte den Einmarsch der Roten Armee mit all seinen schrecklichen Exzessen.

Eine Lehrerin aus dem Kreis Soldin berichtete: „Als nun die Russen kamen, mußten wir jungen Frauen zunächst in die Küche und Essen zubereiten. Wir unterhielten uns leise und hatten Angst vor der Nacht. Ein russischer Soldat, der am Herd saß, sagte darauf plötzlich in gutem Deutsch: ‚Sehr schlecht wird die Nacht. Die Truppe hat über zwei Jahre keinen Urlaub mehr gehabt.' Der Hof wimmelte von russischen Soldaten. Irgendwo mußten wir unsere Notdurft verrichten. Einige Frauen und ich stahlen uns aus dem Hause. Es müssen uns einige Russen bemerkt haben. Sie griffen nach uns. Ich stolperte und fiel. Sofort hatten mich zwei Männer gepackt. Ich schrie um Hilfe und versuchte mich loszureißen. Ein Russe hielt mir den Mund zu. Sie ergriffen mich an Armen und Beinen und schleppten mich in die Mühle und warfen mich auf den Boden. Noch heute meine ich den entsetzlichen Geruch zu spüren, der von den speckigen Wattejacken ausging, ein Gemisch aus Tabak, Dreck und Alkohol – ganz zu schweigen von der Demütigung, die ich als Frau erfuhr."[161]

Die Zerstörungswut der sowjetischen Soldaten erlebte ein Gendarmeriebeamter aus Kurzig im Kreis Meseritz: „Darauf nahmen die Russen ihre Karabiner, die sie neben den Maschinenpistolen noch hatten, von der Schulter und faßten sie oben am Lauf, sie formierten sich in Reihe hintereinander und schlugen mit dem Kolben alle Schränke ein, ob sie offen oder verschlossen waren. Die Schubkästen zogen sie heraus und warfen sie mit Inhalt auf die Erde. So zogen sie von Stube zu Stube. Selbst Omas altertümlichen Glasschrank in der Ausgedingestube mit dem schönen alten Geschirr schonten sie nicht, es wurde alles kurz und klein geschlagen. Unten kam als letzter Raum das Büro an die Reihe. Alle Regale und

Schränke wurden ausgeräumt. Die Türen wurden zerschlagen, die Papiere und Ordner bedeckten, wild durcheinandergeworfen, den ganzen Fußboden, ein unbeschreibliches Tohuwabohu. Den Soldaten lief der Schweiß vom Gesicht. Das Zerstören wurde genau und schematisch ausgeführt, man merkte, daß dies alles angeordnet war. Zuletzt riß einer mit einem ganz fanatischen Gesicht das Telefon von der Strippe, rannte über den Flur und warf es auf den Hof."[162]

Am 31. Januar 1945 überschritten die sowjetischen Streitkräfte bei Kienitz zwischen Küstrin und Lebus die zugefrorene Oder. Drossen, eine schöne kleine Stadt mit 5.700 Einwohnern, ein märkisches Kleinod, in dem sich kein deutsches Militär aufhielt und wo es deshalb zu keinen Kampfhandlungen kam, wurde in Brand geschossen. Um die Zerstörungen und die Masse der Toten zu erklären, erfanden die Sowjets die Ausrede, diese Stadt sei heftig umkämpft gewesen. Die deutschen Einwohner wurden gnadenlos niedergemacht. Auch französische Kriegsgefangene und polnische und ukrainische Landarbeiter wurden nicht geschont. Überall lagen die Leichen ermordeter Menschen herum. In der Ortschaft Skampe, wo sich kein einziger deutscher Soldat befand, wurden die Bewohner nicht erschossen, sondern erdrosselt. Fast alle Opfer waren Frauen und Kinder. In Reppen wurden alle Männer und Jugendlichen ab 16 Jahren in der Ortsmitte zusammengetrieben und mit Maschinengewehren niedergemetzelt. Die meisten waren mit einem Treck aus dem Warthegau gekommen. In Lebus, wo die Rotarmisten nach dem Übergang über die zugefrorenen Oder am 4. Februar 1945 eindrangen, fielen die Soldaten über alle Frauen her, die sich nicht versteckt hatten, und erschossen sie anschließend.

In Berlin fanden die Ausschreitungen der Roten Armee ihren Höhepunkt. Nach der Kapitulation der Stadt am 2. Mai 1945 hatten die Soldaten freie Hand. Sie brauchten keine Angst mehr zu haben. Der Feind war weg. Es gab Beute in Hülle und Fülle, und es fanden sich genügend Frauen. Nach sechs Kriegsjahren war die Stadt fast nur von Frauen und Kindern bewohnt. Von vormals 4,3 Millionen Einwohnern lebten noch 2,8 Millionen in der Stadt. Sie wußten zwar, was sie zu erwarten hatten, aber sie wurden von der Wucht der Grausamkeiten doch überrascht. Im Vergleich zu den Rotarmisten der vordersten Front waren die zweite und dritte Welle ein Haufen von Verbrechern, die plünderten und vergewaltigten. Die Soldaten asiatischer Herkunft taten sich durch besondere Maßlosigkeit hervor. Schon während der Belagerung im April 1945 begingen 3.881 Frauen Selbstmord.[163]

Der Einmarsch in Schlesien

Aus Schlesien flohen 3,2 Millionen der 4,7 Millionen Deutschen, von denen 800.000 die Flucht und die anschließende Vertreibung nicht überlebten. Den Einmarsch der Roten Armee, der Mitte Januar 1945 begann, erlebten 1,5 Millionen Menschen. Sie wurden Zeugen und Opfer kaum beschreiblicher Greueltaten. In Oberschlesien waren mehr als eine halbe Million Männer und Frauen bis zuletzt zurückgeblieben, um Bergbau und Industrie so lange wie möglich in Gang zu halten. Sie fielen alle in die Hände der zügellosen Soldateska. Da sie arbeitsfähig waren, gehörten sie zu denen, die in die Sowjetunion deportiert wurden. In Breslau befanden sich noch etwa 200.000 der 500.000 Einwohner, als die Stadt eingeschlossen wurde. Fast eine Million Schlesier, die nach Sachsen und in das Sudetenland entkommen waren, kehrten auf Weisung der Siegermächte unmittelbar nach dem Kriegsende wieder in ihre Heimatorte zurück, so daß von der Vertreibung durch die Polen 2,5 Millionen Schlesier betroffen waren. Im Westen angekommen, berichteten sie über das, was sie erlebt hatten.

In Rogau, Kreis Oppeln, wurden mehr als 60 Männer, darunter der Ortspfarrer, an der Kirchhofmauer erschossen. Der Stellmacher, auf den als Ersten geschossen wurde, erhielt einen Streifschuß am Kopf. In der Annahme, er sei tot, ließen ihn die Russen liegen. Sein Nebenmann röchelte noch und erhielt den Todesschuß. Als sich die Rotarmisten entfernten, flüchtete der Zeuge in die Röhre der Kanalisation beim Schloß.[164]

Die Pfarrerköchin aus Krappitz wurde mitten auf dem Marktplatz von mehreren Russen am hellichten Tag vergewaltigt, obwohl sie bereits 68 Jahre alt war. Die Verkäuferin in der Drogerie wurde im Geschäft vergewaltigt und, nachdem die Rotarmisten ihr den Bauch aufgeschlitzt hatten, liegengelassen.[165] In Rathau, das zu Kloster-Leubus gehörte, kamen im März 1945 65 deutsche Kriegsgefangene in den Flammen einer niedergebrannten Scheune um. Der 80jährige Bauer X., der in Rathau zurückgeblieben war, setzte die verkohlten Gebeine am Karfreitag 1945 in einem Massengrab bei. Niemand weiß, wie es zu dieser Tragödie kam. Kein Mensch kennt die Namen der Toten.[166]

Beim Einmarsch der russischen Truppen in Bunzlau versteckte sich ein 13jähriger Junge in einem Keller, in dem viele Frauen und Mädchen Schutz gesucht hatten, und beobachtete in Todesangst, was sich ereignete. Gegen Mittag plünderten die Russen das Haus. Am Abend stürmte eine Horde russischer Soldaten in den Keller und holte alle Frauen und Mädchen heraus. Im Keller konnte man die Schreie der Vergewaltigten hören. Erst gegen Morgen kamen sie, teilweise blutend, zurück. Dieser Vorgang wiederholte sich etwa zwei Wochen lang jeden Tag. Der Junge war Zeuge, wie seine 50jährige Tante umgebracht wurde: Eines Tages wollte ein Russe die Frau auf dem Weg zum Nachbarhaus mit sich nehmen. Sie setzte sich zur Wehr, worauf ihr der Russe mit der Maschinenpistole „in den Leib" schoß. Als die Schwerverletzte in einem Handwagen wegtransportiert wurde, folgte der Rotarmist und schoß noch einmal auf die Frau. Da sie immer noch lebte, schlug er ihr mit der Maschinenpistole auf den Kopf. Als die Frau immer noch stöhnte, gab er vier weitere Schüsse auf sie ab. Da sie immer noch nicht tot war, schlug er ihr mit der Maschinenpistole den Schädel ein. „Ihr Gesicht war so wie ihr Kopf vollkommen entstellt." Als der Onkel des Jungen am nächsten Tag von Russen weggeholt werden sollte, beging dieser zusammen mit der Mutter und dem Bruder des Zeugen Selbstmord.[167] Kann ein Mensch so etwas vergessen?

Der Pfarrer aus Naumburg an der Queis berichtete, daß aus einer Tongrube 37 Leichen geborgen wurden, die Opfer der sowjetischen Grausamkeiten in der Blutnacht des 2. März 1945 gewesen waren. Sie gehörten zu den etwa 100 Bürgern, die in der Stadt zurückgeblieben waren. Ein Politkommissar forderte seine Untergebenen auf, sich der Frauen zu bedienen. Auch die Ordensschwestern im Krankenhaus wurden geschändet. Schwester Rosaria wurde am 22. Februar 1945 von 30 Rotarmisten stundenlang vergewaltigt, bis sie schwerverletzt war. Am nächsten Tag wurde sie von dem Kommissar getötet. In der Nacht des 2. März 1945 wurden die Häuser am Markt angezündet. Unter dem Vorwand, es habe sich bei den Brandstiftern um deutsche Partisanen gehandelt, wurden alle erreichbaren Deutschen im Haus des Zahnarztes eingesperrt. In Gruppen von 10 Personen mußten sie die Treppe zum ersten Stock hochsteigen, wo sie durch Genickschüsse ermordet wurden. Dem Massaker fielen auch drei katholische Priester zum Opfer. Auch außerhalb des Hauses wurden mehrere Menschen getötet. Drei Männer wurden verschleppt, von denen keiner zurückkehrte.[168]

Von den rund 6.000 in Striegau verbliebenen Einwohnern fand man nach der Wiedereroberung der Stadt durch deutsche Truppen nur noch 56 lebend vor. In der Zeit der russischen Besetzung vom 12. Februar bis

12. März 1945 wurden die meisten von ihnen nach Osten verschleppt. 148 fand man ermordet vor. Da bei der Wiedereroberung der Stadt durch die Wehrmacht viele Häuser abbrannten, war die Suche nach weiteren Toten erschwert. Die meisten der toten Frauen waren vergewaltigt worden. Das jüngste Opfer war zwölf Jahre alt, das älteste 68 Jahre. Die 56 Geretteten waren die Insassen des Altersheims. Die alten Frauen waren mehrfach vergewaltig worden. Ein 16jähriges Mädchen, das noch lebte, war täglich von bis zu 40 Russen vergewaltigt worden. Eine unbekannte Zahl der in der Stadt zurückgebliebenen Deutschen beging während der „Russenzeit" Selbstmord. Die Ausschreitungen, die sich bis zum Sadismus steigerten, wurden dadurch begünstigt, daß die Russen in der im Stadtzentrum liegenden Kornbrennerei Riesenvorräte an Spirituosen fanden. Auch die Truppen in den benachbarten Dörfern bedienten sich. Wenn die Soldaten betrunken waren, benahmen sie sich wie Tiere. Nach der Rückeroberung der Stadt wurden am 20. März 1945 148 Leichen auf dem St. Hedwigs-Friedhof in Einzelgräbern ohne Sarg begraben und wenige Tage später noch einmal 19.

Nonnenklöster waren für die Rotarmisten, die den Kommunismus aufgesogen hatten, nichts weiter als Orte, an denen sie ihre sexuellen Gewaltphantasien ausleben konnten. Sie hatten weder menschliche noch religiöse Hemmungen. Die Geistlichen, die sie beschworen, Rücksicht zu nehmen auf den geistlichen Stand der Frauen, wurden beiseitegeschoben oder erschossen. Bei den Zisterzienserinnen im Kloster Trebnitz sickerten im Frühjahr 1945 erste Meldungen über geschändete Nonnen und ermordete Geistliche durch. Die Schwestern, die es erfahren hatten, behielten die bitteren Nachrichten jedoch für sich, um die Mitschwestern und die vielen verängstigten Flüchtlinge im Haus nicht zu erschrecken. Was über sie hereinbrach, übertraf dann alle Vorstellungen.

Bei der Verteidigung von Frauen, die von Rotarmisten aufgespürt wurden, sind Hunderte Kleriker umgekommen. Sie werden in keiner Märtyrerchronik erwähnt, wo den Opfern des Nationalsozialismus große Beachtung zuteil wird.[169] Der Erzpriester Christoph Arnold (53) aus Günthersdorf wollte seine Schwester vor Vergewaltigung schützen. Am 30. Weihetag des Geistlichen wurde sein Leichnam unter Gerümpel entdeckt. Pfarrer Josef Bieniossek (65) aus Gogolin wurde zusammen mit sieben Männern erschlagen. Sein Kaplan Erich Schewior (37), zu dem sich zwölf Frauen geflüchtet hatten, wurde zusammen mit ihnen ermordet; die Leichen wurden mit Benzin übergossen und verbrannt. In Lichtenberg wurde die Schwester von Dr. theol. Josef Brier (66) geschändet, dann mit ihrem Bruder, der sie schützen wollte, niedergeschossen und verscharrt. Kuratus Karl Bujara (41) war gerade zwei Tage aus der Gestapo-Haft in Oppeln befreit, als ihn die Sowjets töteten und im Schnee liegenließen. Der Pfarrverwalter Franz Goerlich (35) aus Breslau-Lohbrück wurde so zusammengetreten, daß er bald darauf starb. Tausende begleiteten den Trauerzug, denn „er lebte nicht für sich, sondern für das Volk“, sagten die Leute. Pfarrer Leo Görlich (42) aus Tempelfeld, um den sich verängstigte Frauen scharten, wurde von einem russischen Offizier ermordet. Ebenso der Erzpriester Robert Grelich (60), der sich schützend vor Mädchen stellte. Auf dem Kreuzberg von Striegau traf Pfarrer Leopold Klehr (45) eine Kugel, als er seinen Vater vor Schlägen schützen wollte. Pfarrer Georg Michaletz (49) trat in Wohlau der Jagd auf Frauen und Mädchen entgegen. Er wurde ins Herz getroffen. Dr. Adolf Moepert von Kanth bei Breslau stand Schwestern bei, als er auf der Treppe seines Pfarrhauses niedergemacht wurde. Der Geistliche Rat Otto Rust (74) von Lüben, der 70jährige Frauen verteidigte, fiel einem Pistolenschützen zum Opfer. Erzpriester Paul Sauer (50) aus Bunzlau verhungerte im polnischen Milizgefängnis unter schwersten Mißhandlungen. Er starb schneeweiß und verwirrt.

In einer statistischen Übersicht wurden 4.199 Gemeinden in Schlesien erfaßt. Nachgewiesen wurden Morde in 2.553 Gemeinden, Vergewaltigungen in 2.626 Gemeinden, Verschleppungen in 3.183 Gemeinden, Selbstmorde in 1.077 Gemeinden, Opfer durch Hunger, Frost und Erschöpfung in 1.249 Gemeinden. Im Kreis Wohlau, der 143 Gemeinden umfaßte, gab es Morde in 95 Gemeinden, Vergewaltigungen in 112 Gemeinden, Verschleppungen in 90 Gemeinden, Selbstmorde in 52 Gemeinden, Tod aus anderen Gründen in 90 Gemeinden. Für den Kreis Oppeln mit 123 Gemeinden sind Mordopfer in 86 Gemeinden, Vergewaltigungen in 79 Gemeinden, Verschleppungen in 102 Gemeinden, Selbstmorde in 13 Gemeinden und Tod aus anderen Gründen in 35 Gemeinden verzeichnet.[170]

Untaten bei der Besetzung Ostsachsens

Am 24. Februar 1945 besetzten die sowjetischen Truppen, die am 12. Januar an der Weichsel zu ihrer Großoffensive angetreten waren, das Ostufer der Neiße zwischen den Mündungsgebiet und dem Ort Penzik. Von dort traten sie, unterstützt von zwei polnischen Armeen, am 16. April 1945 zur Schlacht um Berlin an. Ein zusätzliches Operationsziel war Dresden. Bereits am 16. April 1945 erreichten die Angreifer die Eisenbahnlinie Görlitz–Muskau. Die Kämpfe in Ostsachsen steigerten sich zu einem gnadenlosen Kampf auf beiden Seiten. Die schrecklichen Exzesse der Rotarmisten vor Augen, unterließen die deutschen Streitkräfte jede Schonung von Feinden. Darüber gibt es mehrere Publikationen. In der DDR erschienen viele Veröffentlichungen, in denen die Mitleidlosigkeit der Deutschen gegenüber der Roten Armee und ihren verbündeten Truppen ausführlich dargelegt wurden. Darin heißt es zum Beispiel: „Jeder sowjetische und polnische Soldat, der ihnen in die Hände fiel, wurde erbarmungslos – teilweise nach Folterungen – niedergemacht. Besonders betroffen waren kampfunfähige, verwundete Angehörige der Sowjetarmee und der polnischen Truppen."[171] Die Zahlenangaben waren in der Regel zu Lasten der Deutschen verzehnfacht, aber es steht fest, daß die deutschen Truppen bei ihrer letzten großen Offensive im Osten rücksichtslos vorgingen, vor allem, wenn sie Orte wie Bautzen wiedereroberten, in denen vorher die Rotarmisten gehaust hatten.

Die 20. Panzerdivision machte fürchterliche Erfahrungen, als sie Ende April gegen Bautzen vorrückte. Ein Angehöriger des Verbandes schrieb: „Beim weiteren Vormarsch auf Bautzen boten sich uns grauenvolle Bilder. Überall Menschen regelrecht abgeschlachtet. Ein einziger Mordweg! Bei einem kurzen Halt in einem Dorf berichtet eine alte Frau, daß sie die einzige Überlebende der ganzen Dorfbevölkerung sei. Als wir in die Häuser schauten, schauderten wir zurück. Alte Leutchen erschlagen, erschossen, alle Frauen und Mädchen vergewaltigt, dann bestialisch ermordet, oft erdrosselt. In allen Feldmarken um die Dörfer herum lag buntes Bettzeug, überalle fand man geschändete und getötete Frauen, furchtbar zugerichtet!"[172] Am 26. April, als Bautzen wieder in deutscher Hand war, sahen die Soldaten, was die Rotarmisten in der Stadt angerichtet hatten. Die Zivilbevölkerung der Stadt hatte alle Grausamkeiten erfahren, die damals üblich waren: Zerstörung, Vergewaltigung, Mißhandlung, Erschießung. Die polnischen Soldaten, die im Rahmen der Roten Armee kämpften, hatten den Russen in nichts nachgestanden. Sie töteten etwa 350 deutsche Zivilpersonen. Sie nahmen auch blutige Rache an ihren Landsleuten, die als Kriegsgefangene oder Fremdarbeiter in den Hydrierwerken gearbeitet hatten, und erschossen sie als Kollaborateure und Vaterlandsverräter im Dienst des Feindes. Nur wenige entkamen der Rache. Bei den Straßenkämpfen um die Stadt wurden 33 Prozent des Wohnungsbestandes und 18 Brücken, 69 Betriebe und 35 öffentliche Gebäude völlig zerstört. Auf einem Schulhof fand man 30 erschossene deutsche Schutzpolizisten. Als Bautzen wieder ganz in deutscher Hand war, ordnete der Stadtkommandanten Oberst Dietrich Hoepke angesichts der Greueltaten an, alle gefangenen Polen und Russen zu erschießen, da sie mit großer Wahrscheinlichkeit an den Massakern beteiligt waren.[173] Dieser Verstoß gegen die Regeln des Kriegsvölkerrechts zeigt, wie erbittert und hilflos die deutschen Truppen waren. Die Mordtaten der Russen und Polen hätten durch ordentliche Kriegsgerichte niemals geahndet werden können, so machte man kurzen Prozeß. Die Truppenzeitung „Raupe und Rad“ vom 26. April 1945 und die „Oberlausitzer Tageszeitung“ vom 27. April 1945 erklärten die Vergeltungsmaßnahmen, indem unter den Schlagzeilen „Gräßliche Schandtaten der bolschewistischen Horden“ und „Frauen entzogen sich durch Selbstmord der Schande“ dargestellt wurde, was während der sowjetisch-polnischen Besetzung in Bautzen passiert war.[174] Daß deutsche Kriegsgefangene zuhauf ermordet wurden, war allen Soldaten bekannt. In Kriegsgefangenschaft zu geraten, kam einem Todesurteil nahe. Allein bei fünf Massakern kamen nachweislich 403 deutsche Soldaten ums Leben.[175] Zu den bekannteren gehörten die Mordtaten in Weigersdorf und Loebenstein.

In Weigersdorf, 15 Kilometer nordöstlich von Bautzen, wurden am 21. April 1945 48 deutsche Kriegsgefangenen von Soldaten der Roten Armee an die polnischen Truppen übergeben. Am Abend wurden sie in einer Scheune eingesperrt. Gegen 21 Uhr wurden die Scheunentore aufgerissen und die Gefangenen mit Maschinenpistolen beschossen. Zwei Handgranaten, die durch das Fenster eingeworfen wurden, explodierten in der Mitte der Deutschen, die sich vor dem Beschuß der Polen in die Futterkiste gerettet hatten. Die 20 übriggebliebenen Soldaten mußten im Hof Aufstellung nehmen und wurden dort mit einem Maschinengewehr beschossen. Fünf von ihnen, die sich blitzschnell niedergeworfen hatten, überlebten das Massaker. Am nächsten Morgen wurde der Ort von Wehrmachteinheiten zurückerobert, so daß die Überlebenden gerettet waren und das Verbrechen dokumentiert werden konnte.[176]

Auf dem Gut des Majors von Loebenstein, das etwa vier Kilometer westlich von Bautzen liegt, wurden am 22. April 1945 195 deutsche Volkssturmmänner in einer Scheune zusammengetrieben. Als die deutschen Truppen im Gegenangriff auf Bautzen vordrangen, steckten die Sowjets die mit Stroh gefüllte Scheune an allen Seiten an. Alle 195 Männer kamen um. Diejenigen, die versuchten, sich durch die Scheunentür zu retten, wurden erschossen. In der Umgebung wurden weitere Leichen gefunden, so daß in der Gemeinde Niederkaina etwa 300 Angehörige der deutschen Streitkräfte starben.[177]

In der Nacht zum 22. April 1945 wurden in der alten Sandgrube von Pulsnitz 24 deutsche Kriegsgefangene von polnischen Truppen erschossen. Sie liegen in einem besonderen Gräberfeld auf dem Ortsfriedhof.[178] In dem Dorf Jauer westlich von Panschwitz-Kuckau wurden am 23. April 1945 30 deutsche Kriegsgefangene erschossen. Es handelte sich um Volkssturmangehörige, die durch Genickschuß getötet wurden. Sie wurden nach einem Gegenstoß der Waffen-SS auf dem Friedhof von Crostwitz begraben und von dort am 3. November 1953 auf den Hauswalder Friedhof überführt.[179] In Burk wurden am Abend des 24. April 1945 26 Mann, überwiegend Volkssturmmänner aus Bautzen, in einem Pferdestall durch Genickschuß getötet.[180] Auf einem Feld außerhalb des Dorfes Schwepnitz zwölf Kilometer nordwestlich von Kamenz wurden mindestens zehn deutsche Kriegsgefangene mit Genickschuß ermordet.[181]

Ein großer Teil der Bevölkerung hatte die Wohnorte vor dem Einmarsch der Roten Armee verlassen. In einem 15 Kilometer breiten Streifen westlich der Neiße waren bereits Anfang März 1945 alle Frauen, Kinder und älteren Menschen evakuiert worden. Nur wenige blieben zurück. Aus den Sterbebüchern der Pfarreien geht hervor, wie viele von ihnen und wie sie ums Leben kamen. Die meisten waren Opfer von polnischen Soldaten, als diese im Gefolge der Roten Armee den Fluß überquerten. Die Eintragungen in den Pfarrbüchern lauten in der Regel nur: „erschossen". Aber es gibt auch detaillierte Eintragungen: „mit der Axt erschlagen", „ermordet nach mehrfacher Vergewaltigung", „erst vergewaltigt, dann erschlagen und übel zugerichtet aufgefunden", „von Plünderern erschossen", „Kehle durchschnitten", „vergiftet", „erschossen aufgefunden".[182] In Guttau in der Oberlausitz, das am 19. April von polnischen Truppen erobert wurde, wurden 15 Ermordete in einem Massengrab beigesetzt, von denen neun namentlich bekannt sind. Unter ihnen waren vier Frauen im Alter von 71, 75, 76 und 83 Jahren.[183] In Purschwitz, das am gleichen Tag besetzt wurde, sind 15 Selbstmorde registriert, darunter vier Kinder.[184] In Klitten brachten die polnischen Eroberer die Leichen einiger Kameraden mit, die von den Frauen des Dorfes gewaschen und geküßt werden mußten. Anschließend wurden die Frauen weggeführt und vergewaltigt.[185] In Lichtenberg ereigneten sich in der Zeit vom 22. bis 26. April

1945 17 Selbstmorde.[186] In Hauswalde wurden zwischen dem 22. und 25. April 1945 26 Personen erschossen. Bei den anderen Toten wurde keine Todesursache genannt.[187] In Schwepnitz, das am 20. April 1945 von sowjetischen Kavallerieverbänden besetzt wurde, wurden alle männlichen Zivilisten im Haus Dresdner Straße 6 zusammengetrieben, im Keller eingesperrt und durch die Kellerfenster mit Maschinenpistolen erschossen. Nur ein Zeuge blieb am Leben.[188] In Kroppen begingen am 21. April, als der Ort besetzt wurde, und in den Tagen danach 22 Personen Selbstmord. Darunter waren einige Familienselbstmorde.[189] In den sorbischen Dörfern der Lausitz wüteten die Befreier wie überall, obwohl sie von der Bevölkerung mit Freuden erwartet worden waren. Die Russen machten keinen Unterschied zwischen deutschen und sorbischen Frauen und zwischen deutschem und sorbischem Eigentum.

Über die Untaten der Rotarmisten bei ihrem Vormarsch durch Sachsen recherchierte der pensionierte Richter Theodor Seidel nach der Wiedervereinigung der DDR mit der Bundesrepublik Deutschland. Er befragte noch lebende Zeitzeugen und studierte die Sterbelisten der Kirchenbücher für den April 1945. Dabei wurde deutlich, wie die Rotarmisten und die polnischen Soldaten gewütet hatten. Nach den Begräbnisbüchern von 12 Pfarreien wurden allein dort 425 Zivilpersonen willkürlich ermordet. Die schlimmsten Ausschreitungen gegen die Zivilbevölkerung auf dem Land ereigneten sich im Kreis Kamenz. Hier wurden allein 200 Zivilpersonen umgebracht. Insgesamt wurden bei der Besetzung von Ostsachsen mindestens 573 Zivilpersonen von Angehörigen der sowjetischen und polnischen Streitkräfte außerhalb der Kampfhandlungen massakriert.

Die Verschleppung von Zivilpersonen

Aus der Sicht des Völkerrechts stand die Internierung von Zivilisten in einem militärisch besetzten Land als Form der Freiheitsbeschränkung nicht im Widerspruch zur Haager Landkriegsordnung von 1907 und anderen Abkommen. Von allen kriegführenden Parteien wurde sie auf die gegnerischen Zivilisten angewendet. Ganz anders wurde die Verschleppung in das Siegerland gewertet. Das Nürnberger Siegertribunal gegen führende deutsche Militärs und Politiker wertete diese Form der Zwangsrekrutierung von Arbeitskräften für die deutsche Industrie als Kriegsverbrechen. Dafür wurde der Hauptbeschuldigte, der thüringische Gauleiter

Fritz Sauckel, der 1942–1945 Generalbevollmächtigter für den Arbeitseinsatz war, zum Tode verurteilt. Während des Prozesses aber praktizierten die Siegermächte selbst, was sie den Deutschen zur Last legten. Hunderttausende Deutsche wurden zur Zwangsarbeit in ihre Länder deportiert, die meisten in die UdSSR und nach Frankreich.

Auf der Konferenz von Jalta (4. bis 11. Februar 1945) stimmten Roosevelt für die USA und Churchill für Großbritannien zu, daß die UdSSR im Rahmen der Reparationen in den von der Roten Armee besetzten Gebieten deutsche Arbeitskräfte ausheben durfte. Sie billigten, was die Sowjetunion seit der Besatzung des Balkans sowieso praktizierte. In Kenntnis der Schwierigkeiten, die die sowjetischen Partisanen der Wehrmacht auf dem Boden der UdSSR bereitet hatten, wollte die Rote Armee mit der Rekrutierung von Zwangsarbeitern in den eroberten Gebieten nicht nur Arbeitskräfte organisieren, sondern auch möglichst alle waffenfähigen Frauen und Männer ausschalten. Es sollte auf keinen Fall eine Widerstandsbewegung entstehen. Der Befehl 0016 vom 11. Januar 1945 „Über die Maßnahmen zur Säuberung des Hinterlandes der Fronten der kämpfenden Roten Armee von feindlichen Elementen" bestimmte, daß bei allen Heeresgruppen (Fronten) NKWD-Bevollmächtigte die Deutschen, die gefährlich werden könnten, erfassen sollten. Alle zur physischen Arbeit tauglichen Personen im Alter von 17–50 Jahren mußten sich melden. An einigen Orten sollten sie einen vollständigen Satz Winter- und Sommerkleidung, Schuhe, nicht weniger als zwei Garnituren Unterwäsche, eine Garnitur Bettwäsche bzw. zwei Decken und einen Lebensmittelvorrat für mindestens 15 Tage mitbringen. Wer nicht erschien, sollte einem Militärtribunal übergeben werden. Von den Meldestellen aus kamen die zur Deportation Vorgesehenen in Auffanglager. Das waren meistens leere Kasernen und Barackenlager. Von dort aus begann der Transport oder Fußmarsch zu dem nächsten größeren Sammellager. Nach erneuten Umstellungen wurden die Männer und Frauen in das Hauptlager gebracht, wo nach oberflächlicher Überprüfung des Gesundheitszustandes der Transport in Güterzügen in die UdSSR begann. Auf der Fahrt in Vieh- oder Güterwagons starben bis zu zehn Prozent der Deportierten an Hunger, Lungenentzündung und Ruhr. Die Toten wurden am Ende des Zuges in leeren Waggons wie Holz gestapelt, damit die Ausgangszahlen bei der Ankunft überprüft werden konnten.

Von den vier Heeresgruppen auf deutschem Boden, der 1., 2. und 3. Weißrussischen Front und der 1. Ukrainischer Front, wurde vom sowjetischen Geheimdienstchef Lawrentij Berija tägliche Berichterstattung über die Zahl der Zwangsausgehobenen verlangt. Am 20. Februar 1945 waren bereits 28.105 Männer, vorwiegend in Oberschlesien und Ostpreußen, erfaßt. Zwei Monate später waren es bereits 97.487. Die Spitze wurde am 15. April 1945 mit 215.540 Festgenommenen erreicht. Davon wurden 138.200 Männer und Frauen – nach anderen Aufstellungen 148.540 Personen – aus Schlesien, Ostpreußen, Westpreußen, Ostpommern, Ost-Brandenburg und dem westlichen Polen in die UdSSR verschleppt.[190] Wenn im rückwärtigen Gebiet einer Heeresgruppe zu wenige Menschen verfügbar waren, griffen die sowjetischen Deportationskommandos zu drastischsten Maßnahmen, um die ihnen auferlegten Quoten zu erreichen. In Ostpreußen gab es zum Beispiel kaum noch Männer im arbeitsfähigen Alter. Da die Bewohner Königsbergs nicht erreichbar waren, solange um die Stadt noch gekämpft wurde, wurden viele Frauen und Mädchen von 15 bis 50 Jahren aufgegriffen und in das Sammellager Insterburg gesperrt. Dabei kam es vor, daß Mütter von ihren kleinen Kindern getrennt und auch alte Leute eingeliefert wurden.

Die Arbeitslager, denen die Transporte zugeleitet wurden, lagen über ganz Rußland verstreut: vom Eismeer bis zum Kaukasus, ja sogar in Turkmenien. Der überwiegende Teil befand sich in den Industriebezirken im Ural, im Donezbecken und im Don-Gebiet. Die Arbeitsaufträge der Zivilinternierten unterschieden sich nicht von denen der Kriegsgefangenen: In den Waldgebieten Nordrußlands und des Kaukasus mußten Bäume gefällt und zersägt und schwere Erd- und Torfarbeiten geleistet werden. In den Industrierevieren im Ural und am Don förderten die Frauen und Männer aus Ostdeutschland in langen Schichten unter Tage Kohle und Erz, wurden zu schweren Verlade- und Transportarbeiten herangezogen, arbeiteten in Fabriken, Steinbrüchen und Ziegeleien oder wurden beim Straßen- und Schienenbau eingesetzt. Im Sommer und Herbst nahm die Kolchoswirtschaft einen großen Teil Deportierter in Anspruch, im Winter mußten die Schienen- und Straßenwege von den Schneemassen freigeschaufelt werden. Die tägliche Arbeitszeit dauerte oft zwölf und mehr Stunden. Für Unterkunft, Verpflegung, Bekleidung und die sanitären Maßnahmen waren die Volkskommissariate verantwortlich. Die Zwangsarbeiter wurden in Baracken und anderen festen Gebäuden untergebracht, die mit Stacheldraht und Zäunen umgeben waren und scharf bewacht wurden. Bei Verstößen wurden Strafen gemäß den Disziplinarregeln der Roten Armee ausgesprochen. Verbrechen ahndeten die Militärgerichte.

Die 16jährige Gertrud aus Insterburg war im Südural einem Holzfällerkommando zugeteilt worden: „Um 6 Uhr war Wecken, dann gab es 200 Gramm Brot und ¼ Liter heißen Tee. Um 7 Uhr nahmen wir am Geräteschuppen unser Werkzeug in Empfang – eine stumpfe Baumsäge und eine stumpfe Axt. Dann ging es unter Bewachung in den Wald. Der Schnee reichte uns bis über die Knie, man versuchte, in die Fußstapfen der Vorderfrau zu treten. Ausgezehrt und vom Hunger geschwächt, wie wir waren, sollten je zwei Gefangene zwei Kubikmeter Holz abliefern – gefällt, abgeästet, zersägt und gestapelt. Die Zweige mußten zusammengetragen und verbrannt werden. Die Norm war nicht zu schaffen: Schon beim Einkerben des Baumes mühten wir uns mit der stumpfen Axt unsäglich ab, die Bäume hatten ja einen enormen Umfang. Wir benötigten für das Fällen eines Baumes und alle Nebenarbeiten einen ganzen Tag. Der umgesägte Baum versank sofort im tiefen Schnee, die Säge klemmte. Wir suchten einen dikken Ast, den wir als Hebel ansetzten, um den Stamm anzuheben. Das war bei unserem körperlichen Zustand die blanke Knochenarbeit. Da bereits der auf der Baumkrone lastende Schnee beim Sägen auf uns niedergegangen war, dampften und schwitzten wir, der getaute Schnee lief uns den Rücken runter."[191]

Alle vier Wochen fand eine ärztliche Ausmusterung statt, bei der die Arbeitskategorien überprüft und geändert wurden, in die die Männer und Frauen eingeteilt waren. Die Kriterien waren streng. Durch Wasser geschwollene Glieder und Durchfall mit Blut wurden am ehesten als Krankheit anerkannt. Die ersten Arbeitsunfähigen und Kranken wurden bereits im September 1945 nach Deutschland entlassen. So vermied man, daß sie in russischem Gewahrsam starben. Am 1. Februar 1946 waren 40.331 Deportierte repatriiert und 35.775 umgekommen.[192] Die letzten zivilen Zwangsarbeiter kehrten 1949 nach Hause zurück.

Während die Bundesrepublik Deutschland den Ostarbeitern, die während des Krieges nach Deutschland verschleppt worden waren, eine Entschädigung zugestand, konnte sich die Regierung der Russischen Föderation in der Nachfolge der UdSSR nicht einmal zu einer Entschuldigung aufraffen.

Alliierte Kriegsverbrechen nach der Kapitulation am 8. Mai 1945

Das Nachkriegsschicksal der deutschen Kriegsgefangenen

Behandlung der Kriegsgefangenen in amerikanischer Hand

Ignorierung des Völkerrechts

Bereits im März 1944 gab es in den USA Pläne, die deutschen Soldaten nach der bedingungslosen Kapitulation, die im Januar 1943 auf der Casablanca-Konferenz zur Beendigung des Krieges verlangt worden war, nicht nach dem bestehenden Recht zu behandeln, sondern ihnen einen Status zu geben, der die Alliierten von den Fesseln des Kriegsvölkerrechts befreit. Die Einreden des Judge Advocate General, des höchsten Richters der US Army, blieben ungehört. Im Kapitulationsdokument sollte das Wort „Kriegsgefangene" nicht auftauchen. Der Oberkommandierende der US-Truppen, General Eisenhower, bekam am 10. März 1945 die Ermächtigung, alle gefangenen deutschen Soldaten über das Kriegsende hinaus zu verwahren und niemanden nach Hause zu entlassen, wenn deutsche Vertreter die geforderte bedingungslose Kapitulation der Wehrmacht unterschrieben haben würden. Die Kriegsgefangenen sollten als entwaffnete feindliche Streitkräfte (disarmed enemy forces – DEF) außerhalb des Kriegsvölkerrechts behandelt werden. General Eisenhower befahl am 4. Mai 1945, daß alle deutschen Soldaten, die gefangengenommen seien und gefangengenommen würden, nicht als Kriegsgefangene anzusehen seien und sich nicht auf die Rechte aus der Genfer Kriegsgefangenenkonvention berufen könnten. Sie seien Entwaffnete (DEF) und keine Kriegsgefangenen im Sinne der Genfer Kriegsgefangenenkonvention. Die Briten schlossen sich an. Sie nannten ihre Kriegsgefangenen „kapituliertes Feindpersonal" (surrendered enemy personnel – SEP). Von da an waren die Gewahrsamsstaaten bei der Behandlung der „Entwaffneten" zu gar nichts verpflichtet. Da am Kriegsende keine Repressalien von deutscher Seite gegenüber alliierten Kriegsgefangenen mehr zu befürchten waren, glaubten die Westalliierten nach Gutdünken mit den Deutschen umspringen zu können. Als der Schweizer Gesandte in Washington als Vertreter der Schutzmacht für Deutschland in dieser Frage vorstellig wurde, wurde ihm am 8. Mai 1945 bedeutet, daß die Vertretung deutscher Interessen in den USA nicht länger nötig sei, da das Deutsche Reich nicht mehr existiere. Damit sich niemand auf die Rechte des Deutschen Reiches als Völkerrechtssubjekt berufen konnte, wurde die geschäftsführende Reichsregierung am 23. Mai 1945 in Flensburg verhaftet. Von da ab gab es keine offizielle Vertretung der Reichsinteressen mehr. Die Siegermächte übernahmen alle Rechte Deutschlands. Sie waren gegenüber den Deutschen an keine Völkerrechtsregelungen gebunden. Selbst die humanitären Aspekte konnten ignoriert werden. Die Menschenrechte erwiesen sich als Propagandasprüche. Ab jetzt durften auch alle vom Internationalen Roten Kreuz angestrebten Erleichterungen für die deutschen Kriegsgefangenen, zum Beispiel die Besichtigung der Sammellager und die Versorgung mit Lebensmitteln, abgelehnt werden. Mit dem Hinweis, die Lagerhäuser in Deutschland seien noch mit Wehrmachtbeständen gefüllt, wurden Anfang Juni 1945 zwei Güterzüge mit Lebensmitteln für die hungernden „Entwaffneten" von den Amerikanern in die Schweiz zurückgeschickt. Ohne den Schutz des Roten Kreuzes lag das Schicksal der Kriegsgefangenen ebenso bedingungslos in den Händen der Sieger wie das des deutschen Volkes. Die Alliierten nahmen sich das Recht, über die Deutschen nach rein politischen Gesichtspunkten zu befinden. Die Kriegsgefangenen waren ihnen rechtlos, wehrlos und schutzlos ausgeliefert. Die Siegermächte maßten sich das Recht an, mit ihnen machen zu können, was sie wollten.

Die Haager Landkriegsordnung von 1907 bestimmte in Artikel 20, daß „die Kriegsgefangenen nach dem Friedensschluß binnen kürzester Frist in die Heimat entlassen" werden müßten. 1929 hatten die Unterzeichner der Genfer Konvention die Bestimmung nicht abgeändert, weil man davon ausging, daß – wie nach dem Ersten Weltkrieg – dem Waffenstillstand der Friedensvertrag auf dem Fuß folgt. 1945 dachte keine der Siegermächte an einen Friedensvertrag mit Deutschland. Als auch nach einem Jahr die Masse der deutschen Kriegsgefangenen noch immer nicht entlassen war, machte das Internationale Komitee vom Roten Kreuz in Genf die vier Siegermächte am 27. August 1946 in einem Appell darauf aufmerksam, daß sie trotz des Fehlens einer zwingenden Bestimmung für die Rückkehr der Gefangenen in ihre Heimat zu sorgen hätten. Erst nach einer zweiten energischen Intervention des IKRK am 6. September 1946 erklärte sich die US-Regierung bereit, ihre Haltung zu überdenken. Bis dahin waren die deutschen Kriegsgefangenen ein Spielball der Politik. Entlassungen gab es nur, wenn sie opportun waren, zum Beispiel wenn die Gefangenen krank oder so entkräftet waren, daß sie als Arbeitskräfte unbrauchbar wurden oder wenn es sich um Männer handelte, deren Berufe in den Besatzungszonen gesucht wurden. Ohne „Screening", das heißt Überprüfung der NS-Vergangenheit, kam kein deutscher Soldat in die Freiheit.

Hunger, Mißhandlung und Tod in den Kriegsgefangenenlagern

Rheinwiesenlager

Am Ende des Zweiten Weltkriegs befanden sich rund fünf Millionen deutsche Soldaten in amerikanischem Gewahrsam. In Frankreich gerieten die ersten nach der westalliierten Invasion in der Normandie in die Hände der Anglo-Amerikaner, weitere während des Rückzugs der deutschen Streitkräfte aus Frankreich, 250.000 nach dem Scheitern der Ardennenoffensive und 325.000 nach der Kapitulation des Ruhrkessels im April 1945. Die große Masse kam nach der Kapitulation am 8. Mai 1945 in die Gewalt der amerikanischen Truppen.

Als „disarmed enemy forces" konnte ihnen das Internationale Komitee vom Roten Kreuz ebensowenig helfen wie die Schutzmacht, die Schweiz, die das Deutsche Reich im Krieg mit der Vertretung seiner Interessen gegenüber den Amerikanern beauftragt hatte. Schon bei der Gefangennahme merkten die Soldaten von Wehrmacht und Waffen-SS, wie hilflos sie der Gewahrsamsmacht ausgeliefert waren. Sie durften ungestraft gefilzt werden: Uhren und Ringe verschwanden in den Taschen der Sieger. Es wurden ihnen die Ordensbänder abgeschnitten und die Auszeichnungen abgenommen. Kochgeschirre, Brotbeutel, Feldflaschen und Eßbestecke mußten ebenso abgegeben werden wie Zeltplanen und Decken. Das meiste wurde verbrannt oder vergraben.

Nach der Überquerung des Rheins im März 1945 richteten die Amerikaner auf den Feldern und Wiesen am westlichen Rheinufer für die zu erwartenden Massen an deutschen Soldaten große Gefangenenlager ein. Es wurden weiträumige Flächen mit Stacheldraht umzäunt und Wachtürme aufgestellt. Das Schema war vorgegeben. Am Rande eines Dorfes, das in der Regel einen Bahnanschluß hatte, wurde eine offene Ackerfläche abgegrenzt und mit Masten, Pflöcken und Stacheldraht in Areale (cages – Käfige) für jeweils 5.000 bis 10.000 Mann unterteilt. Sie glichen Weideflächen für Rinderherden. Feldwege dienten als Lagerstraßen, in der Nähe liegende Gebäude wurden für Verwaltung, Küchen, Krankenreviere und als Unterkünfte für die Bewacher genutzt. Im Juli 1945 gab es etwa 20 solcher Lagerbezirke.

Nach der Kapitulation der Wehrmacht am 8. Mai 1945 wurde die Masse der deutschen Soldaten aus den Gebieten östlich des Rheins, selbst aus Bayern und Thüringen, in Viehwagons und auf Lastwagen in diese Lager transportiert. Auch Angehörige der Hitler-Jugend, die pauschal als Werwolf-Kämpfer angesehen wurden, und sechzehnjährige Flakhelfer wurden inhaftiert und abtransportiert. Zu ihnen kamen Zivilisten, die dem automatischen Arrest unterworfen waren, vor allem NS-Amtsleiter vom Ortsgruppenleiter an aufwärts. Im Spätsommer 1945 befanden sich zwischen zwei und drei Millionen Insassen in den Rheinwiesenlagern. Es gab weder vorher noch nachher in der Weltgeschichte eine größere Ballung von Kriegsgefangenen auf so wenigen Quadratkilometern. Genaue Zahlen kennt niemand, weil die Eintreffenden nicht registriert wurden. Sie wurden erst in den darauf folgenden Wochen gezählt. Da waren Zigtausende schon tot.

Schon auf den Transporten erlebten die deutschen Kriegsgefangenen, die eine dem Völkerrecht entsprechende Behandlung erwartet hatten, daß die Amerikaner mit ihnen umgingen wie mit Vieh. Sie wurden beschimpft – bloody Heinis, German pigs, damned Krauts – geschlagen und getreten, in Lastwagen oder Viehwaggons gezwängt, von den Autos hinabgestoßen und mit Flüchen und Tätlichkeiten zur Eile gedrängt.

„Hurry up, snell, snell!" Auch mit den Verwundeten aus den Lazaretten ging man rücksichtslos um: Sie wurden mit blutigen Verbänden und Prothesen aus den Betten gekippt und der Hilfe von Kameraden überlassen. Andere wurden auf Lastwagen zusammengepfercht und in die Sammellager zu den Gesunden gebracht, die sich um sie kümmern sollten. Geschwächt und behindert, wie sie waren, überstanden Tausende die Torturen nicht.

Das größte Einzellager war bei Sinzig. Dort waren etwa 300.000 Gefangene eingepfercht. Das Lager „Goldene Meile" bei Remagen umfaßte bis zu 170.000 Mann. Im Lager Kreuznach waren es fast 100.000. Das schlimmste Rheinwiesenlager soll das Lager Bretzenheim gewesen sein, in dem etwa 103.000 Kriegsgefangene eingesperrt waren. Hier wurden die Angehörigen der Waffen-SS gesammelt, die – jeder Rechtsstaatlichkeit zum Hohn – pauschal für die Verbrechen in den Konzentrationslagern verantwortlich gemacht wurden. Ins Lager Bretzenheim kamen auch Frauen, unter ihnen 11.000 Flakhelferinnen und Rot-Kreuz-Schwestern.

Die Zustände in allen Lagern waren unbeschreiblich. Die Gefangenen lebten auf dem freien Feld. Neben den persönlichen Wertsachen wie Uhren, Fotoapparate, Zigarettenetuis und Lederbrieftaschen, die ihnen meistens schon vorher abgenommen worden waren, war ihnen bei der Einlieferung in die Lager alles weggenommen worden, was die Amerikaner für überflüssig oder gefährlich hielten: Tornister, Decken, Zeltplanen, Kochgeschirre, Rasierapparate, Taschenmesser und Eßbestecke. Die Sachen wurden häufig an Ort und Stelle und aus reiner Boshaftigkeit vor den Augen der Ausgeplünderten zerbrochen, zertreten oder verbrannt. Die Gefangenen mußten sich mit dem behelfen, was sie verstecken oder behalten durften, je nach Einstellung der Amerikaner vielleicht der Militärmantel, eine Decke, das Kochgeschirr, ein Kamm, ein Löffel. Auf wenigen Quadratmetern zusammengepfercht, gruben sie mit den Händen oder mit Blechbüchsen und Ästen Löcher und Gruben als Schlafstellen in den Boden, um dem wechselnden Wetter nicht voll ausgesetzt zu sein. Niemand konnte sich waschen. Haare und Bärte wucherten. Bald sahen sie wie ungepflegte Streuner aus. Die Uniformen waren bald verdreckt. Es gab kein Wasser zum Waschen. Zu den großen Problemen gehörte die Notdurft. Mangels Latrinen lagen überall Fäkalien, bis in Selbsthilfe wenigstens Gruben angelegt wurden, für die die Amerikaner das Werkzeug nur zögernd zur Verfügung stellten. Die Latrinen, die schließlich am Rand des Lagers angelegt wurden, waren primitive Stangengerüste mit Gräben oder von Bulldozern ausgehobenen Gruben ohne Sitzgelegenheit, oft weit entfernt vom Liegeplatz. Die Schwachen, die sich nicht festhalten konnten, fielen hinein und einige ertranken sogar. Alle dachten an Flucht, aber nur wenige konnten fliehen. Nachts wurden die Zäune mit Scheinwerfern ausgeleuchtet. Die Wachen schossen auf Flüchtende. Die Toten blieben zur Abschreckung vor dem Zaun liegen.

Die Gefangenen lagerten auf dem nackten Ackerboden. Nach tagelangem Regen und Schneeregen, den es im April und Mai 1945 häufiger als sonst gab, verwandelte sich der Boden in eine Schlammwüste. Die Männer waren durchnäßt und froren. Wer einen Mantel oder eine Decke besaß, breitete sie über sich und zwei oder drei Kameraden. Andere verkrochen sich in die Erdlöcher, die im Laufe der Zeit immer tiefer in den Boden hineingegraben wurden. Wenn die Höhlen einstürzten, begruben sie die Soldaten unter sich.

Hunger und Durst machte allen zu schaffen. Die ausgegebene Verpflegung pro Tag reichte von einem Laib Brot für zehn Mann bis zu einem Löffel Dosengemüse bzw. einem Keks und einen Becher Wasser pro Person. Die Wehrmachtdepots, die in die Hände der Amerikaner gefallen waren, waren voller Nahrungsmittel, aber sie standen nur den befreiten Zwangsarbeitern und KZ-Häftlingen zur Verfügung. Einige wenige wurden sogar der Bevölkerung zur Selbstbedienung freigegeben. Die Kriegsgefangenen gingen leer aus. Sie aßen Futterrüben, Klee, Gras, die Blätter und Rinde von den Weinstöcken und die Pappe der Verpflegungskartons, bekamen Durchfall und konnten nichts dagegen tun, weil man ihnen keine Medikamente gab. Zum Hunger kam der Durst. Nach den Regentagen begann eine Hitzeperiode. Der Rhein in unmittelbarer Nähe führte Hochwasser, aber es gab keine Schläuche. Die Wassertonnen, die ins Lager gebracht wurden, wurden gestürmt. Bei dem panischen Ansturm stürzten sie um. Schwache wurden abgedrängt und niedergetrampelt. Wenn aus dem Überfluß der amerikanischen Bestände Nahrungsmittelersatz wie Ei- und Milchpulver verteilt wurde, fehlte das Wasser zum Anrühren.

Angesichts der katastrophalen Ernährungslage war es besonders schäbig, daß es der deutschen Bevölkerung in den umliegenden Orten verboten war, den Gefangenen Lebensmittel zuzustecken. Am 9. Mai 1945 erging folgender Befehl: „Under no circumstances may food supplies be assembled among the local inhabitants in order to deliver them to prisoners of war. Those who violate this command and nevertheless try to circumvent this blockade to allow something to come to the prisoners place themselves in danger of being shot." (Die Einwohner der Dörfer dürfen keine Nahrungsmittel für die Kriegsgefangenen sammeln. Wer gegen den Befehl handelt und versucht, den Gefangenen etwas zukommen zu lassen, läuft Gefahr, erschossen zu werden.) Der von den Amerikanern eingesetzte Landrat des Landkreises Koblenz, Maximilian Freiherr von Frentz, gab den Befehl an die Bürgermeister, in deren Orte Lager waren, mit zwei besonderen Hinweisen weiter: „Auf Anordnung der Militärregierung ist es allen Bewohnern des Kreises Bingen mit sofortiger Wirkung streng verboten, irgendwelche Nahrungsmittel an deutsche Kriegsgefangene zu verabreichen. Nahrungsmittel, die von der Bevölkerung den Kriegsgefangenen verabreicht werden, werden den ausländischen Zwangsarbeitern zugeführt. Deutsche Kriegsgefangene werden von dem amerikanischen Militär verpflegt und brauchen keine Nahrungsmittel von der Bevölkerung." Am 19. Mai folgte ein weiteres Schreiben der Kreisverwaltung an die Bürgermeister: „Es besteht Veranlassung darauf hinzuweisen, daß es der Zivilbevölkerung verboten ist, sich in der Nähe von Kriegsgefangenenlagern aufzuhalten. Auch mehren sich die Fälle, in denen Zivilpersonen versuchen, den Gefangenen Gebrauchsgegenstände und dergleichen zu geben, was für die Gefangenen und die Bevölkerung unangenehme Folgen haben kann." Die Sachen sollten beim Roten Kreuz abgegeben werden. Diese Verlautbarungen waren eine Kombination von Lüge und Drohung: 1. Lüge: Die Gefangenen werden als Kriegsgefangene von den Amerikanern ausreichend versorgt. 2. Drohung: Die Landsleute dürfen nicht helfen; sie gefährden sich. Den Nutzen hätten doch nur die ehemaligen Zwangsarbeiter.

Im April 1945, als Schnee fiel und ein durchdringender Wind fegte, waren die ausgemergelten, vor Schmutz starrenden Männer in ihren Lumpen der Witterung schutzlos ausgesetzt. Hungrig und durchnäßt, starben sie zu Tausenden. Sie bekamen Durchfall, Ruhr, Typhus und Blutvergiftung. Abmagerung und Erschöpfung führten zu Lungenentzündungen und mangels medizinischer Hilfe zum Tod.

Zahlreiche Männer versanken im Schlamm oder ertranken in den Latrinen. Bis zu 230 sollen in einer Nacht mit Regengüssen in den verschütteten Erdlöchern erstickt sein. Sie wurden nicht ausgegraben, sondern das Erdreich über ihnen wurde mit Bulldozern eingeebnet. Jeden Morgen wurden die Toten des Vortags auf Handkarren abtransportiert und in

Massengräbern verscharrt. Die Gruben hierfür baggerten die Wachmannschaften außerhalb des Lagers in den Boden. Die Toten wurden von den Karren, mit denen sie herangefahren worden waren, namenlos hineingekippt. Sie gehören zu den Verschollenen des Krieges.

Zu den bedauernswertesten Insassen der Rheinwiesenlager gehörten die Verwundeten, die direkt aus den Wehrmachtlazaretten eingeliefert worden waren. Sie hatten außer ihren dünnen Krankenanzügen nichts bei sich. Ohne die Hilfe ihrer Kameraden waren sie dem Tod geweiht. Das Wetter machte ihnen mehr zu schaffen als ihren Kameraden, die wenigstens ihre Uniform behalten hatten. Geschwächt, wie sie nach den Operationen waren, wurden sie schnell ein Opfer der grassierenden Krankheiten, vor allem der Ruhr.

„In Bad Kreuznach werden wir aufgerufen und sollen bei den Ruhrkranken Ordnung machen. Wir kommen in eine Gegend, wo die kraftlosen Kranken sich auf dem Erdboden schwach bewegen. Überall liegt ihr Kot umher, beschmutztes Papier, Lumpen, Reste aller Art. […] Exkremente und eklig schmutzige Kleiderfetzen, verdrecktes Papier und was sich sonst noch findet, müssen wir mit bloßen Händen einsammeln und auf einen Haufen bringen. […] In ihrer Verzweiflung saufen die Leute das Dreckwasser. Zu den alten Krankheiten, die ja die meisten haben, und die jetzt wieder aufbrechen, kommen immer mehr Todesfälle durch Erschöpfung und nun immer mehr Diphtherie und Ruhr. Es gibt aber keinen Schutz vor Ansteckung. Den amerikanischen Sanitätsstellen, die irgendwo außerhalb des Lagers sind, wird berichtet, daß alle umkämen, wenn es so weiterginge. Die Antwort des verantwortlichen amerikanischen Arztes ist: ‚Ihr könnt uns keinen größeren Gefallen tun.'"[193]

In allen Lagern, die die Amerikaner für die deutschen Kriegsgefangenen eingerichtet hatten, gab es Gruppen von schwerkriegsbeschädigten Soldaten. Bei den meisten handelte es sich um Amputierte. Wie viele eingeliefert wurden, ist aus den meisten Lagern bekannt, weil sich das Rote Kreuz um die Armen kümmerte, aber nicht aus den Rheinwiesenlagern. In allen Lagern ging es ihnen besser als dort. In Flossenbürg waren es 300, in Babenhausen 600, in Nürnberg-Langwasser 983, in Dachau 120, in Bad Aibling 80, in Auerbach bei Pegnitz über 300, in Regensburg 260 und in Ludwigsburg/Kornwestheim 171. Nur die Zahl der in die Rheinwiesenlager gebrachten Schwerkriegsbeschädigten blieb im dunkeln. Sie wurden nicht gezählt.

„Man kann sich leicht ausmalen, wie es diesen armen Menschen erging. Schutz gegen den Regen? Essenempfang? Anstehen nach Wasser? Benutzung der Latrinen? Sie waren auf die Hilfe ihrer Kameraden angewiesen, die selbst sehr bald am Ende ihrer Kräfte waren. Da blieb manches Wort ungehört, manche Bitte unerfüllt, und die Gehunfähigen krochen wie Lurche durch den Schlamm oder bewegten sich auf kleinen Brettern fort, die sie sich um die Hände geschnürt hatten. Andere, mit einem Bein, hüpften, fielen hin, rappelten sich wieder hoch und erreichten völlig erschöpft das Ziel. Ihr Anblick war erbarmungswürdig. Da sie sich kaum waschen, ihre Uniform nicht reinigen, ihre Wäsche nicht wechseln konnten, sahen sie verkommen aus, und waren es doch nicht. Sie waren die Elendesten der Elenden."[194]

Bereits bei der Einlieferung spielten sich Szenen ab, die denen, die sie sahen, so gut in Erinnerung blieben, daß sie sie nach ihrer Entlassung um der Wahrheit willen zu Protokoll gaben.

„Es wurde eine Kolonne von Amputierten aus einem anderen Teillager zu uns herübergebracht. Sie konnten dem amerikanischen Offizier nicht schnell genug durch den dicken Dreck am Tor hindurch. Es gab einen Stau. Dem Offizier gingen die Nerven durch, und wütend stürzte er sich mit seiner Begleitmannschaft auf die Amputierten, die mit der blanken Waffe so geschlagen wurden, daß 16 Verwundete sich blutend am Boden wälzten."[195]

Über das amerikanische Kriegsgefangenenlager in Heidesheim im Landkreis Mainz-Bingen gibt es eine besondere Studie. Sie wurde 1997 von Frau Barbara Nietzel als wissenschaftliche Facharbeit geschrieben. Frau Nietzel bestätigte aufgrund von Zeugenaussagen und schriftlichen Dokumenten, daß sich die Zustände an diesem Ort nicht von denen der anderen Rheinwiesenlager unterschieden. Das Lager bestand nur kurze Zeit von Anfang April bis Anfang Juni 1945. Für 45.000 Mann eingerichtet, waren hier jedoch meistens über 65.000 Kriegsgefangene untergebracht. Nach den Unterlagen der Stadtverwaltung sollen „zeitweise bis zu 120.000 Mann" im Lager gewesen sein.[196] Wie überall lebten die Soldaten bei notdürftiger Verpflegung ohne Zelte und ohne irgendwelche anderen Unterkünfte auf dem freien Feld. Sie wurden von den Bewachern geschlagen und beschimpft. Als Anfang Mai eine Schlechtwetterperiode einsetzte, liefen die Gruben, die sich die Soldaten in die Erde gegraben hatten, voll mit Wasser. Die Verwundeten und Kranken blieben im Schlamm und in der Nässe liegen. Viele erstickten, wenn die Grubenwände nach den Regengüssen einbrachen. Auf Grund der Unterernährung waren die Soldaten viel zu schwach, um sich zu helfen. Wenn es regnete, waren sie zu müde, um das Wasser aus ihren Schlafgruben zu schöpfen. Wenn es kalt war, hatten nur die wenigsten die Kraft, auf und ab zu gehen, um sich zu erwärmen. Der Hunger war so unbeschreiblich, daß die Gefangene alles aßen, was eßbar erschien, zum Beispiel Gras, Laub, Rinde, Disteln und Insekten. Da es kein Trinkwasser gab, tranken die Soldaten das Regenwasser aus den Pfützen. Darmerkrankungen waren die Folge. Erst als Seuchen drohten, wurde mit einem Tankwagen Wasser aus dem Rhein geholt. Über die Anzahl der Toten gibt es keine Unterlagen.[197]

Die Behandlung der Kriegsgefangenen auf den Rheinwiesen rief nicht nur bei den Anwohnern, sondern auch bei den Geistlichen der benachbarten Orte Entsetzen hervor. Auf ihr Drängen besuchte am 6. Mai 1945 der Mainzer Bischof Albert Stohr das Lager Heidesheim. Er sprach mit dem Lagerkommandanten. Von seinem Lagerbesuch gibt es keine Aufzeichnungen. Stohr erreichte nichts. Die Verhältnisse änderten sich kurzfristig nicht.

Die Kriegsgefangenen der Rheinwiesenlager lebten abgeschnitten von der Außenwelt. Sie hatten keine Möglichkeit, ihren Familien mitzuteilen, wo sie sich befanden. Der Briefverkehr war untersagt. Die Ungewißheit über ihre Zukunft und das Schicksal ihrer Familien zerrte an den Nerven. Wenn es gelang, Kassiber mit Steinen über den Zaun nach draußen zu werden, war fraglich, ob sie gefunden und weitergeleitet würden. Von außen kamen überhaupt keine Nachrichten in die Lager. Die Postsperre bestand bis Ende 1945. Die Versuche des IKRK, den Gefangenen Kontakte nach Hause zu verschaffen, empfanden die Amerikaner als störende Einmischung. Sie gaben keine Listen mit den Namen der Gefangenen heraus. Ihr Hauptinteresse bestand darin, unter den deutschen Gefangenen sogenannte Kriegsverbrecher herauszufiltern. Nachdem die Verbrechen in den Konzentrationslagern bekannt geworden waren, machte man die Kriegsgefangenen wie alle Deutschen kollektiv für alles, was geschehen war, verantwortlich. Von der Propaganda in den USA beeinflußt, sahen die GIs in den Angehörigen der deutschen Streitkräfte Werkzeuge des nationalsozialistischen Systems. Im Siegesrausch war es für viele eine Genugtuung, diese Soldaten, heruntergekommen wie sie waren, die scheinbare eigene moralische Überlegenheit spüren zu lassen.

Mit der Bewachung der amerikanischen Rheinwiesenlager war die 106. US-Infanteriedivision beauftragt, die zu diesem Zweck auf 40.000 Mann aufgestockt worden war und zusätzliche Transporteinheiten erhalten hatte. Diese reichten jedoch nicht einmal zum Heranschaffen von Lebensmitteln aus. Mit der Lagerorganisation war die Division völlig überfordert, weshalb sie den inneren Betrieb, zum Beispiel die Verteilung der Lebensmittel, den deutschen Gefangenen überließ. Als Wachpersonal dienten neben amerikanischen Soldaten auch entlassene Fremdarbeiter, besonders viele Polen und Tschechen, die sich zu den Siegermächten gehörig fühlten. Als Lagerpolizisten wurden in einigen Fällen von den Amerikanern Häftlinge der ehemaligen Wehrmachtstrafanstalten eingesetzt, die ihre ehemaligen Kameraden noch mehr kujonierten als die Ausländer. Am verhaßtesten waren die Mitglieder der deutschen Lagerleitung, die – selbst wohlgenährt – mit dem, was sie beiseite schafften, auf Kosten der Hungernden Schwarzhandel trieben. Es verschwanden große Mengen an Lebensmitteln, was die Versorgungslage verschärfte und die Zahl der Diebstähle unter den Kameraden ansteigen ließ. Für viele war es eine ganz neue Erfahrung, zu erleben, wie brüchig die Kameradschaft, die sich fünf Kriegsjahre lang bewährt hatte, in der Not der Niederlage war.

Die Nachrichten über die Rheinwiesenlager schreckten das IKRK auf. Aber seine Delegierten durften die Lager nicht betreten. Die Hilfsgüter, die sie herantransportierten, konnten nicht verteilt werden, weil die Eisenbahnwagen, die sie brachten, auf Befehl Eisenhowers umdrehen mußten. Sich für diese Infamie zu entschuldigen, fand er auch als Präsident der USA von 1953 bis 1961 nicht nötig, obwohl er dann die deutschen Soldaten, die er ein Jahrzehnt früher dahinsiechen ließ, für die NATO brauchte und, um die deutsche Wiederbewaffnung durchzusetzen, vor schmeichlerischen Lügen nicht zurückschreckte.

Im Juli 1945, nach der Einteilung der Besatzungszonen in Deutschland, begannen die Amerikaner mit der Entlassung von politisch unverdächtigen Männern, die für den wirtschaftlichen Wiederaufbau in der amerikanischen Besatzungszone unabdingbar waren, zum Beispiel Bergleute und Bauern. Im September 1945 waren bereits Hunderttausende nach Hause entlassen.[198] Auch die Rheinwiesenlager leerten sich. Einige Lager wie Sinzig und Andernach wurden den Franzosen übergeben. Die dortigen Gefangenen kamen vom Regen in die Traufe. Die Verpflegung, die sich in den letzten Wochen gebessert hatte, wurde wieder unzureichend. Die neuen Bewacher, meistens ehemalige Partisanen, schikanierten die Männer mit ausgefeimten Methoden. Auf die Angehörigen der Waffen-SS hatten sie es besonders abgesehen. Sie wurden systematisch mißhandelt und gedemütigt. Als auch die Franzosen ihre Rheinwiesenlager auflösten, kamen die arbeitsfähigen Männer zur Zwangsarbeit nach Frankreich.

Die Amerikaner waren die einzige Siegermacht, die ihre Gefangenen möglichst schnell loswerden wollte. Die nicht Arbeitsfähigen schickten sie nach Hause, und die Arbeitsfähigen übergaben sie den Mitsiegern. Den Franzosen wurden 740.000 Mann überlassen, den Belgiern 300.000, den Niederländern 14.000 und den Briten 123.000.

Die Zahl der Toten in den Rheinwiesenlagern ist umstritten. Die USA sprechen von etwa 5.000, die deutschen Behörden von bis zu 10.000. Nach den Hochrechnungen des Kanadiers James Bacque sollen es sogar 750.000 gewesen sein. Der amerikanische Psychiater Arthur L. Smith wies diese hohen Zahlen als unbeweisbar zurück, stellt aber fest: „Das von Amerikanern verursachte Leiden und die oft zum Tode führende schlechte Behandlung sowie die allgemein menschenunwürdigen Zustände der deutschen Kriegsgefangenen in den Rheinlagern war ein Kriegsverbrechen." Dieses Verhalten sei in keiner Weise als Folge des Krieges erklärbar und deshalb „ein schändliches Kapitel" in der Geschichte der USA, das von der US-Regierung nie untersucht wurde."[199] Die Verantwortung für die Zustände in den Lagern und die hohe Sterblichkeit unter den Gefangenen trug der Oberkommandierende der amerikanischen Streitkräfte Dwight D. Eisenhower. Er war im Hauptquartier der Alliierten Expeditionsstreitkräfte als Deutschenhasser bekannt. Die Autoren Günter Bischof und Stephen Ambrose, die mit Eisenhower hart ins Gericht gingen, kamen bei ihren Schätzungen auf die Zahl von 56.000 toten deutschen Kriegsgefangenen in amerikanischem Gewahrsam bei einer Gesamtzahl von fünf Millionen. Die meisten kamen in den Rheinwiesenlagern um.[200]

Wo sie begraben sind, kann niemand mehr erfahren. Bis auf die 5.000 namentlich bekannten Toten, die in den Lagerfriedhöfen und benachbarten Gemeindefriedhöfen beigesetzt wurden, kümmerte sich in Deutschland keine offizielle Stelle um die Massengräber, die nach der Auflösung der Lager zurückblieben. Wenn die Bauern beim Ackern auf menschliche Knochen stießen, wurden diese auf dem nächsten Friedhof begraben. Von amtlicher Seite gab es keine Nachforschungen. Privaten Grabungsversuchen verweigerten die deutschen Behörden die Erlaubnis. Um wilde Grabungen zu verhindern, wurden die zum Kreis Bad Kreuznach gehörenden Rheinwiesenlager 1966 als Gedenkstätte ausgewiesen. Mit dem Argument, es handle sich um ein Kulturdenkmal aus vergangener Zeit, das „zur Förderung des geschichtlichen Bewußtseins" erhalten werden müsse, wurde die Erlaubnis für Probegrabungen an Orten, an denen Massengräber vermutet wurden, verweigert. Es hieß, die Rheinwiesenlager würden so behandelt wie die Schlachtfelder des Ersten Weltkriegs in den Vogesen und die Konzentrationslager des Dritten Reiches, an deren originärer Erhaltung als Kulturgüter ein öffentliches Interesse bestehe.

Das US-Lager bei Emmering (Fürstenfeldbruck)

Am 29. April 1945 errichteten die Amerikaner zwischen dem Flughafen Fürstenfeldbruck und der Gemeinde Emmering ein Kriegsgefangenenlager auf freiem Feld, in dem zwischen 40.000 und 70.000 deutsche Soldaten untergebracht wurden. Das Areal umfaßte 41 Hektar. Die Umzäunung bestand zunächst nur aus einem weißen Band, das zwischen den Panzern der Wachen an den Eckpunkten des Lagers gespannt war. In den ersten Maitagen fiel Schnee, und die Soldaten hatten weder Schutz noch Verpflegung. Vor Durst kratzten sie Eis und Reif von ihrer Kleidung. Am 7. Mai gab es erstmals Wasser. Die Bevölkerung durfte ihnen nicht helfen. Es war verboten, nachts aufzustehen oder ein Feuer anzuzünden. Auf Gefangene, die dagegen verstießen, wurde geschossen. Bis Mitte Mai starben täglich bis zu 300 Mann an Kälte, Hunger und Krankheiten. Bis November 1945 kamen wahrscheinlich mehr als 5.000 ums Leben. Die Lage besserte sich, als eine Abordnung des Internationalen Komitees vom Roten Kreuz das Lager besuchte und der Lagerkommandant, Major Strauss, ein Angehöriger der berüchtigten Regenbogen-Division, in die USA zurückbeordert wurde. Emigranten aus Deutschland, die sich unter dem US-Wachpersonal befanden, sollen sich gegenüber den Gefangenen besonders brutal verhalten haben. Ein Gefangener des Lagers Emmering war der spätere Kammersänger Rudolf Schock. Wie die Schauspieler Joe Stöckel und Josef Eichheim wurde er häufiger zur Unterhaltung der US-GIs in den Fliegerhorst Fürstenfeldbruck abgeholt. Sie brachten ihren Kameraden etwas von dem Überfluß mit, der dort herrschte. Das machte den anderen ihre Not nur bewußter.

Da das Gelände nach der Auflösung des Lagers für die landwirtschaftliche Nutzung unbrauchbar war, beschloß der Emmeringer Gemeinderat im Dezember 1945, es aufzuforsten. Am 1. Oktober 1989 ließ er einen von den ehemaligen Insassen gestifteten Stein als „Mahnmahl für den Frieden und zur Erinnerung an das Kriegsgefangenenlager“ aufstellen.

Das Kriegsgefangenenlager Helfta in Thüringen

Helfta ist ein uraltes Dorf im Mansfelder Land. Dort befand sich vom 13. April 1945 bis zum 23. Mai 1945 ein von den Amerikanern eingerichtetes Kriegsgefangenenlager für deutsche Soldaten. Es handelte sich um Wehrmachtangehörige, die in Thüringen auf der Flucht vor der Roten Armee die amerikanischen Linien erreicht hatten. In diesem Lager wurden 85.000 Menschen auf freiem Feld eingepfercht. Das Lagergelände war mit auseinandergezogenen Stacheldrahtrollen umzäunt, die dreifach übereinander und ineinander verflochten waren. An den Lagerecken und Längsseiten standen Kettenfahrzeuge mit großen Scheinwerfern und leichten Vierlingsgeschützen. Die Lichtkegel der Scheinwerfer beleuchteten das Gelände die ganze Nacht. Der Zutritt zum Lager wurde von Soldaten der Military Police bewacht. Sie waren mit Gummiknüppeln ausgerüstet. Sie sprachen von den Gefangenen nur als „Nazis“. Allen Gefangenen wurden bei der Einlieferung die Armbanduhren abgenommen. Vielen kamen auch die Erkennungsmarken abhanden, so daß ihr späterer Tod nicht registriert werden konnte. Das Lager war derart überfüllt, daß für eine Person nur ein Fleck übrigblieb, auf dem man gerade sitzen konnte. Die schlechtesten Plätze waren in unmittelbarer Nähe der Latrinen. Unter den Insassen befanden sich Männer und Kinder im Alter von acht bis 70 Jahren. Viele Jugendliche wurden mit HJ-Uniformen eingeliefert. Auch die Verwundeten und Operierten aus den Lazaretten der Umgebung wurden in das Lager verbracht und dort wie Kartoffelsäcke von den Lastwagen geworfen.

Der Lagerkommandant war ein deutscher Emigrant, der es auf die Quälerei der Insassen anlegte. Es gab tagelang keine Verpflegung. Jede Nacht starben Dutzende, die am Morgen von einem Arbeitskommando eingesammelt und in Massengräbern beigesetzt wurden. Als nach Tagen schließlich Konservendosen mit fettem Schweinefleisch aus deutschen Wehrmachtbeständen zur Verteilung kamen, konnten sich die Hungrigen nicht zurückhalten. Erbrechen und Durchfall waren die Folge. Es drohte Seuchengefahr. Die Wasserversorgung erfolgte mit einem Jauchewagen, der vorher nicht genug gereinigt worden war. Wer das Wasser trank, wurde krank.

In den ersten Maitagen weichten Regen und Schnee den Ackerboden knöcheltief auf. Die Gefangenen waren durchnäßt und froren. Kleinere Gruppen bildeten einen Kreis und hielten sich an den Schultern, um nicht hinzufallen. Den Beinamputierten war nicht zu helfen. Flüchtende, die es bis zum Zaun schafften, wurden am Stacheldraht erschossen.

Fast jeden Tag mußten neue Abortgruben ausgehoben werden, weil die alten voll waren. Da der verfügbare Raum so klein war, wurden die Neuankömmlinge auf die mit wenig Erde abgedeckten, aufgegebenen Latrinen verwiesen, aus denen oft noch Fäkalien quollen.

Es gab keinen Arzt im Lager. Den Sanitätern hatte man alle Instrumente und Medikamente abgenommen. Das Rote Kreuz schickte keine Hilfe, weil die Amerikaner das Lager verschwiegen. Zwischen 2.000 und 3.000 Kriegsgefangene kamen hier ums Leben.

Da Thüringen nach den interalliierten Festlegungen zur sowjetischen Besatzungszone gehören sollte, wurden die Gefangenen Ende Mai in Kriegsgefangenenlager in der amerikanischen Besatzungszone transportiert, die meisten in die Rheinwiesenlager.

Auf Grund der Berichte von acht Insassen wurde nach der Wiedervereinigung an der Stelle der Massengräber ein Denkmal zur Erinnerung an die Schreckenszeit der US-Besatzung errichtet.[201]

Die Zustände in den vielen anderen Lagern für deutsche Kriegsgefangene ähnelten sich. Die Berichte der Entlassenen sprechen von Schikanen, Mißhandlungen, Demütigungen durch die Amerikaner und Enttäuschungen über die große Zahl von Denunzianten unter den Kameraden. Der Bericht von Georg Jestadt, Jahrgang 1926, vom Panzerregiment der 12. SS-Panzerdivision, aus dem Lager Aigen am Inn im Landkreis Passau zeigt, daß die Angehörigen der Waffen-SS noch schlechter behandelt wurden als die Wehrmachtsoldaten.

„Hier in diesem erbärmlichen Camp sollten wir eine Stätte des Grauens erleben, welche sich nie mehr aus der Erinnerung auslöschen ließ. Neben sadistisch ausgesuchten Schikanen erwartete uns die schlimmste Hungerzeit hinter Stacheldraht. Für sehr viele wurde das hier ihre letzte Lebensstation. Es sollten unendlich lange Wochen des Vegetierens werden, über die man sich jetzt noch kein Bild machen konnte. Wer das mit dem letzten Atemzug überlebt hatte, sollte diese Zeit sein Leben lang nicht vergessen. Es kann sich niemand diese Zustände

vorstellen, der sie nicht selbst erlebt hat. Es war mit einem ausgehungerten, im Zwinger eingesperrten Hundedasein vergleichbar. Die Rationen im großen (Wehrmacht-) Lager, obwohl schon auf dem Minimumlimit, waren noch human gegen das, was man hier kriegte. Täglich kamen neue Gruppen herein, 200, 300 oder mehr Männer stark, die – bald eingepfercht unter freiem Himmel – so dicht auf dem Boden lagen, daß man auf den schmalen Pfaden zwischen den Liegenden und Sitzenden kaum durchlaufen konnte. Nicht nur Männer der Waffen-SS waren hier eingesperrt. Auch langgediente, dekorierte Soldaten verschiedener Truppenteile, Heeres- und Luftwaffenoffiziere, insbesondere Fallschirmjäger waren dabei. Ebenso sah man junge RAD-(Reichsarbeitsdienst) oder HJ-Burschen und vereinzelt Zivilisten, höhere Funktionäre, Beamte und Parteigrößen. Jetzt war klar, daß sie uns Soldaten zu den ‚Politischen' zählten. So wie sich jeder niederließ, bildeten sich mit den umliegenden Kameraden in kleinen Gruppen windige Nest-Gemeinschaften. Zwei Zeltplanen, ein Mantel, und ein paar Tarnblusen deckten als wackliger Schutz sieben Mann in der Reihe. Es mußte improvisiert werden, denn es gab weder Holzmaterial noch Pflöcke oder sonst etwas zum Befestigen. Hinter dem Kopf hatte man aus mit den Händen herausgerissenen Rasenstücken einen etwa 30 Zentimeter hohen ‚Schutzwall' um seinen Platz errichtet, die wenigen Sachen verteilt, und fertig war eine Behausung, unter der man bei jedem Wetter kampieren mußte."[202]

Niemand weiß, wie viele Angehörige der Wehrmacht und der Waffen-SS in den Lagern umkamen, die die Amerikaner für ihre Kriegsgefangenen einrichteten. Aber eines scheint festzustehen: Das Risiko, im Kampf gegen die amerikanischen Truppen während des Krieges zu fallen, war nicht größer als die Gefahr, nach dem Krieg in amerikanischer Gefangenschaft umzukommen.

Deutsche Kriegsgefangene in der UdSSR

Die Rote Armee machte mehr als drei Millionen deutsche Gefangene. 1,1 Millionen kehrten aus den Lagern nicht mehr zurück. Das ist fast ein Drittel aller von der Roten Armee gefangengenommenen deutschen Soldaten. Das Schicksal von mindestens 700.000 ist bis heute ungeklärt. Sie gelten als „verschollen" oder „vermißt". Etwa eine Million kam vor 1945 an der Ostfront in Gefangenschaft. Die Mehrzahl dieser Männer wurde ermordet, verhungerte, erfror oder starb an den Verwundungen, die sie vor der Gefangennahme erlitten hatten. Weitere zwei Millionen deutsche Soldaten gerieten 1945 in sowjetische Kriegsgefangenschaft. Von denen, die vor dem Kriegsende gefangengenommen wurden, kamen viele schon bei den Märschen in die Sammellager ums Leben. Wer nicht Schritt halten konnte, wurde von den Wachen erschossen oder blieb liegen und erfror, wenn es Winter war. Sie starben alle anonym, da die Registrierung erst im Sammellager erfolgte. Zu den nicht registrierten Toten gehörten die meisten Verwundeten. Diejenigen Soldaten, die am Ende des Krieges in Gefangenschaft gerieten, wurden von den Kriegsgefangenenlagern auf deutschem Boden mit der Bahn in die Arbeitslager der UdSSR gebracht. Die oft wochenlange Fahrt erfolgte in unbeheizten Güterwagen. In einem Waggon waren 40 bis 90 Mann zusammengepfercht. Essen gab es nur in unregelmäßigen Abständen. Hunger und Kälte rafften Tausende hin.

Gerhard Vetter berichtete von einem solchen Transport: „Nach einem Schrekkensmarsch von zirka 500 Kilometern kamen wir nach Focsani (Rumänien). Auf einem Güterbahnhof waren Transportzüge der Roten Armee abgestellt. Wir erhielten Waggons zugeteilt, in denen zuvor Pferde transportiert worden waren. Knöcheltief lag hier der Pferdemist und mußte von uns mit bloßen Händen oder irgendeinen am Boden umherliegenden Gegenstand ausgeräumt werden. In jedem Waggon kamen so viele Gefangene, daß es nicht für jeden eine Liegemöglichkeit gab. Meist konnten wir nur sitzen oder halb übereinander schlafen. Die Türen wurden von außen so zugenagelt, daß nur ein schmaler Spalt mit einem schrägen Brett zur Verrichtung der Notdurft zur Verfügung stand. Die kleinen Lüftungsfenster der Waggons waren offen, aber mit Stacheldraht vernagelt. Unter diesen Bedingungen begann eine Irrfahrt von 20 Tagen und Nächten. Verpflegung gab es kaum."[203]

Mit den deutschen Kriegsgefangenen als „Reparationsgut" wollte die Sowjetführung die Kriegsschäden beseitigen, die Industrialisierung des Landes vorantreiben und die Infrastruktur verbessern. Nirgendwo waren Millionen arbeitsfähige Männer so schnell zu akquirieren wie unter den deutschen Soldaten. Als Zwangsarbeiter blieben sie bis zu zehn Jahren eingesperrt. Keiner wußte, wann er entlassen würde. Aber die Hoffnung auf die Rückkehr nach Hause hielt sie aufrecht, unter schwersten Bedingungen körperliche Höchstleistungen zu erbringen, um die geforderten Arbeitsnormen zu erfüllen.

Die Arbeitslager für die Kriegsgefangenen lagen in allen Regionen der Sowjetunion. Sie wurden nur bis Ende 1945 von den Militärbehörden geleitet und dann dem Volkskommissariat für Innere Angelegenheiten übergeben, das auch die GULAG-Lager für zivile Häftlinge verwaltete. Mit dieser völkerrechtswidrigen Abschiebung aus dem Militärressort des Verteidigungskommissariats an das Polizeiressort des Innenkommissariats kamen die Kriegsgefangenen in die Gewalt des Geheimdienstes NKWD. Ende Mai 1945 gab es etwa 2.500 Lager für deutsche Kriegsgefangene auf sowjetischem Boden. Bis Ende des Jahres stieg die Zahl auf 3.000. Zu jedem Hauptlager gehörten mehrere Nebenlager. Die Lagerregion Wolga bestand zum Beispiel aus 18 Hauptlagern mit 135 Nebenlagern an 109 Standorten. Am schlimmsten traf es die, die zum Einsatz nach Sibirien kamen. Dort herrschte bis zu neun Monaten Winter. Die Temperaturen fielen bis auf minus 60 Grad. Wer hier starb, blieb vergessen. 5.000 Kilometer von der Heimat entfernt, wurden die Leichen im Schnee vergraben und im Frühling von den wilden Tieren gefressen.

Die Lager glichen Hochsicherheitstrakten. Die Gefangenen wurden bewacht wie Schwerverbrecher. Recht- und wehrlos waren sie der Willkür der Wachposten ausgesetzt. Es herrschte ein eisernes Regime. Schläge gehörten zur Tagesordnung.

An der Spitze jedes Lagers stand der sowjetische Leiter, der Natschalnik. Die meisten der Offiziere unter ihm waren Repräsentanten der Partei. Mit einem raffinierten Spitzelwesen erstickten sie selbst die kleinsten Unmutsregungen. Der deutsche Lagerälteste vertrat die Interessen der Gefangenen. Zusammen mit den Funktionsbeauftragten der Lagerorganisation bildete er eine privilegierte und verhaßte Gruppe.

Sechs bis zwanzig Männer teilten sich ein Barackenzimmer. Dort schliefen sie auf Stockbetten mit drei Etagen wie „Waren im Regal".

Aus dem Lager Tscherepowetz nördlich von Moskau berichtete I. Bittmann: „Als Unterkünfte dienten uns Baracken. Mehrere tausend Kameraden, auch anderer Nationen, waren bereits in diesem Lager gewesen. Die Schlafstellen bestanden aus blanken Brettern und mit Hobelspänen gefüllten Kopfteilen. Als Verpflegung gab es zweimal Suppe, 300 Gramm Brot und abends Tee. Zum Trinken bekamen wir wenig. Einige Kameraden hatten aus diesem Grund bereits aus Regenpfützen getrunken. Selbstverständlich wurden manche davon krank und kamen in unsere Krankenbaracke."

Aus dem Arbeitslager Nummer 158 berichtete er: „Die Baracken, in denen wir untergebracht wurden, waren schlecht, teilweise mit Lehm beworfen. Im Unterkunftsbunker bekam ich schließlich mein Quartier zugewiesen: Jeweils drei Liegepritschen übereinander, jede Pritsche für fünf Mann, zum Teil aus Rundholzstangen zusammengezimmert, war die Einrichtung. Der Platz auf der Pritsche war jedoch sehr beengt. Wegen der dünnen Suppe, die wir bekamen, waren wir gezwungen, öfter auszutreten. Wenn man dann von draußen zurückkam, blieb einem auf seiner Pritsche nur mehr der Platz am Fußende zum Liegen, denn die übrigen vier Mann hatten sich mittlerweile über den entstandenen Freiraum ausgestreckt."[204]

Die Bekleidung bestand anfangs aus abgetragenen Uniformen mit einer Garnitur Wäsche, die die Gefangenen wochenlang ungewaschen am Leibe hatten. Dann bekamen sie wattierte Jacken und Hosen. Die hygienischen Verhältnisse spotteten jeder Beschreibung. In manchen Lagern gab es für 1.000 Gefangene nur einen einzigen Wasserhahn. Die Versorgung der Kriegsgefangenen litt nicht nur unter bösem Willen und Korruption, sondern auch unter Schlamperei, Gleichgültigkeit, schlechten Verkehrsverhältnissen und den planwirtschaftlichen Mängeln bei der Güterverteilung. Am härtesten traf die Gefangenen der Hunger. Essen war das Thema Nummer eins aller Gespräche. Die tägliche Essenzuteilung war ein Ritual der Gerechtigkeit. Alle Barackenbewohner schauten zu, wenn das Brot bis auf die Krumen verteilt wurde. Der Hunger gestaltete das Gefangenendasein zu den schrecklichsten Jahren im Leben derer, die überlebten. Die Auswirkungen des Hungers auf die Gefangenen nannten die russischen Ärzte Dystrophie. Die Grade des körperlichen und geistigen Verfalls im Krankheitsverlauf gingen mit seelischen Depressionen Hand in Hand. Der Abmagerung folgte eine schnelle Gewichtszunahme. Die Hungernden wurden „wasserkrank". Am Morgen hatten sie plötzlich ein verquollenes Gesicht und konnten keine Schuhe mehr anziehen. Das Stadium der Entpersonalisierung begann, wenn die Gefangenen ihren eigenen Namen vergaßen und ihren ausgemergelten Körper nicht mehr erkannten, wenn sie ihn zufällig im Spiegel sahen. „Einmal passierte es, daß wir wieder zu einer Kommissionierung in einer langen Reihe hintereinander antraten. Als sich diese Reihe nackter Männer dann in einem Spiegel erblickte, fiel mir ein langer, besonders dürrer Mann auf; als ich mich umsah, um zu sehen, wer das war, drehte sich der Mann im Spiegel auch um; ich war es selbst."[205] Die Männer aßen alles, was Sie für eßbar hielten. Jeder wollte überleben. Der Tod war zwar ein Alltagserlebnis aller Kriegsgefangenen, der niemanden erschütterte, aber alle wollten ihm entgehen. Wenn es möglich war, wurden Todesfälle manchmal tagelang nicht gemeldet, weil die Überlebenden die Nahrungsrationen der Toten unter sich aufteilen wollten. Der Tod kündigte sich als ein apathisches Dahindösen mit grenzenlosem Schlafbedürfnis an.

„In wenigen Tagen sah ich die acht Kameraden, die mit mir in so einer Krankenstube lagen, hinauswandern in die russische Erde, fast jeden Tag überraschte der Tod einen. Wann wirst du an der Reihe sein? Das fragte ich mich oft. Meist kam er in der Frühe, und diese Angst, daß der Tod mich überraschte, ließ mich nicht mehr schlafen. So schlief ich erst ein, als ich um acht bis 8.30 Uhr die heiße Suppe gegessen hatte."[206]

Beliebt waren Außenkommandos außerhalb der Lager, denn da waren die Möglichkeiten größer, etwas Eßbares zu finden, wie Hans K. bestätigte: „Beim Heukommando haben wir Frösche gesucht, die wir komplett aufgegessen haben." Auch ein Igel und Sumpfvipern fielen dem Hunger zum Opfer. Wurde ein dürrer Hund gefangen, garantierte das eine Festmahlzeit. Beim Außendienst trafen die Gefangenen hin und wieder mit russischen Zivilisten zusammen. Da merkten sie, daß auch die Bevölkerung hungerte. Trotzdem konnte man dies und jenes tauschen.

Die Arbeitszeiten außerhalb der Lagerzone betrugen im allgemeinen acht Stunden, unter strenger Bewachung durch sowjetische Soldaten. Es handelte sich überwiegend um Akkordarbeit nach festgelegten Normen. Die Verpflegung richtete sich nach der vorgeschriebenen Arbeitsnorm. Wurde sie nicht erfüllt, sank die Ration. Das führte zu einer weiteren Schwächung, so daß die Arbeitsleistung weiter sank. Am Ende stand die Krankenstation, vielleicht sogar der Tod. Unzureichende Ernährung, Kälte und mangelhafte ärztliche Versorgung bei Fleckfieber, Ruhr und Lungenentzündung zusätzlich zur harten Arbeit beschleunigten das Sterben. Aus dem Lager Dubowka wurde berichtet: „Erschütternd war es für uns, wenn abends die Kommandos zurückkamen und auf selbstgebauten Liegen von Fichtenstämmchen Kameraden mitbrachten, die nur noch schwachen Pulsschlag hatten – und keinen stört es mehr. Wir stellten sie in einen Vorraum, wo sie bis zum anderen Morgen sanft gestorben waren." Die in der Nacht in den Baracken Verstorbenen wurden am Morgen herausgeholt, entkleidet, und mit einem um die Füße gewickelten Draht nackt in eine Lagerecke geschleift und übereinander geschichtet. Bei dem gefrorenen Boden war es nicht möglich, sie zu begraben.[207]

Die Ungewißheit über die Zukunft war für viele noch schlimmer als die Schinderei am Arbeitsplatz. Erst 1946 durften die Häftlinge Postkarten mit maximal 25 Wörtern nach Hause schreiben. Vorher gab es keinen Kontakt zu den Angehörigen. Um die Gefangenen bei Laune zu halten, wurden von der Lagerleitung immer wieder Gerüchte über baldige Entlassung aus der Kriegsgefangenschaft gestreut. Aber nach vielen Enttäuschungen schwand die Hoffnung, in die Heimat zurückzukehren. Dieses Gefühl hielten nicht alle Männer aus. Besonders zu Weihnachten wurde die Sehnsucht, insbesondere für Familienväter, unerträglich. Viele Gefangene verstümmelten sich, um nach Hause zu kommen. Sie wollten lieber als Krüppel zurückkehren als gar nicht.

Eine Flucht war sinnlos. „Natürlich hatte man den Gedanken", sagte Hans K., „aber Sibirien war wie ein großer Käfig. Bei den weiten Entfernungen war eine Flucht ohne Verpflegung und in dem geschwächten Zustand der Gefangenen nicht möglich." Zudem wurde der einheimischen Bevölkerung 150 Rubel Kopfgeld für jeden entflohenen Häftling versprochen. Unter diesen Bedingungen war keine Hilfe von den Zivilisten zu erwarten. Wer erwischt wurde, büßte mit harten Prügelstrafen und dem Entzug aller Vergünstigungen.

Das Internationale Rote Kreuz konnte nichts für die Gefangenen tun. Ihm war untersagt, die Lager zu besuchen. Während des Krieges gaben die sowjetischen Behörden nicht einmal die Namen der in ihrem Gewahrsam befindlichen deutschen Soldaten bekannt, so daß die Angehörigen über das Schicksal der Vermißten im Ungewissen blieben. Die erste Nachricht traf oft erst 1946 ein. Die Sowjetführung legte während des Krieges auch keinen Wert auf die Namenslisten russischer Kriegsgefangener, die ihnen von Deutschland angeboten wurden. Kriegsgefangene in deutschen Händen galten als Vaterlandsverräter. Von den Bestimmungen der Kriegsgefangenenkonvention wurde eigentlich nur die privilegierte Behandlung von Offizieren eingehalten. Alle anderen Vorschriften wurden ignoriert. Die sowjetische Frontpropaganda versprach zwar den deutschen Soldaten auf Flugblättern, daß sie in der Gefangenschaft gut behandelt würden und nach dem Krieg sofort nach Hause zurückkehren dürften, aber wer darauf baute, ging in eine Falle. Er konnte nicht wissen, wie gering im Widerspruch zu den Versprechungen seine Überlebenschance sein würde, wenn er einmal in russischen Händen war.

Nach Deutschland entlassen wurden die Kriegsgefangenen nach dem Grad ihrer Arbeitsunfähigkeit. Wer unheilbar krank war, hatte eine größere Chance als ein Gesunder. Aber es war riskant, darauf zu bauen. Die meisten Kranken ließ man im Lager sterben. Ein paar Tage nach der Einlieferung in die Krankenbaracke waren sie tot. 1949 wurden die überlebenden Lagerinsassen in der Regel wegen unterstellter Kriegsverbrechen zu zehn bis 25 Jahren Zwangsarbeit verurteilt, um sie im Land behalten zu können. Erst nach Interventionen der Bundesregierung kamen 1956 die letzten zurück.

Deutsche Soldaten in französischer Kriegsgefangenschaft

Bereits Ende 1944 gab es etwa 100.000 deutsche Soldaten, die in die Hände der Forces Françaises de l'Interieur gefallen waren, wie die Angehörigen der Résistance ab 1. Februar 1944 genannt wurden. Ihre Behandlung widersprach allen Normen des Kriegsvölkerrechts. Das Deutsche Rote Kreuz beschwerte sich in einem Schreiben an das IKRK: „Nachrichten, die dem Deutschen Roten Kreuz zugegangen sind, ergeben, daß deutsche Kriegsgefangene im französischen Gewahrsam in Frankreich ungenügend verpflegt, schlecht untergebracht, übermäßig zur Arbeit eingesetzt und auch ungenügend bekleidet sind. Sie sind Mißhandlungen ausgesetzt, viele auch getötet worden. Die im Genfer Kriegsgefangenenabkommen vorgesehenen Meldungen über Gefangennahme sind nicht gegeben, den Kriegsgefangenen ist bisher auch kein Nachrichtenverkehr mit der Heimat ermöglicht worden."[208]

Anfang 1945 von seinen Verbündeten gnadenhalber in den Kreis der Sieger- und Besatzungsmächte aufgenommen, entwickelte der neu konstituierte französische Staat unter der Führung von Charles de Gaulle einen großen Appetit auf deutsche Kriegsgefangene, die er sowohl zur symbolischen als auch zur ökonomischen Festigung des wiedererlangten Großmachtstatus benötigte, der zunächst kaum reale Substanz besaß. Bei der Beschaffung einer größeren Zahl deutscher „prisonniers de guerre" (PG) war Frankreich nach dem Krieg auf seine Verbündeten angewiesen, da die Franzosen bis zur bedingungslosen Kapitulation der Wehrmacht nur etwa 240.000 eigene Gefangene gemacht hatten. Die Wunschvorstellung lag bei 1,75 Millionen zur Arbeit geeigneten Männern. Zwischen Februar 1945 und dem Frühjahr 1946 wurden auf der Basis interalliierter

Mit dem Jahr 1942 beginnen die massiven Bombenangriffe der Alliierten auf die deutsche Zivilbevölkerung, die sich bis Kriegsende in Ausmaß und Intensität bis ins Extreme steigern sollten.

Oben: US-amerikanische Bomber vom Typ Consolidated B-24 „Liberator" über einer deutschen Stadt. Unten: Alarm bei einer schweren Batterie von 8,8 cm-Flak-Geschützen.

Links oben: Bei Nachtangriffen der britischen Royal Air Force fliegen den Bomberpulks sogenannte „Pfadfinder“ vom Typ de Havilland „Mosquito“ vorweg, um durch Abwerfen von Markierungsbomben, von den Deutschen „Christbäume“ genannt, das Zielgebiet zu beleuchten. Oben Mitte: Die Tagangriffe der US Air Force finden unter dem Schutz von Begleitjägern vom Typ North American P-51

„Mustang" statt. Oben rechts: US-Bomber vom Typ Boeing B-17 „Flying Fortress" beim Bombenabwurf. Unten: So wie Köln sehen 1945 alle deutschen Großstädte aus. Einzig der wunderbarerweise kaum beschädigte Kölner Dom ragt aus dem Trümmermeer der Häuser hervor.

Foto: National Archives

Foto: SV-Bilderdienst/S.M.

Oben links. Der US-Schriftsteller Ernest Hemingway (links im Bild) in wichtigtuerischer Pose. In Wahrheit besteht sein militärischer Beitrag am Sieg der Alliierten im Mord an deutschen Kriegsgefangenen. Oben rechts: Der US-General George W. Patton hat bereits als Befehlshaber der 7. US-Armee in Italien angeordnet, Soldaten der Waffen-SS bei Gefangennahme sofort zu erschießen. Unten: Der alliierte Oberkommandierende Dwight D. Eisenhower befiehlt am 4. Mai 1945, deutschen Soldaten den Status als Kriegsgefangene zu verweigern, um mit ihnen nach Gutdünken umspringen zu können.

Bei der Besetzung des KZ Dachau am 29.4.1945 durch Einheiten der 45. US-Infanteriedivision kommt es zu Massakern an den sich ergebenden Wachmannschaften. 122 von ihnen werden erschossen (unten). 20 werden, nachdem sie von einem Wachturm (rechts) herabgestiegen waren, an Ort und Stelle (oben) unter Beteiligung befreiter KZ-Insassen ermordet.

Alle Fotos dieser Seite: National Archives

Foto: SV-Bilderdienst

Unter dem Befehl des Generals Jean de Lattre de Tassigny (oben links) besetzen französische Truppen Südwestdeutschland. Dabei kommt es zu zahlreichen Kriegsverbrechen wie Plünderungen, Brandstiftungen, Vergewaltigungen und zur Ermordung von Kriegsgefangenen. Unten: General Jacques Leclerc mustert am 8. Mai 1945 in Bad Reichenhall französische Freiwillige der SS-Division „Charlemagne", die er danach einfach erschießen läßt. Rechts: An diesen Mord erinnert heute eine Gedenktafel.

Foto: Arthur Meyer

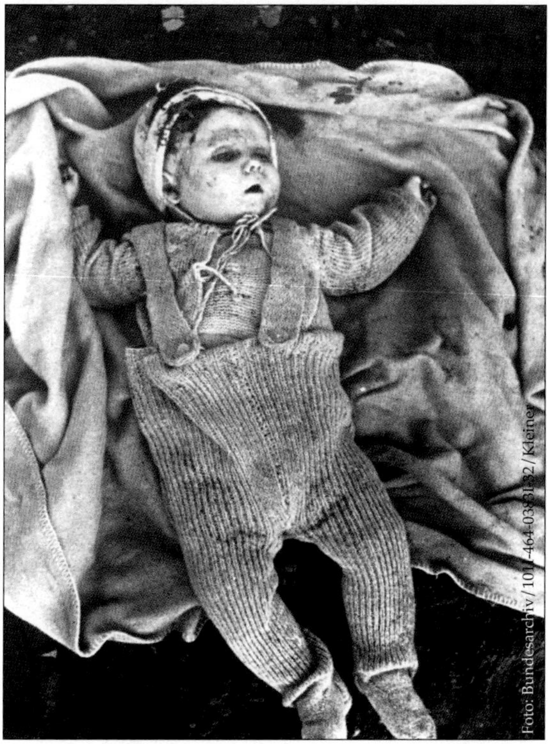

Mit dem Einmarsch der Roten Armee in Ostpreußen bricht das Grauen über diese deutsche Provinz herein. Angestiftet durch Mordhetzer wie den sowjetischen Schriftsteller Ilja Ehrenburg (oben rechts), begehen die Rotarmisten Greueltaten unvorstellbaren Ausmaßes. Sogar Säuglinge (oben links) werden nicht verschont. Das Ausmaß der Mordorgien erschreckt selbst Heinrich Graf von Einsiedel (unten, 2. v.l.), der als Leutnant bei Stalingrad in Gefangenschaft geraten war und sich dann den Stalin-Kollaborateuren vom Nationalkomitee Freies Deutschland angeschlossen hat.

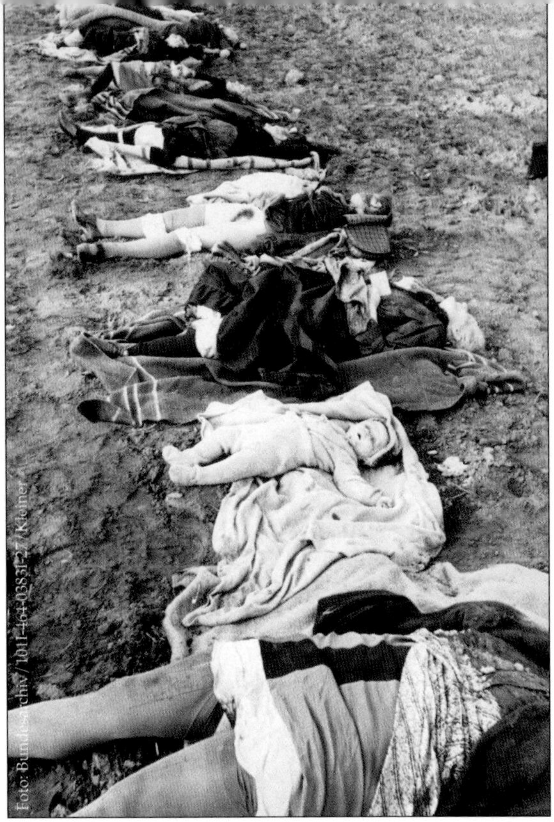

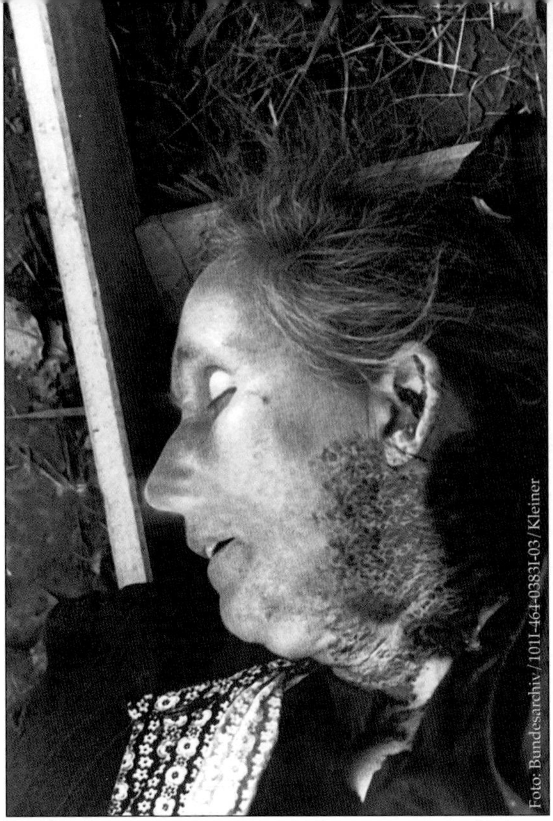

In jedem Ort, den die Rote Armee betritt, spielen sich die gleichen schrecklichen Szenen ab. Oben: Frauen und Mädchen jeden Alters werden vergewaltigt und dann getötet, Kinder und Männer erschlagen. Unten: Flüchtlingstrecks auf dem Weg nach Westen werden von den Sowjettruppen überrollt und geplündert. Selten genug gelingt es bei deutschen Gegenstößen, die russische Soldateska zurückzuschlagen.

Erreichen die Flüchtlinge die Hafenstädte an der Ostsee und gelangen sie an Bord der Rettungsschiffe, sind sie keineswegs in Sicherheit. Oben: Der KDF-Dampfer „Wilhelm Gustloff" wird am 30. Januar 1945 mit über 10.000 Menschen an Bord von einem sowjetischen U-Boot versenkt. Unten: Viele Flüchtlingsschiffe werden in Häfen des besetzten Dänemarks geleitet, wo die Menschen bis lange nach Kriegsende unter den Schikanen der dänischen Behörden in Lagern zubringen müssen.

Oben: Das übliche Bild: Gleich nach der Gefangennahme werden die deutschen Soldaten ausgeplündert. Unten: Im Anschluß geht es im Fußmarsch in schnell improvisierte Lager, in denen die US-Amerikaner Zehntausende auf der nackten Erde unter unmenschlichen Bedingungen

Beide Fotos: diese Seite: BPK Berlin

einpferchen (unten). Oben: Entgegen der Genfer Konvention werden Gefangene etwa in Frankreich, Holland und Dänemark zum Minenräumen eingesetzt, wobei viele den Tod finden.

Dem Vormarsch der Roten Armee in Ostdeutschland folgen die neuen polnischen Machthaber, die Zehntausende Deutsche in Folterlager sperren.

Oben: Das ehemalige deutsche Stalag VIII B bei Lamsdorf. Unten: Überall werden deutsche Opfer in Massengräbern verscharrt.

Foto: dpa/CTK

Oben: Besonders grausam gehen Tschechen gegen Deutsche vor. Wahllos ermorden sie Soldaten, vertreiben Zivilisten und rauben ihr Eigentum. Sogar Kinder – wie hier in Prag – müssen Zwangsarbeit leisten. Unten: In Todesmärschen wird die sudetendeutsche Bevölkerung aus dem Lande getrieben.

Foto: dpa/DB CTK

Foto: Bundesarchiv / F080294-0009 / Vollrath

Die Nachkriegszeit ist geprägt von Zerstörung, Obdachlosigkeit und allgegenwärtigem Hunger. Oben: Die Aufräumarbeiten beginnen sofort mit Kriegsende. Vielfach ersetzen Frauen und Mädchen die gefallenen oder kriegsgefangenen Männer. Unten: Jede freie Fläche zwischen den Ruinen wird zum Anbau von Gemüse verwendet. Die Jagd nach Eßbarem beherrscht das Leben. Selbst Abfälle werden

Foto: dpa / akg-images

durchwühlt (oben links). Die Lebensmittelrationen sind zum Überleben viel zu gering (unten: Kartoffelverteilung). Nur die Sieger verfügen über alles Lebensnotwendige im Überfluß: Ein deutsches „Frollein" mit ihrem amerikanischen Ernährer (oben rechts).

Oben: US-Generäle (rechts General Eisenhower) beim Durchstöbern eines deutschen Kunstdepots in einem Thüringer Bergwerk, wohin Kulturgüter zum Schutz vor Bombenangriffen ausgelagert worden waren.

Unten: Viele vor den Kriegseinwirkungen gerettete Gemälde, Archivalien, Partituren oder Manuskripte werden von alliierten Souvenirjägern gestohlen oder auf höchste staatliche Anordnung von den Siegermächten beschlagnahmt.

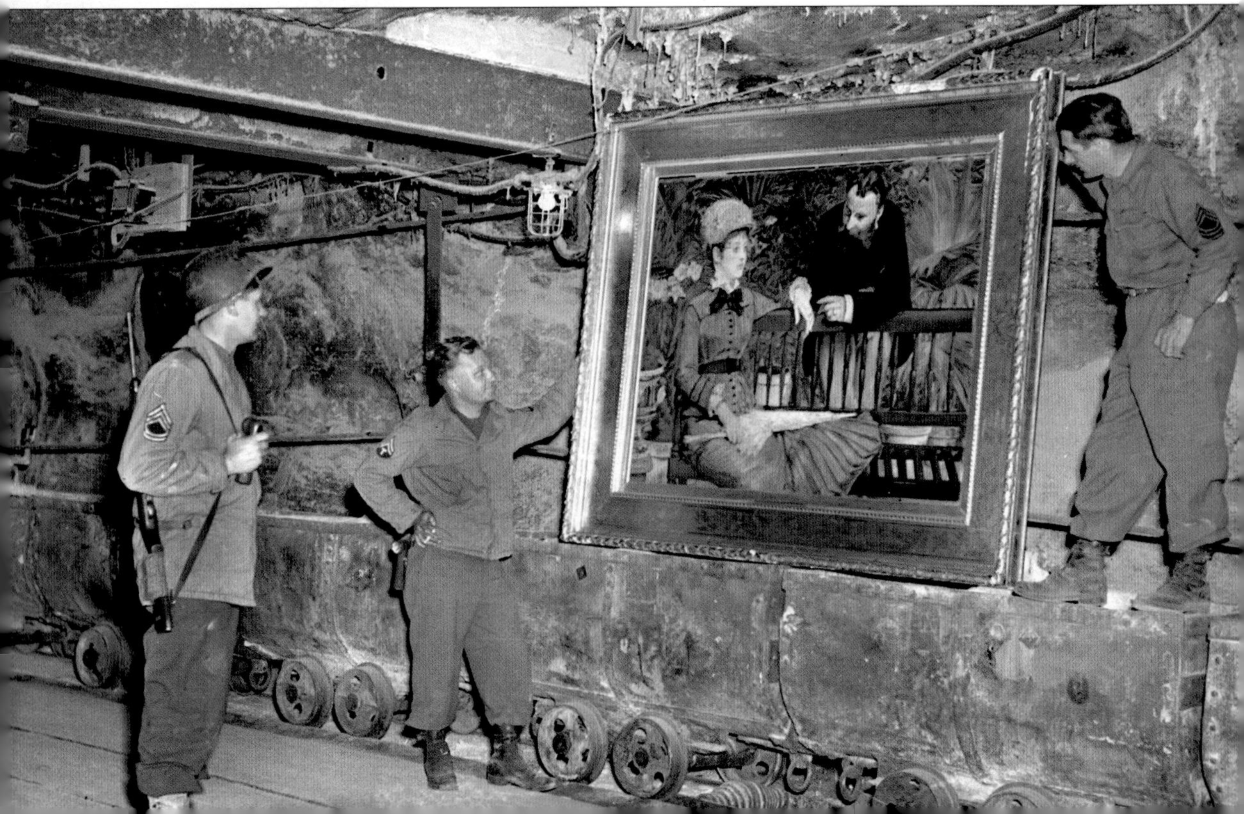

Abkommen in mehreren Kontingenten insgesamt etwa 740.000 Deutsche aus amerikanischem und 25.000 aus britischem in französischen Gewahrsam übergeben. 182.000 kamen aus den amerikanischen Rheinwiesenlagern, unter ihnen auch Frauen, Kranke und Verwundete. Gefordert worden waren aber nur arbeitsfähige Männer. Diesen Anspruch erfüllten am ehesten die 100.000 deutschen Soldaten aus Norwegen und die 55.000, die aus den USA repatriiert wurden. Da die Franzosen nicht in der Lage waren, die ihnen übergebenen Kriegsgefangenen zu ernähren und unterzubringen, nahmen die Amerikaner einen Großteil der in der französischen Obhut Erkrankten wieder zurück und sorgten für eine „Nachlieferung".[209]

Das Hin- und Herschieben von Kriegsgefangenen zwischen den Westalliierten war ebenso ein Völkerrechtsverstoß wie der Einsatz zu harter Arbeit unter miserablen Lebensbedingungen in den französischen Lagern. Immerhin stellten die Franzosen dem IKRK frei, die Lager zu besuchen und mit den Deutschen zu sprechen.

Insgesamt gingen gut eine Million deutsche Soldaten durch französische Gefangenenlager. Im Herbst 1945 sorgte die aus politischen Gründen erfolgte Entlassung der Gefangenen österreichischer Herkunft dafür, daß sich die Zahl auf 870.000 PGs verringerte. Auch die 80.000 Flüchtigen, die nach Deutschland entkamen, und die zahlreichen Todesfälle mußten abgezogen werden.

Unmittelbar nach der deutschen Kapitulation hatten es die Kriegsgefangenen am schwersten. In elenden Sammellagern ohne Infrastruktur untergebracht, wurden sie von den Bewachern, meistens ehemaligen Partisanen, gedemütigt, schikaniert und ausgeraubt. Die Gefangenen hausten in Kasernen, Schulen, Baracken, Fabrikhallen, Scheunen, Ställen, Kasematten, Wellblechhütten oder Höhlen. An den meisten Orten herrschten fürchterliche Zustände, weil es keine Betten und kein Stroh, keine Waschgelegenheiten und keine sanitären Anlagen gab, weil jede ärztliche Hilfe fehlte und die Soldaten nichts zu essen bekamen. Eine unbekannte Anzahl verhungerte, erfror oder starb an Infektionen. Frankreich konnte nicht einmal die eigene Bevölkerung ausreichend mit Lebensmitteln versorgen und ließ die Gefangenen hintanstehen. In den Rheinwiesenlagern, die die Franzosen von den Amerikanern übernahmen, weil sie in ihrer Besatzungszone lagen, verschlechterte sich die ohnehin schlimme Lage, auch weil die Amerikaner die Lazaretteinrichtungen mitnahmen und die Versorgung zusammenbrach.[210]

Eine zentrale Gefangenenverwaltung war erst im Entstehen. Deren Einfluß auf das Schicksal der meisten PGs blieb aber begrenzt, da nur ein kleiner Teil von ihnen in den 120 Dépôts untergebracht wurden, die zentral verwaltet wurden. Die meisten Soldaten wurden als Zwangsarbeiter an Bauern und private Unternehmer ausgeliehen, die auch für ihre Verpflegung, Unterbringung und Bewachung zuständig waren und dabei nicht selten recht willkürlich verfuhren. Der unzureichenden Bekleidung konnten sie meistens nicht abhelfen, weil sie selbst nichts hatten. Die Kriegsgefangenen gingen in Holzschuhen zur Arbeit, und viele mußten barfuß laufen, da man ihnen bei der Gefangennahme die Schuhe abgenommen hatte.[211]

Die elenden Lebensverhältnisse und die hohe Sterberate der deutschen Kriegsgefangenen in Frankreich waren, anders als bei den Amerikanern, nicht nur das Ergebnis von Vergeltung oder politischer Umerziehung, sondern auch die Folge der elenden wirtschaftlichen Situation, in der sich das Land befand. In einer Zeit, in der auch die französische Zivilbevölkerung mit relativ knappen Lebensmittelrationen auskommen mußte, standen die PGs am Ende der Nahrungskette. 1945 lagen die Rationen weit unter dem Existenzminimum. Im Spätsommer 1945 war durch die Transfers aus den US-Lagern die Zahl der Gefangenen enorm schnell gestiegen. Bei der Versorgung solcher Massen stieß das Land an seine Grenzen. Was die Gefangenen in den Lagern zu essen bekamen, reichte nur zum Sterben: morgens ein Viertelliter schwarze Brühe, im Laufe des Tages ein halber Liter heißes Wasser mit einigen undefinierbaren Brocken und nur einmal in der Woche Nudeln. In Erquy gab es wochenlang nur verfaulte Kartoffeln und Wassersuppe. In Châteauroux bekamen sie zum Trinken und Waschen jeden zweiten Tag einen Viertelliter Wasser.[212] Oft betrug die tägliche Verpflegungszuteilung nur 900 Kilokalorien. In den Berichten des IKRK kann man Erschreckendes lesen: „Unvermutet angestoßen, fallen die Männer sofort hin, weil die Beinmuskulatur zu schwach ist, dem Körper Halt zu geben.“ Bei den täglichen Zählungen fielen laufend Leute vor Entkräftung zu Boden. Viele wurden vor Hunger irrsinnig. Sie kamen in besondere Krankenanstalten, wo sie ihr Leben aushauchten. Eine Delegation der Internationale vom Roten Kreuz im Lager Thorée-les-Pins erlebte im Spätsommer 1945, daß dort jeden Tag zwanzig Gefangene starben und 6.000 in einem derart schlechten Zustand waren, daß sie in Kürze tot sein würden. Der Delegationsleiter schrieb: „Die Situation der deutschen Kriegsgefangenen in Frankreich ist jetzt verzweifelt und wird in Kürze zu einem Skandal führen." In vielen Fällen sei sie schlimmer als die der Häftlinge in den deutschen Konzentrationslagern. 200.000 Männer würden den Winter nicht überleben, wenn nicht geholfen werde, schrieb er.[213] Erst im November 1945 stieg die Lebensmittelzuteilung offiziell auf 1.695 Kalorien, weil die Amerikaner und das IKRK 336 Kalorien beisteuerten. Mit amerikanischen Lastwagen verteilten die Delegierten des IKRK Lebensmittel aus den amerikanischen Zentrallagern, insgesamt 1.700 Tonnen.[214]

Das IKRK, dem bei den Lagerbesuchen keine Hindernisse in den Weg gelegt wurden, bemängelte neben der Lebensmittelversorgung vor allem die Bekleidung der Gefangenen. Die meisten Männer hatten nichts anderes anzuziehen als die Fetzen ihrer Uniform. Alle Kleidungsstücke, die sie durch die häufigen Filzungen gerettet hatten, waren zerschlissen. Die Situation war so schlimm, daß die Franzosen angesichts des nahenden Winters im Oktober 1945 die Zivilbevölkerung ihrer Besatzungszone zu Kleiderspenden für die deutschen Kriegsgefangenen in Frankreich aufriefen. Viele ehemalige Soldaten verdankten es ihren Landsleuten, daß sie den Winter 1945/46 überstanden.

In der ersten Zeit sahen sich die deutschen Soldaten zudem mit dem ungezügelten Haß der Bevölkerung konfrontiert. Das änderte sich mit der Heimkehr der zuvor in Deutschland kriegsgefangenen Franzosen. Diese machten publik, daß es ihnen in Deutschland gut gegangen war. Wenn sie als Verwalter oder Wächter in den Lagern eingesetzt wurden, brachten sie den deutschen prisonniers de guerre mehr Verständnis entgegen als jene Franzosen, die durch Übergriffe auf die deutschen Gefangenen ihrer Partisanenmentalität freien Lauf ließen oder ihre Vergangenheit als Vichy-treue Kollaborateure vergessen machen wollten.

Die Kriegsgefangenen wurden als Zwangsarbeiter in allen Bereichen verwendet, für die es an Personal fehlte: 40 Prozent in der Landwirtschaft, 20 Prozent im Bergbau und jeweils zehn Prozent im Straßenbau und bei der Minenräumung. Am kräftezehrendsten war die Tätigkeit unter Tage. Die Gefangenen mußten arbeiten, bis sie zusammenbrachen, oft zwei Schichten hintereinander. Da die französischen Aufseher an der Schichtleistung beteiligt waren, trieben sie die Männer mit Beschimpfungen und Flüchen an, bis sie vor Erschöpfung zusammenbrachen.

Herbert Liede berichtete der wissenschaftlichen Kommission, die die Erfahrungsberichte der deutschen Kriegsgefangenen aufzeichnete, von seiner Arbeit in einer Grube bei Arras: Er fuhr müde in den Schacht ein und war kaputt, wenn die neun Stunden vorbei waren. Einige Franzosen sprachen gebrochen Deutsch, zumindest kannten sie die schlimmsten Schimpfwörter. Die Nahrung reichte gerade aus, um einen Mann, der nichts tut, am Leben zu erhalten, aber nicht einen Schwerarbeiter. Liede zehrte von seinen Reserven. Schließlich wog er nur noch 53 Kilogramm. Die Arbeitsleistung ließ nach. Einer der Aufseher stand eines Tages plötzlich hinter ihm: „Mach schnell, du faules Schwein, du bist nicht zum Schlafen hier." Erschöpft schlug Liede den Hammer an die Wand aus harter Kohle. Der Aufseher ließ ihn nicht mehr aus den Augen, nicht während der ganzen Schicht und auch nicht in den nächsten Tagen. Liede wurde krank. Der französische Arzt erlaubte ihm, drei Tage im Lager zu bleiben. Dann fuhr Liede wieder ein und traf erneut auf den Schinder. Wieder wurde er beschimpft. Mit letzter Kraft brachte er die Schicht hinter sich. Endlich Feierabend für alle. Der Aufseher trat ihm jedoch in den Weg und sagte: „Du bleibst noch unten. Doppelschicht! Du hast ja drei Tage nichts getan." Der Gefangene wollte sich den Schweiß von der Stirn wischen und machte eine Bewegung, die der Franzose als Ansatz zu einem Schlag verstand. Mit der Faust schlug er Liede auf den Kopf. Dieser stürzt. Der Aufseher trat nach ihm, einmal, zweimal. Liede spürte heftige Schmerzen am Kopf und im Rücken. Er hob sich auf die Knie. Noch ein Tritt, der ihn beinahe umwirft. Dann stand er, den schweren Grubenhammer in den Fäusten, auf wackeligen Beinen. Er ging wortlos an die Arbeit. Der Aufseher entfernte sich. Als er Liede den Rücken zuwandte, hob dieser, noch vom Schmerz gepeinigt, im Gefühl tiefster Demütigung den Hammer und ließ ihn auf seinen linken Fuß fallen. Die Knöchel knirschten, Blut lief aus den Schuhen. Liede schrie um Hilfe. Er wurde ans Tageslicht ins Lazarett gefahren. Der vordere Teil des Fußes mußte amputiert werden. Nach seiner Genesung wurde Liede nach Deutschland entlassen.[215]

40.000 Männer wurden völkerrechtswidrig zum Minenräumen eingesetzt, von denen, von Ort zu Ort verschieden, zwischen zehn und fünfzig Prozent ums Leben kamen, weil sie dafür nicht ausgebildet waren und nur eine kurze Einführung vor Ort erhielten. Es fehlte an Minenspürgeräten. In Zehnerketten, mit einem Meter Abstand voneinander, mußten die Männer, ausgerüstet mit einem Holz- oder Eisenstab, den Boden abtasten, bis sie auf Eisen stießen. Kniend wurden dann die gefundenen Minen mit den Händen ausgegraben. Oft hatten sie nicht einmal Stangen, sondern mußten die Minenfelder mit der Hand abtasten. Wenn eine Mine explodierte, war der Betroffene tot oder blieb mit abgerissenen Beinen liegen, abhängig vom Fabrikat der Mine, auf die er gestoßen war. Auch die Nebenmänner wurden von Splittern getroffen, wenn sie sich zu spät zu Boden warfen. Das IKRK protestierte vergeblich. Die französischen Militärs argumentierten, daß es auf französischem Boden, vor allem an der Mittelmeer-, Atlantik- und Kanalküste zehn Millionen Minen gebe und daß es rechtens sei, sie von denen beseitigen zu lassen, die sie gelegt hätten, nämlich den deutschen Soldaten. Manche Minenfelder waren mehrere Kilometer breit und tausend Meter tief. Das Versprechen, daß die Männer bevorzugt nach Hause entlassen werden würden, die besonders viele Minen entschärften, machte viele leichtsinnig. Die Zusage wurde in keinem einzigen Fall eingehalten.[216] Hunderte begingen aus Angst und Verzweiflung Selbstverstümmelung. Auch Selbstmorde kamen vor.

Etwa 10.000 Angehörige der Wehrmacht und der Waffen SS traten in die Fremdenlegion ein, um der Zwangsarbeit, der Gefährdung ihres Lebens oder irgendwelchen Strafen zu entgehen.[217] Kriegsgefangene, die in die Schweiz flohen, wurden entgegen der internationalen Festlegung, daß Kriegsgefangene, die ein neutrales Land erreichten, in die Heimat zu entlassen seien, von der Schweizer Grenzpolizei zurückgeschickt. Erst auf Grund der Beschlüsse der Moskauer Außenministerkonferenz vom 11. März 1947 begannen die Franzosen mit der Entlassung der Kriegsgefangenen. Bis Ende 1948 waren alle frei, jedoch nur auf Druck der USA und unter Zurückbehaltung von etwa 1.000 Männern, denen Kriegsverbrechen vorgeworfen wurden.[218]

Es gibt keine verläßlichen Angaben darüber, wie viele Kriegsgefangene im französischen Gewahrsam starben. Die einschlägigen Aktenbestände sind bis heute nicht zugänglich. Gemäß dem Abschlußbericht der französischen Kriegsgefangenenverwaltung aus dem Jahr 1948 sollen insgesamt 21.866 deutsche PGs verstorben sein, die meisten davon im Jahre 1945. Kritische französische Autoren gehen indes von bis zu 70.000 Toten aus. 167.000 Personen verschwanden auf französischem Boden nach dem Krieg aus der Statistik, als hätten sie nie gelebt. Der offizielle Wortlaut hieß: „perdus par des raisons divers“ (verlorengegangen, ohne daß der Grund bekannt ist). Unter Einbeziehung dieser Zahl sind nach den Berechnungen des kanadischen Journalisten James Bacque bis zu 314.241 deutsche Kriegsgefangene umgekommen. Die Zeitung „Le Monde“ fand heraus, daß bis Dezember 1945 17.000 deutsche Soldaten in französischen Lagern starben.[219] 8.406 lagen in den letzten drei Monaten des Jahres 1945 in den Hospitälern, die meisten wegen Unterernährung.[220]

Minenräumkommandos in Dänemark

Dänemark war seit dem 9. April 1940 von deutschen Truppen besetzt. Am 4. Mai 1945 kapitulierten im Hauptquartier des britischen Oberbefehlshabers der alliierten 21. Heeresgruppe, Feldmarschall Bernard L. Montgomery, bei Lüneburg die deutschen Truppen im Nordwest-Raum, in den Niederlanden und in Dänemark, wo sich nach den Rückzügen aus Norwegen etwa 250.000 Mann aufhielten. Eine der Kapitulationsbedingungen war, daß die deutschen Soldaten so schnell wie möglich das Land verlassen sollten. Außer den Handfeuerwaffen hatten sie alles Gerät zurückzulassen. Am 6. Mai 1945 begann der geordnete Rückzug zur dänisch-deutschen Grenze. Nachdem die Wehrmacht am 8. Mai 1945 bedingungslos kapituliert hatte, wurde der Abmarsch der Deutschen gestoppt. Der englische Major Fisher ordnete im Einvernehmen mit drei dänischen Offizieren im deutschen Hauptquartier in Silkeborg an, daß alle Pioniertruppen zurückgehalten und daß die Pioniere, die bereits die Grenze überschritten hatten, zurückgeholt werden sollten für eine Aufgabe, die im Gegensatz zur Artikel 32 der Genfer Konvention von 1929 stand: Die deutschen Kriegsgefangenen sollten die Minen an der jütländischen Westküste räumen, die beim Bau des Atlantikwalls gelegt worden waren. Der deutsche Oberbefehlshaber, Generaloberst Georg Lindemann, protestierte gegen diesen Bruch des Völkerrechts. Aber er wurde von den Siegern persönlich dafür verantwortlich gemacht, daß die Minen von deutschen Soldaten unter dem Befehl von deutschen Offizieren beseitigt würden. Es handelte sich um 1,5 bis 2 Millionen Personen- und Panzerminen.

Am 10. Mai 1945 begannen die deutschen Kriegsgefangenen mit der Arbeit. Sie endete am 1. Oktober 1945. Unter den 2.000 deutschen Kriegsgefangenen, die an den Aufräumungsarbeiten beteiligt waren, wurden bis zum 1. September 1945 179 Tote und 165 Schwerverwundete registriert. Nach der Beendigung der Arbeiten einen Monat später gab ein deutscher Berichterstatter die Verluste mit 250 Toten und 250 Schwerverletzten an.

Die Kriegsgefangenen arbeiteten unter der Aufsicht dänischer Offiziere und Polizeisoldaten unter kümmerlichen Bedingungen. Viele von ihnen hatten noch nie eine Mine gesehen, weil sie als Pioniere andere Aufgaben gehabt hatten, für die sie speziell ausgebildet worden waren. Es gab keine Minenspürgeräte. Ohne Einweisung wurden die Soldaten zu

Fuß über die Minenfelder geschickt. Wer eine Mine übersah, wurde in Stücke gerissen. Die klimatischen Bedingungen erschwerten die Arbeit. Obwohl für 90 Prozent der Minen Lagekarten vorhanden waren, machten Sandverschiebungen und Versumpfungen viele Einzeichnungen unbrauchbar, so daß die Minen nicht sicher lokalisiert werden konnten. Auch die Lebensbedingungen der Kriegsgefangenen entsprachen nicht der Genfer Konvention: Sie bekamen nicht die Nahrungsrationen, die ihnen zustanden, obwohl sie in dem einzigen europäischen Land waren, wo „Milch und Honig" flossen. Die Bekleidung war unzureichend und nicht der Witterung angepaßt. Die Arbeiter kamen am Abend durchnäßt und durchfroren in die Unterkünfte zurück. Tabak und Seife fehlten. Die Baracken waren kalt und zugig. Das Heizmaterial bestand aus schlechtem Torf. Die meisten Soldaten trockneten die Kleider bei Nacht am Leib.

Bei der Beseitigung der Minen von Mai bis Oktober 1945 starben in Dänemark genauso viele deutsche Soldaten wie während der Besetzung des Landes in fünf Jahren.

Deutsche Kriegsgefangene in Belgien

Belgien benötigte Arbeitskräfte für die Kohlengruben, nachdem im September 1944 23.000 ausländische Bergleute das Land verlassen hatten, die von den Deutschen eingesetzt worden waren, und die tägliche Kohlenförderung bei einem Bedarf von 60.000 Tonnen auf 7.000 Tonnen abgesunken war. Bis Oktober 1945 überließen die Briten den Belgiern 16.000 deutsche Kriegsgefangene, die für den Bergbau geeignet erschienen. Im August 1945 übernahmen die Belgier 30.000 deutsche Kriegsgefangene von den Amerikanern und im November 1945 15.000 von den Briten. Ende des Jahres befanden sich insgesamt 64.000 deutsche Soldaten im Bergbaueinsatz. Die Bergleute arbeiteten in drei Schichten. Da die Männer ohne ärztliche Untersuchung in die Kohlengruben geschickt wurden, gab es zahlreiche Ausfälle. Nach der Überprüfung der Grubentauglichkeit durch belgische Ärzte mußten viele Kriegsgefangene anderen Verwendungen zugeführt werden, zum Beispiel in der Landwirtschaft. 1.560 ehemalige Wehrmachtsoldaten kamen zur Minenräumung (déminage). Sie galten nicht als Kriegsgefangene, sondern als „Entwaffnete", weil ihr gefährlicher Einsatz nicht mit der Genfer Kriegsgefangenenkonvention zu vereinbaren war.[221] 27 von ihnen kamen bei dieser gefährlichen Arbeit ums Leben, zahlreiche andere wurden zum Teil schwer verletzt.[222]

In den Kriegsgefangenenlagern bei den Gruben wohnten die Männer wochenlang in Zelten, bis die Baracken für sie fertig waren. Die sanitären Verhältnisse waren anfangs ebenso mangelhaft wie die Verpflegung, die für die Schwerarbeit unter Tage nicht ausreichte. Das IKRK brachte zahlreiche Beanstandungen vor, vor allem was die Bekleidung betraf. Vielen Soldaten waren bei den wiederholten Filzungen einzelne Wehrmachtkleidungsstücke weggenommen worden, oder sie waren verschlissen. Es fehlte vor allem an Unterwäsche und Schuhen. Erst ab November 1945 gab es einen eingeschränkten Postverkehr zu den Angehörigen in Deutschland. Bis dahin galten die Gefangenen für ihre Familien als verschollen.

Da die in Belgien arbeitenden deutschen Soldaten – mit Ausnahme der Minenräumkommandos – als Kriegsgefangene angesehen wurden, sorgte das IKRK für eine Behandlung entsprechend der Genfer Konvention. Alle Lager wurden von den Delegierten des IKRK überprüft. Die belgischen Behörden stellten die Mängel im Laufe der Zeit ab, so gut es ging.

Die Ressentiments in der Bevölkerung gegen alles Deutsche führten in den Lagern und am Arbeitsplatz zu Übergriffen, Machtmißbrauch und Brutalitäten. Auf dem Weg zum Arbeitsplatz waren die Kriegsgefangenen öfters Beschimpfungen durch Zivilisten ausgesetzt. Nach dem Kriegsgefangenenrecht hätte das verhindert werden müssen. In mehreren Lagern kam es zu Krisen. Die Gefangenen legten die Arbeit nieder und streikten wegen der unzureichenden Ernährung und der schlechten Arbeitsbedingungen unter Tage. Die Belgier beachteten nicht, daß Unteroffiziere nur zu „Aufsichtsarbeiten“ eingesetzt werden durften und nicht als Bergarbeiter wie die Mannschaften.[223] Kleine Mißhelligkeiten führten gelegentlich zu größeren Aktionen des passiven Widerstands.

Arbeitseinsatz der Kriegsgefangenen in den Niederlanden

Am 4. Mai 1945 unterzeichnete Generaladmiral Hans-Georg von Friedeburg, der letzte Oberbefehlshaber der deutschen Kriegsmarine, die Kapitulationsurkunde für alle deutschen Streitkräfte in Nordwestdeutschland, den Niederlanden und Dänemark sowie den Nordseeinseln. Zu dieser Zeit standen in der sogenannten Festung Holland 150.000 deutsche

Soldaten unter dem Oberbefehl des Generalobersten Johannes Blaskowitz. Feldmarschall Montgomery, der Oberbefehlshaber der britischen 21. Heeresgruppe, wies den deutschen Truppen Ostfriesland als Sammelraum zu.

3.400 Soldaten der Pioniertruppe und 3.000 Soldaten der Kriegsmarine wurden den Niederländern zur Minenräumung und Desarmierung der Seefestungen überlassen. Die ehemaligen Wehrmachtpioniere der Pionierbrigade Draeger arbeiteten im Raum Bergen op Zoom. Die Marine-Einheiten des Kapitäns zur See Heinz Bonatz waren in Ijmuiden stationiert.[224] Beide Einheiten blieben als Regimenter in der ursprünglichen Organisationsform erhalten und konnten sich selbst verwalten. Sie hatten eigene Fahrzeuge und Bewegungsfreiheit, zum Beispiel auch Zugang zu den erhaltenen Wehrmachtdepots. Nur die Aufträge kamen vom niederländischen Mijn Opruimingsdienst in Breda. Die Arbeiten wurden erleichtert, weil es sich überwiegend um pioniertechnische Fachleute handelte und weil fast alle Pläne über die von der Wehrmacht gelegten Minensperren und Befestigungsbauten zur Verfügung standen. Auch die erforderlichen Spür- und Suchgeräte waren vorhanden. Kanadische Truppen hatten sie nach der Kapitulation zur Verfügung gestellt. Da es mindestens 20 verschiedene Typen von Landminen und Zündern gab, war die Suche auch für geschulte Pioniere nicht ungefährlich. Als die Brigade Draeger im Oktober 1946 abzog, hatte sie 210 Tote und 460 Verletzte zu beklagen.[225] Ende 1945 stieß ein Bataillon unter Hauptmann Kaschka zur Brigade. Es bestand aus zusammengewürfelten ehemaligen Soldaten aller Wehrmachtteile. Aufgabe war die Beseitigung und die Sprengung der noch auffindbaren Bodenminen. Von den beiden auf niederländischem Boden eingesetzten Einheiten wurden rund 1,3 Millionen Sprengkörper gefunden und beseitigt.

Das IKRK kümmerte sich im Einvernehmen mit der niederländischen Regierung um die deutschen Kriegsgefangenen. Seine Delegierten besuchten regelmäßig die Unterkünfte und sprachen mit den Lagerkommandanten und den deutschen Vertrauensleuten. Es gab keine groben Vorfälle, die größere Aktionen nötig gemacht hätten. Übergriffe des Wachpersonals wurden unverzüglich abgestellt.[226]

Die Angehörigen der 34. SS-Freiwilligen-Grenadierdivision „Landstorm Nederland", die im wesentlichen aus Niederländern bestand, wurden in einem Sammel- und Straflager bei Arnheim konzentriert. Soweit sie nicht gleich der Justiz zur Aburteilung wegen Landesverrats übergeben wurden, mußten sie Minenräumarbeiten verrichten. Wegen der vielen Selbstmorde bei der Arbeit, mit denen die holländischen SS-Angehörigen einem Prozeß aus dem Wege gehen wollten, wurden sie im September 1945 abgezogen. Von da an wurden nur noch Deutsche zum Minenräumen eingesetzt.[227]

Im Vergleich zu den Kriegsgefangenen bei den Amerikanern, Franzosen und Russen wurden die ehemaligen Wehrmachtsoldaten in den Niederlanden im großen und ganzen korrekt behandelt, obwohl sie von der Bevölkerung wegen der Kriegsschäden im Land beschimpft wurden. Nur ihre Kleidung war in einem schlechten Zustand. Die alten Uniformen waren bald zerfetzt, und die Kleiderkammern der Wehrmacht waren leer. Im Winter 1945/46 fehlten Unterwäsche und Schuhe. Im argen lag der Postverkehr. Erst nachdem Delegierte des IKRK eingeschritten waren, besserte sich die Lage.[228]

Die Auslieferung deutscher Soldaten aus Schweden an die Sowjetunion

Mehr als 3.000 deutschen Soldaten gelang es, während des Krieges in das neutrale Schweden zu fliehen. Unter ihnen waren etwa 700 Wehrmachtdeserteure, die über die norwegisch-schwedische Grenze gekommen waren. Bei den Flüchtlingen in den letzten Kriegswochen handelte es sich um Soldaten, die auf der Flucht vor der Roten Armee das Land aus den Brückenköpfen im östlichen Ostseeraum – der Halbinsel Hela, der Weichselmündung, der Frischen Nehrung und Kurland – mit Booten, Schiffen und Flugzeugen erreicht hatten. Sie wollten der sowjetischen Kriegsgefangenschaft entgehen. In Schweden wurden sie in den Lagern Bökeberg (Region Hallands Län), Havdhem (auf Gotland), Ränneslätt (bei Eksjö), Grunnebo (bei Trollhättan), Backamo (bei Uddevalla) und Rinkaby (bei Kristianstad) interniert, wie es die Genfer Konvention verlangte. Es ging ihnen gut. Sie wurden wie die schwedischen Soldaten verpflegt und für die Arbeit auf benachbarten Bauernhöfen besoldet. Das Lagerleben organisierten sie in eigener Regie. Als die Wehrmacht am 8. Mai 1945 kapitulierte, wurden sie im Gegensatz zu den Soldaten der westlichen Alliierten, die nach Notlandungen, Flucht und Seenot im Laufe des Krieges in Schweden interniert worden waren, nicht nach Hause repatriiert, sondern in der Internierung behalten. Das war der erste Verstoß gegen das Völkerrecht, den sich Schweden zuschulden kommen ließ, denn als neutraler Staat hatte es nach dem Ende der Kampfhandlungen alle Internierten, gleich welcher Kriegspartei, freizulassen.

Die sowjetische Regierung forderte am 2. Juni 1945 von Schweden in einer Note die Auslieferung der Männer, die nach dem 8. Mai 1945, dem Tag der bedingungslosen Kapitulation, aus Gebieten, die nun formal unter sowjetischer Oberhoheit standen, nach Schweden gelangt waren. Die schwedische Regierung unter Ministerpräsident Per Albin Hansson und Außenminister Östen Undén erklärte daraufhin in ihrer Antwortnote vom 16. Juni 1945 ihre Bereitschaft, nicht nur diese, sondern auch die vor dem 8. Mai 1945 nach Schweden Entkommenen auszuliefern, was gar nicht verlangt worden war. Mit diesem Akt politischer Liebedienerei glaubte sie, die Beziehungen zur Sowjetunion zu verbessern und den Handelsvertrag, über den gerade verhandelt wurde, mit vorteilhafteren Konditionen abschließen zu können. Dazu kam noch folgendes: Wegen seiner wohlwollenden Politik gegenüber Deutschland während des Zweiten Weltkriegs hatte Schweden nach dem Krieg bei den Alliierten einen Vertrauensverlust wiedergutzumachen. Nach der Rechtslage war Schweden nicht verpflichtet, deutsche Internierte an die Sieger auszuliefern.

Die sowjetische Note vom 2. Juni 1945 verlangte auch die Überstellung des Kriegsgeräts, mit dem die deutschen Soldaten nach Schweden geflohen waren. Als der schwedische Führungsstab mit den Vorbereitungen für die Übergabe der Boote, Flugzeuge, Fährprähme, Waffen und sonstigen Kriegsgeräte begann, legten die USA und Großbritannien Protest ein, weil sie verhindern wollten, daß deutsche Waffen, vielleicht sogar Geheimwaffen, in die Hände der Sowjets kommen könnten. Gegen die Auslieferung der deutschen Soldaten hatten sie nichts einzuwenden. Die Schweden kamen den Forderungen der Westalliierten nach, was die UdSSR verärgerte und die Schweden noch willfähriger machte.

Die betroffenen Internierten wurden über die Vorgänge hinter ihrem Rücken nicht informiert. Die schwedische Presse durfte darüber nichts schreiben. Sie wurde vom schwedischen König Gustav V. zum Stillschweigen verpflichtet. Im Unterschied zu den Politikern war dem Führungsstab der schwedischen Streitkräfte peinlich, was da gemauschelt wurde. Die Militärs sahen ganz klar, daß die Auslieferung der deutschen Internierten an die UdSSR nicht nur dem Völkerrecht widersprach, sondern auch den Geboten des Neutralitätsrechts, des Asylrechts und der

Humanität, auf die sich das Land so viel zugute hielt. Die Vorbereitungen für die Auslieferung wurden in aller Heimlichkeit getroffen. Als die in den Lagern tätigen deutschen Ärzte und Sanitäter unter Hinweis auf Artikel 9 (Sanitätspersonal wird nicht als Kriegsgefangene behandelt) und Artikel 12 (Sanitätspersonal ist zurückzuschicken, sobald ein Weg für ihre Rückkehr offen ist und die militärischen Erfordernisse es gestatten) der Genfer Konvention um die Entlassung in die Heimat ersuchten, bekamen sie zur Antwort, daß es erstens keine passende Gelegenheit gebe, zweitens weder militärische noch andere Umstände eine Rücksendung erlaubten, drittens die kriegführende Macht, der sie unterstünden, als Staat nicht mehr existiere und viertens sie keine Kriegsgefangenen, sondern Internierte seien und sich deshalb nicht auf die Genfer Kriegsgefangenenkonvention berufen könnten. Der Vizepräsident des schwedischen Roten Kreuzes Graf Folke Bernadotte, der sich für sie einzusetzen versprach, mußte ihnen mitteilen, daß eine positive Regelung nicht zu erwarten sei.[229] Diese Absage hätte Verdacht erregen können, aber niemand ahnte Böses.

Die Sowjets hatten es nicht eilig. Erst im November 1945 kam das Frachtschiff „Kuban" nach Trelleborg, um die erste Ladung mit Deutschen abzuholen. Es gab auf dem Schiff keine Einrichtungen für den Personentransport. Die Gefangenen sollten in den Laderäumen zusammengepfercht werden. Nach der Ankunft in Schweden wurden wenigstens Feldbetten und Streu für die Kranken und Verwundeten in die Frachträume gebracht.

Als der Auslieferungstermin Mitte November in der Öffentlichkeit und in den Internierungslagern bekannt wurde, waren alle entsetzt. Die Gefangenen praktizierten einige Formen des passiven Widerstands wie Arbeitsverweigerung, Sitzblockaden und Hungerstreik. Die schwedische Bevölkerung war auf ihrer Seite. Man empfand das Vorhaben der Regierung als Schande für Schweden. In der Presse erschienen kritische Artikel und viele Leserbriefe mit Protesten. Nur die Kommunisten und die Gewerkschaften plädierten für die Übergabe „der Nazis" an „die Friedensfreunde im Kreml". Die Hilferufe der Internierten in vielen Briefen an schwedische Behörden und an das schwedische Rote Kreuz blieben ungehört. Am 27. November 1945 wandte sich das Internationale Komitee vom Roten Kreuz in einem Schreiben an die schwedische Regierung und legte ihr die Freilassung der Gefangenen nahe. Aber diese stand zu ihrer Vereinbarung mit den Russen.

Da mehrere schwedische Offiziere die Vollstreckung des Auslieferungsbefehls verweigerten, wurde die Staatspolizei (Statspolisen) mit der Durchführung beauftragt. Am 30. November 1945, dem Tag der ersten Auslieferung, leisteten die Gefangenen Widerstand. Sie ignorierten Anweisungen, blieben in den Unterkünften, banden sich fest und widersetzten sich dem Abtransport mit allen gewaltlosen Mitteln. Es gab die ersten Selbstmorde und Selbstverstümmelungen. Im Lager Backamo banden sich 200 Soldaten aneinander fest und trotzten den Knüppelschlägen der Polizisten, die sie auseinanderzerrten und abtransportierten. Der Lagerälteste stieß sich einen Dolch in die Brust.[230]

Unter Anwendung von roher Gewalt erreichte die schwedische Polizei ihr Ziel. 1.600 Internierte wurden an Bord des russischen Schiffes gezerrt, geprügelt, getragen und gestoßen.

In der Kirche von Eksjö wurde am Sonntag, dem 25. November 1945, für die Internierten folgende Fürbitte gehalten: „Aus Anlaß des schrecklichen und furchtbaren Schicksals, das auf die Fremden wartet, die seit einigen Monaten in unserer Nähe sind, ist es unsere unbedingte Pflicht, unserer Trauer im Namen der menschlichen Solidarität Ausdruck zu geben. Wir überlassen das Urteil über das Geschehene Ihm, der gerecht urteilt, aber es scheint so zu sein, daß, wenn christliche Grundsätze der Leitstern unserer Staatsführung wären, das vorliegende Problem auf eine Weise gelöst werden könnte, die unser und unseres Landes würdiger wäre. Es hat den Anschein, als könnten wir für diese Unglücklichen nichts mehr tun, aber ein Weg steht uns noch offen: der der Fürbitte. Gott der Allmächtige vermag zu helfen, wo wir nichts ausrichten, und in seine Hände wollen wir nun diese unsere unglücklichen Brüder befehlen und sie in einer stillen Minute in unsere Fürbitte einschließen."[231]

Die restlichen Internierten, auch die, die sich selbst verstümmelt hatten, folgten in zwei Transporten am 17. Dezember 1945 und 24. Januar 1946.

Der lettische Leutnant der Waffen-SS Peteris Wabilus wollte die Schmach, in sowjetischer Gefangenschaft umzukommen, nicht erleben. Bis zum allerletzten Augenblick hatte er auf ein Einlenken der Schweden gehofft. Aber als der Omnibus am Kai vor dem sowjetischen Schiff anhielt, beging er Selbstmord. Ein Kamerad berichtete:

„Ich saß in der nächsten Sitzbank hinter Leutnant Wabilus, es geschah so schnell, wir anderen, die noch im Omnibus saßen, waren davon so erschrocken. Wabilus hatte blitzschnell aus seinem Rock dieses spitze Stilett gezogen und es

sich in den Hals gestoßen. Zwei dieser großen Staatspolizisten zogen Wabilus nach draußen, wo er auf dem Kai liegend verblutete, ehe Hilfe kommen konnte. Es sah fürchterlich aus, Wabilus in der großen Blutlache am Boden."[232]

Walter Schielke von der 121. Infanteriedivision, der mit seinen Kameraden in einer Nacht- und Nebelaktion aus dem Krankenhaus Malmö geholt worden war, erinnerte sich:

„Im Morgengrauen hielten unsere Kraftwagen im Hafengelände von Trelleborg. An einer Sperre dicht am Kai erfolgte die feierliche Übergabe an die Russen. Wir traten einzeln vor einen Beamten des schwedischen Außenministeriums, der anhand der Registrierungskarte des Internationalen Roten Kreuzes Name und Fotografie des Mannes verglich. Mit einem ‚Nu, dawai!' zeigte der Russe auf den Laufsteg zum Schiff, wo uns bereits russische Posten in Empfang nahmen. Durch die Lageluken krochen wir in den Rumpf des Schiffes, wo wir uns auf das aus Holzwolle und Decken hergerichtete Lager fallen ließen. Den 16. Dezember und die Nacht zum 17. Dezember lagen wir noch im Hafen, wo noch laufend Kameraden aus den übrigen Krankenhäusern gebracht wurden, und in den Morgenstunden des 17. Dezember 1945 (es war ein Sonntag) verließen wir den Hafen von Trelleborg und somit schwedisches Territorium. Das war der Abschied von Schweden mit anschließender Seefahrt in ein unbekanntes Schicksal."[233]

Insgesamt wurden 2.522 Wehrmachtangehörige in die Sowjetunion deportiert, darunter 146 Männer, die aus dem Baltikum stammten. 130 von ihnen waren lettische Angehörige der Waffen-SS, die in den Reihen der 15. Waffengrenadierdivision (lett. Nr. 1) gekämpft hatten und bis Kriegsende im Kurland-Kessel eingeschlossen waren. Über Danzig oder Windau waren sie dann nach Schweden geflüchtet. Als ehemalige Staatsbürger der UdSSR mußten sie wegen Landesverrats mit der Todesstrafe rechnen. Einige von ihnen konnten sich der Deportation mit Hilfe der schwedischen Bevölkerung entziehen, die ihre Flucht aus dem Lager deckte. Von den 2.522 der Sowjetunion übergebenen namentlich bekannten Männern sahen nur etwa 1.500 nach längerer Gefangenschaft ihre Heimat wieder.[234] Etwa 1.000 kamen nicht zurück. War die schwedische Regierung für ihren Tod verantwortlich? Die Schadensersatzansprüche der Überlebenden wurden abgelehnt.

Deutsche Flüchtlinge in Dänemark

In den letzten Kriegswochen fanden 250.000 Flüchtlinge aus dem Osten Unterschlupf in Dänemark, das zu dieser Zeit noch von deutschen Truppen besetzt war. Sie kamen mit Schiffen aus den Ostseehäfen Elbing, Kolberg, Gotenhafen, Pillau u.a. Nach ihrer Ankunft wurden die Flüchtlinge in öffentlichen Gebäuden untergebracht, unter anderem in 55 Schulen in Kopenhagen. Insgesamt gab es mehr als eintausend Unterbringungsorte. Im Einvernehmen mit den Wehrmachtbehörden kümmerten sich die dänischen Fürsorgeorganisationen um die vielen Frauen, Kinder und Alten, die in Dänemark Zuflucht gefunden hatten. Die christlichen Kirchen setzten sich in besonderem Maße für sie ein. Als der Krieg am 5. Mai 1945 für die Dänen zu Ende war, änderte sich die Einstellung der Bevölkerung. Die deutschen Soldaten und alle Wehrmachteinrichtungen zogen ab. Ende Juli 1945 hatten 257.617 Wehrmachtangehörige das Land verlassen. Die evakuierten Frauen und Kinder blieben zurück. Die Mehrzahl der Dänen empfand sie als Belastung. Man sprach von der zweiten Besetzung des Landes. Von Widerstandskämpfern und sogenannten Opfern des Nationalsozialismus aufgehetzt, entwickelte sich eine Haßkampagne gegen die in ihrem Land schuldlos gestrandeten Menschen, die alle Gebote christlicher Ethik vermissen ließ. „Sie haben nur das bekommen, was sie sich eingebrockt haben", wurde gesagt.[235] Selbst die öffentliche Aufforderung zur Mäßigung, die von 68 Geistlichen unterschrieben wurde, blieb wirkungslos. Die Angehörigen der dänischen Widerstandsbewegung bedrohten die Landsleute, die den Deutschen behilflich waren. Ein Apotheker verweigerte einer Frau Hustensaft für ihr Kind mit den Worten: „Hinaus! Glauben Sie, daß ich erschossen werden will, weil ich an ein deutsches Schwein etwas verkaufe?"[236] Selbst die Leichenbestatter wurden eingeschüchtert. Viele Flüchtlinge berichteten von Anpöbelungen auf der Straße. Bei Razzien, die die Widerstandskämpfer in den Lagern durchführten, wurde vielen ihre letzte Habe gestohlen. Die Polizei hielt sich zurück. Die Beraubung von Deutschen war keine Straftat.[237]

Es gab keine völkerrechtliche Regelung dafür, was mit Zivilisten zu geschehen hat, die gegen ihren Willen in einem Land waren, das zuvor von einer fremden Armee besetzt gewesen war. Die vier Siegermächte weigerten sich, die in Dänemark gestrandeten Flüchtlinge in ihre Besatzungszonen aufzunehmen. Dort sprengten die Heimatvertriebenen aus dem Osten schon längst die Aufnahmegrenzen. Auch die Dänen wollten ihre Deutschen unter allen Umständen loswerden. Sie ließen ihren Unmut über die Aufnahmeweigerung der Alliierten an den deutschen Frauen und Kindern aus und behandelten sie mit allen Bosheiten und Beschränkungen, die in der gesetzlosen Nachkriegszeit einem Gewahrsamsstaat möglich waren. Von „Menschlichkeit“ und „Nächstenliebe“ war keine Spur. Als im Herbst 1945 in Dänemark die Schulen wieder öffneten, mußten die Deutschen die Unterkünfte räumen. Von Kopenhagen bis Jütland entstanden mit Stacheldraht umzäunte Lager, in denen Frauen, Kinder und Alte eingesperrt wurden und unter schlimmsten Bedingungen hausten. Im Oktober 1945 waren es insgesamt 465 Lager. Das größte war das Lager Oksbøl mit 36.000 Flüchtlingen. Das berüchtigtste war das Internierungslager Klövermarken in Kopenhagen, eine Barackensiedlung für 17.000 Menschen, die eilig auf einem sumpfigen Brachland der Insel Amagar gegenüber dem Stadtviertel Christianshavn eingerichtet wurde. 45.000 deutsche Flüchtlinge wurden in drei Lager bei Aalborg gebracht. Die Lagerbaracken waren aufs einfachste möbliert. Außer Bettgestellen mit Stroh gab es anfangs nichts. Mehrere Familien hausten in einem Zimmer.

Über das Lager Oksbøl schrieb Andreas Nitschmann: „Ich kam, wie schon angedeutet, in einen Pferdestall. Dieser war in drei Zimmer geteilt. In jedem Zimmer waren wohl 23 bis 25 Personen, die Kinder eingerechnet. In meinem Zimmer waren 17 Frauen und zehn oder 13 Kinder verschiedenen Alters, und wir drei Männer, außer mir ein Schlesier und ein Königsberger, beides gewiefte Burschen, die schon manches auf ihrem Kerbholz hatten. Für vier Personen war immer eine Pritsche. Es war sehr eng, Bänke und Tische gab es zunächst nicht, die wurden von uns Männern aus organisierten Brettern hergestellt. Der Schlesier war ständig auf Reisen außerhalb des Lagers. Er verkaufte von den Flüchtlingen Ringe, Uhren, Leicas und andere Sachen an die Dänen, auch an die englischen Offiziere, und brachte dafür englische Zigaretten und Lebensmittel mit ins Lager. […] Er wurde manchmal von den Dänen erwischt und verprügelt, und die Sachen wurden ihm abgenommen. Meistens aber kam er mit reicher Beute zurück.“[238]

Eva Droese, die seit dem 17. März 1945 in Dänemark war, berichtete über die zwei Lager, die sie erlebte. Eines war dürftiger als das andere.

„Mein Vater versorgte die Bewohner einer Baracke mit Kaltverpflegung, welches in der Lagerküche gerichtet wurde, und wir hatten das Glück, mit vier Personen ein kleines Zimmer zu bewohnen. Die Regel waren 16 bis 20 Personen. Das Lager war sehr klein, es lag dicht an der Straße, so daß sich manchmal Konfrontationen mit Dänen ergaben. Wir wurden bespuckt oder deutsches Schwein genannt. Es gab aber auch deutschfreundliche Dänen und manchmal flog eine Tube Zahnpasta über den Zaun. Unsere Versorgung war in jeder Hinsicht katastrophal. Wir bekamen anfangs gar nichts. Keine Seife, kein Papier, wir wären schon mit etwas Zeitungspapier zufrieden gewesen. An Zahnpasta war nicht zu denken. Wir jungen Frauen hatten auch unsere Probleme. Sehr viel später gab es ein Stückchen graue Sandseife. Zu erwähnen wäre noch, daß für unsere Notdurft ein Toilettenhaus mit 10 Plätzen vorhanden war, aber ohne Türen! Es kostete immer eine Überwindung, auf diese offenen Sitze zu gehen. Nach einem Jahr wurde unser kleines Lager geschlossen. Wir kamen in das Lager Knivholt nach Frederikshavn. Hier lebten etwa 5.000 Flüchtlinge. Wir hausten wieder mit 16 Personen in einem Raum. Unsere Betten hatten wir mit Decken verhängt, um das Gefühl zu haben, auch mal alleine zu sein. Es war der Winter 1946/47. Warmes Wasser kannten wir nicht, Seife so gut wie gar nicht; unsere Hände waren steif vor Kälte und auch nicht mehr sehr sauber. Zum Heizen hatten wir kein Holz, es gab nassen Torf, der nicht brannte. Manchmal bekamen wir einen rohen Fisch zugeteilt, und um ihn auf dem Ofen braten zu können, entfernten wir immer mehr Bretter aus den Betten, bis ab und an jemand durchbrach."[239]

Zu den Alltagsproblemen der Lagerinsassen kamen die seelischen dazu. Die Internierten waren vom dänischen Postverkehr ausgeschlossen. Sie konnten ein Jahr lang keine Briefe schreiben oder empfangen. Damit waren die Kontakte zu Angehörigen, die anderswo gestrandet waren, unterbunden. Vor allem die Frauen bedrückte die Ungewissheit über das Schicksal ihrer Ehemänner. Die Kinder, die als Schulklassen mit ihren Lehrern aus Ostpreußen evakuiert worden waren, bangten um ihre Eltern, von denen sie getrennt worden waren. Sie hatten Angst und Heimweh und weinten viel. Es gab keine Psychologen, die sich ihrer annahmen. Wenn die Eltern die Flucht in den Westen überlebt hatten, waren sie in steter Sorge um ihre Kinder. Selbst wenn sie wußten, wo diese waren, durften sie keinen Kontakt aufnehmen.

Die Männer wurden zu Arbeiten in der Landwirtschaft herangezogen. Die Frauen waren im Lager beschäftigt. Sie arbeiteten in den Küchen und sorgten für Sauberkeit und Hygiene, soweit es die Umstände zuließen. Die Kinder wurden nur ungenügend betreut. Die Kleinen hatten kein Spielzeug. Für die Größeren fehlten Bücher und Lehrmittel. Papier und Bleistifte waren rar. Die Lehrer unter den Internierten wurden von den dänischen Behörden einer Gesinnungsprüfung unterzogen, bevor sie vor eine Klasse treten durften.[240] Sie boten Unterricht ohne Hilfsmittel an. Von dem Unterrichtsangebot machten die meisten Kinder und Jugendlichen Gebrauch, um der Langeweile zu entkommen. Aber eine Schulpflicht war nicht durchzusetzen.

Das Lagerleben wurde von den dänischen Lagerleitern bestimmt. Unter ihnen waren mehrere Deutschenhasser, die für die Insassen nichts taten, was sie nicht tun mußten. Der Kontakt mit Dänen außerhalb des Lagers war untersagt. Kein Däne durfte von Deutschen angesprochen werden, wenn sie das Lager verlassen durften.[241] Den Dänen war es untersagt, sich mit den Deutschen abzugeben.

Die Lebensmittelversorgung lag bis Januar 1946 im argen. Es gab nicht genug zu essen. Die Kalorienzahl war mit 1.800 festgelegt worden. Das wurde selten eingehalten, obwohl die Ernährung der Dänen durch den Krieg keine Einschränkung erfahren hatte. Das Fraternisierungsverbot untersagte den Hilfsbereiten, den Deutschen etwas zu essen zu geben. In den Geschäften wurden die, die das Lager verlassen durften, abgewiesen, auch wenn sie Geld hatten. Wer etwas Eßbares ins Lager zu bringen versuchte, riskierte, am Lagertor bis auf die Unterwäsche gefilzt zu werden. Als der Winter begann, froren die Internierten, weil die Kälte durch die Ritzen der zugigen Holzbaracken in die Räume drang, in denen die Flüchtlinge auf Zwei- und Dreistockbetten schliefen. Es gab nur wenige Öfen und kein Brennmaterial. Wenn Torf geliefert wurde, war er schlecht. Er wärmte nicht und verpestete die Räume.

Tagebuchnotizen aus dem Lager Aalborg: „[…] ein fürchterlicher Sturm tobt seit Tagen hier im Norden Jütlands. Alles ist leergefegt zwischen den Baracken. Durch sämtliche Fugen und Ritzen weht der kalte Wind. Hände und Füße sind eiskalt, man erwärmt sich kaum unter der Papierdecke, morgens ist sie am Mund angefroren. […] Alle 14 Tage durften wir uns in einer Warmwasserbaracke heiß waschen und duschen, wenn uns eine Dusche zugeteilt wurde. Dies ist ein besonderer Tag! In langen Reihen stehen auf den Borden Metallschüsseln, in die heißes Wasser gefüllt wird. Wir bekommen eine Extraportion Seife und können uns warm abwaschen. Was für ein Genuß!"[242]

Unter diesen Umständen litt die Hygiene. Läuse und Flöhe verbreiteten sich. Aus Avedøre wird erzählt: „Stundenlang suchten die Frauen alle Nähte nach Kleiderläusen und den Eiern oder Nissen ab. Mit den Nägeln der Daumen töteten sie das Ungeziefer."[243] Gefährlicher als die Läuse und Flöhe waren die Wanzen. In den verwanzten Unterkünften verbreiteten sich ansteckende Krankheiten. Die Widerstandskraft der erschöpften, hungrigen und seelisch zermürbten Menschen war gering.

Anneliese X. erzählte aus dem Lager Høvelte: „Wegen der mangelhaften und schlechten Ernährung erkrankte die Hälfte der 6.000 Lagerinsassen, der größte Teil an Typhus. An manchen Tagen erreichte die Zahl der Sterbenden fast 40. Alle Kranken konnten aber wegen Überfüllung nicht im Hospital aufgenommen werden. Sie lagen dann teilnahmslos, bis zum Skelett abgemagert, auf Stroh oder auf der bloßen Erde, bis der Tod sie von den Qualen erlöste. Wie viele Frauen verloren zwei oder auch drei Kinder! Und umgekehrt. Vielen Kindern wurde plötzlich die Mutter für immer entrissen, ohne daß ihnen geholfen werden konnte."[244]

Die meisten dänischen Ärzte weigerten sich, die Kranken zu behandeln. Der dänische Außenamtsstaatssekretär hatte bereits am 14. März 1945 darauf aufmerksam gemacht, daß Dänemark nicht für das Wohlergeben der Flüchtlinge verantwortlich sei. Das sei Sache der Deutschen.[245] Nach einer Verlautbarung der Ärztekammer brauchten die dänischen Ärzte nicht in die Lager der Deutschen zu gehen. Das hatte Folgen. Mehr als 13.000 deutsche Flüchtlinge starben in Dänemark allein 1945, darunter 7.000 Kinder unter fünf Jahren. Alle hatten eine kräftezehrende Flucht über die Ostsee hinter sich, aber ihr Tod, vor allem verursacht durch Magen- und Darminfektionen, Unterernährung, Dehydrierung und Scharlach, hätte verhindert werden können, wenn es eine medizinische Betreuung gegeben hätte. In den dänischen Apotheken gab es alle Arzneimittel, die damals üblich waren, einschließlich der neuen Medikamente aus den USA. Auch die Aufnahme in dänische Krankenhäuser wurde den kranken Deutschen verweigert. Mütter, die ihre Kinder einliefern wollten, wurden an der Tür abgewiesen. Nur wenn eine Epidemie auch auf die dänische Zivilbevölkerung überzugreifen drohte, schritten die dänischen Behörden ein.[246]

Die damals 15jährige Anneliese Neeb arbeitete als Stationshilfe im Lager Hillerød. Sie erinnerte sich: „Da ich eine Zeitlang auf der Kinderstation tätig war, weiß ich nur, daß wir oft hilflos bei den kleinen fiebernden Würmchen gestanden haben. Viele der Kinder litten als Spätfolgen der Flucht an schlimmen Lungenerkrankungen. Bei gutem Wetter haben wir die Patienten auf der vorhandenen Sonnenterrasse warm eingepackt und betreut. Viele der Kinder starben, und ich habe so manches Särglein, bestehend aus einfachem Fichtenholz, geschmückt, ihnen die Händchen gefaltet und diese kleinen Engel für ihre Reise in die Ewigkeit fertiggemacht."[247]

Die in Klövermarken Verstorbenen wurden im äußersten Eck des größten Friedhofs von Kopenhagen zwischen den Bahngleisen und der Hauptstraße begraben. Der Groll gegen alles Deutsche machte nicht einmal vor Kindergräbern Halt.[248]

Die unmenschliche Haltung der Dänen war umso unverständlicher, da sie zu den Völkern gehörten, die den Zweiten Weltkrieg ziemlich unbeschadet überstanden hatten. Die Deutschen hatten ihnen ihre Souveränität nicht genommen, obwohl im Land deutsche Truppen standen. König Christian X. und die Regierung blieben in Kopenhagen. Mit einer Mischung aus Zusammenarbeits- und Verhandlungspolitik konnten der Regierungschef Thorvald Stauning und seine Nachfolger erreichen, daß Dänemark die Kriegszeit unbeschadet überstand. Die Ernährungslage wurde durch die Deutschen nicht beeinträchtigt. 5.000 deutsche Soldaten hatten Kinder mit Däninnen, und 7.800 junge Dänen meldeten sich als Freiwillige zur Waffen-SS, um mit den deutschen Streitkräften und vielen Freiwilligen aus anderen Nationen die drohende Bolschewisierung Europas zu verhindern. Aber nach dem Krieg hatte die Widerstandsbewegung das Sagen. Unter dem Vorwurf der Kollaboration wurden viele Dänen anhand rückwirkender Rechtssetzungen verfolgt und 375 von ihnen zum Tode verurteilt und hingerichtet.

Die Repatriierung der deutschen Flüchtlinge in eine der vier deutschen Besatzungszonen ging nur langsam vonstatten. Die Verladung in die Züge wurde außerhalb der Bahnhöfe vorgenommen, um Deutsche und Dänen auseinanderzuhalten. Erst am 15. Februar 1949 verließen die letzten deutschen Flüchtlinge das Land. Die Bundesrepublik zahlte 160 Millionen dänische Kronen als Entschädigung für die Unterbringung der 200.000 Menschen über drei Jahre.

Das Schicksal der Wolfskinder aus Ostpreußen

Auf der schrecklichen Flucht vor der Roten Armee aus Ostpreußen wurden im Winter 1944/45 viele Familien ausgelöscht, andere zerrissen. Kinder standen plötzlich ohne ihre Mütter da. Die Frauen starben beim Beschuß durch sowjetische Tiefflieger oder wenn russische Panzer die Trecks von den Straßen drängten oder überrollten. Andere hauchten ihr Leben nach ungezählten Vergewaltigungen aus. Viele begingen Selbstmord. Die Trecks zogen weiter und die Kinder blieben zurück. Wenn die Flüchtenden von der Roten Armee eingeholt und zum Umdrehen gezwungen wurden, kehrten sie als Ausgeplünderte in die ausgeplünderten, häufig sinnlos zerstörten Dörfer zurück. Neue Siedler aus Rußland hatten sich in den noch intakten Häusern eingenistet und vertrieben die rechtmäßigen Eigentümer. Tausende, auch Mütter von Kindern, wurden zur Zwangsarbeit in das Innere der UdSSR verschleppt. Die Kinder blieben alleine zurück.

In Ostpreußen lebten nach dem Krieg besonders viele Waisen. Unter den fast 100.000 Menschen, die in Königsberg den Einmarsch der Roten Armee erlebt hatten, waren Tausende Kinder, viele ohne Eltern. Man nannte sie – in Anlehnung an Romulus und Remus, die von einer Wölfin ernährt wurden – „Wolfskinder", weil sie keinen Ernährer hatten und auf sich selbst gestellt waren. Angesichts der chaotischen Lebensumstände in den ersten Nachkriegsmonaten mußten die alleinstehenden Kinder um ihr Überleben kämpfen. Es gab nichts zu essen. Sie hungerten. Was blieb ihnen anderes übrig, als zu betteln oder zu stehlen. Wurden sie erwischt, kriegten sie Prügel oder kamen in ein Lager.

In Königsberg war das Leben nach der Eroberung durch die Rote Armee für die Zurückgebliebenen schwerer als auf dem Land, am schwersten war es für die elternlosen Kinder. Die Russen, die das Phänomen der elternlosen und herumstreunenden Kinder aus ihrer Heimat kannten, sahen in ihnen diebische Taugenichtse und verfolgten sie.

Marianne Jecht, geborene Koß, Jahrgang 1938, aus Lieb im Kreis Königsberg berichtete, was sie damals erlebt hat: „Nun stand ich allein auf der Straße in einer großen, zerbombten Stadt. Ich wußte nicht, was aus mir werden sollte, wo ich hinlaufen sollte. Ich bin dann einfach den Weg zurückgelaufen und wollte wieder zu unserem Schrebergarten. Da treffe ich zufällig meinen Bruder. Er stand freudestrahlend vor mir und sagte, hier habe ich einen Sack Kartoffeln, da wird sich die Mutter freuen. Doch seine Freude hielt nicht lange an, als ich ihm erzählte, daß Mutter im Krankenhaus ist. Nun hatten wir Kartoffeln, aber keine Unterkunft. Zum Schrebergarten konnten wir nicht zurück. Mein Bruder hatte zwei Jungen kennengelernt, bei denen wir vorläufig bleiben durften. So war es wortwörtlich, denn als die Kartoffeln aufgegessen waren, warfen sie uns raus. Nun wußten wir wieder nicht, wohin. Tagsüber sind wir herumgelaufen, um etwas zu essen zu besorgen, und wenn es vom Abfallhaufen war. Wenn der Abend kam, haben wir uns heimlich in Bodenkammern oder auf offenen Böden versteckt. Doch das bekamen die Russen bald mit, des öfteren haben sie die Dachböden nach Kindern abgesucht. Ich habe Todesängste ausgestanden, die hätten uns doch glatt umgebracht. Dann kam eine Zeit, wo mein Bruder mich immer häufiger allein ließ. In Königsberg gab es nichts mehr zu essen, jeder, der uns etwas gab, machte sich strafbar. So kletterte mein Bruder, wie viele andere Jungen auch, auf fahrende Züge und fuhr bis ins nächste Dorf mit. Ich war zu dieser Zeit viel allein, hatte nichts zu essen, war nur müde. Mein Bruder brachte hin und wieder etwas zu essen, doch meist schaffte er es nicht bis zu mir, weil er selber großen Hunger hatte. Ich wurde immer schwächer, es gab keine Toiletten oder dergleichen. Die Russen sind einmal sogar mit der Axt hinter mir hergerannt, als sie mich im Keller erwischten. Da ich in letzter Zeit viel allein war, kam es, daß ich mich naß machte, weil ich mich nirgends mehr hintraute. So lag ich nun Tage oder Wochen, ich weiß es nicht mehr, in meinem eigenen Dreck. Ich war so verdreckt, daß ich Krätze bekam. Dazu kamen Kleider- und Kopfläuse. Es war kalter Winter geworden, und eines Tages stand mein Bruder vor mir. Ich war so geschwächt, daß ich ihn kaum erkannte. Er bat mich, aufzustehen und mitzukommen. Doch mir war alles egal. Ich wollte, wie ein Igel zusammengerollt, auf dem Boden liegenbleiben und schlafen. Doch mein Bruder ließ nicht locker. Da es sehr kalt war, hatte mein Bruder große Angst, ich könnte erfrieren. Nach langem Betteln bin ich dann aufgestanden mit letzter Kraft. Mein Bruder stützte mich, sonst wäre ich zusammengebrochen. Meine Kleidung bestand zu dieser Stunde aus einem Schuh und einem Pantoffel sowie einem Kartoffelsack und einer vollgeschissenen Hose. So sind wir dann zur russischen Kommandantur gegangen. Die konnten nicht glauben, daß wir so lange ohne Behausung und Essen durchgehalten haben. Noch am selben Tag kamen wir beide in ein Auffanglager."[249]

Der Hunger war das größte Problem. Die Deutschen bekamen unter der sowjetischen Verwaltung keine Lebensmittel. Sie waren auf die Hilfe freundlicher Zuwanderer angewiesen.

Rudolf H. arbeitete auf einer Militärkolchose. Er berichtete: „Wir verdienten so wenig, daß es nicht einmal für Brot reichte. Manchmal fanden wir in den Mülltonnen Kartoffelschalen, wenn nicht, aßen wir Frösche aus dem Teich. Manchmal buddelten wir ein verendetes Tier, eine Kuh oder ein Pferd, wieder aus. Ich erinnere mich, wie ich einmal einen ganzen Tag eine Katze jagte, am Abend erwischte ich sie mit Mühe und Not und vertilgte sie."[250]

Von Ostpreußen führte der Weg vieler elternloser Kinder in die angrenzenden litauischen oder polnischen Gebiete, die unter der sowjetischen Eroberung weniger gelitten hatten als die Provinz Ostpreußen. Manchmal nahmen sich gutwillige Einwohner ihrer an, gaben ihnen zu essen und beherbergten sie. Andere benutzten sie als Tagelöhner, da Arbeitskräfte rar waren. Ältere Kinder wurden gelegentlich von litauischen Bauern, die im nördlichen Ostpreußen Lebensmittel an die russischen Neusiedler verkauften, mitgenommen. Manches Kind, das jenseits der Grenze bettelte oder Gegenstände aus den leerstehenden Häusern gegen Lebensmittel tauschte oder sich als Arbeitskraft verdingte, blieb auf Dauer in Litauen oder Polen.

Johanna X., Jahrgang 1934, berichtete von einer ihrer Betteltouren nach Litauen: „Zu unserer Gruppe gehörten die beiden zehnjährigen Zwillingsmädchen Maria und Hanna. Sie wurden in der Zeit zu Waisenkindern, denn die Mutter, der Vater und die große Schwester verhungerten. Meine Mutter und wir Kinder kümmerten uns um die beiden, doch Maria verlor mehr und mehr an Kraft. Es war auf einer unserer Betteltouren nach Litauen, bei einer Rast am Straßenrand, als Maria starb. Sie legte sich unter einen Baum und schloß die Augen. Maria erzählte uns noch Herrliches, was sie sah. Sie wollte dorthin und nicht mehr mit uns ziehen. Wir waren alle traurig, daß sie uns nicht mitnahm in ihr Himmelreich. Es lag etwas Feierliches um uns, und wir erlebten, daß auch Sterben schön sein kann. Bis zum seligen Ende blieben wir bei ihr, beteten und flehten, doch es half nichts. Als wir nach sechs Wochen erneut an dem Platz vorbeikamen, machten wir Halt bei Maria, sie war noch da!"[251]

1948 hielten sich noch zirka 5.000 deutsche Kinder und Jugendliche in Litauen auf. In der Regel wurden sie als Litauer ausgegeben, bekamen litauische Namen und lernten die litauische Sprache in den Familien, die sich ihrer angenommen hatten. Die wenigsten von ihnen gingen in eine Schule. Sie lernten weder schreiben noch lesen. Es war ihnen verboten, sich als Deutsche zu erkennen zu geben. Mit der Zeit vergaßen sie, woher sie kamen und wurden einfache Landeskinder. Sie verloren ihre deutsche Identität. 1952 gab der Oberste Sowjet der UdSSR mit dem Gesetz „Über den Erwerb der Staatsbürgerschaft für Deutsche" den Litauerdeutschen die Möglichkeit, die sowjetische Staatsbürgerschaft zu erwerben.[252] Viele erfuhren erst von ihren deutschen Wurzeln, als nach dem Zerfall der Sowjetunion Reisen nach Polen und in die baltischen Länder die Möglichkeit zu Nachforschungen gaben. Viele wissen wohl bis heute noch nicht, daß sie von deutschen Eltern oder Großeltern abstammen, so vollständig hatten sie ihre Identität verloren.

Ein Litauer berichtete: „Ungefähr 1946 kam ein armer, ausgehungerter und etwa neunjährige Junge zu meinen Eltern, die im Dorf Polai lebten. Er bat um Essen und dann um Aufnahme, da er keine Kraft mehr hatte, weiterzugehen. Er sprach deutsch. Da mein Bruder etwas Deutsch gelernt hatte, konnte man sich verständigen. Er sagte, daß er Heinz heißt und aus Heiligwalde stammt. Seine Mutter und seine Schwester verhungerten 1945. Der Bruder war noch dort. Wir nannten ihn Jonukas. Jonukas begann also, in unserer Familie zu leben. Wir waren zwei Brüder. Er brachte uns Deutsch bei, wir ihm Litauisch. Jonukas lernte unsere Sprache schnell. Da die Leute, die Deutsche beherbergten, verfolgt wurden, bekam er unseren Nachnamen und wurde als der Sohn meiner Tante, der Schwester des Vaters, ausgegeben."[253]

Elvira G. fand erst als erwachsende Frau zu ihren deutschen Wurzeln. Ihre spärlichen Erinnerungen an früher reichten dazu aus. Aber sie blieb Litauerin, weil sie 1945 gut aufgenommen worden war.

„Ich war dabei, als die Mutter starb. Ich erinnere mich noch, wie sie tot dalag, wie man sie wegzog. Ich weiß nicht, in welcher Stadt, in welchem Dorf ich gelebt habe. Ich hatte einen älteren Bruder, aber auch an den Namen erinnere ich mich nicht mehr – vielleicht Henrik? Wie ich nach Litauen kam, weiß ich nicht. Einen Winter bin ich wohl über die Dörfer gegangen, dann fand ich gute Menschen. Dort waren fünf Kinder, aber ich wurde immer bevorzugt. Sie haben mir zu essen gegeben und mich gekleidet wie ihr eigenes. Die Leute haben immer gesagt, daß ich aus Ostpreußen bin. Als ich zu ihnen kam, konnte ich nur Deutsch. Aber im Paß steht jetzt: Litauerin."[254]

Ein in Kaunas lebendes ehemaliges Wolfskind hatte gegenteilige Erfahrungen gemacht:

„Ich war vielleicht fünf Jahre alt. Meine Bäuerin hielt mich im Schweinestall, bei den Schweinen. Als meine Mutter überraschend kam, um mich abzuholen – denn es ging nach Deutschland –, schämte sich die Bäuerin. Sie wollte nicht zeigen, wo sie mich hielt und belog meine Mutter und sagte, ich sei gestorben. Meine Mutter mußte also ohne mich fahren. Ich habe keine weiteren Erinnerungen, nichts. Die Bäuerin hat mir das erst sehr spät, kurz vor ihrem Tod erzählt. Sie hatte ein schlechtes Gewissen."[255]

1946 gab es im russischen Teil von Ostpreußen 18 Kinderheime für etwa 6.000 deutsche Kinder, die eingefangen worden waren.[256] Während auf dem Balkan elternlose deutsche Kinder jugoslawischen Familien zur Pflege und Erziehung übergeben wurden, wollten die Bezirksbehörden im „Oblast Kaliningrad", wie die Sowjets den nördlichen Teil Ostpreußens tauften, die Kinder loswerden. Sie wurden in die sowjetisch besetzte Zone abgeschoben. Man hoffte, daß Familienangehörige oder Verwandte sich ihrer annehmen würden. Der Suchdienst des Deutschen Roten Kreuzes war bei der „Familienzusammenführung" behilflich. Im Rundfunk wurden die Namen der Kinder – oft nur die Vornamen – und die verfügbaren Daten verlesen. Ganzseitige Anzeigen in den Zeitungen mit Fotos ließen die Eltern, die Kinder auf der Flucht verloren hatten, hoffen, sie wiederzufinden. Im Mai 1951 kamen die letzten 3.300 elternlosen Kinder und Jugendlichen aus Ostpreußen in der DDR an, wo sie in Kinderheimen und Erziehungsanstalten untergebracht wurden. Es ist nicht bekannt, wie viele von ihnen Kontakte zu Eltern oder Verwandten knüpfen konnten.

Die deutsche Bevölkerung unter sowjetischer und polnischer Herrschaft

Die russische Besatzungspolitik

Etwa fünf Millionen Ostdeutsche, die den Einzug der Roten Armee zu Hause überstanden hatten oder nach dem Ende der Kampfhandlungen nach Hause zurückgekehrt waren, lebten viele Monate unter russisch-polnischer Herrschaft bei völliger Rechtlosigkeit unter menschenunwürdigen Bedingungen, bevor sie endgültig ausgewiesen wurden. Der Befehl des Volkskommissars für Inneres Nr. 0016 vom 11. Januar 1945 „Über Maßnahmen zur Säuberung des Hinterlandes der Roten Armee von feindlichen Elementen" erlaubte Willkür und Verhaftung. Mit diesem Befehl ernannte Berija, der Chef des sowjetischen Geheimdienstes, Frontbevollmächtigte des NKWD, denen er für die notwendigen Maßnahmen „zum Schutz des Hinterlandes" 60.000 Mann der NKWD-Truppen unterstellte. Innerhalb von drei Tagen sollten Internierungslager eingerichtet werden, um verdächtige Personen wegzusperren. Der Beschluß des Staatlichen Verteidigungskomitees Nr. 7467 vom 3. Februar 1945 sah vor, „durch gnadenlose Liquidierung an Ort und Stelle […] schonungslos mit Personen abzurechnen, die terroristischer Anschläge und Diversionsakte überführt sind". Das war ein Freibrief für alle Arten von Übergriffen, denn jedermann konnte durch Folter und Mißhandlungen zu einem Schuldbekenntnis gebracht werden, auch wenn er unschuldig war.

Der nördliche Teil Ostpreußens wurde im Potsdamer Abkommen der Sowjetunion zugesprochen. In diesem Gebiet befanden sich bis zu 300.000 Deutsche, etwa ein Drittel von ihnen in Königsberg. Alle litten unter den Übergriffen der sowjetischen Soldaten und Offiziere. Tausende wurden als wirkliche oder angebliche Funktionäre des Dritten Reiches verhaftet. Das Zuchthaus von Tapiau und die Kasernen von Preußisch-Eylau gehörten zu den berüchtigtsten Verhör- und Folterstätten. Unterernährung, Erschöpfung und Typhuserkrankungen brachten 1945 über die Hälfte der dort Inhaftierten zu Tode. Verpflegung gab es nur für die, die unter Aufsicht der Sowjets Lagerarbeiten leisteten oder zur Denunziation bereit waren. Die Menschen außerhalb der Lager verelendeten und verwilderten. Viele ernährten sich durch Bettelei und Diebstahl. In Königsberg lebten große Teile der Bevölkerung von Abfällen und Kräutern. Typhus-, Ruhr- und Krätzeepidemien ließen die Sterblichkeit explodieren. Von den Menschen, die in Königsberg geblieben waren, starb mindestens die Hälfte. Im Sommer 1947 befanden sich höchstens noch 20.000 Deutsche in der Stadt.

Über die allgemeinen Zustände und Lebensverhältnisse in Ostpreußen vom Juli bis November 1945 berichtete ein Zeitzeuge aus Heiligenbeil am Frischen Haff: „Die Bevölkerung nahm in den verwüsteten Häusern Wohnung. Fast auf allen Häusern, die noch einigermaßen bewohnbar waren, fehlten die Dachziegel und vor allem das Fensterglas. Niemand hatte Zeit, die Häuser in Ordnung zu bringen, weil die Arbeitszeit in der Stadt zehn Stunden und auf dem Lande zwölf Stunden täglich betrug. Es gab keine Sonntagsruhe. Sobald es regnete, drang die Nässe in die Wohnräume. Das Wasser mußte aus den vorhandenen Pumpen besorgt werden. Selbstverständlich gab es für die Zivilbevölkerung kein elektrisches Licht. Jedermann saß am Abend im Dunkeln, denn es gab auch keine ordentlichen Öl- oder Petroleumlampen. Die Russen betrieben einige Aggregate mit Rohöl, gaben aber nichts von dem erzeugten Strom der Zivilbevölkerung ab. Trotz allem glaubten viele, daß der Russe abziehen würde und das Gebiet den Deutschen wieder überlassen würde. Emsig suchten sie darum aus verlassenen Unterständen und Kellerräumen die von den Plünderern verschleppte Wäsche usw. zusammen und brachten aus Höfen und Gräben aufgelesene Möbel in Ordnung. Sobald die Russen jedoch merkten, daß ein Haus wieder wohnlich war, wurden die Deutschen daraus wieder vertrieben.“[257]

Die aus der Sowjetunion kommenden Zuwanderer verdrängten die Deutschen aus ihren Wohnungen und nahmen ihnen die verbliebenen Arbeitsplätze. Bis zu ihrer Vertreibung erlebten die im Land Verbliebenen Hunger und Elend. Bettelarm kamen sie aus einer großartigen, aber durch die Sowjets völlig verwüsteten Kulturlandschaft im Westen an.

Polnische Willkür

Nach der Besetzung Ost- und Westpreußens, Pommerns und Schlesiens durch die Rote Armee arbeiteten polnische Behörden und russische Kommandanturen für einige Monate nebeneinander. Die Kompetenzverhältnisse waren oft undurchsichtig. Manchmal hatten die Russen das Sagen und manchmal die Polen. Die Russen führten die Arbeitsdienstpflicht für alle erwachsenen Deutschen ein. Wer nicht arbeitete, bekam nichts zu essen. Zum Unwillen der Polen betrieben die Sowjets den systematischen Abbau aller wertvollen Sachgüter. Plünderungen waren gang und gäbe. Nachdem die Potsdamer Konferenz vom 17. Juli bis 2. August 1945 Ostdeutschland bis zur endgültigen Entscheidung in einem Friedensvertrag unter polnische Verwaltung gestellt hatte, begannen die Polen mit der Polonisierung der erworbenen Gebiete. Polnische Umsiedler aus der Ukraine übernahmen den Besitz der Deutschen. Die deutschen Orts- und Straßennamen wurden durch polnische ersetzt. Es durfte nur noch polnisch gesprochen werden. Sogar Gottesdienste in deutscher Sprache waren verboten. In den deutschen Dörfern und Städten herrschte die polnische Miliz. Bereits während der russischen Besatzungszeit hatten sich freigelassene polnische Zivilarbeiter, KZ-Insassen und Kriegsgefangene, die aus Deutschland repatriiert worden waren, dieser Truppe angeschlossen. Ihrer Macht waren keine rechtlichen Grenzen gesetzt. Manche Einheiten bestanden fast ganz aus kriminellen Elementen, die sich von dieser Tätigkeit ein einträgliches Geschäft versprachen. Diese aus dem Boden gestampfte Truppe mißbrauchte ihre Hoheitsgewalt zu zahllosen Plünderungen, ließ den nationalistischen Haßgefühlen hemmungslosen Lauf und quälte unschuldige Deutsche. Die Milizionäre scheuten auch vor Mord nicht zurück. Deutsche zu malträtieren war straflos. In der Miliz dienten auch viele ehemalige Kollaborateure, die sich während der deutschen Besatzung den Deutschen angebiedert hatten und sich nun durch besondere Brutalität als echte Polen rehabilitieren wollten. Dazu gehörten auch die Polen, die während der deutschen Besetzung Antrag um Aufnahme in die Volkslisten der Abteilungen 1 bis 3 gestellt hatten.

An die Versorgung der Deutschen mit Lebensmitteln dachten die neuen Machthaber zuletzt. In Treptow und Stolp verhungerte 1945 ein Drittel der Bevölkerung. Russen und Polen taten nichts, um das Massensterben zu verhindern.[258]

Gleich nach der Verwaltungsübernahme durch die polnischen Behörden setzte eine Welle von Verhaftungen ein. Sie betraf Angehörige der NSDAP und aller ihrer Gliederungen, Deutschnationale, Polengegner und Kollaborateure. Es waren viele Unschuldige unter den Gefangenen. Die Denunziation hatte Hochkonjunktur. Die mit der Verhaftung beauftragten Milizen behandelten die Betroffenen schlimmer als Vieh. Willkürliche Verhaftung und Zwangsarbeit in Lagern mit Prügel und Folter waren durch das Dekret „Strafzumessung für faschistisch-hitlerische Verbrecher“ vom 31. August 1944 gedeckt, das die Provisorische polnische Regierung in Lublin erlassen hatte. Geprägt von Deutschenhaß und einem unglaublichen Sadismus bei der Erfindung von Grausamkeiten und allen Formen der Erniedrigung, unterwarfen sie sich die Menschen, die in ihrem Machtbereich waren.

Mit den Polen aus den östlichen Gebieten, die an die Sowjetunion abgetreten worden waren, kamen Spekulanten, Schieber und Beutemacher ins Land, die gar nicht die Absicht hatten, hier zu bleiben. Sie plünderten deutsches Eigentum und trieben Handel damit. Sie kamen und fuhren voll bepackt wieder weg. Die Marodeure und Plünderer hießen später im Volksmund „Erste Brigade“. Viele Milizionäre arbeiteten mit diesen Banditen zusammen. Kamen die polnischen Siedler in geschlossenen Transporten, mußten die Deutschen alle Häuser im Ort räumen. Bis zur Vertreibung nach Deutschland lebten sie in Arbeitslagern. Die neuen Besitzer behandelten die Deutschen, die ihnen als Arbeitskräfte zugewiesen wurden, wie Sklaven. Diese Menschen ersehnten nichts mehr als die Abschiebung nach Deutschland. Die Zwangsaussiedlung, die häufig unter kriminellen Umständen verlief, war für sie bei allem Schmerz eine Erlösung aus der Knechtschaft.

Der Erlebnisbericht des schlesischen Priesters I. aus Neisse enthält folgende Passagen: „Mitte Juni 1945 begann die Zeit der Austreibung. Die Berichterstatter haben als zuverlässig anwesende Gäste von Pfarrern auf den Dörfern dieses selbst erlebt. Schlagartig wurde das Dorf umstellt. Mit Gummiknüppeln drang polnisches Militär in die Wohnungen ein und trieb alle gewaltsam heraus. Nur wenige Minuten blieben, um einige Habseligkeiten zusammenzupacken. Auch Priester wurden so ausgetrieben. In manchen Fällen konnten sie wenigstens noch das Allerheiligste aus dem Tabernakel bergen und mit auf die Flucht nehmen. Eine solche Austreibung war eine fortlaufende Kette gemeinster Mißhandlungen der weinenden Bevölkerung. Alle Proteste wurden nur durch rohe Schläge beantwortet. In langen Reihen ging es zu Fuß in die nächste größere Stadt, wo die Menschen in Lagern zusammengepfercht wurden und dort vier Wochen und länger warten mußten, ehe wieder ein Güterzug mit Ausgetriebenen nach dem Westen fuhr. […] Dann ging es zur Bahn, wo alle in Viehwagen kamen, deren Zustand noch deutliche Spuren des früheren Verwendungszweckes aufwies. Am hellen Tage geschah der Transport durch die Straßen der Stadt Neisse. An der

Spitze ging der völlig betrunkene Milizkommandant mit der Reitpeitsche in der Hand. Zur Seite und hinter dem Zug war Miliz mit Gewehr."[259]

Der Facharzt für Chirurgie Dr. Arnold Niedernzu aus Rößel beschrieb, daß mit der Abfahrt der Transportzüge in den Westen für die Vertriebenen die Not noch nicht zu Ende war: „Es ist aber allgemein bekannt, daß sie auf der meist mehr als eine Woche dauernden Fahrt fortwährend der Ausplünderung und Mißhandlung ausgesetzt waren. Diese Bahnräuber, die sich wohl gleichmäßig aus Russen und Polen zusammensetzten, fuhren häufig nachts auf den Dächern der Wagen mit, um außerhalb der Stationen in die Wagen einzudringen und die Reisenden zu überfallen und zu mißhandeln. Häufig hielten die Züge – wahrscheinlich auf Verabredung mit dem Zugpersonal – auf offener Strecke, so daß sich die Räuber umso leichter auf ihre Opfer stürzen konnten. So sind viele Deutsche buchstäblich bis aufs Hemd ausgezogen worden. Die Lebensmittel wurden bis aufs Brot meist restlos fortgenommen. Häufig wurden den Leuten die Kleider auf dem Leib zerschnitten, um so bequemer nach Schmuck und Wertgegenständen suchen zu können. So wurde den Deutschen von dem wenigen, das sie durch die ganzen Monate der Verfolgung noch hatten retten können, noch das Letzte genommen. Zerlumpt, arm wie Bettler, ausgehungert, krank und seelisch zermürbt sind die meisten über die Oder in das westliche Deutschland gekommen und mußten noch froh sein, das nackte Leben gerettet zu haben."[260]

Sieben Millionen Ost- und Westpreußen, Pommern, Danziger, Ostbrandenburger und Schlesier mußten die Heimat verlassen, in der ihre Ahnen seit Jahrhunderten gelebt und gearbeitet hatten.

In der Zürcher „Weltwoche" erschien im November 1945 der erste Bericht der Weltpresse über die Verbrechen an Deutschen in dem den Polen zur Verwaltung zugesprochenen Gebiet.

„Man wünscht hier keine Besuche von außen. Denn hinter der Oder-Neiße-Linie beginnt das Land ohne Sicherheit, das Land ohne Gesetz, das Land der Vogelfreien, das Totenland. […] Wer die polnische Zone verlassen hat und in russisch okkupiertes Gebiet gelangt, atmet geradezu auf. Hinter ihm liegen die leer geplünderten Städte, Pestdörfer, Konzentrationslager, öde, unbestellte Felder, leichenübersäte Straßen, an denen Wegelagerer lauern und Flüchtigen die letzte Habe rauben. […] Je weiter man von Berlin gegen Osten fährt, desto häufiger sieht man an den Ortseingängen die großen Plakate mit dem in lateinischer und kyrillischer Schrift aufgemalten Warnungswort: Typhus! […] Ziemlich alle

Dörfer an der Eisenbahnlinie Breslau–Frankenstein sind vom Typhus infiziert. […] Wenn alle diejenigen, die Hitler und Mussolini unter großen Opfern bekämpften, um eine bessere Welt aufzubauen, es zulassen, daß der Kampf jetzt von Rowdys und Chauvinisten ausgenützt und beschmutzt wird, dann sehen wir keine große Hoffnung für die Zukunft. Auch wir alle werden mitschuldig sein, wenn wir nicht täglich und stündlich die Schandtaten, die heute im Namen der Demokratie und der Freiheit begangen werden, enthüllen. Nichts anderes wollen diese ersten Zeilen aus dem Land der Vogelfreien, aus dem Totenland jenseits der Oder."[261]

Die wilden Vertreibungen

Mit den wilden Vertreibungen wollten die Polen Fakten schaffen zu einer Zeit, als noch nicht klar war, auf welche Grenzen und politischen Maßnahmen sich die alliierten Großmächte einigen würden. Auf der Potsdamer Konferenz brachte die polnische Delegation das Argument vor, daß wegen der Abwanderung der Deutschen eine neue Grenzziehung erforderlich sei. Es wurde nicht gesagt, daß die Menschen zum Gehen gezwungen worden waren. Noch vor dem Ende der Potsdamer Konferenz wurden allein aus Niederschlesien 800.000 Deutsche aus dem Land gedrängt. Viele mußten die Neiße-Linie zu Fuß überqueren. In ihre Wohnungen zogen bis Ende 1945 816.000 Umsiedler aus „Russisch-Polen" ein. Die Schaffung von Fakten zahlte sich aus. Die Neiße wurde polnische Westgrenze. Erst am 20. November 1945 bestimmte der Alliierte Kontrollrat als höchstes Gremium der vier Besatzungszonen in Rumpfdeutschland die Zielgebiete der Umsiedlungen. Da waren viele Deutsche schon aus ihren Wohnungen vertrieben und warteten, ihres Vermögens beraubt, in Sammellagern auf ihre Ausweisung.

Aus Sorau, das in der Nähe von Lebus liegt, berichtete eine Zeugin: „Am 23. Juni 1945 wurden wir nun vollkommen überraschend binnen zehn Minuten vom Polen ausgewiesen. Ich lebte damals wieder in meinem Haus, das ging immer hin und her, mal wurde man herausgeschmissen, dann wagte man sich wieder hinein, schaffte den schlimmsten Schmutz hinaus, um dann doch bald wieder herausgeworfen zu werden. Niemand von uns hatte mit einer Ausweisung gerechnet. Wohl kamen eine Woche vorher die Zivilpolen, und uns wurde gesagt, daß wir nun polnisch verwaltet würden. […] Bis dann am Morgen des 23. Juni 1945 die polnische Soldateska erschien, die sogenannten Lubliner Polen, und die gesamte Bevölkerung Soraus, gegen 29.000 Menschen, an diesem Tag auswies. Nur ganz wenige, die in den Fabriken für den Russen arbeiteten, durften bleiben."[262]

In den Lagern waren die Menschen der Willkür der polnischen Bewacher ausgesetzt. Sie waren vogelfrei. Man durfte sie mißhandeln, verhungern lassen, erschlagen, ohne ärztliche und geistliche Hilfe sterben lassen. Die meisten, die dort umkamen, wurden namenlos in Massengräbern verscharrt. Nur durch Zufall stieß man später beim Ackern oder bei Bauarbeiten auf die Knochen der Toten.

Wenn die gedemütigten Überlebenden schließlich erwartungs- und hoffnungsvoll nach Westen fuhren, waren sie ihres Eigentums noch lange nicht sicher. Räuber und Plünderer nutzten die letzte Gelegenheit, den Deutschen den Rest ihrer Habe abzunehmen.

Ein deutscher Bahnbeamter berichtete: „Anfang Mai 1945 kamen die ersten Züge mit Flüchtlingen in Richtung Stettin hier durch. Was sich in diesen Zügen in den einzelnen Wagen zugetragen hat und ich mit angesehen habe, war ein Bild des Grauens. Diese Züge fuhren dicht vor oder hinter dem Bahnhof Z. sehr langsam. Hier sprangen einzelne Trupps, bestehend aus Russen und Polen, ab oder auf den Zug. Die Abspringenden hatten ihre Beute den Flüchtlingen abgenommen, andere taten es dicht hinter Z. Es war meistens Geschrei von Frauen und Kindern in den einzelnen Wagen, so daß einem angst und bange wurde. Frauen, auch einige Männer, waren ganz entkleidet und wurden aus den Zügen geworfen. Auf Hof Z. war in der Regel Beuteverteilung. Weil ich bei den Russen und später auch bei den Polen Dienst versehen mußte, habe ich fast immer mit ansehen müssen, wie die letzte Habe der Flüchtlinge aus den Säcken herausgeholt und verteilt wurde. Das Dienstzimmer glich oft einem Schutthaufen. Wir haben noch an den Gleisen viele Sparbücher und wertvolle Schriftstücke zusammengesammelt und in unserem Wohnhaus in einen Keller gelegt. Dieser Zug, der alle Tage bei uns in der 15. Stunde durchfuhr und außer Personenwagen auch Flüchtlingswagen am Schluß hatte, wurde von uns nur Plünderzug genannt. Es kamen an einzelnen Tagen auch ganze Sonderzüge mit Flüchtlingen, auch hier waren Plünderer drauf. Ich habe den Eindruck gewonnen, daß das Lokpersonal und die Plünderer sich die Langsamfahrstellen vorher besprochen hatten."[263]

Die Radikalität, mit der die Tschechen die Deutschen des Landes verwiesen, galt den Polen als vorbildlich. General Karol Świerczewski, der

Kommandeur des II. Armeekorps, ermutigte seine Truppen mit einem Befehl vom 24. Juni 1945: „Man muß seine Aufgaben so streng und entschieden erfüllen, daß sich das deutsche Ungeziefer nicht in seinen Häusern verstecken kann, sondern freiwillig vor uns flieht und in seinem eigenen Land Gott dankt, daß es seinen Hals gerettet hat."[264]

Deutsche in Lagern

Das Deutsche Rote Kreuz zählte nach dem Zweiten Weltkrieg in den Gebieten östlich von Oder und Neiße 1.255 Lager sowie 227 Gefängnisse zur Inhaftierung und Internierung von Deutschen.[265] Viele waren frühere Konzentrations- und Internierungslager des Dritten Reiches gewesen, zum Beispiel Lamsdorf, Schwientochlowitz und Potulitz. Unter polnischer Regie waren die Lebensverhältnisse dort nach den Aussagen von Häftlingen, die beide Regime erlebten, schlimmer als im Dritten Reich. Die Todesrate betrug jetzt bis zu 50 Prozent. Insgesamt überlebten zwischen 60.000 und 80.000 Deutsche die Torturen in den Lagern nicht. Einige Hochrechnungen kommen sogar auf 96.000 Opfer.[266] An der Spitze des Lagersystems stand Chaim Studniberg, der später nach Israel auswanderte. Sein Vorzeigelager war Schwientochlowitz in Oberschlesien. Dort durften sich Sadisten austoben. Unter den Deutschen war es als Todeslager berüchtigt.

Ein Überlebender erzählte: „Der Empfang war entsprechend. Wir standen in der Verwaltungsbaracke zur Aufnahme der Personalien, als es durch den Gang hallte: ‚Wo SS?' Ein Mann von vielleicht 20 Jahren trat vor. Schnell wurde er in den Kreis genommen, und schon hagelte es Faustschläge, bis er am Boden lag. Alsdann sprangen ihm zwei Mann zugleich und so lange auf die Brust, bis diese einbrach. Zuletzt trampelten sie den ganzen Körper weich. Mutiger und stiller habe ich niemals mehr einen Menschen sterben sehen. Aber das war nur der Auftakt."[267]

Frau Faricek erfuhr vom Schicksal ihres Mannes erst, als sie aus dem Lager entlassen wurde. Sie hörte, „daß man ihren Mann so grausam mißhandelt hatte, daß er am dritten Tag seiner Gefangenschaft gestorben war. Man hatte ihm sämtliche Zähne ausgeschlagen und ihn schließlich erwürgt, weil er nicht seine Zugehörigkeit zur NSDAP erklären wollte."[268]

Was die polnischen Lager besonders charakterisierte, war, daß die deutschen Insassinnen – wie in den tschechischen und jugoslawischen Lagern – häufigen Vergewaltigungen und dauernden sexuellen Demütigungen ausgesetzt waren.[269]

Die ausführlichsten Berichte in deutscher Sprache gibt es über das Lager Lamsdorf und das Lager Potulitz. Was dort passierte, unterschied sich jedoch nicht von dem, was in den meisten Lagern üblich war.

Lager Lamsdorf

Lamsdorf, ein Dorf im Kreise Falkenberg in Oberschlesien, 30 Kilometer südwestlich von Oppeln, zählte vor dem Zweiten Weltkrieg 1.126 Einwohner. Das ehemalige Kriegsgefangenenlager am Ort wurde im Juli 1945 in ein polnisches „Arbeitslager" für Deutsche umgewandelt, die ihre Häuser für polnische Neusiedler räumen mußten. Das Lager war von einem Maschendrahtzaun umgeben. Die Internierten wohnten nach Geschlechtern getrennt in Holzbaracken. Die Wärter waren Freiwillige aus der Gegend von Bendsburg (Będzin), Jasło und Gollub (Golub-Dobrzyń) im Alter von 17 bis 23 Jahren, „die etwas erleben wollten". Der Kommandant, Feldwebel Czeslaw Gęborski, war 20 Jahre alt. Von den etwa 8.000 Personen aus den umliegenden Ortschaften, die in das Lager eingewiesen wurden, kamen bis zu 6.500 ums Leben, unter ihnen 628 Kinder. Sie wurden erschossen, erschlagen, gefoltert oder starben an den Folgen der Mißhandlungen, an Krankheit oder Hunger. Es gibt kein anderes Lager in den deutschen Ostgebieten, im dem ein so großer Anteil der Häftlinge zu Tode kam. Dr. Heinz Esser, der bis September 1946 Lagerarzt in Lamsdorf war, berichtete nach seiner Ankunft in Westdeutschland, wie die Insassen umgebracht wurden. Sein Buch *Die Hölle von Lamsdorf* gehört zu den wichtigen Zeugnissen der Vertreibungsgeschichte.

„Das Lagerleben vollzog sich etwa folgendermaßen: Früh morgens war kurz nach dem Wecken um 5 Uhr Appell und sogenannter ‚Frühsport'. Während des Sportes, den alle Männer ohne Rücksicht auf Krankheit oder Gebrechen und Alter, ja sogar Männer von 80 bis 90 Jahren mitmachen mußten, wurde wieder geschlagen, getreten usw. Anlaß hierzu war meist die Tatsache, daß die Kommandos in polnischer Sprache gegeben wurden, die die meisten überhaupt nicht verstanden, oder weil die Männer gezwungen waren, in polnischer Sprache ab-

zuzählen, wozu sie natürlich nicht in der Lage waren. Hierbei kam es zu Mißhandlungen, die überhaupt nicht zu beschreiben sind und die regelmäßig mit tödlichem Ausgang bei mehreren Menschen endeten. Die alten Männer, die jeglicher Sportbetätigung unfähig waren, wurden dabei fast alle in bestialischer Weise umgebracht. Nach einem solchen ‚Frühsport' wurden in den ersten vier Monaten durchschnittlich am Tage etwa zehn Tote vom Platze geschleppt."[270]

Nach dem Frühsport wurden die Männer und Frauen in Arbeitskommandos eingeteilt. „Am 15. September 1945 wurden 16 Männer vor einen Wagen gespannt und mußten unter ständigen Stockschlägen schwere Eisenteile im Nachbardorf holen. Sie konnten sich kaum aufrecht halten vor Schwäche und Hunger. Unterwegs im Walde wurden auf diese Männer regelrechte Schießübungen veranstaltet, wobei die Hälfte der Unglücklichen unter Feuer in einen Teich gejagt wurde und darin ertrank. Die anderen, worunter sich auch der jetzt noch lebende Erhard Sch. befand, kehrten blutüberströmt und sich nur mühsam vorwärtsschleppend zurück. Drei von ihnen hatten von den Schreckenserlebnissen die Sprache verloren. Einer schrie vor Schmerzen, weil er vier tiefe Bajonettstiche im Körper hatte. Aber er durfte nicht ins Krankenrevier oder ärztlich behandelt werden. Er erhängte sich in derselben Nacht neben der Schlafstelle eines Mithäftlings. Die Arbeit, die bei einer Verpflegung von etwa 200 bis 300 Kalorien am Tage verrichtet werden mußte, unter Stock- und Peitschenhieben oder schwersten, blutigen Mißhandlungen, war schlimmer als Sklavenarbeit. Männer und Frauen, ohne Rücksicht auf ihren schlechten Ernährungs- und Kräftezustand oder auf bestehende Krankheiten, mußten 12 Stunden und länger in dürftiger und zerrissener Kleidung, voll Ungeziefer und eiternden Wunden, die nicht behandelt werden durften, bei allen Witterungslagen schwerste Arbeit verrichten. Diese Arbeiten wurden bei Regen und grimmigster Kälte rücksichtslos verlangt, bis die Menschen zusammenbrachen. Frauen und Männer mußten zu zehnt oder zwölft den Pflug oder die Egge ziehen, mit Kartoffeln überladene schwere Pferdewagen oder Jauchefässer ziehen usw. Frauen, zarte und kranke, mußten sich mit den Männern ohne Schutz vor Regen und Kälte am Barackenbau betätigen und unmenschliche Lasten tragen, bis sie entkräftet und blutüberströmt von den Schlägen zusammenbrachen. Sie mußten mit den Händen Hunderte von Leichen, die längst verwest waren, ausscharren und waren dabei stundenlang dem penetranten Verwesungsgeruch ausgesetzt. Dabei kam das Unglaubhafte vor, daß sie verweste Leichenteile mit dem Munde berühren oder Kot essen mußten. […] Den sadistischen Grausamkeiten der Lagerbewachung waren Männer und Frauen gleichermaßen ausgesetzt. Es war auch keine Selten-

heit, daß Frauen und Mütter Prügelstrafen erhielten, während selbst schwerkranke Frauen vergewaltigt wurden. Am 2. September 1945 kamen etwa 100 Frauen am Abend von einem Arbeitskommando bei strömenden Regen bis auf die Haut durchnäßt ins Lager zurück. Sie mußten Lieder singen und dabei zum Übungsplatz marschieren. In der Platzmitte wurde ein Schemel aufgestellt, worüber sich der Reihe nach jede Frau legen mußte und dann etwa 25 bis 30 Schläge mit dicken Knüppeln auf das Gesäß erhielt. Diesen Frauen hingen nach diesen Marter-Prozeduren die Haut und Muskulatur buchstäblich in Fetzen herunter."[271]

Den Lebenden und Sterbenden blieb als einziger Trost das Gebet. Die polnischen Geistlichen in den Nachbarorten weigerten sich, den Deutschen im Tod beizustehen. Sie sollten wie Tiere krepieren.

Ein furchtbares Massaker fand am 4. Oktober 1945 statt, bei dem bis zu 209 Frauen und Männer den Tod fanden. Gegen Mittag brach in der Baracke 12 ein Feuer aus, während in der Wachstube ein Gelage mit viel mit Wodka stattfand. Die Brandursache wurde nie bekannt. Der Lagerkommandant Gęborski und seine Männer waren zur Stelle, bevor die Gefangenen überhaupt ahnten, was geschehen war. Das Lager wurde alarmiert. Durch Hetze, Vorwürfe und Anschuldigungen, Fluchen, Treiben und Schläge wurde eine unvorstellbare Panik unter den an und für sich schon in Schrecken lebenden Männern und Frauen hervorgerufen. Alle sollten den Brand löschen, aber womit? Etwa 30 Posten liefen mit vorgehaltenen Schußwaffen hinter den ratlos nach Löschmitteln suchenden Menschen, wobei sie einen Kordon um die Brandstelle bildeten und ihre Gewehre und Maschinengewehre schußfertig machten. Der erste Schuß war das Signal zum Beginn des Mordens. Die Polen schossen unterschiedslos auf jeden, der, von der Hitze zurückgetrieben, in die Nähe des Postenringes kam. Es waren durchweg wohlgezielte, in voller Ruhe und Grausamkeit abgegebene Kopfschüsse, oft aus einer Entfernung von ein bis drei Metern. Andere wurden bei lebendigem Leib in die Flammen getrieben. Die Posten feuerten sich gegenseitig lachend an und wetteiferten miteinander in ihren Abschußzahlen. Als die Baracke niedergebrannt war, ging die Jagd auf Menschen weiter. Überall, auch fernab der Brandstelle, lagen am nächsten Tage die Leichen der Erschossenen. Über die Toten durften keinerlei Aufzeichnungen gemacht werden. Sie wurden nicht registriert, sondern namenlos begraben. Die Überlebenden wurden unter Todesdrohung zum Schweigen verpflichtet. Außerhalb des Lagers sollte niemand etwas erfahren.

Joseph Thiel aus Rüben im Kreis Falkenberg berichtete: „Ab 20. September 1945 bis Mitte November 1945 habe ich die Toten beerdigen müssen. Es waren täglich fünf bis neun Tote. Bis zu meiner Zeit wurden die Toten in Splittergräben verscharrt. Da kamen drei bis fünf Tote übereinander. Der Graben wurde dem Erdboden gleichgemacht. Dieser senkte sich aber mit der Zeit, da wurde immer wieder Boden daraufgegeben. Hügel oder Blumen durften nicht daraufgegeben werden. Als Frau D. aus Bielitz die Stelle ihres beim Appell erschlagenen Mannes Albert mit einer Blume gezeichnet hatte, wurde sie ungeheuer geschlagen. Als ich das Amt des Totengräbers erhielt, gab es keine freien Splittergräben innerhalb des Lagers mehr. Es wurde ein neuer Friedhof angelegt. In Reihengräbern kamen die Toten nebeneinander. In der Reihe waren 170 Tote. […] Ein Verzeichnis, wie die Toten zu liegen kamen, durfte nicht angefertigt werden. Auf diesem Friedhof wurde bis Ende 1945 beerdigt. Dann wurde außerhalb ein neuer Friedhof angelegt. Dort wurde es ebenso gemacht. Der bis März 1946 benutzte Friedhof ist eingeebnet, mit Kompost bestreut und mit Gras besät worden. Von der Eröffnung des Lagers am 25. Juli 1945 bis 6. Oktober 1945 – Absetzung des berüchtigten Kommandanten Gęborski – sind 90 Prozent aller Toten erschlagen, selten erschossen worden.“[272]

Die polnische Justiz ging mit den Mördern pfleglich um. Angeblich gab es unmittelbar nach seiner Abberufung 1945–1947 ein Ermittlungsverfahren gegen den Kommandanten Gęborski, aber darüber ist kein Beleg zu finden. Am 29. November 1956 wurden neue Ermittlungen eingeleitet. Am 18. Juni 1957 wurde Gęborski vorübergehend festgenommen, aber nicht verurteilt. 1958 wurde ein Verfahren wegen Mordes an mindestens 71 Menschen eröffnet, darunter mehreren Kindern, es erfolgte aber dann ein Freispruch wegen „Unerfahrenheit“, offensichtlich auf politischen Druck der Warschauer Regierung hin. Nach der Veröffentlichung der Buches *Die Hölle von Lamsdorf* von Heinz Esser im Jahr 1968 nahm die Staatsanwaltschaft Hagen aufgrund zahlreicher Anzeigen von Betroffenen Ermittlungen gegen Gęborski und weitere sieben polnische Angehörige der damaligen Wachmannschaft auf. 1977 wurde Anklage erhoben, das Verfahren auf Weisung des Justizministers Nordrhein-Westfalen jedoch eingestellt, angeblich, da die Auslieferung der Angeklagten aus Polen nicht zu erwarten war, in Wirklichkeit aber aus politischer Rücksichtnahme auf die Politik der damaligen sozialliberalen Regierung in Bonn, die die Beziehungen zu Polen nicht belasten wollte. 1989, nach dem Ende der kommunistischen Herrschaft, zeigten Oberschlesier polnischer Staatsbürgerschaft, die in Lamsdorf inhaftiert gewesen waren, Gęborski an, der als Geheimdienstmitarbeiter mittlerweile pensioniert war. Im Jahr 2000 begann in Oppeln ein Verfahren gegen ihn wegen achtundvierzigfachen Mordes. Das Gericht verzögerte den Fall so lange, bis Gęborski vor Prozeßende 2006 gestorben war. Ein ähnliches Ergebnis hatte die Anklage gegen den Kommandanten des berüchtigten Internierungslagers Schwientochlowitz in Oberschlesien, in dem durch Hungertod, Seuchen und grausige Folterungen über 1.500 Häftlinge, darunter viele Kinder und Frauen, zu Tode gekommen waren. Es war der amerikanische Journalist John Sack, der 1994 den ehemaligen Kattowitzer Geheimpolizisten Salomon Morel in seinem Buch *Auge um Auge* bloßstellte. In Deutschland brach eine heftige Debatte darüber los, ob Sacks Buch in Deutschland erscheinen dürfe, weil Morel Jude war und die Angelegenheit die deutsch-polnischen Beziehungen belasten könnte. Morel, der 1992 nach Israel geflohen war, starb 2007 in Tel Aviv. Israel hatte seine Auslieferung verweigert, weil die Sache verjährt sei.

Die meisten Unterlagen über Lamsdorf wurden von den Polen vernichtet oder beseitigt. Aufgrund einiger Zufallsfunde erstellte der polnische Autor Nowak eine Publikation, in der die deutschen Erlebnisberichte und Zeugenaussagen in Zweifel gezogen und die polnischen Wachmannschaften exkulpiert wurden.

Lager Potulitz

Das Lager Potulitz 12 Kilometer westlich von Bromberg war zu drei Vierteln identisch mit dem Lager, das die Deutschen im Zweiten Weltkrieg als Umwandererzentrale für Aussiedler aus Bessarabien errichtet hatten und später als Lager für Fremdarbeiter sowie Aufnahmelager für elternlose Kinder aus den besetzten Gebieten der Sowjetunion nutzten. Es war von einer über zwei Meter hohen Steinmauer umgeben. Potulitz war das zentrale Arbeitslager für Nordpolen. Es beherbergte auch Kriegsgefangene und polnische Kollaborateure. Die meisten der Internierten arbeiteten bei Bauern und Verwaltungseinrichtungen in der Umgebung, ab Juli 1946 fast nur noch auf Kolchosen. Am 20. Dezember 1947 meldete der Sicherheitsdienst der Woiwodschaft Bromberg (powiat bydgoski) an das Ministerium für öffentliche Verwaltung in Warschau, daß im Lager Potulitz 24.000 Deutsche erfaßt seien: 12.000 Volksdeutsche, 4.000 Reichsdeutsche, 2.000 Arbeitsunfähige und 6.000 Kinder. Das Lager bestand bis 1949. In diesem Jahr fuhren die letzten Transporte mit über 10.000 Menschen in die DDR.

Die vielen Kinder hatten in Potulitz ein besonders schweres Schicksal. Viele starben, die meisten von ihnen verhungerten oder wurden von Epidemien hinweggerafft. Die größeren ab zehn Jahren wurden als Arbeitskräfte an polnische Bauern und Unternehmer gegeben. Die Kinder unter sechs, die für das Lager eine überflüssige Last waren, wurden von ihren Müttern gewaltsam getrennt, damit diese zur Arbeit herangezogen werden konnten. Man schob sie in Waisenhäuser ab oder übergab sie polnischen Familien. In beiden Fällen wurden sie unter dem Verlust ihrer Identität zu Polen erzogen. Da die meisten ihr Geburtsdatum und ihren Geburtsort nicht kannten, war es einfach, aus ihnen polnische Kinder zu machen. Da die deutsche Herkunft nur Beschimpfung oder Verachtung einbrachte, paßten sich die Kinder an die Situation an. Die Mütter wurden nach Westdeutschland vertrieben, ohne daß sie ihre Kinder wieder zu Gesicht bekommen hatten. Bei ihrer Entlassung aus dem Lager und dem Abtransport in den Westen erfuhren sie nicht, wohin ihre Kinder gebracht worden waren. Der Suchdienst des Deutschen Roten Kreuzes, den sie in Deutschland einschalteten, war meistens machtlos. Von den 5.000 „Bromberger Kindern", wie die deutschen Waisenkinder aus Potulitz und anderen polnischen Lagern genannt wurden, fanden nur wenige ihre Eltern wieder. Die Kinder, die am 5. August 1948 mit einem Transport in die sowjetisch besetzte Zone abgeschoben wurden, konnten kein Wort Deutsch, so daß die Befragung nichts erbrachte. Die Kinder, die in Polen geblieben waren, wußten nichts von ihrer deutschen Herkunft. Sie fühlten sich als Polen, besuchten die polnischen Schulen, heirateten polnische Frauen und arbeiteten als Polen in polnischen Betrieben. Die polnischen Ehepaare, die deutsche Kinder aufgenommen hatten, weigerten sich, Auskunft zu geben. Sie sahen in ihnen billige Arbeitskräfte oder einen Ersatz für eigene Kinder. Wenn sie gut behandelt wurden, war das ein seltener Glücksfall für die Waisen.[273]

Die arbeitsfähigen Kinder des Lagers Potulitz, die in der Umgebung eingesetzt waren, durften ihre Mütter am Sonntag für ein oder zwei Stunden im Lager besuchen. Jeder weitere Kontakt war verboten. Mütter, die ihren Töchtern oder Söhnen ein Stück Brot zusteckten, wurden sogar mit Bunkerhaft bestraft. Für die Kinder, die im Lager blieben, gab es in den Baracken keine Bücher, kein Spielzeug, nicht einmal Papier. Als das Lager im August 1949 aufgelöst wurde, lebten dort noch 112 Kinder. Die Lagerleitung hatte nicht einmal ein Namensverzeichnis geführt. Schwangere, die in Potulitz Kinder zur Welt brachten, konnten nicht erwarten, daß die Babys überlebten. Im August 1945 waren unter den 51 Toten des Lagers 13 Säuglinge.[274]

Die Menschen, die die Schreckenszeit von Potulitz überlebten, erinnerten sich später punktuell an besondere Ereignisse.

Erma Crespari aus Wirsitz erzählte, welche Gefühle sie zu Weihnachten 1945 übermannten: „Es kam das erste Weihnachtsfest heran, wir arbeiteten fast Tag und Nacht. Das Essen war schlecht, Kartoffelschalen mit Kleie verdickt, es schwammen im Eßnapf nur Kartoffelschalen (auch beim Festessen am Heiligabend). Man hatte auf dem Platz eine Tanne eingesetzt, grelle Farben mit Glühbirnen daran. Wir mußten zur Weihnachtsfeier antreten und mußten Weihnachtslieder singen, aber nur auf Polnisch singen, aber man hörte nur Schluchzen. Da begann das Lied ‚Stille Nacht' auf Polnisch. Unsere Landser hörten die Melodie und fielen auf Deutsch ein. Wir standen starr, das Toben begann, unsere Soldaten sangen ruhig weiter, aber der Vers kam nicht zu Ende. Es war eisig in den Baracken. Auch im Winter gab es keine Feuerung, unsere Betten mußten abgegeben werden, eine Decke wurde erlaubt, aber kontrolliert, daß wir nur im Hemdchen auf dem elenden Stroh schliefen."[275]

In Potulitz starben 3.500 bis 4.000 Menschen an den unmenschlichen Haftbedingungen. Offiziell wurden 3.099 zugegeben.[276] In den Nebenlagern war die Sterblichkeit noch größer. Dort kamen in den ersten Monaten nach Kriegsende mehr Menschen zu Tode als in Potulitz im ganzen Jahr. Die Toten des Lagers Potulitz wurden in Massengräbern unweit des Lagers verscharrt, die anderen in Gräbern irgendwo. Alle Gräber wurden spätestens in den fünfziger Jahren eingeebnet. In Polen wurde nur die Erinnerung an die während des Krieges im Lager festgehaltenen Polen gepflegt.

Späte Aufdeckung polnischer Verbrechen

Die Toten von Marienburg

Obwohl schon im Dezember 2008 die Netzseite „Polskaweb" über einen großen Skelettfund im Zentrum der Stadt Marienburg, die die Polen

Malbork nennen, berichtet hatte, schrieben die deutschen Zeitungen erst Monate später über das Massengrab. Sie bezogen ihre Informationen von der polnischen Presseagentur PAP, die wichtige Indizien verschwieg und gerne einen Mitarbeiter des Burgmuseums der Stadt zu Wort kommen ließ, der in den Toten zivile Kriegsopfer der Kämpfe zwischen der Roten Armee und den deutschen Streitkräften von Januar bis März 1945 sah. An der Aufklärung der wahren Umstände waren auch die polnischen Bewohner von Marienburg kaum interessiert. Am liebsten hätte man die grausige Fundstätte wieder zugeschüttet.

Es steht fest, daß 1945 bis zu 700 Zivilisten bei den Kämpfen um die Ordensburg umkamen. Sie wurden identifiziert, registriert und von dem katholischen Pfarrer Konrad Will nach der Beendigung der Kriegshandlungen begraben. Zahlreiche Marienburger, die vor der Roten Armee geflohen oder evakuiert worden waren, kehrten nach der Kapitulation der Wehrmacht in die Stadt zurück. Im Juni 1945 lebten in Marienburg wieder 3.275 Einwohner, davon 2.050 Deutsche. Zu dieser Zeit zogen polnische Milizionäre und Angehörige der polnischen Heimatarmee in die Stadt ein. Die Deutschen wurden zur Zwangsarbeit verpflichtet, vor allem zur Beseitigung der Ruinen. Ende 1945 waren keine Deutschen mehr in Marienburg. 1.850 Marienburger waren spurlos verschwunden. Diese Zahl deckt sich ziemlich genau mit der Anzahl der in einem Massengrab gefundenen Schädel. Handelt es sich um die verschwundenen Deutschen?

Die ersten 67 Skelette fand man im Oktober 2008 bei Abbrucharbeiten in der Piastowska Straße. Sie wurden wenige Stunden später auf dem Gelände einer alten deutschen Kirche schnell und oberflächlich wieder eingegraben. Unter den Funden befanden sich auch Skelette von Kindern. Mehrere Schädel hatten Einschußlöcher über dem Nasenbein. Der Bürgermeister der Stadt, der Malbork als Touristenmagnet erhalten wissen wollte, gab die Anweisung, die Arbeiten mit einem Schaufelbagger beschleunigt weiterzuführen und alle Spuren zu verwischen. Die Leichenschändungen, die nicht ausbleiben konnten, wenn der Bagger die Skelette auseinanderriß, sollten verheimlicht werden. Das mißlang.

Im Januar 2009 zeigte das polnische Staatsfernsehen Bilder von Behältern mit Schädeln von Kindern und Säuglingen aus Marienburg. Die Staatsanwaltschaft war gezwungen, Ermittlungen aufzunehmen. Sie vertrat die Version, daß es sich um Opfer der Roten Armee handle. Die Akten wurden geschlossen. Niemand in Marienburg habe Angaben über einen

Massenmord im Zentrum der Stadt machen können, und in keinem polnischen Archiv seien Hinweise darauf zu finden.

Die Tatsache, daß die Opfer völlig nackt in einem großen Grab, angeblich einem riesigen Bombentrichter, verscharrt wurden, läßt den Schluß zu, daß der Fundort auch der Tatort war, nämlich das Gelände des „Polnischen Hauses" an der Piastowska Straße 18. Die Piastowska Straße 18 in Marienburg war seit dem 11. Juli 1920 eine historische Adresse für alle nationalbewußten Polen. Dort fand an diesem Tag die im Versailler Vertrag vorgesehene Abstimmung über die Zugehörigkeit Marienburgs zu Deutschland oder zu Polen statt. Von den 9.641 Personen, die daran teilnahmen, entschieden sich nur 165 für die Angliederung der Stadt an Polen. Ihre Namen wurden später auf einer Ehrentafel verewigt, die im „Polnischen Haus" aufgehängt wurde, weil ihr Votum für Polen dem Land zur Ehre gereichte. Im Oktober 2008 sollte das Polnische Haus abgerissen werden, weil auf dem Gelände, genau gegenüber dem Rathaus und dem Tourismusbüro, ein Vier-Sterne-Hotel mit 160 Zimmern erbaut werden sollte. Die älteren Bürger der Stadt, von denen einige schon vor dem Zweiten Weltkrieg hier lebten, versuchten bis zuletzt, den Abriß wegen der Geschichtsträchtigkeit des Ortes zu verhindern. Zu den Auflagen, die der Hotelinvestor, der Europäische Hypothekenfonds SA, mit der Baugenehmigung in Kauf nehmen mußte, gehörte auch die Übernahme der Gedenktafel und einiger Mauerteile des alten Gebäudes. Als direkt unter dem geplanten Hotel das Massengrab entdeckt wurde, verlor der Investor das Interesse, da er fürchtete, die Gäste würden wegen der grauenhaften Geschichte ausbleiben. Das 4.640 Quadratmeter große Grundstück fiel an die Stadt zurück.

Obwohl die Justizbehörden in Deutschland von privater Seite darauf aufmerksam gemacht wurden, daß es sich bei den Toten um ermordete Deutsche handeln könnte, taten sie nichts zur Aufklärung des Falles. Die Politiker hatten an den Hinweisen kein Interesse, weil man die deutsch-polnischen Beziehungen nicht belasten wollte. Die politisch korrekte Lehre war: Deutsche können nicht Opfer sein. Sie sind ausschließlich Täter. Nur die NPD machte eine Eingabe im Schweriner Landtag wegen des Marienburger Massengrabs. Die Antwort der Landesregierung bestätigte das Desinteresse von offizieller deutscher Seite an der Aufklärung des Falles.

Bei den Ausgrabungen nach der Frostperiode im Winter 2009/10 wurden nach unterschiedlichen polnischen Quellen zwischen 1.750 und 2.034

Schädel geborgen. Häufig waren jetzt Vertreter der internationalen Presse vor Ort, um sich vom Ausmaß der Tragödie zu überzeugen. Seltsam war, daß man keine Objekte (Spangen, Nadeln, Verschlüsse, Knöpfe) zur Identifizierung der Opfer fand. Sie hatten sich offensichtlich entkleiden müssen, bevor sie umgebracht wurden. Die Kleidung und alles, was sie bei sich trugen, war weggeschafft worden. Damit war die Behauptung entkräftet, es habe sich um Opfer der Kämpfe zwischen Wehrmacht und Roter Armee gehandelt.

In Polen löste der Fund einer solch großen Zahl ziviler Opfer im Zentrum einer alten deutschen Stadt kontroverse Diskussionen aus. Der Bürgermeister von Marienburg, das Institut der Nationalen Erinnerung (IPN) und die Staatsanwaltschaft, welche die Ermittlungen in der Sache führte, kamen in die Kritik. Der Zweigstelle des IPN in Danzig, das auch für die Aufklärung von Kriegsverbrechen zuständig ist, wurde vorgeworfen, die Geschichte unter den Teppich kehren zu wollen. Die Einschußlöcher in den Schädeln von Frauen und Kindern seien Indizien für einen Massenmord, weswegen minutiöse Untersuchungen angebracht wären. Auch die Art und Weise, wie die Überreste geborgen wurden, denen bei der Ausgrabung mit einem Schaufelbagger die Arme und Beine abgerissen, die Knochen gebrochen oder der Schädel zertrümmert wurde, erregte Anstoß. „Dies ist eine wenig würdevolle Behandlung ermordeter unschuldiger Zivilisten", hieß es.

Bei „Polskaweb News" gingen viele, oft anonyme Hinweise auf etwaige Täter ein. Sie verwiesen auf Namen von Personen und Organisationen, welche im Zeitraum 1945/46 im Großraum Marienburg ein mörderisches Unwesen trieben. Mehrmals wurde die „Wileńska Brygada", die auch „Todesbrigade" hieß, genannt. Die Wileńska Brygada war ein Arm der polnischen Heimatarmee. Ihr Kommandant war Zygmunt Szendzielarz. Die Angehörigen dieser Truppe trugen Uniformen der polnischen Armee. Die Brigade war während des Krieges im Raume Wilna (Vilnius) in Litauen entstanden und soll dort gegen deutsche Besatzungstruppen vorgegangen sein. Nach dem Ende des Krieges operierte die Wileńska Brygada im Raume Pommern und Westpreußen. Dort tötete sie polnische Beamte und Zivilisten, denen Kollaboration mit den Deutschen und Verrat an der polnischen Sache nachgesagt wurde. Sie lieferte sich auch Gefechte mit diversen Räuberbanden, die in den besetzten deutschen Gebieten plünderten und raubten. Ab dem Spätherbst 1945 hielten sich zahlreiche Mitglieder der Wileńska Brygada in Marienburg auf und trieben dort ihr Unwesen. Der Kommandant Zygmunt Szendzielarz schrieb im Oktober 1945 eine Postkarte aus Marienburg.

Zu dieser Zeit gab es noch Tausende Deutsche in Marienburg. Einer von ihnen berichtete 2009: „Im November 1945 hielt ich mich als Fünfzehnjähriger in der unmittelbaren Nähe des Marienburger Bahnhofs auf. Mit großem Geschrei stürzten plötzlich unter massiver Gewaltanwendung (Knüppeleinsatz) durch die polnische Miliz etwa 200 bis 300 Personen, Frauen und Kinder, durch das Haupttor des Bahnhofs auf die Straße. Sie wurden wie Vieh in Richtung Innenstadt getrieben. […] Ein auf die Straße gefallener Junge wurde dabei niedergetrampelt und unversorgt liegengelassen. Das damalige brutale Geschehen durch die polnische Miliz ist mir unvergessen geblieben und durch die jetzige Berichterstattung in der Presse über die Funde in Marienburg ganz unverhofft in meine Gegenwart zurückgekehrt. Mit dieser Mitteilung, die ich auch beeiden würde, möchte ich der Aufklärung dienen."[277]

Die noch lebenden Mitglieder der Wileńska Brygada, die am ehesten etwas über das mysteriöse Massengrab wissen mußten, schwiegen. Umso lebendiger wucherten die Spekulationen. So wurde zum Beispiel behauptet, die Toten seien an Typhus gestorben, oder es handle sich um von den Deutschen ermordete Juden. Die meisten Polen gingen weiterhin davon aus, daß die Opfer von der Roten Armee umgebracht worden waren. Das IPN suggerierte mit der Schlagzeile „Haben die Kommunisten das Massengrab in Marienburg vertuscht?" daß die Behörden vor der Wende den Fund mit Rücksicht auf die freundschaftlichen Beziehungen zu Moskau verschwiegen hatten. Warum sich die antirussische national-polnische Bewegung vor der Wende 1990 die Möglichkeit entgehen ließ, den Russen den Mord von Marienburg in aller Öffentlichkeit und mit politischem Nachdruck in die Schuhe zu schieben, erklärt sich aus den Fakten: Die Todeszeit der Opfer kann nicht vor dem 9. März 1945 liegen, denn bis zu diesem Zeitpunkt verteidigten deutsche Soldaten den Ort. Der Boden war zu dieser Zeit so hart gefroren, daß ein solch gigantisches Massengrab in den wenigen Tagen der russischen Besatzung nicht angelegt werden konnte. Am 20. April 1945 übernahmen polnische Beamte die Leitung der Stadt.

Die Überreste der Toten aus dem Massengrab in Marienburg wurden am 14. August 2009 auf einem Kriegsgräberfriedhof bei Stettin durch den „Volksbund Deutsche Kriegsgräberfürsorge" bestattet. Es handelte sich um die Leichen von insgesamt 2.116 Menschen, darunter 1.001 Frauen, 381 Männer und 377 Kinder. Die anderen Leichen konnten nicht genauer identifiziert werden. Der Bürgermeister von Marienburg lehnte es ab, die Toten in seiner Stadt zu begraben, um kein Mahnmal errichten zu müssen und um den Fall für erledigt erklären zu können. An der Stadt sollte kein Makel hängenbleiben.

Folgende offene Fragen werfen ein schlechtes Licht auf die polnische Seite:

1. Warum schaltete sich das Institut der Nationalen Erinnerung (IPN) nicht zuständigkeitshalber von Anfang an in die Sache ein?
2. Warum schloß die zuständige polnische Staatsanwaltschaft die Akten schon nach drei Tagen?
3. Warum gibt es keinerlei Unterlagen in den Archiven über diese gigantische Grabstätte?
4. Warum wurden alle Opfer nackt begraben und keine Munition und keine Kämme, Haarspangen, Zahnspangen, Goldzähne usw. gefunden?
5. Warum ordnete der Bürgermeister von Marienburg schon kurz nach dem Fund der ersten Opfer auf dem Gelände des „Polnischen Hauses" an, die Überreste auf dem Grundstück einer ehemaligen deutschen Kirche zu begraben, obwohl er zu jenem Zeitpunkt angeblich noch nicht wußte, daß es sich um Deutsche handelte?
6. Warum wurden die Ausgrabungen so pietätlos mit einem Schaufelbagger durchgeführt?
7. Warum versteifen sich die polnischen Behörden darauf, daß die Täter Rotarmisten waren?
8. Welchen Grund sollte die Rote Armee gehabt haben, so viele Menschen nackt zu ermorden und die Spuren zu verwischen?[278]

Die bundesdeutsche Regierung in der Nachfolge des Deutschen Reiches und die Bundesstaatsanwaltschaft zeigten wenig Interesse an dem Fall, obwohl es sich mit an Sicherheit grenzender Wahrscheinlichkeit um deutsche Staatsbürger handelte. Ungeprüft übernahmen sie die polnische Version, daß es sich um Opfer „aus der Zeit der schweren und anhaltenden Kämpfe um Marienburg am Endes Zweiten Weltkriegs handeln könnte" und zeigte sich mehr an einer würdigen Ruhestätte interessiert als an einer „möglichst weitgehenden Klärung der Hintergründe".[279] Bei ausländischen Opfern deutscher Täter hätte sie den Akzent anders gesetzt. Da wären minutiöse kriminologische Untersuchungen durchgeführt worden.[280]

Ermordung deutscher Zivilisten in Swinemünde

Der harte Winter 1945/46 mit den meterhohen Eisschollen auf der Swine machte Swinemünde, die Nachbarstadt von Ahlbeck auf Usedom, mehrere Wochen lang von polnischer Seite unzugänglich. Das gab polnischen Banden freie Hand für Plünderungen in deutschen Liegenschaften und Greueltaten an den Deutschen. Haupttäter waren die Mitglieder der Bürgermilizen „UB" und „MO", die zum Schutz der polnischen Verwaltung aufgestellt worden waren. Ihr Hauptquartier befand sich in einem Gebäude, das jetzt eine Schule beherbergt. Das Gelände wurde nach Aussagen von Zeitzeugen damals zum Grab für viele Deutsche. Es wird vermutet, daß sich die Gebeine der Opfer unter dem Schulhof befinden, der jetzt asphaltiert ist. Es waren polnische Journalisten, die 2009 durch Hinweise eines Zeugen Wind von den „ermordeten Deutschen unter dem Schulhof" bekamen. Sie informierten das „Institut der Nationalen Erinnerung" (IPN) in Warschau, welches nach Tatzeugen suchte. Doch dem IPN trauten viele nicht über den Weg, weil es die polnische Opferrolle pflegte und Beschuldigungen gegen Polen als Nestbeschmutzung hinstellte. Auch der Zeuge, der die Presse informiert hatte, der 85jährige Tadeusz Wojciechowski, weigerte sich, mit den Mitarbeitern des IPN zu sprechen. Nur die Journalisten erfuhren von ihm schreckliche Details.

Wojciechowski, der 2009 in Stettin wohnte, war als junger Mann ein Führer der MO auf der Ostseeinsel Wollin. Sein Gewissen habe ihn bis ins hohe Alter mit Erinnerungen aus der Nachkriegszeit geplagt. In Gedanken an das nahe Ende seiner Tage gab er seine Erinnerungen von der angeblich so tapferen polnischen Miliz jener Zeit preis. „Wir waren der bewaffnete Arm der polnischen Verwaltung auf der Insel Wollin", sagte Wojciechowski und zog mit zittrigen Händen eine vergilbte Urkunde vom 20. August 1945 aus einer Aktenmappe. Sie besagte, daß der 22jährige Wojciechowski vom Woiwodschaftsbefehlshaber der MO zum Kommandeur der Wolliner Miliz ernannt worden war und eine Parabellum-Pistole bekommen hatte. Auf die Frage „Wer hat Deutsche ermordet?" antwortete Wojciechowski sachlich und mit ruhiger Stimme: „Meine

Jungs und ich gingen aus der Heimatarmee Armia Krajowa (AK) hervor, das waren wilde Raufbolde aus dem ländlichen Kielce, die sich darum rissen, Deutsche zu erschlagen, doch ich hielt sie meist in Zucht. Wissen Sie, aber unser Befehlshaber Jan Zientara hat mich einst zu sich gerufen und gesagt, daß seine Ehefrau zu Besuch komme, ich sollte also Gold von Deutschen besorgen. Er ermächtigte mich, den Deutschen die Finger mit Ringen abzuschneiden."

Damals lebten im Bezirk Wollin noch 22.000 von 51.000 Deutschen im Jahre 1939. Die Milizen in Swinemünde waren im Winter 1945/46 unbeaufsichtigt und konnten tun und lassen, was sie wollten. „Diese machten sich nun zu Herren über Leben und Tod für die Menschen in der Region, die durch das Wasser abgeschnitten war vom Rest des Landes", bestätigte auch Pawel Skubisz, Historiker beim Stettiner IPN. Die Milizionäre begingen zahlreiche Raubmorde an der deutschen Ortsbevölkerung. Man tötete die Männer und Frauen, die man unter irgendeinem Vorwand auf der Straße angehalten oder ins Milizgebäude vorgeladen hatte, raubte sie aus und plünderte ihre Wohnungen und Häuser bei der folgenden Hausdurchsuchung. Viele Frauen wurden ohne Begründung ins Gefängnis geworfen und dort vergewaltigt und gequält, bis sie starben oder verhungerten. Tadeusz Wojciechowski berichtete, daß allein am 5. Januar 1946 fünf Deutsche im Milizarrest starben, unter ihnen ein 16jähriges Mädchen, das bei den Vergewaltigungen mit Syphilis angesteckt worden war. Man tötete sie, da man bei weiteren Vergewaltigungen fürchtete, angesteckt zu werden und keine Arzneimittel hatte. Ein anderer Deutscher wurde umgebracht, weil er sich mit einer Polin gezankt hatte. Ein dritter wurde zur Abschreckung an die Außengitter seiner Zelle aufgehängt. „Mehrere Dutzend deutsche Mordopfer liegen allein unter dem Asphalt der Schule in der Piastowskistraße (ulica Piastowska)", gab Wojciechowski zu Protokoll.

Im März 1946, als das Eis auf der Swine getaut und die Verbindung mit dem Festland wiederhergestellt war, tauchte in Swinemünde ein hoher Offizier namens Józef Zajac von der Milizzentrale aus Köslin auf. Im Abgangsbuch des Gefängnisses der Stadt fand er eine sehr hohe Rate an Todesfällen und alarmierte daraufhin die Hauptkommandantur, welche laut IPN sofort eine Untersuchung einleitete. Sieben Täter wurden wegen Totschlags und Folter vor ein Stettiner Militärgericht gestellt, keiner wegen Mordes. Einer nahm sich während des Prozesses das Leben, ein anderer floh. Die Urteile hatten nur symbolischen Charakter, die höchste Strafe war vier Jahre Gefängnis. Das IPN schätzt die Zahl der ermordeten Deutschen in Swinemünde auf 40, doch die Zeugen verweisen auf viel mehr Opfer. So habe man bereits im Jahre 1947 zwei Sammelgräber in der Stadt entdeckt. Die Staatsanwaltschaft vor Ort wollte das aufklären, doch das Ministerium für öffentliche Sicherheit in Warschau verhinderte damals, daß die Militärstaatsanwälte tätig wurden, und zwar mit dem Hinweis, daß man weder daran interessiert sei, unter welchen Umständen die Opfer ums Leben kamen, noch wie viele es gewesen seien.

Der Untergrund des Schulhofes in der Piastowskistraße wurde nach einem Zeugenaufruf der Zeitung „Gazeta Wyborcza" und des IPN von mehreren Personen als Ort eines Massengrabes ermordeter Deutscher genannt. Die Täter wurden benannt, aber nicht verfolgt. Die Politiker in Warschau, die teilweise selbst Väter und Großväter bei der Heimatarmee oder Miliz hatten, wie zum Beispiel Polens ehemaliger Präsident Lech Kaczynski, wollten an Polens Märtyrerrolle festhalten. Die Stadtverwaltung in Swinemünde wurde lediglich gebeten, eine Gedenktafel auf dem Schulhof zu errichten, unter dem die deutschen Mordopfer liegen. Mit dieser kleinen Lösung waren viele jüngere Polen nicht einverstanden. Sie verlangten volle Aufklärung.

Ermordung Deutscher in Steinbach

Noch bevor auf einem Soldatenfriedhof bei Stettin im Februar 2009 die Überreste von mehr als 2.000 deutschen Zivilisten, meist Frauen und Kindern, aus dem Marienburger Massengrab offiziell beerdigt waren, wurden weitere zivile Massengräber in Polen entdeckt. Die meisten von ihnen waren nicht einzusehen; sie wurden mit hohen Schutzwällen vor den Augen besorgter Nachbarn und Journalisten verschlossen. Auch im ehemaligen Steinbach, dem heutigen Podla Góra, einem Dorf mit 150 Einwohnern, das 50 Kilometer von der gegenwärtigen deutsch-polnischen Grenze entfernt liegt, war man schon einige Monaten vorher bei Bauarbeiten auf Gräber gestoßen. Überall unter der Hauptstraße des Ortes, in Höfen und Vorgärten hatte man Menschen verscharrt. Sie lagen übereinander, meist Frauen und Kinder, die jüngsten schätzungsweise gerade mal zwei bis drei Jahre alt, einige hatten Einschußlöcher in ihren Schädeln.

Wie viele Skelette in Steinbach geborgen wurden, ist unklar, doch Ende 2008 waren es nach Angaben der mit der Exhumierung beauftragten Männer aus Posen bereits über 150 Tote, die nackt und ohne jeglichen Hinweis auf ihre Identität, von ihren Mördern verscharrt worden waren. Die Umstände der „Opferentsorgung“ waren die gleichen wie überall in Polen, wo man auf solche Gräber stieß. Auch die Opfergruppen waren die gleichen, nämlich Frauen aller Altersgruppen und Kinder zwischen zwei und 14 Jahren sowie ein kleiner Teil älterer Männer, alle unbekleidet, ohne Zahnersatz, ohne persönliche Gegenstände und viele mit Einschußlöchern im Kopf aus aufgesetzten Waffen.

Wie schon in Marienburg verliefen auch in Steinbach alle Ermittlungen der durch Bewohner eingeschalteten Staatsanwaltschaft im Sande. Schutzbehauptungen machten die Runde: „Typhus, Kälte, hunderte Krankheiten, und die Russen waren es“, las man in den regionalen Medien. Doch die jetzigen polnischen Bewohner von Steinbach wissen mehr. Sie sagen es nicht: Die Toten sind Deutsche. Der 86jährige Tadeusz Mierkiewicz schilderte seine Eindrücke vom Herbst 1945: „Ich kam nach fünf Jahren Arbeit in Deutschland im August 1945 hier in Podla Góra an. Mir ging es gut bei den Deutschen, deshalb spürte ich in mir keinen Haß. Was sich hier aber ereignete, können menschliche Worte nicht beschreiben. Unsere Miliz mordete kaum weniger grausam, als die Russen es taten. Aber auch mit Lastwagen wurden Menschen mit Schußwunden im Körper oder Kopf herangefahren und hier und in der Nähe vergraben.“

Ein anderer berichtete: „Das waren grausame und seltsame Zeitläufte. Bevor die ersten Ansiedler aus Ostpolen hier ankamen, wüteten hier Banden. Sie schnitten den Deutschen die Hälse durch. Die Russen hatten damals sogar eine spezielle Division geschaffen, die den Kampf mit diesen Verbrechern aufnehmen sollte.“

Ein anderes Mal erzählte Tadeusz Mierkiewicz: „Es war der August 1945. An mehreren Stellen im Dorf sah ich frisch aufgeschüttete Erde. Am Ende des Dorfes stieß ich sogar einmal auf einen Platz, wo noch Hände und Beine von verschiedenen Menschen aus der Erde ragten. Mir war klar, daß hier etwas Schlimmes geschehen sein mußte.“ Aber der polnische Sicherheitsdienst habe ihn zum Schweigen verpflichtet. „Seit Jahren suchen wir aber schon im Raume Schwiebus nach Massengräbern deutscher Zivilisten, die dort in großer Zahl in Lagern umgekommen sein sollen“, sagte der Historiker Andrzej Toczewski in der Regionalzeitung „Gazeta Lubuska“ im Zusammenhang mit dem Massengrab in Steinbach und fügte hinzu, daß es nach seiner Erkenntnis in Steinbach kein polnisches Lager gegeben habe, obwohl in der gesamten Region wohl viele davon existiert haben müßten.

Für den Vorsitzenden des Vereines „Pomost" in Posen, Tomasz Czabanski, der die Ausgrabungen in Steinbach im Einvernehmen mit der deutschen Kriegsgräberfürsorge durchführte, waren die hier entdeckten Gebeine deutsche Zivilisten, Opfer der Roten Armee: „Die Russen waren bekanntlich nicht sehr ehrgeizig, Kriegsgefangene zu übernehmen, was auch für die Zivilbevölkerung galt", sagte dieser Mann. Nach seiner Meinung sollen deshalb die Gebeine aus Steinbach auf dem Soldatenfriedhof bei Stettin ihre letzte Ruhestätte finden, wo auch die Funde in Marienburg begraben wurden. Viele Polen wissen, was sich nach dem Kriege in Tausenden Orten, in denen Deutsche lebten, wirklich abspielte, doch kaum einer traut sich, dies offen zuzugeben oder hierüber laut zu spekulieren, denn das Ausmaß der polnischen Verbrechen an Deutschen könnte jegliche Vorstellungskraft sprengen. Man glaubt sicher zu wissen, daß die Deutschen Kinder und schwangere Frauen töteten, doch es fehlt den meisten Polen die Kraft zuzugeben, daß solche Bestialitäten und Grausamkeiten nach dem Krieg auch von ihren Landsleuten begangen wurden. Einige der Mörder leben mit Sicherheit noch, denn es waren damals sehr viele.

Massengrab im Zentrum von Lodz

Nach der Entdeckung des gigantischen zivilen Massengrabes in Marienburg wurde im Januar 2009 eine ähnliche Stätte im Zentrum der polnischen Großstadt Lodz gefunden. Nach Aussagen eines Zeitzeugen sollen sich unter dem Innenhof der Kopernikusstraße 65 Skelette von Menschen befinden, die dort gegen Ende der 40er Jahre vom polnischen Sicherheitsdienst verscharrt worden seien.

Der Stadthistoriker Ryszard Bonisławski wünschte sich, daß sich das Institut der Nationalen Erinnerung (IPN) mit diesem Ort beschäftigen sollte, ehe Journalisten und Bagger hier einfallen und alles verdrehen und zerstören. Er glaubte zu wissen, daß die Stadtverwaltung den Begräbnisort nicht grundlos verheimlichte. In den Aufzeichnungen zur Stadtgeschichte fand er den Hinweis auf ein Massengrab an dieser Stelle, das in den 70er Jahren zufällig entdeckt worden war. Man vermutete damals, daß es sich um die Überreste deutscher Kriegsgefangener handeln könnte, die nach dem Krieg am Lodzer Flughafen zur Zwangsarbeit eingesetzt worden waren. Als sich das nicht bestätigen ließ, wurden die Skelette, welche man bereits ausgegraben hatte, wieder eingegraben. Als ein Pole eine Gedenktafel für die unbekannten Opfer aufstellen lassen wollte, wurde dies von den Anwohnern verhindert.

Seit dem Bekanntwerden des Massengrabes in Marienburg strahlte das polnische Fernsehen übermäßig viele Dokumentationen über den Zweiten Weltkrieg aus, meist auf dem Kulturkanal, um mit der Darstellung deutscher Verbrechen von den vermuteten polnischen Greueln abzulenken. Das IPN überschlug sich mit Veröffentlichungen über die Zeit von 1939–1945 zum Schutz der politisch korrekten polnischen Geschichte.

Grabschändung in Gostingen

Im Juli 2010 wurden im Ostseebad Poberow (polnisch: Pobierowo) Überreste von Toten auf einer illegalen Müllkippe gefunden. Wie viele Menschen hier „entsorgt" wurden, weiß man nicht. Es wurden ganze Berge mit Erde, menschlichen Schädeln und Knochen entdeckt. In einem Abraumhügel in der Größe von 3.200 Kubikmeter fanden die Gerichtsmediziner die Reste von über 30 Menschen. Man ging davon aus, daß Hunderte Skelette bereits weggeräumt worden waren. Sie stammten vom Gelände einer ehemaligen evangelischen Kirche in Gostingen, das die Polen Gostyn nennen, einer Stadt etwa 70 Kilometer südlich von Posen in der Woiwodschaft Großpolen. Spielende Kinder hatten dort die „roten Fragmente von menschlichen Überresten" gefunden. Baufirmen hatten sie freigelegt. Sie waren bei den Arbeiten auf Gräber gestoßen, hatten sie mit Schaufelbaggern ausgehoben und den Bauschutt illegal nahe der Ostsee entsorgt. Es handelte sich um die Gebeine aus deutschen Gräbern im ehemaligen Kirchfriedhof von Gostingen. Die Kirche war nach dem Kriege zuerst geplündert und dann nach und nach zur Gewinnung von Baumaterial für Wohnhäuser abgetragen worden. Die Stadtverwaltung gab vor, nicht gewußt zu haben, daß es neben der Kirchenruine einen großen Friedhof oder sogar ein Massengrab gab. Die erhaltenen Pläne und Berichte hätten nichts davon gesagt, obwohl es selbstverständlich sein mußte, daß zu jeder Kirche ein Gemeindefriedhof gehörte. 1997 beschloß die Gemeinde, das Grundstück mit den Gebäuderesten an einen Investor zu verkaufen. Als dieser erfuhr, daß hier menschliche Überreste liegen könnten, trat er von seinem Vorhaben zurück und verkaufte das Areal. Der neue Käufer machte sich um den Friedhof mit den menschlichen Überresten keine Gedanken. Er ließ den Aushub auf Lkw verladen und wie Müll in die Nähe von Poberow abkippen.

Ende 2009 wurden auch bei Baggerarbeiten für das neue Stadion in Gostingen unzählige Knochen und Schädel von Menschen gefunden. Wahrscheinlich war man auf ein Massengrab gestoßen. Als man auch diese Funde auf einer Mülldeponie entsorgte, kam die Grabschändung an die Öffentlichkeit. Daraufhin wurde das Gelände abgesperrt. Es gibt Anhaltspunkte, daß nicht alle Toten eines natürlichen Todes starben. Das Nachkriegsgeschehen in Gostingen und die Menge der Toten, die für einen natürlichen Tod viel zu jung waren, sind Indizien dafür, daß hier nach dem Krieg ein Verbrechen an den Ortsbewohnern begangen wurde. Es könnte ein Akt der Vergeltung sein, dem die Toten zum Opfer fielen. Denn zu Beginn des Zweiten Weltkriegs, im August und September 1939, verschwanden in Gostingen mehrere deutsche Einwohner. Die meisten fand man nach dem Einmarsch der deutschen Truppen irgendwo erschossen oder erschlagen. Sie wurden auf dem Friedhof von Gostingen, das jetzt mit der Provinz Posen wieder zum Deutschen Reich gehörte, ehrenvoll zu Grabe getragen. Mehrere des Mordes verdächtige Polen wurden festgenommen. Die polnischen Beamten und Geschäftsleute verloren Arbeit und Lizenzen. Viele verließen den Ort mit unbekanntem Ziel, und mehrere gingen in den Untergrund. Es ist nicht ausgeschlossen, daß sie nach dem Krieg Vergeltung übten an den Deutschen und den polnischen Kollaborateuren.

Gostingen ist heute eine Partnergemeinde von Dresden. Dort sollen 1940 polnische Mitglieder einer Widerstandsgruppe hingerichtet worden sein. Während man in Dresden kürzlich für sie ein Marmordenkmal enthüllte, liegen die deutschen Toten aus Gostingen auf einer Müllkippe in Pobierowo.

Rätsel um die Massengräber in Waldenburg

Nach der erfolgreichen Verschleierung der Hintergründe mehrerer durch die Netzseite „Polskaweb" aufgedeckten zivilen deutschen Massengräber in Polen wurden im Januar 2011 nach Hinweisen aus der Bevölkerung weitere 37 mysteriöse Grabstätten in der Nähe der Stadt Waldenburg gefunden, die nach offizieller Auskunft die Überreste von mehreren tausend Menschen enthalten. Wer in diesen Gräbern liegt, ist noch unklar. Der „Rat für den Schutz der Erinnerung an Kampf und Martyrium“ in Warschau nahm die Toten vorsorglich für die eigenen politischen Zwecke in Anspruch. Auf zwei Gedenktafeln in den Orten Wüstewaltersdorf und Wüstegiersdorf im Eulengebirge nahe der Grenze zu Tschechien ist zu lesen: „Hier liegen 18.000 jüdische Opfer des nationalsozialistischen Terrors begraben“ bzw. „Hier liegen 30.000 unbekannte Opfer des nationalsozialistischen Terrors begraben“. Vor 2011 waren die Gräber weder in der deutschen noch in der polnischen einschlägigen Literatur oder im Internet zu finden. Nur die Einheimischen kannten die Todesstätten. Vermutlich befürchten die polnischen Behörden nach dem weltweiten Wirbel um das Massengrab von Marienburg einen noch größeren Skandal in dieser vom Tourismus lebenden Region und beschafften eiligst Gedenktafeln, die die Toten ohne jeglichen Beleg als NS-Opfer ausgaben. Die Zahlenangaben entsprangen der Phantasie.

Wenn man die Geschichte der Region nicht kennt, ist auf den ersten Blick glaubhaft, daß die Mörder Deutsche waren, denn in diesem Gebiet befanden sich mindestens zwölf Außenlager des Konzentrationslagers Groß Rosen. Kriegsgefangene aus Frankreich, Italien und Griechenland sowie polnische und ukrainische Zwangsarbeiter arbeiteten von August 1943 bis März 1945 an dem Projekt „Riese“, einem unterirdischem Tunnelsystem im Eulengebirge zur Einrichtung eines Führerhauptquartiers. Die Zahl der Arbeiter betrug in den zwei Jahren ihres Einsatzes jedoch nur ein Viertel der angeblich in den Waldenburger Massengräbern vergrabenen Toten, nämlich 13.500. Warum hätte die Organisation Todt, die mit den Bauten beauftragt war, ihre Arbeitskräfte hinrichten oder durch Unterernährung zu Tode bringen sollen? Es ist zudem bekannt, daß alle Nebenlager des KZ Groß Rosen vor dem Eintreffen der Sowjets evakuiert wurden. Die Toten können auch keine Zivilisten sein, die an Hunger, Krankheiten oder bei Kämpfen zwischen der Wehrmacht und der Roten Armee starben. Es gab in dieser Region vor dem Kriegsende keinen Mangel an Nahrungsmitteln, keine Kämpfe und keine Epidemien. Die Sowjets zogen nach dem Einmarsch bald aus Waldenburg weg und ließen lediglich kleinere Einheiten, eine davon des NKWD, zurück. Es kam zu den üblichen Vergewaltigungen, Plünderungen und Raubmorden, aber nicht zu Massentötungen. Woher kommen also die vielen Toten?

In Anbetracht dessen, daß diese Massengräber international unbekannt waren und die Geschichtsforschung eine derartige Masse von NS-Opfern in dieser Region nicht kennt, könnte es sich bei den Opfern auch um deutsche Männer, Frauen und Kinder handeln, die hier nach Gewaltakten durch polnische Folter- und Killerkommandos verscharrt wurden. Die nur zehn Kilometer von der Stadt Waldenburg entfernten Orte Wüstewaltersdorf und Wüstegiersdorf waren mit einer Gebirgsbahn verbunden und hatten Anschluß an die Bahnstrecke nach Breslau. Es ist nicht ausgeschlossen, daß nicht nur nach dem Kriege vermißte Waldenburger hier ihr gewaltsames Ende fanden, sondern auch Schlesier aus der Breslauer Gegend, die hierher transportiert wurden, um sie zu verscharren.

Die deutsche Regierung und der Bund der Vertriebenen kümmerten sich bisher nicht um die Funde. Es waren nichtdeutsche Vereinigungen, die DNA-Proben verlangten, um sie mit den Proben von Angehörigen der in diesem Gebiet vermißten Deutschen zu vergleichen.[281]

Massengrab in Tschenstochau

Nach Marienburg, Lodz, Danzig, Stolp und vielen anderen Orten im polnischen Machtbereich stieß man im September 2010 auch auf ein großes, mysteriöses Sammelgrab in Tschenstochau (Czestochowa). Auf dem Gelände des Bahnhofes Czestochowa-Stradom wurden bei Bodenuntersuchungen an verschiedenen Stellen Skelette entdeckt. Wie bei den oben genannten Fundorten könnte es sich um ein deutsches Massengrab handeln, in dem Zivilisten begraben sind, die während oder nach dem Zweiten Weltkrieg ums Leben kamen.

Wieder gab es angeblich keine Zeugen, wieder verhängte das IPN eine Nachrichtensperre. Die IPN-Filiale in Kattowitz gab allerdings zu, daß in dem Massengrab einige tausend Skelette liegen könnten. Die Staatsanwaltschaft wurde eingeschaltet.

Tschenstochau liegt etwa 200 Kilometer südwestlich der Landeshauptstadt Warschau. Die Stadt ist weltweit als Wallfahrtsort bekannt. Niemand in dieser Stadt hatte bisher von irgendwelchen Greueltaten während des Krieges und nach dem Kriege berichtet. Es gab zwar im Krieg ein Arbeitslager und ein jüdischen Ghetto am Ort, doch wurden die Häftlinge Ende 1944 wegen des schnellen Vormarsches der Roten Armee nach Westen evakuiert. Einer der prominentesten Gefangenen im Arbeitslager

Stradom war Ignatz Bubis, 1992 bis 1999 Vorsitzender des Zentralrats der Juden in Deutschland. Er arbeitete 1944 kurzfristig in einer Munitionsfabrik in Tschenstochau. Am 16. Januar 1945 erreichte die sowjetischen Truppen das Lager und ließen sich als Befreier feiern, obwohl es menschenleer war. Das sowjetische NKWD übergab es dem polnischen Sicherheitsdienst zur Internierung Deutscher. Dieser war bekannt dafür, deutsche Zivilisten zu malträtieren und wegen Nichtigkeiten, etwa für Diebstahl von Gemüse, zu töten.

Staatsanwalt Piotr Nalepa vom IPN in Kattowitz hatte mehrere Versionen über das Entstehen dieser grausigen Stätte parat: Tote von Kampfhandlungen, Juden, die während der Transporte in andere Lager ums Leben kamen und in Tschenstochau aus dem Zug geworfen wurden, russische Kriegsgefangene, Kämpfer des Warschauer Aufstandes, die von den Deutschen hier hingerichtet wurden, oder Zivilisten, die während der Kämpfe im Januar 1945 ihr Leben lassen mußten. Einen Zeugen präsentierte das IPN schon wenige Stunden nach der Bekanntgabe der Fundstelle. Dieser soll ausgesagt haben, daß er im Krieg in der Nähe des Bahnhofes gewohnt habe und beobachtet haben will, wie aus Judentransporten Tote aus den Waggons entladen und an dieser Stelle begraben worden seien. Wie bei anderen umstrittenen Massengräbern, die im heutigen Polen gefunden wurden, gab es auch zu diesem Fundort angeblich keine anderen zielführenden Hinweise, kein Archivmaterial und keine Bodenspuren. Die Idee, daß es sich auch hier um ein „verschleiertes" Massengrab handelt, in dem ermordete deutsche Zivilisten liegen, wurde nicht einmal erwogen.

Wie viele solche Gräber noch entdeckt werden und wie viele schon verschleiert wurden, fragen sich jetzt immer mehr Polen.

Tschechische Nachkriegsverbrechen

Der politische Hintergrund

Während des ganzen Zweiten Weltkrieges blieb die Bevölkerung des 1939 errichteten Protektorats Böhmen und Mähren weitgehend von den Auswirkungen des Krieges verschont. Den Tschechen ging es vergleichsweise gut. Eine Reise nach Prag war eine Reise in den Frieden. Das Protektorat Böhmen und Mähren war das einzige mitteleuropäische Land, in dem nie Kampfhandlungen stattfanden. Eigentlich gehörten die Tschechen zu den Profiteuren des Krieges, denn sie brauchten keinen Militärdienst zu leisten, hatten genügend zu essen, blieben vom Bombenkrieg verschont und genossen alle Vorteile der Kollaboration ihrer Regierung mit der nationalsozialistischen Führung in Berlin. Sie beteiligten sich ohne Murren an den Rüstungsanstrengungen der Deutschen. Sie genossen die Vorteile der Autonomie, die ihnen mit der Gründung des Reichsprotektorats im April 1939 zugefallen war: Es gab tschechische Schulen mit tschechischen Lehrern. Tschechische Künstler pflegten die nationale Kunst. Tschechische Polizisten sorgten für Ruhe und Ordnung. Tschechische Unternehmer und Handwerker arbeiteten mit Profit. Die tschechischen Arbeiter in den Fabriken partizipierten am modernen deutschen Sozialsystem. In der Hauptstadt Prag blieb die tschechische Ministerialbürokratie aus der gescheiterten Republik intakt. Die Verwaltung des Landes lag in tschechischen Händen. Über allen öffentlichen Gebäuden wehte neben der Hakenkreuzfahne die tschechische Fahne in den Farben blau, weiß, rot. Die tschechischen Sportvereine veranstalteten Wettkämpfe wie vor dem Krieg. Nach der Statistik wurden nie so viele Bücher herausgegeben, nie so viele Theatervorstellungen aufgeführt und nie so viele Filme in tschechischer Sprache gedreht wie in der Zeit des Protektorats. Die Bevölkerung lebte sozusagen auf einer Insel der Seligen. Deshalb hatten die Tschechen an Widerstandshandlungen und Sabotageakten kein Interesse. Das Attentat auf den Stellvertretenden Reichsprotektor Reinhard Heydrich am 27. Mai 1942 mußte vom Ausland organisiert werden. Die deutschen Vergeltungsmaßnahmen in Lidice zeigten den Tschechen, daß die Folgen von Widerstand und Sabotage auf die eigene Zivilbevölkerung zurückfielen. Deshalb gab es auch in der Folgezeit in Böhmen und Mähren keine Widerstandshandlungen von politischer Relevanz mehr. Umso unverständlicher waren die in aller Öffentlichkeit im Mai 1945 an den deutschen Zivilisten und an wehrlosen Kriegsgefangenen begangenen Massenmorde. Es traf fast nur Unschuldige, denn die Funktionäre der NSDAP und ihrer Organisationen hatten das Protektorat vor der Kapitulation nach Westen verlassen. Das Argument, die Deutschen hätten 1938 bei der Angliederung des Sudetenlandes an das Deutsche Reich mit der Vertreibung begonnen, ist nicht stichhaltig. Aus den Sudetengebieten wanderten nur 122.000 Tschechen in das Protektorat ab, in der Mehrzahl Menschen, die erst nach der Errichtung der Ersten Tschechischen Republik ins Land gekommen waren. Es handelte sich im wesentlichen um Angestellte staatlicher Institutionen und Verwaltungen: Berufssoldaten, Polizisten, Zollbeamte, Eisenbahner und Postler.

Der Chef der tschechoslowakischen Exilregierung in London, Eduard Benesch, hatte in einer Rundfunkbotschaft an das tschechische Volk am 27. Oktober 1943 die Bevölkerung auf Rache eingestimmt: „In unserem Land wird das Ende des Krieges mit Blut geschrieben werden." Der Befehlshaber der tschechoslowakischen Streitkräfte im Ausland, General Sergej Ingr, hetzte am 3. November 1944 im Londoner Rundfunk gegen die Deutschen: „Wenn unser Tag kommt, wird die ganze Nation dem hussitischen Schlachtruf folgen: Schlagt sie tot, bringt sie um, laßt keinen am Leben! Jeder muß nach einer passenden Waffe greifen, um die Deutschen zu treffen. Und wenn keine Schußwaffe zur Hand sein wird, dann irgendetwas, das sticht oder trifft."[282] Die Deutschen auf dem Boden der untergegangenen Tschechischen Republik wurden kollektiv beschuldigt, „Verrat an der tschechoslowakischen Nation" begangen zu haben, weil sie 1938 die Angliederung des Sudetenlandes an das Deutsche Reich befürwortet und begrüßt hatten.

Nach dem 8. Mai 1945, also nach dem Kriegsende, brachten die Tschechen und Slowaken fast 800.000 wehrlose Deutsche zu Tode, und zwar 280.000 Zivilpersonen und über 400.000 Wehrmachtangehörige. Die Opfer starben an Hunger, Mißhandlungen, Hinrichtungen und den Folgen unmenschlicher Zwangsarbeit. Ganze Orte wurden ausgelöscht. Die Massaker an den deutschen Bewohnern wurden als „Vergeltung für Lidice" gerechtfertigt. Sie trafen zweihundertmal mehr Menschen als die 172 Männer aus Lidice, die am 10. Juni 1942 erschossen worden waren.[283] Auch von der Arbeitsverpflichtung nach Deutschland während des Krieges ließ sich kein Recht auf Vergeltung ableiten, weil Arbeiter aus allen

Völkern im deutschen Machtbereich zur Arbeit verpflichtet wurden, in Frankreich genauso wie in Griechenland. Viele waren aber auch freiwillig gekommen. 1940 arbeiteten etwa 120.000 Tschechen im Reich aufgrund freiwilliger Verträge. Ihre Arbeitsbedingungen waren die gleichen wie die der Reichsdeutschen: gleiche Urlaubszeit, gleiche Freizeitangebote, gleiche Sozialversicherung, gleiche Lebensmittelkarten usw. Auch in den Konzentrationslagern saßen nicht nur Tschechen ein. Deshalb war auch dieses Argument zur Rechtfertigung der Rache an den Deutschen unbrauchbar. Es gab überhaupt keine stichhaltigen Begründungen außer dem politischen Willen, die Deutschen, die seit Jahrhunderten in Böhmen, Mähren und Sudeten-Schlesien zu Hause waren, loszuwerden. Die Dimension dessen, was die Tschechen den deutschen Mitbürgern antaten, war einzigartig. Das Inferno moralischer Tiefe erreichte in keinem befreiten Land ein solches Ausmaß.

Den neuen Staat Tschechoslowakei von deutschen und ungarischen Einwohnern zu säubern, war ein lang gehegtes Ziel der Benesch-Regierung, die im Mai 1945 aus dem Exil zurückkehrte. Alle staatlichen Organe wurden aufgefordert, dabei zu helfen. Armee, Milizen, Polizei und örtliche Sicherheitsorgane wetteiferten, möglichst schnell möglichst viele Deutsche außer Landes zu treiben. Alle Methoden waren erlaubt. Die Deutschen wurden entrechtet, ausgeplündert, enteignet und abgeschoben. Ihnen wurde vorgeworfen, Untergrundbewegungen wie den Werwolf zu unterstützen und die Sicherheit des neuen Staates zu gefährden. Mit diesem Vorwand wurden die deutschen Mitbürger eingesperrt, mißhandelt und des Landes verwiesen. Besonders in den Grenzregionen diente die Werwolf-Legende als willkommener Vorwand zur Vertreibung der Deutschen. Dort hetzten die Tageszeitungen mit angeblichen Attentatsversuchen von „Werwölfen“ die tschechischen Einwohner auf, gegen die Deutschen vorzugehen.[284]

Auf diese Weise gelang es den Tschechen, vor dem Ende der Potsdamer Konferenz der Siegermächte am 2. August 1945 rund 800.000 Sudetendeutsche außer Landes zu bringen, bevor sie zu humanen Vertreibungsmaßnahmen verpflichtet wurden.

Was den Deutschen in dieser Zeit im Protektorat und im Sudetenland widerfuhr, ist gut dokumentiert. Die 1945–1949 in die britische und amerikanische Besatzungszone vertriebenen Deutschen gaben eidesstattliche Berichte über das ab, was sie kurz nach dem Kriegsende erlebt hatten. Das Bundesministerium für Vertriebene, Flüchtlinge und Kriegsgeschädigte sammelte die Unterlagen. Sie sind im Bundesarchiv in Berlin verwahrt.

Wilhelm Dennler, der bis zu seiner Verhaftung am 5. Mai 1945 als Ministerialrat beim Reichsprotektor in Prag gearbeitet hatte, schilderte seine Gedanken, die er im Juni 1945 im Krankenrevier eines Arbeitslagers hatte: „Erst jetzt erfahre ich, wie ungeheuerlich die Entrechtung ist, die der neue tschechische Staat gegen alle Deutschen im Lande aus eigener Machtvollkommenheit verfügt hat. Nichts gehört ihnen mehr, kein Haus und kein Hof, kein Geschäft, keine Fabrik, keine Wohnung – nichts. Mit einem Federstrich haben sie ihren Besitz und ihre Habe verloren. Aber damit erschöpft sich die Rache nicht. Nein, als Deutsche sollen sie zu jeder Stunde des Tages fühlen, daß sie nun endlich für immer ihren triumphierenden Feinden auf Gedeih und Verderb ausgeliefert sind und daß ihre Niederlage sie zu dem einzigen Volk der Welt verwandelt hat, dem man die Rechte von Menschen versagen darf. Darum läßt man sie hungern, darum läßt man sie arbeiten ohne Lohn, darum versperrt man ihnen Krankenhäuser und Kirchen, darum darf man sie quälen und töten und darum gibt man ihren Toten nicht einmal ein Grab. Wir besinnen uns. Haben wir den Tschechen getan, was sie uns jetzt antun? Haben wir sie enteignet, verjagt, ihrer Rechte beraubt, ihre Kirchen geschlossen, sie gequält und getötet? Mag die Gestapo, der SD, Fehler und vielleicht auf Verbrechen begangen haben – die Hände aller anderen Deutschen sind rein geblieben. Nie haben sie sich auch nur an einem der sieben Millionen Tschechen vergriffen, und nie haben sie sich mit dem Blut ihrer tschechischen Mitbürger besudelt. […] Sind in der deutschen Zeit jemals Tschechen auf den Straßen verbrannt worden, hat man jemals tschechische Kinder in Flüssen ertränkt, hat man jemals in der deutschen Zeit gebärende Tschechinnen auf die Straße geworfen, Kranke aus den Betten gerissen, Sterbenden die Sakramente verweigert und die Toten in Straßengräben verscharrt? Nein! Sie lebten wie wir, sie aßen wie wir, sie wohnten wie wir – nichts unterschied sie von uns."[285]

Das kollektive Morden

Das Morden an den Deutschen begann in Prag am 5. Mai 1945, als der Rundfunk verkündete: „Tod den Deutschen! Tod allen Deutschen! Tod allen Okkupanten!" Es erreichte am 9. Mai den unmenschlichen Höhepunkt. Ein Sturm der Bestialität unterschiedlicher Qualität erfaßte die deutsche Bevölkerung in allen Gebieten der wiederhergestellten Tschechoslowakischen Republik, wobei die Tschechen ihre slowakischen Landsleute in allen Formen der Diskriminierung und Mißhandlung übertrafen. Es beteiligte sich ein Großteil der tschechischen Bevölkerung an den Ausschreitungen, nicht nur der Mob der Großstädte. Eine führende Rolle spielten die sogenannten „Partisanen". Die meisten waren keine echten Widerstandskämpfer, sondern Helden der letzten Stunde. Der Volksmund nannte sie „Fünf-Minuten-Partisanen", weil sie erst fünf Minuten vor zwölf ihr tschechisches Herz entdeckt hatten. Oft waren es Räuberbanden und Goldgräber (zlatokopci), die über die Deutschen herfielen, sie ausplünderten, quälten und ermordeten. Andere Partisanengruppen bestanden aus ehemaligen Kollaborateuren, die mit exzessiven Greueltaten gegenüber den Deutschen ihre Vergangenheit weißwaschen wollten.[286] Immerhin hatten sich zwischen 1939 und 1945 fast zwei Millionen Tschechen in NS-nahen Verbänden organisiert und mit dem Nationalsozialismus sympathisiert. Sie mußten nun fürchten, an den Pranger gestellt zu werden. Viele von ihnen gebärdeten sich nach dem Krieg als besonders eifrige „Rächer des Tschechentums".

Nach dem Einmarsch der Roten Armee in die sudetendeutschen Gebiete strömten Horden bewaffneter Partisanen in die von Deutschen bewohnten Dörfer, deren Mut gegenüber der deutschen Zivilbevölkerung grenzenlos war, da sie keinen Widerstand zu befürchten hatten. Ihr Haß richtete sich gegen unbewaffnete Frauen, Kinder und Greise, von denen keinerlei Gefahr ausging und denen nichts vorzuwerfen war – außer, daß sie Deutsche waren. Die Partisanen lebten ihren aufgestauten tschechischen Chauvinismus mit Beschimpfungen, Demütigungen und Gewalttätigkeiten bis zum Exzeß aus. Sie vertrieben die Deutschen aus ihren Wohnstätten, ließen sie Spießrutenlaufen und sperrten sie in Lager, wo sie mit ihnen machen konnten, was ihnen einfiel. Es gab keine Grausamkeit, die nicht praktiziert wurde. Einer wollte den anderen übertreffen. Der Phantasie war keine Grenze gesetzt: Prügel, Folter, Vergewaltigung, Totschlag und Mord.

Viele Familien wurden auseinandergerissen. Die Eltern verloren ihre Kinder, die Ehefrauen ihre Männer, die Männer ihre Frauen. Die Kinder wimmerten im Alleinsein um ihre Eltern. Die größeren wurden zur Arbeit herangezogen: Leichen vergraben, Aas beseitigen, Schutt räumen, Felder bearbeiten. Wer krank wurde oder sich verletzte, konnte nicht mit ärztlicher Hilfe rechnen. Für die Deutschen gab es keine Desinfektionsmittel, keine Medikamente und keine Ärzte.[287]

Wie in Polen wurden auch in der Tschechoslowakei viele ehemalige Barackenlager aus dem Dritten Reich in Internierung- oder Arbeitslager für Deutsche umgewandelt. Insgesamt entstanden 1.215 Konzentrationslager, 846 Straflager sowie 215 Gefängnisse, in denen insgesamt rund 350.000 Deutsche oft jahrelang unter unmenschlichen Bedingungen festgehalten wurden. Eines der berüchtigtsten war Theresienstadt. Die „Kleine Festung" war die Folterstätte des Lagers.

Monsignore Emanuel Reichenberger, der 1938 nach Amerika emigriert war, zitierte in seinem Buch Europa in Trümmern *folgenden Augenzeugenbericht aus Theresienstadt: „Matz ist jede Nacht und jeden Tag unter den Opfern, die geschlagen werden. Aber ihn schlägt man nicht tot. Man will Geständnisse von ihm. Und eines Tages ist er mürbe geschlagen. Er gesteht, was seine Peiniger wollen. Über 101 Geständnisse von Morden an Tschechen schlagen sie aus ihm heraus. Nicht bei einem war er beteiligt. Jede Nacht höre ich ihn stöhnen. Der Betonfußboden ist so hart, und der arme Matz weiß nicht mehr, wie er liegen soll. Aus seinem Rücken hängt das rohe Fleisch heraus, und die Seiten seines Körpers sind wund von Peitschenhieben. Überall sind blutunterlaufene Stellen von Fausthieben und Fußtritten. […] Seine Qual nimmt kein Ende. Durch eine der vielen offenen Wunden seines Körpers zieht er sich eine Blutvergiftung zu. Eine Sepsis bildet sich. Eines Morgens ist sein Oberschenkel so dick wie das Bein eines Elefanten. Sein übriger Körper ist jetzt so schmal wie der eines achtjährigen Kindes. Bei ihrer nächtlichen Visite entdecken seine Peiniger sein deformiertes Bein. Sie zwingen ihn, Kniebeugen zu machen. Nicht eine einzige bringt sein zerquälter, bresthafter Leib zustande. Die Wachtposten schütteln sich vor Lachen. Dann schlagen und treten sie ihn, daß er in seiner Zelle herumfliegt wie eine Kaffeebohne in der Mühle. Zwei Tage darauf ist Matz tot."*[288]

In Miröschau bei Pilsen richtete die Partisanengruppe Brdy ein Gefangenenlager für deutsche Soldaten ein, die ihnen auf der Flucht vor der Roten Armee zu den amerikanischen Linien in die Hände gefallen waren. Ihr Führer war Frantisek Voukal, der im Krieg als Doppelagent der Gestapo und der Partisanenabteilung „Jan Zizka" gearbeitet hatte und am 31. März 1945 von den Deutschen inhaftiert worden war. Nach der Befreiung durch die Rote Armee bildete er mit etwa 50 kriminellen und politischen Mitgefangenen die Partisanengruppe Brdy. Die von ihnen waffenlos eingefangenen einzelnen Wehrmachtangehörigen wurden auf das Schloß Miröschau gebracht, wo viele von ihnen nach bestialischen Quälereien ermordet wurden. Zu ihnen gehörten auch rund 180 Soldaten der Wlassow-Armee, die auf deutscher Seite gekämpft hatten. Die geraubten persönlichen Wertgegenstände der Opfer und alle Erkennungszeichen wurden von Voukal beiseitegeschafft.

1998 zeigte die tschechische Fernsehanstalt TV Nova einen Bericht mit heimlich gemachten Fotos von den Vorgängen in diesem Lager. Man sah, wie Gefangene in Wehrmachtuniform auf allen vieren kriechen mußten und dabei von einem Tschechen mit einer Reitpeitsche traktiert wurden. Die Männer mußten einander ohrfeigen. Auf den Knien liegende Soldaten wurden mit Genickschüssen umgebracht. Um Geständnisse zu erpressen, wandten die Posten die sogenannte Stalinschaukel an, bei der die an den Beinen aufgehängten Gefangenen Schläge in die Kniekehlen und auf den Rücken bekamen. Ein Bild zeigte ein zum Teil gefülltes Massengrab, an dessen Rand nackte Tote lagen.

Einige der Verantwortlichen des Lagers Mörischau wurden nach der Ausstrahlung des Fernsehfilms angezeigt. Die tschechische Regierung verstand es, ihre Auslieferung an die Bundesrepublik Deutschland zu verhindern.[289] Die Ermittlungen gegen Voukal wurden mit Bescheid vom 29. September 2000 vom Generalstaatsanwalt beim Oberlandesgericht Bamberg eingestellt, weil der Beschuldigte „unbekannten Aufenthalts" war. Nach Angaben der Zeitschrift „Der Tiroler" stellte Voukal jedoch sogar einen Antrag auf Entschädigung aus dem deutsch-tschechischen Versöhnungsfonds für sein erlittenes Ungemach in einem deutschen KZ.

Die grauenhaften Brutalitäten, die sich im Verlauf des Umsturzes abspielten, konnte das IKRK nicht beobachten, denn seine Tätigkeit für die Zivilinternierten begann erst im Oktober 1945, zwei Monate nach dem Ende der Potsdamer Konferenz. Die Lager für die Kriegsgefangenen durften erst ab Dezember 1945 besichtigt werden. Was sich davor abspielte, blieb im dunkeln. Ohne die Genehmigung der staatlichen Behörden durften die Delegierten des IKRK keinen Schritt im Land machen. Kein Lager konnte besichtigt werden, wenn der Besuch nicht vorher angemeldet worden war. Es gab keine überraschenden Inspektionen, so daß die Lagerkommandanten jeweils entsprechende Vorbereitungen treffen konnten, die die Realität des Gefangenenlebens verschleierten.[290]

Als die deutschen Opfer unter der Erde waren, wurden die Morde durch das „Amnestie-Gesetz Nr. 115" vom 8. Mai 1946 rückwirkend straffrei gestellt. Der Wortlaut von Paragraph 1 dieses Gesetzes, das kein „Amnestie-Gesetz" im rechtlichen Sinn, sondern ein nachträgliches „Straffreiheits-Gesetz“ für vor dem Datum begangene Verbrechen ist, hat folgenden Wortlaut: „Eine Handlung, die in der Zeit vom 30. September 1938 bis zum 28. Oktober 1945 vorgenommen wurde und deren Zweck es war, einen Beitrag zum Kampf um die Wiedergewinnung der Freiheit der Tschechen und Slowaken zu leisten oder die eine gerechte Vergeltung für Taten der Okkupanten oder ihrer Helfershelfer zum Ziel hatte, ist auch dann nicht widerrechtlich, wenn sie sonst nach den geltenden Vorschriften strafbar gewesen wäre.“ Das Gesetz wurde am 4. Juni 1946 veröffentlicht und in Kraft gesetzt und trägt die Unterschriften von Dr. Prokop Drtina als Justizminister, Dr. Benesch als Staatspräsident, General Ludvik Svoboda als Verteidigungsminister, Dr. Zdenek Fierlinger als Ministerpräsident. Die Benesch-Dekrete sind heute noch geltendes Recht. Sie wurden trotz des rechtswidrigen Charakters von der Europäischen Union anerkannt, als Tschechien seinen Beitritt zur EU von ihrer weiteren Gültigkeit abhängig machte.

Wer 1945 einen Deutschen ermordete, brauchte nicht einmal ein schlechtes Gewissen zu haben, wenn er ein gläubiger Christ war. Der tschechische Erzbischof von Prag Josef Beran soll 1946 erklärt haben: „Wenn ein Tscheche zu mir kommt und beichtet, daß er einen Deutschen umgebracht hat, kriegt er umgehend die Absolution.“[291] Die tschechischen Priester weigerten sich, sterbenden Deutschen die letzte Ölung zu geben und sie nach christlichem Ritus zu begraben. Die Toten wurden in Massengräbern verscharrt. Erst 60 Jahre später wurden einige entdeckt. Viele bleiben für alle Zeiten unentdeckt, weil über den Grabstätten in der Zeit des Sozialismus Häuser, Straßen, Fußballplätze und Parkhäuser gebaut wurden. Lag in einem Privatgrundstück ein toter Deutscher, so wurde das Grab von dem neuen Eigentümer in der Regel verheimlicht. Die ehemaligen deutschen Friedhöfe wurden geschändet. Die Grabdenkmäler wurden zerstört und die Marmorkreuze verkauft. Die deutschen Texte wurden von den Friedhofskreuzen und Feldkreuzen abgeschlagen. Die deutsche Vergangenheit sollte gelöscht werden.[292]

Erst auf der Potsdamer Konferenz billigten die Siegermächte die Ausweisung der Deutschen aus den Gebieten, die den Polen und Tschechen zugesprochen worden waren, in humaner Form. Am gleichen Tag, an dem die Potsdamer Konferenz zu Ende ging, am 2. August 1945, verabschiedete der tschechoslowakische Staatspräsident das Verfassungsdekret „Über die Regelung der tschechoslowakischen Staatsbürgerschaft von Personen deutscher und magyarischer Nationalität“. Den Angehörigen dieser beiden Gruppen wurde mit Ausnahme der als Antifaschisten anerkannten Personen die Staatsbürgerschaft entzogen und damit die Grundlage für die organisierte Aussiedlungspolitik geschaffen. Alle Vertreibungen davor waren ungesetzliche Willkürakte. Zu diesem Zeitpunkt hatten bereits 759.000 Deutsche das Land verlassen müssen.[293]

„Wir mußten schon am 17. Juni 1945 unseren Heimatort Langenbruck verlassen, nachdem uns dies die Tschechen in der vorhergehenden Nacht um 2 Uhr mitgeteilt hatten. Es waren etwa 60 Prozent der Bevölkerung, welche diese furchtbare Botschaft erhielten. Mitzunehmen waren 30 Kilogramm Gepäck gestattet, aber weder Geld noch Schmuck. Es bemächtigte sich der Leute lähmender Schrecken, da niemand von den Aufgeforderten eine blasse Ahnung hatte, wohin sie geschafft werden sollten. Etliche zogen es vor, durch Selbstmord aus dem Leben zu scheiden, so eine Familie in unserer Nachbarschaft, wo der Mann die Kinder im Alter von drei und vier Jahren umbrachte, dann seine Frau, die er erschoß. Auch eine Nachbarsfrau im Alter von 80 Jahren, welche ebenfalls in selber Nacht aufgefordert wurde, ihr Haus zu verlassen, zog es vor, durch das Öffnen der Pulsadern aus dem Leben zu scheiden. Ich sehe noch immer diese Frau vor mir, wie sie, zitternd am ganzen Körper, nur immer mit dem Kopf schüttelte, sie konnte es nicht fassen.“[294]

Die Schreckenstage in Prag

In Prag kamen 1945 etwa 143.000 deutsche Zivilisten zu Tode. Einige Mord- und Begräbnisstätten sind inzwischen bekannt. 70.000 wurden in der Teufelsmühle „Wilde Scharka“, einem Graben in der Nähe des Flughafens Ruzin, liquidiert. 40.000 kamen in Gbely beim Militärflugplatz zu Tode. In der hintersten Ecke des Motoler Krematoriums und Friedhofs wurden Massengräber von 50.000 deutschen Bürgern Prags gefunden. Nach Aussagen der Friedhofsverwaltung wurden nach dem Ende des Kommunismus die Gebeine von der Teufelsmühle dorthin umgebettet. Ein 75 Quadratmeter großes Areal wurde mit 200 Kubikmetern Gebeinen aufgefüllt und mit einem Birkenkreuz und einer Granitplatte mit dem Schriftzug „Unbekannte deutsche Soldaten“ versehen. Dort ruhen jetzt Deutsche jeder Art, sowohl Zivilisten als auch Angehörige der SS-Division „Prinz Eugen“ und Wehrmachtsoldaten der Heeresgruppe Schörner. An der Teufelsmühle in der „Wilden Scharka“ waren 1945 die Leichen

Zehntausender Zivilisten zunächst verbrannt und später vergraben worden. Die Asche liegt im Boden vor der Luxusvilla Čertův mlýn. Die Gebeine wurden auf den Motoler Friedhof bestattet. Weitere Massengräber befinden sich im Vorort Gbely mit 40.000 Ermordeten und in der hintersten Ecke des Friedhofs Olschan mit 7.000 Opfern. Die Überreste von 20.000 Menschen liegen irgendwo unter den Straßen und Gehsteigen oder in den Vorgärten der Stadt Prag. Die Recherchen nach den toten Deutschen wurden von Magister Ilmar Tessmann, einem Überlebenden des Prager Massakers, durchgeführt. Die tschechischen Einwohner, die ihm behilflich waren, wollen nicht genannt werden.

Neben den deutschen Zivilisten kamen etwa 80.000 Soldaten, darunter 6.000 Verwundete in den 30 Lazaretten Prags, ums Leben. Von den deutschen Einwohnern Prags überlebten etwa 60.000, von den Verwundeten fast keiner. Die Angehörigen der Waffen-SS wurden ausnahmslos erschossen. 6.000 Soldaten der Heeresgruppe Schörner retteten sich in russische Gefangenschaft, wenige hundert in amerikanische. Der Befehl Beneschs „Tod allen Deutschen!“ wurde nirgendwo so rigoros ausgeführt wie in Prag. Auf dem Wenzelsplatz in Prag wurden deutsche Kriegsgefangene mit den Füßen an Kandelabern und Bäumen aufgehängt, mit Petroleum übergossen und angezündet.[295]

Jürgen Thorwald schrieb: „Waren es denn noch Menschen, welche am 9. Mai auf dem Wenzelsplatz, auf dem Karlsplatz und in der Rittergasse wahllos Deutsche mit Benzin übergossen, mit den Füßen nach oben an Masten und Laternen hängten und sie anzündeten und johlend den brennenden Fackeln und ihren Qualen zusahen, die umso länger dauerten, weil die Köpfe der Brennenden vorsorglich nach unten gehängt waren und der aufsteigende Rauch sie nicht erstikken konnte? Waren es noch Menschen, welche deutsche Soldaten, aber ebenso Zivilisten und Frauen mit Stacheldraht zusammenbanden, zusammenschossen und die Menschenbündel in die Moldau stürzten? Waren es noch Menschen, welche deutsche Kinder in den Löschwasserbehältern ertränkten und Frauen und Kinder aus den Fenstern auf die Straßen stürzten? Sie hatten menschliche Gesichter. Aber es waren keine Menschen mehr. Es waren keine Menschen, welche nackte deutsche Frauen zwangen, Steine fortzuräumen, ihnen dabei die Achillessehnen durchschnitten und sich an ihrer Hilflosigkeit und ihren Schmerzen weideten. Es waren keine Menschen, welche die Deutschen aus dem Behelfsgefängnis der unterirdischen Klosettanlagen am Wenzelsplatz heraufholten, mit Knüppeln niederschlugen und buchstäblich zu Tode traten, und es waren keine Men-

schen, welche deutsche Mädchen, die ihnen als Wehrmachthelferinnen in die Hände gefallen waren, nachdem sie ihnen die Kleider geraubt hatten, durch die Foch-Str. nach dem Wolschaner Friedhof trieben und sie dort mit Maschinengewehren zusammenschossen oder mit Schlägen und Bajonettstichen in Heuhaufen hineintrieben, die sie dann anzündeten. Und dies waren nur einige Gipfelpunkte in dem Meer von Unmenschlichkeit, in dem die einfache Erschießung, und sei es die Hunderter von Schülern der Prager Adolf-Hitler-Schule, eine Wohltat schien."[296]

Deutsche Mitbürger mußten die Leichenreste derer, die als brennende Fackeln starben, beseitigen.

Der Diplomphysiker K.F. war dabei: „Der Nachmittag des 10. Mai brachte mir das vielleicht grausigste Erlebnis dieser Tage. Es kam ein Trupp Bewaffneter herein und suchte sich die sechs jüngsten und kräftigsten Männer aus, darunter war auch ich. Nachdem diese Leute unserer Bewachung versprochen hatten, sie würden uns nach Möglichkeit lebendig zurückbringen, führten sie uns auf den Wenzelsplatz. Dieser war gesteckt voll mit einer grölenden Menge, und man mußte uns erst eine Gasse frei machen. Ich hätte nie gedacht, daß ein Menschenantlitz so zur Fratze werden kann, denn wie geifernde Hunde reckten sie uns mit gefletschten Zähnen die Köpfe entgegen, als sie uns anspien und anbrüllten. Mit aller Gewalt und entsicherten Pistolen mußte unsere Bewachung diese Wesen von uns fernhalten. So kamen wir zur Einmündung der Wassergasse und sahen unsere Aufgaben: An der großen Reklametafel an dieser Ecke hingen drei nackte Leichen, an den Füßen aufgehängt und mit Benzin verbrannt. Die Gesichter bis zur Unkenntlichkeit verstümmelt, die Zähne restlos herausgeschlagen, der Mund nur ein blutiges Loch. Die gekochte Haut klebte uns an den Händen, so mußten wir sie in die Stephansgasse tragen und schleifen, als wir nicht mehr tragen konnten. Ein Passant wollte unseren Zug fotografieren, wurde gesehen und halb erschlagen. Als wir die Toten abgelegt hatten, zwang man uns mit den Worten: ‚Das sind eure Brüder, so küßt sie!' sie auf den Mund zu küssen. Ich höre diese Worte noch wie heute. Was half da aller Ekel, das Leben ist einem doch lieber, und so drückten wir die zusammengepreßten Lippen in die blutige Lache, die den Mund darstellte. Noch heute spüre ich die eiskalten Köpfe in meinen Händen. […] Irgendwie war mir nun plötzlich klar, was nun kommen mußte. Wir hatten zu viel gesehen, viel zu viel, um weiterleben zu dürfen. Nur Tote konnten schweigen. […] Dann hieß es nur kurz: ‚In den Todeskeller!' Bald darauf fanden wir uns in einem Kellerraum wieder, der also anscheinend diesen vielsagenden Namen Todeskeller führte."[297]

Aussage von Frau Anna Seidel vom 4. Juli 1947: „Ich bin 67 Jahre alt, Ingenieurswitwe und seit 40 Jahren in ein und demselben Haus in Prag XVI-Smichow, Hollergasse 16, wohnhaft gewesen. Ich hatte in all diesen Jahren niemals und mit niemandem den geringsten Streit oder Meinungsverschiedenheit. [...] Trotzdem holten mich am 9. Mai um 3 Uhr vier Zivilisten mit Gewehr im Anschlag (Partisanen) aus meiner Wohnung. Im Hausflur standen vier ältere Frauen mit dem Gesicht an der Wand, Hände hoch, hinter jeder ein Mann mit Gewehr, alle wohnhaft in den umliegenden Häusern. Man führte uns in die Vorstadt Radlitz in eine Fabrik, wo man uns alles, aber wirklich alles abnahm, was wir besaßen. Man malträtierte uns mit Füßen, es wurde auf unsere Rücken getreten, und man schlug uns. Man schnitt uns in der rohesten Weise die Haare ab, malte uns mit schwarzer Farbe ein Hakenkreuz auf die Stirn, dann begoß man uns mit einigen Kübeln kalten Wassers, lud uns auf einen Lastwagen, auf dem wir knien mußten, und führte uns so langsam durch die Straßen, wobei wir ununterbrochen weiter geschlagen wurden, während wir selbst (auf tschechisch) laut rufen mußten ‚Wir sind Hitler-Huren'. Und wenn ihnen dies nicht genügend laut und überzeugend genug klang, sausten weiter Hiebe in verstärktem Maße auf unsere Körper nieder, auf wehr- und hilflose Greisinnen. So gelangten wir endlich zur Polizeidirektion, wo wir die ganze Nacht in den nassen Kleidern im Hof zubringen mußten und in der Frühe in das Gefängnis nach Pankratz geschafft wurden, wo wir vier Wochen verblieben. Nach dieser Zeit kamen wir im offenen Kohlenwagen in die Kleine Festung in Theresienstadt, wo wir ein Jahr blieben, eingesperrt hinter Gitterfenstern, und wo man schwerste körperliche Arbeit von uns forderte: Kohlen verladen am Bahnhof, desgleichen Bretter, Möbelstücke, Kasernen aufräumen usw."[298]

Der katholische Geistliche Emanuel Reichenberger gab in der Schrift *J'accuse* (dt. Ich klage an) den Bericht eines französischen Augenzeugen wieder, der einige der tschechischen Greueltaten beobachtet hatte.

„Es war am 10. Mai 1945, als ich mich vormittags in der Nähe der Nusler Schule befand. Ich sah, wie auf einem großen Lastwagen gräßlich verstümmelte Mädchen und Frauen, die, wie zu sehen war, vorher auf die abscheulichste Art und Weise vergewaltigt worden sein mußten, aufgeladen wurden. Unter dem Gejohle der zuschauenden Volksmenge fuhr der Lastwagen, auf dem sich die deutschen Häftlinge auf die Leichen niederlegen mußten, davon und kam nach einer halben Stunde wieder zurück, um von neuem mit dieser furchtbaren Fracht beladen zu werden. Ich fragte den tschechischen Chauffeur, wo man denn diese

Leichen hinbringe, und er sagte mir unter Lachen, daß man ‚diese deutschen Schweine' in die Müllverbrennungsanstalt nach Prag-Holleschowitz bringe, wo sie dann mit dem Müll verbrannt würden. Viermal sah ich denselben Wagen, beladen mit menschlichen Leichen, kommen und wieder abfahren. Ich begab mich auch in die Nusler Schule. Die Keller schwammen förmlich im Blut, und an verschiedenen Leichen fand ich Einschußlöcher im Genick."[299]

Der Höhepunkt der bestialischen Orgien war am 13. Mai 1945, als Benesch in die Stadt einzog. Der tschechische Schachgroßmeister Ludek Pachmann beschrieb die Szenerie unter der Überschrift *Wenn es die Hölle auf Erden gibt, dann gab es sie in Prag.*

„Am Sonntag, den 13. Mai 1945 um 11 Uhr, kam Dr. Benesch nach seinem Londoner Exil am Masaryk-Bahnhof in Prag an. Vorher hatte er von London aus Richtlinien an das tschechische Volk herausgegeben: ‚In unserem Land wird das Ende des Krieges mit Blut geschrieben werden.' Auf seinen Wunsch und ihm zu Ehren wurden am Wenzelsplatz reihenweise deutsche Soldaten, verkehrt mit den Köpfen nach unten, an Säulen, Bäumen und Anschlagtafeln lebend aufgehängt und mit heißem Teer beschmiert. Als Benesch in seinem Wagen erschien, ertönten Kommandorufe. Die Soldaten überschüttete man gleichzeitig mit bereitgestelltem Benzin oder Öl und zündete sie an. [...] Um die lebenden Fackeln johlten und tanzten tschechische Frauen. Langsam fuhr Benesch durch das Spalier brennender Deutscher. Die fürchterlichen Schreie hallten durch ganz Prag und stachelten immer mehr zu solchen Schandtaten an. Die Schreienden wurden durch Knüppel, Eisenstangen und Stöcke zum Schweigen gebracht. Unkenntliche, verbrannte, blutige Fleischmassen blieben zurück. Danach zwang man Deutsche, die halbverkohlten Leichen herunterzunehmen. Verbranntes Fleisch löste sich und blieb an den Händen kleben. Dann wurde befohlen, die Füße der Toten anzufassen und in die Stefangasse zu schleifen, wo sie neben vielen anderen auf einem Lastwagen abtransportiert wurden. Wohin die Leichen gebracht wurden, konnte nicht ermittelt werden. Bereits am 10. Mai wurden erstmals ‚Probefackeln' veranstaltet. Bei der Einmündung der Wassergasse fing es an. Hier wurden drei deutsche Soldaten an der großen Reklametafel verkehrt aufgehängt, mit Benzin übergossen und lebendig verbrannt. Weil sie vor lauter Schmerz fürchterlich schrien, wurden ihre Köpfe bis zur Unkenntlichkeit blutig geschlagen."[300]

Alfred Gebauer berichtete, daß er am 9. Mai 1945 in Prag verhaftet wurde. Er wurde von einem Lager in das andere geschoben. In der Scharnhorst-Schule erlebte er, wie SS-Helferinnen die Kleider vom Leibe gerissen, nackt in einem Wassertümpel getrieben und schließlich mit Fußtritten und Gewehrkolben mißhandelt wurden, bis sie bewußtlos waren. Am Stadion war er Zeuge, wie auf Waffen-SS-Soldaten eine Hasenjagd mit Maschinenpistolen im Angesicht von 5.000 deutschen Zivilhäftlingen veranstaltet wurde. Dabei wurden etwa 20 Soldaten getötet. Einige mußten in die Latrine springen. Dort wurden sie erschossen und liegengelassen. Die deutschen Häftlinge mußten die Latrine weiterbenutzen. In der Reitschule wurden Frauen mit Gummiknüppeln geschlagen, bis sie blutüberströmt zusammenbrachen. Die ersten fünf Tage nach seiner Verhaftung gab es außer Wasser keine Verpflegung. Täglich starben 15 bis 20 Leute an Entkräftung.[301]

Aussage von Dr. med. Hans Wagner vom 27. September 1950: „An einem Sonntagnachmittag drang eine Schar RG [Revolutionsgarde] in eine Doppelzelle unserer Abteilung ein, wo etwa 25 Jungen im Alter von 14 bis 16 Jahren untergebracht waren. Sie stammten aus der Reichenberger Gegend und sollen Werwölfe gewesen sein. Die Jungen wurden vor unserer Tür aufgestellt und standen sich in zwei Reihen gegenüber. Sie mußten zuerst Hahnenkämpfe aufführen, dann ‚Heil Hitler‘ rufen und sich gegenseitig ohrfeigen. Von Männern und Zuschauerinnen wurden sie dazu angetrieben, die mit Gummiknüppeln nachhalfen. Dieses Spiel artete in Blutvergießen aus. Die Jungen mußten das Blut von den Steinfliesen auflecken. Wenn dies einer nicht tat, wurde er windelweich geprügelt. Einige der Kinder erbrachen, und die anderen mußten das Erbrochene verzehren. Schließlich brachten es die Gepeinigten nicht mehr fertig, diese Widerlichkeiten auszuhalten, weshalb sie erneuten Schlägen ausgesetzt wurden, wobei das Blut den ganzen Boden besudelte. Nun wurden die Delinquenten gezwungen, sich splitternackt auszuziehen, und es mußte sich einer nach dem anderen auf einen Tisch legen, auf dem sie so lange gegeißelt wurden, bis das Fleisch in Fetzen von den Knochen hing. Die Peiniger konnten sich dabei nicht der blödesten Witze und gemeinsten Zoten enthalten. Als alle Jungen so traktiert waren, wurden sie in den Keller geschleift und die, welche noch ein Lebenszeichen von sich gaben, wurden an Haken an der Wand aufgeknüpft und so endgültig liquidiert.“[302]

Viele Deutsche entzogen sich dem tschechischen Terror, indem sie Selbstmord begingen. Allein in Böhmen waren es zwischen Mai und Oktober 1945 5.518 Personen. Kranke, Verwundete und Verletzte starben zu

Tausenden, weil sie keine Pflege und keinen Beistand hatten. Der Befehlshaber der Nationalen Sicherheitswache für das Gebiet Mähren-Schlesien in Brünn, Hauptmann S. Sedlák, gab die Anweisung, daß verletzten und kranken Deutschen keine ärztliche Hilfe gewährt werden solle.[303] Der Blutzoll der Deutschen bis Ende 1945 ist nicht zu trennen von der Gesamtzahl der Vertreibungsopfer. Insgesamt kamen 272.900 Sudetendeutsche ums Leben. Sie wurden umgebracht oder verhungerten oder starben von eigener Hand.

Organisierte Racheunternehmungen

Terror in der Iglauer Sprachinsel ab 13. Mai 1945

Iglau an der Igel war die älteste Bergbaustadt Mährens und bis 1945 Zentrum der zweitgrößten deutschen Sprachinsel mit etwa 65.000 Einwohnern, mehr als die Hälfte Deutsche. Am 13. Mai 1945 begann die Schreckensherrschaft der Tschechen, die etwa 2.000 Deutschen das Leben kostete. In Deutsch Schützendorf und Dobrenz wurden 15 deutsche Männer ermordet. Am 24. und 25. Mai wurden 6.700 Deutsche aus ihren Häusern vertrieben und in die Konzentrationslager Helenental und Altenberg eingeliefert. Sie wurden dort so schlimm behandelt, daß angeblich mehr als hundert Selbstmord verübten.[304]

Die Partisanen, die die Grausamkeiten begingen, hatten sich angeblich bereits in der Protektoratszeit mit Wissen der tschechischen Polizei formiert. Einige wurden damals erwischt und festgenommen, unter ihnen der tschechische Glasschleifer Kautzinger von der Inwaldschen Glasfabrik in Deutsch-Schützendorf, der ein bekannter Kommunist war. Er kam bereits nach einem Monat Gefängnis wieder frei. Nach der Kapitulation der Wehrmacht ernannte er sich selbst zum Chef der „Vaterländischen Partisanen- und Revolutions-Garden" in Dobrenz und Umgebung. Von da an war er Herr über Leben und Tod seiner rechtlosen deutschen Landsleute. In der Öffentlichkeit erschien er hoch zu Roß mit Ledermantel und Reitpeitsche, von der er bei Begegnungen mit Deutschen kräftig Gebrauch machte. Mit seinen Kumpanen machte er Beutezüge in die Nachbardörfer. In der Totenkammer im Feuerwehrgerätehaus und in der daneben liegenden Gemeindewaage von Deutsch-Schützendorf richtete er ein „Behelfs-Internierungslager" für die Deutschen ein. Er bestimmte allein, was dort zu geschehen hatte. Die noch aus der Protektoratszeit im Ort amtierenden tschechischen Gendarmen hatten nichts zu sagen. Die Verhaftungen führte Kautzinger mit seinen Kumpanen durch. Von den 17 namentlich bekannten Personen, die arretiert wurden, waren zehn Bauern, zwei Häusler und je einer Wagner, Schmied, Gastwirt, Lehrer und Polizist. Der Gastwirt Wenzel Kreisl wurde, weil er sich seiner Festnahme widersetzte, gleich erschlagen und am nahegelegenen Bahndamm eingescharrt. Alle Inhaftierten wurden so gequält und mißhandelt, daß die Angehörigen, die ihnen Essen und Kleidung bringen wollten, sie kaum wiedererkannten. Die beiden Vettern Hondl aus Bergersdorf, das heute Kamenná heißt, wurden nach ihrer Festnahme nach Deutsch-Schützendorf gebracht und dort derart mißhandelt, daß sie nicht mehr gehen konnten. Sie wurden gefesselt und auf einem Karren, eingesperrt in einer Schweinekiste, in das Bezirksgefängnis nach Polna transportiert. Der eine beging Selbstmord, und der andere wurde umgebracht. Zusammen mit ihnen wurden 15 unbekannte deutsche Soldaten, die ermordet worden waren, in einer Ecke der Friedhofskirche zu St. Barbara begraben.

In Dobrenz veranstaltete Kautzinger am Samstag, dem 19. Mai 1945, im ehemaligen Gasthof Polzer, der jetzt ihm gehörte, eine Siegesfeier mit Tanz. Es wurde reichlich getrunken. Gegen Mitternacht forderte Kautzinger die Mitfeiernden auf, mit ihm die in der ehemaligen Totenkammer bei der Gemeindewaage von Dobrenz festgehaltenen deutschen Gefangenen herauszuholen und zu erschießen. Man trieb sie hinter dem Bahndamm aufwärts auf dem Weg in eine Wiesenmulde oberhalb des Waldrandes, etwa 500 Meter vom Ortsrand entfernt, unmittelbar am Weg nach Deutsch Neuhof. Zwei oder drei, unter ihnen angeblich der Bauer Röhrich, wurden schon unterwegs ermordet, weil sie nicht weitergehen konnten. Einige Auswärtige brachte der Bauer Polreich mit seinem Auto auf Befehl von Kautzinger gleich zur Mordstätte. Dort mußten sich die Opfer unter Schlägen ihr Grab selber schaufeln. Da es die Mörder sehr eilig hatten, brauchten sie nur etwa 80 Zentimeter tief zu graben. Dann wurden alle mit Gewehren, Pistolen, Spaten, Schaufeln und Hacken umgebracht. Das frische Grab wurde in der Eile nur mit wenig Erdreich und ein paar Rasenstücken zugedeckt. Im Anschluß daran setzten die Mörder die Siegesfeier im Wirtshaus fort. Am Sonntagmorgen mußte der Müller Jiri Dejnožka, der es abgelehnt hatte, sich an den Morden zu beteiligen, auf Weisung von Kautzinger mit seiner Frau zur Mordstelle gehen und alles, was er an menschlichen Überresten fand, zusammentragen und vergraben. Die Wiese Budenka, so hieß der Ort, war den Einwohnern von Dobrenz immer als Mordstätte geläufig. Auch die Täter waren bekannt. Niemand wurde zur Rechenschaft gezogen.

Angehörige der Opfer errichteten an der Stelle der Grabstätte am 24. September 2001 ein Kreuz ohne Inschrift, nur mit der Jahreszahl 1945. Der kommunistisch beherrschte Gemeinderat lehnte es ab, ein Granitkreuz zur Erinnerung an dieses Nachkriegsmassaker aufzustellen. Die Gegner der Erinnerung an den Mord sägten das Holzkreuz, das aufgestellt worden war, in der Mitte durch und befestigten zwei antideutsche Inschriften. Die eine lautete: „Nehmt die Reste der Nazis nach Deutschland und verschmutzt uns damit nicht tschechische Friedhöfe." Auf dem anderen Täfelchen stand: „Das war eine schwache Rache für Lidice."[305] Im Sommer 2009 wurden 13 Leichen von Archäologen aus der Budenka-Wiese in Dobrenz geborgen. Das Prager Institut für Kriminalistik prüfte die Identität der Leichenreste. Am 26. Januar 2012 gab Radio Prag bekannt, daß neun der Toten anhand von DNA-Proben von Verwandten in Deutschland identifiziert werden konnten.

Landskroner Blutgericht vom 17./18. Mai 1945

Landskron, eine Stadt am Fuße des Adlergebirges, hatte 1939 etwa 7.000 Einwohner. 83 Prozent waren Deutsche. Am 9. Mai 1945 kam es auf den Höhen des Talkessels von Landskron zu einer der letzten Kampfhandlungen des Zweiten Weltkriegs. Dann besetzte die Rote Armee das Land. Wie überall suchten die Soldaten nach Alkohol und Frauen und plünderten. Die wenigen Tschechen am Ort wußten anfangs selbst nicht, wie sie sich verhalten sollten. Sie fühlten sich befreit, aber die Russen unterschieden nicht zwischen deutsch und tschechisch. Die tschechische Habe war genauso in Gefahr wie die deutsche. Geplündert wurde überall.

Die deutschen Männer der Stadt wurden nach der Übernahme der Verwaltung durch die Tschechen für Aufräumungsarbeiten rekrutiert. Am 17. Mai schickte man sie gleich heim. Gegen 11 Uhr erschienen Lastwagen mit Hunderten bewaffneter Tschechen, sogenannte „Partisanen" aus der Gegend von Königgrätz in der Stadt. Sie veranstalteten auf dem Stadtplatz eine Kundgebung für die Tschechen. Ein russischer Offizier hielt eine Ansprache, die oft von tosendem Geschrei begleitet wurde. Danach stoben die Teilnehmer wie auf Befehl auseinander. Sie kamen mit Gruppen deutscher Männer, Frauen und Kinder zurück, die sie eingefangen hatten. Alle Häuser der Deutschen waren durchkämmt worden. Niemand blieb zurück. Gleich ob alt oder jung, ob gebrechlich oder krank, alle wurden zur Stadtmitte getrieben. Die einzelnen Gruppen wurden von johlenden, bewaffneten Tschechen angetrieben, die herumschossen und auf jeden einschlugen, der ihnen in die Hände fiel. Einige tschechische Trupps holten mit Lastwagen die Männer aus den umliegenden Dörfern. In den frühen Nachmittagsstunden waren weit über tausend Menschen auf dem Stadtplatz versammelt. Die Männer hatten sich mit erhobenen Händen in Reihen aufzustellen. Auf Kommando mußten sie sich flach auf das Pflaster legen und auf Kommando rasch wieder aufstehen, bald durcheinander laufen und sich wieder in Reihe aufstellen. Die Tschechen gingen durch die Reihen, traten den Männern mit Vorliebe in die Geschlechtsteile und gegen die Schienbeine, schlugen mit allen erreichbaren Schlagmitteln auf sie ein, bespuckten sie und schossen wild um sich. Bald gab es Verletzte und Erschöpfte, die nicht mehr weiter konnten. Sie wurden mit Fußtritten mißhandelt.

Vor dem Rathaus befand sich ein Luftschutz-Wasserteich, in den einige Opfer hineingeworfen und mit Stöcken und Stangen unter Wasser gehalten wurden, bis sie ertranken. Auf die Schwimmer wurde geschossen. Das Wasser färbte sich blutrot. Die auf dem Stadtplatz Liegengebliebenen wurden aus Feuerwehrschläuchen mit Wasser bespritzt oder auf grausame Art mißhandelt, von jedem Folterknecht anders. Während sich diese Szenen abspielten, versammelte sich auf dem Gehsteig vor dem Rathaus ein sogenanntes „Volksgericht". Die Richter nahmen hinter Tischen Platz. Vorsitzender war der Mühlen- und Sägewerksbesitzer J. Hrábaček aus Weipersdorf. Als Beisitzer fungierten Wilhelm Pfitzner, Angestellter der Krankenkasse Landskron, Franz Matschat von der Firma Thoma in Landskron, der Schuhmacher Bernard Wanitschek, der Weber Stefan Matschat von der Firma Thoma, der Tischler Friedrich Bednař, der Gendarmerieoffizier Polak und eine Frau, vermutlich Frau Lossner aus Landskron.

Um den Tisch herum standen die Tschechen, die als Ankläger fungierten und sich einzelne Deutschen aus den Reihen der Angetretenen holten. Diese hatten mit erhobenen Händen vor dem Richtertisch zu erscheinen. Der jeweils erste einer Reihe trug ein mit Speichel bedecktes Hitlerbild, das der Nebenmann auf Kommando abzulecken hatte. Die letzten 20 bis 30 Schritte zum Richtertisch mußten auf dem Boden kriechend zurückgelegt werden. Es folgten Anklage und Urteil. Das Urteil wurde jedem mit Kreide auf den Rücken geschrieben. Die Verurteilten hatten 50 bis 60 Meter zu einer Toreinfahrt zu laufen, ein Spießrutenlaufen im wahrsten Sinne des Wortes. Einige brachen unterwegs zusammen.

Eines der ersten Opfer war der Tischlermeister Karl Piffl. Nachdem er aus der Reihe geholt, durch den Teich getrieben und von dort halbtot herausgezogen worden war, wurde er buchstäblich zu Tode geprügelt und dann von der Meute zu Brei zertreten. Der Nächste war der Werkmeister Reichstädter von der Firma Pam, Landskron, der bis zur Unkenntlichkeit zerschlagen, an die Mauer des Rathauses gestellt wurde und durch eine Maschinenpistolensalve sein Ende fand. Von johlenden Tschechen getrieben, kam der Ingenieur Josef Neugebauer, Landskron, blutüberströmt im Laufschritt aus der Gasse, die zum Gefängnis führte, und wurde mit erhobenen Händen und zur Mauer gewandtem Gesicht von Kugeln durchsiebt. Auf ähnliche Weise beendete auch Ingenieur Otto Dietrich, Landskron, sein Leben. Dem Bauern Viktor Benesch, Landskron, schoß man an derselben Stelle die Schädeldecke ab.

Die Schmerzensschreie der Verwundeten übertönten das ganze Geschehen. Die nicht verurteilten Deutschen saßen und lagen teilnahmslos neben den Toten. Gegen 19 Uhr endete der Prozeß, und die Zusammengetriebenen wurden in Gewahrsam genommen.

Am 18. Mai gingen die Mißhandlungen auf dem Stadtplatz weiter. Den Installateurmeister Josef Jurenka aus Landskron verurteilte man zum Tode durch Erhängen. An einer Gaslaterne wurde das Urteil vollstreckt, nachdem er sich selbst die Schlinge um den Hals legen mußte. Auf ähnliche Weise endete der am Landratsamt angestellte Robert Schwab aus Ober-Johnsdorf. Die beiden Erhängten mußten von deutschen Leidensgenossen auf Befehl in schwingender Bewegung gehalten werden. Ingenieur Köhler, der aus Deutschland stammte und in Landskron nur vorübergehend wohnhaft war, wurde – nur mit einer Hose bekleidet – unter größtem Gejohle mit Stöcken aufgespießt. Einige Deutsche zwang man, sich auszuziehen, Ringkämpfe vorzuführen, zu boxen, sich gegenseitig zu ohrfeigen usw.

Gegen 17 Uhr nahmen die Greuel ein unvorhergesehenes Ende. Die Kaufmannswitwe Auguste Heider, deren Geschäftshaus sich unmittelbar hinter dem „Volksgericht“ befand und von dessen Dachboden aus sie die sich in nächster Nähe abspielenden Untaten beobachtete, setzte ihr Haus in Brand und hängte sich auf. Das Feuer verursachte eine jähe Panik unter den Tschechen und machte dem bestialischen Treiben ein vorzeitiges Ende.

Vor dem Rathaus lagen bis zum 19. Mai in großen Blutlachen und blutigen Rinnsalen etwa zwei Dutzend Deutsche, teils erschossen, teils erschlagen oder bis zur Unkenntlichkeit verstümmelt. In den späten Nachmittagsstunden dieses Tages mußte der Landwirt Eduard Neugebauer die Leichen mit seinem Pferdewagen auf den Friedhof fahren. Der deutsche Arzt, der die Toten identifizieren sollte, sagte, daß er nicht eindeutig feststellen konnte, wer sie waren. Die Ermordeten wurden in einem Massengrab verscharrt.

Der US-Amerikaner Karl Hausner, der eine Frau aus Landskron geheiratet hatte, deren Angehörige bei dem Pogrom umgekommen waren, setzte nach der Öffnung des Eisernen Vorhangs durch, daß auf dem ehemaligen Stadtplatz eine Gedenktafel für die deutschen Opfer errichtet wurde. Der Stadtrat fügte sich, wahrscheinlich auf Drängen der Prager Regierung, dem Wunsch, um zu vermeiden, daß in den amerikanischen Medien zu viel über die Ereignisse des Mai 1945 berichtet würde.[306]

Brünner Todesmarsch am 30. Mai 1945

Am Nachmittag des 26. April 1945 rückten die sowjetischen Truppen in Brünn ein. Mitglieder der tschechischen Sokol-Bewegung* machten für sie zum Plündern und auf der Suche nach Frauen die Wohnungen der Deutschen ausfindig. Wenige Tage nach der bedingungslosen Kapitulation der Wehrmacht und zwei Tage vor seinem triumphalen Einzug in Prag am 13. Mai 1945 kam der tschechoslowakische Präsident Benesch am 11. Mai zu einer Siegesfeier nach Brünn, der zweitgrößten Stadt des Landes. Er hielt eine hetzerische Siegesrede. Er sprach von Rache für das Erlittene, von Vergeltung für die Opfer und entfachte Haß gegen alles, was deutsch war. Den Zuhörern sagte er: „Ihnen und uns allen ist klar, daß die Liquidierung der Deutschen hundertprozentig sein wird."[307] Am späten Abend des 30. Mai wurde von den Brünner Tschechen die Parole ausgegeben: „Alle Deutschen müssen raus!" Die Arbeiter der „Brünner Waffenwerke" übernahmen die Durchführung des Pogroms. Hauptorganisator

* Sokol (slaw. für „Falke") heißt die nationalistische Turnbewegung bei verschiedenen slawischen Völkern in Ostmitteleuropa. – A.d. Verl.

war der tschechische Stabskapitän Bedřich Pokorný. Er wechselte wenig später ins tschechische Innenministerium und gilt auch als Anführer beim Massaker von Aussig am 31. Juli 1945.

Trupps bewaffneter Arbeiter und Partisanen gingen von Haus zu Haus und forderten die Deutschen auf, sich mit 15 Kilogramm Gepäck für die Ausweisung vorzubereiten. Innerhalb von zwei Stunden hatten sie sich auf den Sammelplätzen einzufinden. Wer nicht freiwillig kam, wurde aus den Häusern und Wohnungen geprügelt. Auf ein paar Pferdewagen wurden Kranke und hochschwangere Frauen herangebracht. Die Masse bestand aus Alten, Frauen und Kindern, denn die arbeitsfähigen Männer waren in einem Lager in Brünn-Malmeritz interniert worden. Das Kommando hatte der Stabskapitän Holatko. Als erstes wurden an den Sammelstellen unter Drohungen und Gewaltanwendung Gold, Geld, Schmuck und Sparbücher kistenweise eingesammelt. Um 3 Uhr morgens setzte sich die Kolonne aus 35.000 Menschen in Marsch. Der Weg führte auf der Ausfallstraße nach Süden in Richtung Wien. Alle Versuche, den Menschen im Laufe des Tages in den Dörfern, durch die sie kamen, Wasser oder Nahrungsmittel anzubieten, wurden von den Wachmannschaften unterbunden. Alle paar Stunden gab es eine Viertelstunde Rast auf einem freien Feld. Dabei kam es immer wieder zu Mißhandlungen durch die Wachmannschaften. In Raigern wurden die, die nicht weitergehen konnten, zurückgelassen. Dort wurden sie ausgeplündert, geschlagen und erschossen. Ein Gewitterregen während des Marsches durchnäßte die Menschen bis auf die Haut. Am Abend war nach 55 Kilometern Wegstrecke die österreichische Grenze bei Nikolsburg erreicht. Die Massen übernachteten auf einem freien Feld oder im auf tschechischer Seite gelegenen Grenzdorf Pohrlitz in den Getreidelagerhallen. Zu essen gab es nichts. Die Grausamkeiten der Tschechen erreichten in der Nacht ihren Höhepunkt. Viele Frauen wurden vergewaltigt und verprügelt. Die Selbstmorde häuften sich. Am nächsten Morgen waren 6.000 Menschen zu erschöpft oder zu krank zum Weitergehen. Die meisten hatten Durchfall. Geschwächt, wie sie waren, mußten sie zurückbleiben. Die 890 Toten der Nacht bestattete man in einem Massengrab auf dem Muschelberg bei Nikolsburg. Zuvor wurden ihnen die Ausweispapiere abgenommen. Erst Tage später durften die Flüchtlinge nach Österreich, als die sowjetische Kommandantur, die die Verwaltung von Niederösterreich übernommen hatte, den Grenzübertritt erlaubte. Das erste österreichische Dorf hinter der Grenze war Poysdorf. Der Ort war in kürzester Zeit überfüllt. Alle Wohnungen, Scheunen und

Ställe waren belegt. Tausende mußten wieder im Freien bleiben. Im Papier gewickelt, wurden am nächsten Morgen ungezählte Tote in Schachtgräben beerdigt. Der Elendsmarsch ging weiter in Richtung Wien. Das Sterben der kranken und unterernährten Menschen forderte weitere Opfer. Ungefähr tausend fanden unterwegs auf österreichischen Friedhöfen ihre letzte Ruhestätte. Insgesamt kostete der Brünner Todesmarsch mindestens 5.000 Opfer. 3.000 Personen sind vermißt.[308]

Ähnliche Todesmärsche zur deutschen und österreichischen Grenze fanden von mehreren Orten aus statt. Sie gehören zu den sogenannten wilden Vertreibungen, bevor die Ausweisung der Deutschen auf der Potsdamer Konferenz genehmigt wurde. Von Komotau wurden 4.000 Männer an die sächsische Grenze nach Gebirgsneudorf getrieben, nachdem vorher alle SS-Angehörigen erschlagen worden waren. In Kladno wurden Deutsche für den Elendszug nach Karlsbad gesammelt.

Über die Quälereien vor dem Abmarsch berichtete der Diplomingenieur Eugen Scholz am 28. Juni 1950: „Am Spätnachmittag kam jedoch allmählich eine unheilvolle Unruhe auf. Hinter der den Sportplatz umfassenden Mauer fand sich allerhand tschechisches Volk ein. Man ließ die deutschen Männer in Dreierreihen antreten, auf den Bauch hinlegen, und damit begann ein Schauspiel, das in seiner Art wohl einzig dastehen dürfte. Unter den fürchterlichsten Schlägen von etwa 20 Tschechen mußten die Bedauernswerten den ganzen Sportplatz einmal umkriechen. Hierbei wurde mit Gummiknüppeln, Holzknüppeln, Ochsenziemern und Gewehrkolben geschlagen. Wer das Kriechtempo nicht einhielt oder etwa durch Hochheben des Körpers Erleichterung suchte, wurde unbarmherzig geschlagen, wobei vor allem der Rücken und die Nierengegend zum Ziele genommen wurden. Es gab nur wenige, die bei dieser Prozedur ohne Schläge davonkamen. Das hinter der Mauer immer ärger hetzende tschechische Volk versuchte immer wieder, in das Innere des Sportplatzes zu gelangen, um sich selbst an diesen Grausamkeiten beteiligen zu können, was aber durch die Wachmannschaft verhindert wurde. Wer von den Geschlagenen entkräftet oder bewußtlos liegenblieb, wurde von zwei dazu bestimmten eigenen Landsleuten in eine Ecke des Sportplatzes gezerrt, wobei die Opfer nicht etwa behutsam angefaßt, sondern einfach an den Beinen ergriffen und über den Platz gezerrt werden mußten, wo sie dann mit den weiter anfallenden Opfern bis in die Nacht liegengelassen wurden. Diese Prozedur dürfte etwa eine ganze Stunde gedauert haben und verlief in einer sich immer mehr steigernden Raserei. Danach mußten sich die bereits vollständig Erschöpften nahe vor uns in einer Doppelreihe aufstellen und sich gegen-

seitig ohne jede Schonung, immer weit ausholend, mit den Fäusten ins Gesicht schlagen, links und rechts abwechselnd. Wer nicht kräftig genug auf sein Gegenüber einschlug, dem verabreichten zur Belehrung tschechische Wachposten Gesichtsschläge. Zudem liefen die Tschechen dauernd die Reihen ab und schlugen ununterbrochen von rückwärts auf die Opfer ein. Durch diese Methode wurde erzielt, daß keiner den anderen auch nur im geringsten schonen konnte. Diese Menschen konnten sich kaum noch auf den Beinen halten, taumelten, fielen hin, wurden durch Fußtritte und Prügel zum Wiederaufstehen und erneutem Zuschlagen gezwungen und diejenigen, die sich nicht mehr erheben konnten, wurden auf die bereits erwähnte Weise weggeschleppt. Ähnlich verlief auch der letzte Teil dieser Vorführungen, während sich die Opfer etwa 15 Minuten lang gegenseitig in das Gesäß treten mußten."[309]

Morde in Postelberg am 5./6. Juni 1945

Das größte Massaker an Deutschen organisierten die Tschechen in Saaz, einer Stadt in Nordböhmen mit etwa 18.000 Einwohnern. Nachdem die sowjetische Armee den Landstrich verlassen hatte, begannen Soldaten der 1. tschechoslowakischen Division auf mündliche Weisung aus Prag, vermutlich durch den späteren Verteidigungsminister Ludvik Svoboda, unterstützt von der Ortspolizei unter Bohuslav Marek, mit der Sammlung („Konzentration") der Deutschen. Am 3. Juni wurden die männlichen Einwohner zwischen 13 und 65 Jahren, auch Kranke und Krüppel, unter Drohungen, mit Gewalt und viel Schießerei auf dem Marktplatz von Saaz zusammengetrieben. Es waren ungefähr 5.000 Personen. Wer dem Befehl nicht nachkam, dem drohte der Tod. Drei Deutsche, die von ihren Wohnungen aus dieses unmenschliche Treiben verfolgten, nahmen sich das Leben, bevor sie entdeckt wurden. Im Laufe des Tages wurden die Männer und Knaben in drei Kolonnen unter Peitschenhieben und Schüssen 15 Kilometer weit nach Postelberg, eine Kleinstadt mit 3.000 Einwohnern, getrieben. Wer zurückblieb, wurde erschossen. Postelberg war menschenleer, da die Bewohner zuvor in Lager gesperrt worden waren. Marschziel war die dortige die Kaserne. Die letzte Gruppe, 150 Männer aus dem Gefängnis in Saaz, kam um Mitternacht an. Alle Männer lagerten während der Nacht auf dem Boden des Kasernenhofs. Keiner durften den Platz verlassen, auch nicht zur Verrichtung der Notdurft. Sobald einer aufstand, wurde von den Wachen geschossen. Es gab Tote und Verwundete. Am folgenden Tag mußten die Deutschen die Toten und die bewegungsunfähigen Verwundeten in den Splittergraben werfen, der als Latrine diente. Wer noch Lebenszeichen von sich gab, wurde erschossen. Dann begann der Raubzug. Die Tschechen sammelten Geld, Uhren und Ringe in großen Kisten. Ausweise und andere Dokumente wurden vernichtet, auch die Brillen und Medikamente, die die Männer bei sich führten.

Am 5. Juni stellten die Tschechen die Deutschen in Gruppen zusammen. In einer Abteilung versammelten sie die Männer, die der SS, SA, NSKK, Wehrmacht und Sudetendeutschen Partei angehört hatten. Sie kamen hinter Stacheldraht. Andere Gruppen sperrte man in Ställe ein oder führte sie als Arbeitsgruppen aus dem Ort hinaus. Es herrschte ein unbeschreibliches Durcheinander, in dem ständig geschossen und geschlagen wurde. Die Toten wurden in die Latrine geworfen. Es gab an diesem Tag nichts zu essen. Am 6. Juni begannen die planmäßigen Erschießungen. In der Nähe des Kasernentors saßen wie alle Tage etwa 120 Jungen im Alter von 13 bis 18 Jahren. Als ein Arbeitstrupp die Kaserne verließ, schlossen sich fünf Jugendliche unauffällig an. Sie hießen Horst, Eduard, Hans, Walter und Heinz. Der jüngste war gerade einmal 12 Jahre alt. Sie wurden jedoch aufgegriffen und zurückgebracht. Die Knaben mußten sich vor den Augen der versammelten Gefangenen entkleiden. Dann wurden sie so gepeitscht, daß das Blut in Strömen floß und sie schließlich in einer großen Blutlache kauerten oder lagen. Nach einer halben Stunde wurden die Geschundenen der Reihe nach erschossen. Der jüngste taumelte auf seinen Mörder zu und bettelte, zu seiner Mutter zu dürfen, doch der Schütze hatte kein Erbarmen mit dem Kind und drückte nochmals ab. Nach der Exekution der fünf begannen die Erschießungen der anderen. „Das wurde so gemacht, daß man heute 250 Leute nahm und am nächsten Tag wieder 250 Leute und sie [die Toten] jeweils mit einer Schicht [Erde] zudeckte“, sagte ein an den Morden Beteiligter 1947 aus. „Die Hinrichtung fand nicht in einer Nacht statt, sondern etappenweise.“ Oft mußten die Todgeweihten ihr Grab mit Hacke und Schaufel selbst ausheben. Das größte Massengrab mit knapp 500 Leichen fand sich später in der abseits der Stadt gelegenen Fasanerie.

Das Massaker ließ sich nicht verheimlichen. Nach Deutschland Vertriebene, die die Geschehnisse überlebt hatten, berichteten davon, und auch in Postelberg und Saaz wollten die Gerüchte über das grausame Ereignis nicht verstummen. Deshalb sah sich das Prager Parlament im Juli 1947 veranlaßt, eine Untersuchungskommission nach Postelberg zu schicken, das jetzt Postoloprty hieß. Es wurden einige beteiligte Soldaten und Anwohner vernommen, darunter auch Hauptmann Vojtech Cerný, der ohne zu zögern die Verantwortung für die Tötung der fünf Jungen auf dem Kasernenhof übernahm: „Zu dieser Erschießung gab ich den Befehl." Die Mörder fühlten sich von höchster Stelle gedeckt. Der Befehlshaber der 1. tschechoslowakischen Division, General Oldřich Spaniel, habe den Befehl gegeben, die Region von Deutschen zu säubern, erklärte der Leiter des Abwehr-Nachrichtendienstes Jan Cupka. „Der General sagte uns: Je weniger von ihnen übrig bleiben, umso weniger Feinde werden wir haben." Das tschechoslowakische Innenministerium kam zu dem Ergebnis, daß die Verantwortung bei den Angehörigen der Armee gelegen habe. Das Vorgehen der Soldaten sei jedoch bei der tschechischen Bevölkerung auf große Zustimmung gestoßen, die es „als verdiente Vergeltung für die Rohheiten der Deutschen" verstand. Die Beamten empfahlen ihrem Minister, die Leichen zu exhumieren und verbrennen zu lassen, „weil keine Gedenkstätten für die Deutschen erhalten bleiben sollten, auf die sie als Orte des Leidens ihrer Landsleute verweisen könnten". Innenminister Václav Nosek entschied, „die Sache ohne die breite Öffentlichkeit zu lösen". Unter größter Geheimhaltung wurden im August 1947 einige Massengräber geöffnet, 763 Leichen ausgehoben und die meisten in Krematorien verbrannt. Es wurden jedoch nicht alle Gräber gefunden. Die offiziellen Dokumente über die „Postelberger Vorkommnisse" verschwanden mit dem Stempel „geheim" in den Archiven des Innenministeriums. Sie umfassen über tausend Seiten. Die Nachkriegsbewohner von Postelberg und Saaz waren mit dem Resultat zufrieden, denn sie hatten sich in den Häusern der getöteten und vertriebenen ehemaligen deutschen Bewohner breitgemacht. Diejenigen, die bis 1945 mit den Deutschen kollaboriert hatten, hatten Grund genug zu schweigen.

Dem Mord von Postelberg entkamen 800 bis 1.000 Männer, die am 6. Juni in das KT (KZ) 28 Oberleutensdorf überstellt oder zur Zwangsarbeit nach Laun geschickt worden waren. Einige Gruppen kehrten nach Saaz zurück und wurden in dem dortigen Arbeitslager eingesperrt.

1997 erstattete Ludwík Vaculik mit drei weiteren Bürgern aus Prag Anzeige bei der Oberstaatsanwaltschaft in Prag wegen Kriegsverbrechen und Völkermord in Postelberg. Ein Gerichtsverfahren wurde mit der Begründung abgelehnt, daß die Parlamentskommission, die die Untersuchung des Falls am 30. und 31. Juli 1947 durchführte, die Ereignisse in

Postelberg nach Dekret 115 behandelt wissen wollte. Mit diesem Gesetz wurden 1946 alle „Handlungen", die vor dem 28. Oktober 1945 im „Kampf um die Wiedergewinnung der Freiheit" und als „gerechte Vergeltung für Taten der Okkupanten und deren Helfershelfer" widerrechtlich waren, straffrei gestellt. Tomáš Staněk, der Autor des Buches *Verfolgung 1945*, kommentierte die Entscheidung so: „Selbst wenn diese Bewertung einen realen Hintergrund hat und die Stimmung der damaligen Zeit zum Ausdruck bringt, verblüfft darin im Abstand der Zeit die offensichtliche Tendenz, die menschliche Tiefe der Tragödie zu bagatellisieren, die Hunderte von Männern mit ihrem Leben bezahlt haben, und das Maß der Schuld derer zu mindern, die für sie direkt verantwortlich waren."[310]

Heimkehrererschießung in Prerau am 18./19. Juni 1945

Bei einem Massaker am 18./19. Juni 1945 wurden 265 deutsche Insassen eines Zuges am Bahnhof Prerau von tschechoslowakischen Soldaten ermordet. Neben 71 Männern und 120 Frauen fielen 74 Kinder diesem Verbrechen zum Opfer. Das jüngste war ein acht Monate alter Säugling, das älteste ein 80 Jahre alter Mann. Es handelte sich um Karpatendeutsche aus Engerau an der slowakischen Grenze bei Preßburg, die Ende 1944 wegen der nahenden russischen Front in das scheinbar sichere Böhmen evakuiert worden waren. Mehr als einen Monat nach der Kapitulation wollten sie mit der Eisenbahn wieder zurück in ihre Heimat, wo die Vorfahren seit 800 Jahren gelebt hatten. Auf dem Weg nach Hause hielt der Zug in Prerau. Während des Halts fuhr ein Militärtransport mit tschechoslowakischen Soldaten in den Bahnhof ein. Die Soldaten kamen von einer Siegesfeier in Prag. Sie waren Angehörige des 17. Infanterieregiments. Der slowakische Leutnant Karol Pazúr vom Abwehr-Nachrichtendienst im Stab der 4. Division des I. Armeekorps und der Zugführer-Anwärter Bedřich Smetana holten die heimkehrenden Flüchtlinge aus dem Zug, ließen sie in Viererreihen antreten und trieben sie hinaus aus der Stadt und hinauf zur Schwedenschanze. Dort zwang man sie, sich bis auf die Unterwäsche zu entkleiden. Vor einer zwei Meter breiten, 17 Meter langen und zwei Meter tiefen Grube wurden alle 267 Menschen aus dem Zug hinterrücks erschossen und in die Grube geworfen. Das Morden dauerte vier Stunden, bis morgens um zwei Uhr. Dann wurden die abgelegten Kleider verbrannt und die Wertsachen unter den Soldaten aufgeteilt. Das Massengrab wurde mit Erde aufgefüllt. Anschließend plünderten die Soldaten den leeren Zug und holten sich die dort zurückgelassenen Wertgegenstände.

Der Anführer des Mordkommandos gehörte im Zweiten Weltkrieg zur faschistischen Hlinka-Garde, bevor er 1944 in die tschechoslowakische Svoboda-Armee eintrat und der Kommunistischen Partei beitrat. Nach der Verhaftung am 4. Juni 1948 wurde er am 14. Januar 1949 von einem Militärgericht in Preßburg wegen des Massenmordes das erste Mal zu siebeneinhalb Jahren Gefängnis verurteilt und in einem neuen Verfahren zu 20 Jahren Haft. 1951 begnadigte man ihn zu zehn Jahren Haft. Insgesamt verbrachte er nicht einmal sechs Jahre im Gefängnis. In den sechziger Jahren gehörte er zu den führenden Funktionären des „Verbandes antifaschistischer Kämpfer". Eine juristische Aufarbeitung der Tat hat bis heute nicht stattgefunden, die am Mord Beteiligten wurden nie zur Verantwortung gezogen. Bis heute legalisiert in Tschechien das Amnestiegesetz Nr. 115 vom 8. Mai 1946 faktisch alle bis zum 28. Oktober 1945 in der Tschechoslowakei an Deutschen begangenen Verbrechen.

Bluttaten in Aussig am 31. Juli 1945

Im tschechoslowakischen Innen- und Verteidigungsministerium ordnete der Stabskapitän Bedřich Pokorný, der Ende Mai 1945 den Todesmarsch von Brünn befohlen hatte, zwei Monate später – wenige Tage bevor die Potsdamer Konferenz zu Ende ging, die den Tschechen humanes Verhalten gegenüber den Deutschen auferlegte – eine letzte große Aktion im Rahmen der wilden Vertreibung gegen die Deutschen in Aussig an. Am Vormittag des 31. Juli 1945 trafen Soldaten der Svoboda-Garde sowie etwa 300 andere Personen mit einem Zug in der Stadt ein. Das Unternehmen war generalstabsmäßig geplant. Im Stadtteil Schönpriesen lagerte seit dem Kriegsende in einem Depot der Zuckerfabrik eine große Menge Munition, die von der Wehrmacht zurückgelassen worden war. Dorthin waren deutsche Häftlinge aus dem „Koncentračni Tabor" (Konzentrationslager) zur Zwangsarbeit verbracht worden. Gegen 15.30 Uhr explodierte das Munitionsdepot, entweder auf Grund einer Unachtsamkeit des tschechischen Bewachungspersonals oder aufgrund zentraler tschechischer Planung. Etwa 40 Personen, Deutsche und Tschechen, die vor Ort waren, wurden getötet. Die Tschechen interpretierten die Explosion als deutschen Sabotageakt. Das war der Startschuß für die Jagd auf die Deutschen. Sie wurden aus den Häusern getrieben, verprügelt, gequält, erschlagen oder mit Bajonetten erstochen. Andere wurden mit Stöcken und Stangen zur Elbbrücke gejagt und dort umgebracht oder in die Elbe gestoßen. Als die deutschen Arbeiter aus den Fabriken des Industriegebiets Schreckenstein in die Innenstadt zurückkehrten, fielen auch sie an der Elbbrücke in die Hände der angereisten Mörder. Sie waren als Deutsche an den weißen Armbinden zu erkennen, die sie zur Unterscheidung von den Tschechen tragen mußten. Es begann ein großes Massaker. Viele Opfer wurden über das Brückengeländer in die Elbe geworfen und bildeten Zielscheiben für die Tschechen, bis sie nicht mehr aus den Fluten auftauchten. Niemand kennt die genaue Zahl der Ermordeten, von denen der Fluß viele erst auf deutschem Gebiet an das Ufer spülte. In der Nähe des Bahnhofs und des Marktplatzes ertränkte eine Horde von Tschechen die Deutschen, derer sie dort habhaft werden konnten, in einem Wasserreservoir, das während des Krieges zur Brandbekämpfung nach Bombenangriffen angelegt worden war.

Nach dem Bericht eines ehemaligen Funktionärs der tschechoslowakischen Verwaltungskommission in Aussig wurden am Abend des Massakers in der Stadt bis zu 2.000 Tote an mehreren Stellen zusammengetragen, gefleddert, von internierten Deutschen auf Autos geladen und zum Verbrennen nach Theresienstadt gebracht. Die Toten, die die Elbe flußabwärts trieben, wurden nicht gezählt. Ein tschechischer Funktionär sagte: „Lidice war ein lebendiges Denkmal des unseligen ‚Furor teutonicus', und Aussig an der Elbe war eine Art Rehabilitierung der deutschen nazistischen Mörder. Die Zahl der Opfer war in Aussig viermal größer als in Lidice. Wird dieses Verbrechen als ‚Furor Čechoslowaka plebs' in die Geschichte eingehen?"[311]

Nach den Mördern wurde nie gesucht. Sie kamen ungeschoren davon. Pokorný, der auf Anweisung der Regierung die Vorkommnisse untersuchte, machte eine Werwolf-Organisation für die Sprengung des Munitionslagers verantwortlich. Der Sabotageakt habe die Verfolgung ausgelöst. Diese Begründung wurde von den tschechischen Politikern übernommen. Verteidigungsminister General Svoboda erklärte die Deutschen zu einer „fünften Kolonne", die man nicht im Land dulden werde. Das Dekret 115 der tschechoslowakischen Regierung rechtfertigte die Verbrechen an Deutschen als „gerechte Vergeltung". Die Täter blieben straflos.

Das Massaker von Aussig gilt in der Vertriebenenliteratur als Paradigma für die Greuel der wilden Vertreibung. Die Siegermächte, die zu dieser Zeit in Potsdam über die Ausweisung der Deutschen aus Ostmitteleuropa diskutierten, sollten veranlaßt werden, die Vertreibung zu legalisieren, weil der slawische Volkszorn so groß sei, daß die deutsche Minderheit nicht geschützt werden könne.[312]

Tote ohne Menschenwürde

Die Leichen der toten Deutschen an allen Mordstätten in der Tschechoslowakei wurden auf vielfältige Art so entsorgt, daß möglichst keine Spuren zurückblieben. Die meisten wurden in Massengräbern verscharrt, viele verbrannt und nur wenige auf Friedhöfen beerdigt.

4.300 deutsche Opfer der Mordorgien in Nordböhmen, unter ihnen viele deutsche Soldaten, wurden in den fünfziger Jahren in einer Fabrikhalle in Aussig gelagert, nachdem einige Massengräber, zum Beispiel bei Bauarbeiten, aufgelassen worden waren. Devotionalienhändler machten gute Geschäfte mit den Überresten. Der unwürdige Umgang mit den Toten blieb lange Zeit unbemerkt. Als er aufgedeckt wurde, blieb der zu erwartende weltweite Aufschrei aus. Es waren politische Gründe, die einen Skandal unterdrückten. Erst 2006 bot die nordmährische Stadt Hultschin dem Volksbund Deutsche Kriegsgräberfürsorge eine würdige Bestattung der Skelettreste an.[313]

Wie viele Menschen in Seen und Flüssen ertranken, weiß niemand. Die Elbe spülte nach den Massakern ungezählte Leichen über die Grenze nach Sachsen, wo sie an verschiedenen Orten am Fluß angespült wurden.

„Der deutsche Pfarrer Karl Seifert stand am Abend des 20. Mai 1945 in der Gegend von Pirna mit einigen Männern seiner Gemeinde am Ufer der Elbe. Er hatte dem zwischen Härte und Gutmütigkeit unberechenbar hin- und her schwankenden sowjetischen Kommandanten seines Ortes die Erlaubnis abgerungen, tote Deutsche zu bestatten, die Tag für Tag an dieses Ufer getrieben wurden. Sie kamen elbabwärts aus der Tschechoslowakei. Und es waren Frauen und Kinder und Säuglinge, Greise und Greisinnen und deutsche Soldaten. Und es waren Tausende und Abertausende, von denen der Strom nur wenige an jenen Teil des Ufers schwemmte, an welchem der Pfarrer und seine Männer die Toten in die Erde senkten und ein Gebet über ihren Gräbern sprachen. An diesem

Abend des 20. Mai geschah es, daß der Strom nicht nur solche Deutsche von sich gab, die zusammengebunden ins Wasser gestürzt und ertränkt worden waren, und nicht nur die Erdrosselten und Erstochenen und Erschlagenen, ihrer Zungen, ihrer Augen, ihrer Brüste Beraubten, sondern auf ihm trieb, wie ein Schiff, eine hölzerne Bettstelle, auf die eine ganze deutsche Familie mit ihren Kindern mit Hilfe langer Nägel angenagelt war. Als die Männer die Nägel aus den Händen der Kinder zogen, da konnte der Pfarrer nicht mehr die Worte denken, die er in den letzten Tagen oft gedacht hatte, wenn er sich mit den Tschechen beschäftigte und wenn Schmerz und Zorn und Empörung ihn übermannen wollten: ‚Herr, was haben wir getan, daß sie so sündigen müssen.' Dies konnte er nicht mehr. Aber er sagte leise: ‚Herr sei ihrer armen Seele gnädig!'"[314]

Das Schicksal der deutschen Soldaten

Kapitulation der Heeresgruppe Schörner

Solange die Soldaten der Heeresgruppe Mitte unter dem Generalfeldmarschall Ferdinand Schörner im Land standen, wagten die Tschechen keine Übergriffe gegen Wehrmachtangehörige. Erst nach der Kapitulation der Wehrmacht am 8. Mai 1945, als die deutschen Einheiten ungeordnet nach Westen strömten, um in amerikanische Kriegsgefangenschaft zu kommen, wurden sie aktiv. Soldaten, die die Waffen weggeworfen hatten, waren bevorzugte Opfer. Wenn sie nicht an Ort und Stelle erschossen wurden, kamen sie in eines der provisorischen Lager, wo andere Tschechen ihren kriminellen Trieben freien Lauf ließen. Die Berichte von Überlebenden schildern die Grausamkeit der Behandlung jenseits des Völkerrechts und aller Gebote der Humanität.[315]

Für Soldaten der Waffen-SS, die in die Hände der Tschechen fielen, waren die Überlebenschancen besonders gering. Sie wurden zu Tode geprügelt oder erschossen. Tausende sudetendeutsche Wehrmacht- und Waffen-SS-Angehörige, die in den Monaten nach dem Krieg aus britischer, russischer und amerikanischer Gefangenschaft entlassen wurden und nach Hause ins Sudetenland wollten, erreichten ihr Ziel nicht, weil sie von tschechischen Milizen an der Grenze abgefangen wurden. Die Entlassungspapiere wurden zerrissen und die Männer zur Zwangsarbeit interniert.[316] Wenn sie bei der SS gewesen waren, wartete auf sie der Tod. Viele junge Männer wurden wenige Kilometer vor ihrem Heimatort und ihrem Elternhaus umgebracht.[317]

Adam Ehrenhard berichtete am 24. Juni 1946, wie es ihm erging: „Ich wurde am 12. Juni 1945 aus amerikanischer Kriegsgefangenschaft entlassen und begab mich mit amerikanischem Grenzübertrittschein in die Tschechoslowakei, um meine Familie aufzusuchen. Beim Grenzübertritt haben mir die tschechischen Grenzorgane sämtliche Lebensmittel, die ich bei der Entlassung für die Reise bekommen hatte, sowie das Entlassungsgeld, Decken und Mantel abgenommen. In Warnsdorf [Regierungsbezirk Aussig] wurde ich trotz meiner Entlassungspapiere verhaftet und in das Kriegsgefangenenlager eingeliefert. Dort war ich vom 24. Juli 1945 bis zum 28. Mai 1946. Dort befanden sich gegen 2.000 deutsche Kriegsgefangene, meistens Reichsangehörige, obwohl sie schon früher aus amerikanischer oder russischer Kriegsgefangenschaft entlassen worden waren. Sie lebten unter schlechtesten Verhältnissen, waren alle unterernährt und wurden ohne Lohn zur Grubenarbeit eingesetzt."[318]

Die Ermordung von Verwundeten

Fürchterliche Konsequenzen hatte die Kapitulation der Wehrmacht für die kranken und verwundeten deutschen Soldaten in den Lazaretten des Protektorats Böhmen und Mähren und im Sudetenland. In diese Gebiete waren in den letzten Monaten des Krieges die meisten Verwundetentransporte gekommen, weil dort der Bombenkrieg weniger zu spüren war als im Reichsgebiet. Nirgendwo im Deutschen Reich gab es so viele Lazarette wie im böhmischen Kessel, als der Krieg zu Ende ging. Die meisten Schulen und öffentlichen Gebäude waren im Winter 1944/45 in Hilfslazarette umgewandelt worden. Die Beförderung der Kranken und Verwundeten an diese Orte war verhältnismäßig sicher. Die Lazarettzüge erreichten in der Regel unbeschadet ihr Ziel. Die Wehrmacht verfügte zu dieser Zeit über 58 Voll-Lazarettzüge, 33 gemischte Lazarettzüge und vier behelfsmäßige Lazarettzüge mit 37 Wagen und je 297 Krankenlager, die bei Krisenlagen durch umgebaute Fronturlauberzüge ergänzt werden konnten. Wenn auch nur ein Viertel der Kapazität in den genannten Regionen transportiert worden wäre, hätten mehr als 15.000 Soldaten in den Lazaretten des Sudetenlands und im Protektorat das Kriegsende erlebt. Die bestialische Behandlung der 5.000 Männer in den 30 Lazaretten Prags am 9. Mai, über die ein Augenzeuge berichtete, steht beispielhaft für die Haltung der Tschechen gegenüber hilflosen Männern in der Uniform der deutschen Streitkräfte.

„Es fuhren plötzlich Lastwagen mit verwundeten deutschen Soldaten in den Hof, die eigentlich unter dem Schutz des Roten Kreuzes hätten stehen sollen. Es waren Jammergestalten darunter, Abbilder menschlichen Elends und menschlicher Verlorenheit. Sie trugen noch blutdurchtränkte Verbände. Die Gesichter der deutschen Ärzte und Schwestern, welche sie begleiteten, verrieten blanken Schrekken. Die Zuschauer ahnten nicht, was in diesen Stunden schon in vielen Lazaretten geschah. Sie wußten nicht, daß Tschechen und Tschechinnen, nicht nur nationalistische oder kommunistische Aufständische, sondern mitlaufende Männer und Frauen, Pöbel und Nichtpöbel, Verwundete aus ihren Betten warfen, Hilflose erschlugen und erdrosselten, entmannten, in ihren Waschschüsseln ertränkten, in Schuppen warfen oder auf Lastwagen luden und an einigen Stellen auf die Straße legten, damit Soldaten zu Pferde über sie hinwegreiten konnten. Die Verwundeten, die hier in Ruzyn ankamen, schienen den schlimmsten Qualen einer völlig entmenschten Welt noch entronnen zu sein. Doch sie entkamen ihrem Schicksal nicht. Denn als sie noch schreckensbleich auf ihren Wagen standen, stürzte sich eine Gruppe von Aufständischen, welche im Hofe lauerte, auf sie, riß ihnen Krücken, Stöcke und Verbände weg, schlug sie zu Boden und hieb so lange mit Knüppeln und Hämmern auf sie ein, bis sie in ihrem Blute lagen und sich nicht mehr rührten. Das war für die Deutschen in Ruzyn der Auftakt zum 9. Mai, einem Höllentage. Alles war nur der Anfang zu einer Sturmflut der Mißhandlung, Schändung, Enteignung, Ermordung und Vertreibung, die sich über Monate ausdehnte, bis die letzten Deutschen das Land verlassen hatten."[319]

Die Morde in Rothkirchen am 9. Mai 1945

Wie für alle Angehörigen der deutschen Streitkräfte war auch für die Soldaten der Schweren Granatwerferabteilung Nr. 534 (Heimatstandort Zwickau/Saale), die in Wetzwalde bei Zittau stand, der Krieg zu Ende, als am 8. Mai 1945 gegen 23 Uhr nachts die Nachricht von der Kapitulation der Wehrmacht eintraf. Der letzte Befehl des Tages lautete: Abmarsch in Richtung Brüx-Karlsbad, wo die amerikanischen Verbände standen. Unter Führung eines jungen Hauptfeldwebels fuhr die Lkw-Kolonne um Mitternacht in der Stärke von 375 Mann über Deutsch-Gabel und Böhmisch-Leipa bis zur Elbbrücke nördlich von Melnik, das zwölf Kilometer nördlich von Prag liegt, um die amerikanischen Linien zu erreichen. Die schweren Minenwerfer und die Munition waren vernichtet worden. Die Soldaten trugen nur noch Handwaffen bei sich.

Der Soldat Ludwig Breyer berichtete 1951: „Wir waren von dem Willen beseelt, zu den Amerikanern zu gelangen, die standen links der Elbe, gegenüber von Melnik – und hier standen auch die ersten Tschechen. Dabei war auch ein tschechischer Major, der wie ein Soldat unter Soldaten, ein Kamerad zu Kameraden sprach. Er verlangte von den Deutschen die Abgabe der Waffen, die sie noch trugen. Der Hauptfeldwebel glaubte den Worten des Majors."[320]

Die Soldaten verließen die Fahrzeuge. Die Waffen wurden in einer nahe gelegenen Scheune abgelegt. Die waffenlosen Soldaten mußten sich in Fünferreihen gruppieren, Arm an Arm. Zwischen 14 und 16 Uhr nachmittags marschierten sie, begleitet von Partisanen, durch Melnik auf der Reichsstraße Richtung Prag. Etwa 200 bis 300 Meter vor dem Ort Rothkirchen, etwa zwölf Kilometer nordöstlich von Prag – die Melniker Partisanen waren unterwegs von anderen abgelöst worden, von dem Major war nichts mehr zu sehen –, mußte gehalten werden. Alles was die Soldaten bei sich trugen, wurde ihnen abgenommen und flog in den Straßengraben. Es folgte das Kommando: „Hände hoch! Im Dauerlauf in die Ortschaft." Kaum waren die ersten Häuser erreicht, wurde aus allen Türen und Fenstern auf sie geschossen. Nur wenigen gelang es, sich zu retten und zu entkommen. Die Toten und Verwundeten lagen auf der Straße. Die Verwundeten wurden von den Tschechen durch Genickschüsse getötet. 318 Männer waren tot. Die 57 Männer, die davongekommen waren, wurden von tschechischen Soldaten eingefangen und nach Prag transportiert. Sie kamen in sowjetische Gefangenschaft. Erst nach der Entlassung konnten sie 1951 von dem Geschehen in Rothkirchen berichten.

Deutsche aus Prag, die später als Zwangsarbeiter nach Rothkirchen kamen, fanden die blutdurchtränkten Uniformen der deutschen Soldaten in den Scheunen. Die Ermordeten waren völlig entkleidet und ohne Erkennungsmarken im Vorfriedhof von Rothkirchen eingescharrt worden.

Die Morde in Nachod am 9. Mai 1945

Nachod ist eine Stadt im Nordosten Tschechiens, die auch nach der Auflösung der Tschechoslowakei 1939 so hieß. Sie gehörte zur Region Königgrätz, heute Hradec Králowé, am Oberlauf der Elbe im Vorland des Riesengebirges. Dort wurden am Ende des Zweiten Weltkriegs Hunderte

Angehörige der deutschen Streitkräfte, die die Waffen abgelegt hatten, umgebracht und in die Elbe geworfen. Der Augenzeuge Adam Ehrenhard berichtete, daß am 9. Mai 1945 220 Angehörige der Waffen-SS von der tschechischen Zivilbevölkerung des Orts bestialisch massakriert worden seien. Es handelte sich um Kriegsgefangene, die von einem Prager Arzt anhand der Blutgruppentätowierung als SS-Angehörige identifiziert und in die Brauerei von Nachod gebracht worden waren. „Die SS-Leute wurden von den Frauen mit Messern und Dolchen erstochen, mit Knüppeln und Gewehrkolben erschlagen. Körper, die noch Leben zeigten, wurden mit Benzin übergossen und verbrannt. Eine gewisse Frau Zinke aus Nachod, Kamenskeho 33, hat sich dabei besonders hervorgetan." Sie rühmte sich, sie würde noch mehr Männer umbringen, wenn sie könnte. Der Zeuge fügte hinzu: „Ich selbst habe mitgeholfen, die Leichen auf Autos zu verladen und sie in drei Massengräbern beim Schloß Nachod zu begraben." Er konnte die Stellen bezeichnen. Seiner Erinnerung nach handelte es sich um etwa 200 Personen. Kurt Fischer aus Trostberg, der Augenzeuge gewesen war, bestätigte 2003 den Sachverhalt.[321] Der Volksbund Deutsche Kriegsgräberfürsorge wußte zu dieser Zeit bereits von einem Massengrab etwa 750 Meter vom Schloß Nachod entfernt an der Straße zum Dorf Kramolna. Es enthielt mindestens 25, höchstens 140 deutsche Opfer, angeblich Angehörige der Waffen-SS.

Ein weiterer Zeuge berichtete von dem Gespräch mit einem Angehörigen der damaligen tschechoslowakischen Polizei namens Spacek. Dieser zeigte ihm Fotos von der Ermordung deutscher Soldaten und Zivilisten. Spacek erzählte, daß am 9. Mai 1945, ein Tag nach der Kapitulation der Wehrmacht, eine deutsche Panzerabteilung, 400 bis 500 Mann, unter Führung eines Majors Wesseley über die schlesische Grenze nach Nachod gekommen sei, wo sich Tausende Tschechen auf dem Stadtplatz versammelt hätten. Sie erreichten, daß sich die Deutschen ergaben und die Waffen niederlegten. Dann begannen die Tötungen und Mißhandlungen. Der Kommandeur wurde verstümmelt. Ein Bild zeigte Panzergrenadiere, die beim Aussteigen aus den Fahrzeugen abgeschossen wurden. Die Oberkörper hingen über dem Panzerturm. Spacek hatte auch Fotos von toten Soldaten, die in Reihen aufgeschichtet waren. Auf die Frage, warum die Tschechen so etwas getan hätten, antwortete Spacek: Jeder Tscheche konnte so viele Deutsche umbringen, wie er wollte. Im Radio und in den Zeitungen wurde ständig verlangt: „Tod allen Deutschen. Schlagt sie tot, wo ihr sie trefft."

Die tschechische Zeitung „Krkonski noviny" (Riesengebirgszeitung) befaßte sich 1999 auf einer ganzen Seite mit den Geschehnissen in Nachod und rief dazu auf, sich als Zeugen zu melden. Die Angaben einiger beteiligter Tschechen oder Augenzeugen wurden veröffentlicht. Sie waren sehr uneinheitlich. Die meisten versuchten, ihre Landsleute zu exkulpieren und die Soldaten der Roten Armee mit den Morden zu belasten, die als solche nicht geleugnet wurden. Einer wollte beobachtet haben, daß deutsche Soldaten, die das Marschtempo nicht einhielten, auf dem Weg von Vrehoviny nach Branka von sowjetischen Wachposten erschossen worden seien. Einer behauptete, bei den Toten habe es sich um Angehörige der Wlassow-Armee gehandelt. Ein anderer meinte, bei den beim Schloß Begrabenen habe es sich um Leichen gehandelt, die nach dem Krieg in der Umgebung aufgesammelt wurden. Insgesamt seien die Überreste von 520 Personen gefunden worden. Daß die Zivilisten, die sich in einem Waldstück bei Mettau versteckt hatten, erschossen wurden, wurde nicht beschönigt.

1999 nahm die Staatsanwaltschaft Hof Ermittlungen gegen unbekannt auf. Sie blieben ohne Resultat.

Arbeitseinsatz

Nach dem Krieg übergab die Sowjetunion aus den Sammellagern für die Soldaten der Heeresgruppe Mitte zwischen Weichsel und Oder etwa 70.000 deutsche Kriegsgefangene an Polen und weitere 25.000 an die Tschechoslowakei. 7.200 Deutsche wurden den Polen von den Amerikanern nach Kriegsende aus dem Internierungslager Dachau übergeben. Alle kamen in Arbeitslager. Unterbringung und Verpflegung waren ungenügend. Bei der Bekleidung fehlte es vor allem an Schuhen, Socken und Unterwäsche. Viele Gefangene starben wegen mangelnder ärztlicher Versorgung. Die hauptsächlichen Todesursachen waren Dystrophie, Unterernährung, Ruhr, Typhus, Infektionen, Erfrierungen und Erschöpfung. In Polen und in der Tschechoslowakei wurden die Kriegsgefangenen überwiegend im Kohlenbergbau eingesetzt. Im oberschlesischen Industriegebiet gab es im Oktober 1946 68 Lager mit fast 30.000 deutschen Kriegsgefangenen. Die Arbeitszeit betrug täglich zehn Stunden. Von Oktober 1945 bis Mitte 1946 betrug die Sterblichkeit 20–25 Prozent. Viele Todesfälle wurden nicht registriert. Die Toten wurden in nicht gekennzeichneten Massengräbern beigesetzt. In der Tschechoslowakei war die ärztliche Versorgung etwas besser als in Polen, weil mehr deutsche Ärzte mitinterniert waren. Als diese jedoch vorzeitig entlassen wurden, weil das IKRK auf die Einhaltung der Genfer Kriegsgefangenenkonvention pochte, verschlechterte sich die Situation. Der Postverkehr nach Hause war nur für die in den Kohlengruben von Mährisch-Ostrau und Brüx Arbeitenden geregelt. Die Männer wohnten in den Baracken, die unter deutscher Verwaltung während des Krieges für Fremdarbeiter (auf freiwilliger Basis) und Zwangsarbeiter (zum Beispiel im Rahmen des Sauckel-Programms) errichtet worden waren. Fluchtversuche wurden streng bestraft. Nur wenige waren erfolgreich. Die Zurückgebliebenen hatten es zu büßen. Ein Zeuge berichtete von der Exekution zweier deutscher Jugendlicher im KZ Freudenthal am Altvatergebirge am 24. Juni 1945. Sie waren bei einem Fluchtversuch erwischt worden.

„Um 6 Uhr am Abend müssen wir alle am Lagerplatz antreten und dann geschlossen zu diesem Grab marschieren, wo wir Aufstellung nehmen. Nach kurzer Wartezeit – mittlerweile haben sich als Zuschauer eine Menge abenteuerlich gekleideter ‚Partisanen' eingefunden – bringt man zwei Jungen, die sich mit dem Rücken zum Grab aufstellen müssen. Der eine ist sechzehn, der andere siebzehn Jahre alt. In dem einen erkennen wir den jungen Kameraden Helmut Muhr wieder, der vor ungefähr einer Woche aus dem Lager geflohen war. Beide sind fürchterlich zerschlagen und können sich kaum aufrecht halten. Nun kommt ein Exekutionskommando anmarschiert und nimmt Aufstellung. Der Stadtkommandant Imrich Gas verliest in tschechischer Sprache das Todesurteil. Es lautet auf Tod durch Erschießen, bei Helmut Muhr, 16 Jahre, wegen seiner Flucht aus dem KZ, bei dem anderen, Leo Kübast, 17 Jahre, wegen angeblichen Waffenbesitzes. Dabei muß man wissen, wie so etwas bewerkstelligt wurde: Bei einer Hausdurchsuchung wurde von den durchsuchenden Partisanen irgendwo eine Waffe versteckt, die dann ‚gefunden' und dem Bewohner der Wohnung als verbotener Besitz untergeschoben wurde. Herr Dr. G. wird von den Tschechen gezwungen, das ins Deutsche übersetzte Urteil zu verlesen. Dann legt das Exekutionskommando die Gewehre (deutsche Sturmgewehre) an, es ertönte das Kommando ‚palit' (Feuer), und die Körper der beiden Jungen stürzen rücklings ins offene Grab. Beide starben wie Männer, heldenhaft, ohne mit der Wimper zu zucken oder um Gnade zu betteln. Aber es waren doch noch Kinder, die die unmenschliche Grausamkeit um sich herum noch nicht richtig begriffen haben. Die Mörder waren menschliche Monster.

Nach der Exekution müssen wir sofort wieder an unsere Arbeit gehen. Gesprochen werden darf nicht, aber es ist mir auch nicht danach zu Mute. Ein besonders ausgewählter Beerdigungstrupp muß das Grab noch ohne Werkzeug mit bloßen Händen zuscharren. Dabei werden die Männer von den Wachmannschaften mit Flüchen und Gewehrkolbenstößen angetrieben. Dann geht das Leben im Lager wieder seinen gewohnten Gang, so als wäre nichts geschehen."[322]

Die im Uranbergbau in St. Joachimsthal eingesetzten Kriegsgefangenen arbeiteten unter tschechischer Bewachung für sowjetische Interessen. Die Abgesandten des IKRK kümmerten sich so gut es ging um die Gefangenen. Sie berichteten immer wieder über die „mitunter sehr schlechte menschliche Behandlung".[323] Der Haß der Tschechen gegen alles Deutsche äußerte sich in willkürlichen Züchtigungen und häufigen Mißhandlungen. Während der Arbeit taten sich die zivilen Aufseher besonders hervor.[324]

Der Terror der Tito-Partisanen auf dem Balkan

Todeslager für die deutsche Volksgruppe in Jugoslawien

1939 lebten 639.800 Volksdeutsche in Jugoslawien. Die Mehrzahl wohnte seit dem 18. Jahrhundert dort. Man nannte sie „Donauschwaben". Die größten Siedlungsgebiete lagen im Banat, in Slawonien und in der Batschka. Als die Rote Armee 1944 ins Land einfiel, wurde ein Großteil der volksdeutschen Bewohner ins Reich evakuiert. Etwa 200.000 Personen blieben zurück.

Mit den Dekreten des Antifaschistischen Rates der Nationalen Befreiung Jugoslawiens (Antifašističko veće narodnog oslobodjenja Jugoslavije; AVNOJ) vom 21. November 1943 in Jajce und vom 21. November 1944 in Belgrad wurde den Deutschen auf jugoslawischem Boden das Staatsbürgerrecht aberkannt. Sie verloren alle gesetzlichen Rechte und wurden enteignet. Etwa 8.000 Deutsche wurden von den Partisanen noch vor dem Kriegsende ermordet, unter anderem bei der „Aktion Intelligenzija", einem koordinierten Vorgehen gegen das deutsche Bürger- und Bauerntum. Serbische Exekutionstrupps gingen von Dorf zu Dorf und erschossen die Männer, die sie antrafen, in Filipowa zum Beispiel 240 von 350 männlichen Einwohnern, in Zichydorf 149, in Hodschag 183, in Zerne etwa 300, in Glogon 225, in Homolitz zirka 200 und in Startschowa 80.[325] In Werschetz sollen es mindestens 3.000 gewesen sein.[326] Im Dezember 1944 untersagten die Sowjets weitere Erschießungen. Um die Ausrottung der „Schwaben" unbeobachtet fortsetzten zu können, wurden etwa 170.000 Männer, Frauen und Kinder in Arbeits- und Konzentrationslager eingesperrt. Zehn Lager waren für Arbeitsunfähige, Betagte, Kranke, Kinder unter 14 Jahren und Mütter mit Kleinkindern bestimmt. Ganze Dörfer wurden in Lager umgewandelt, nachdem man die Einheimischen inhaftiert oder vertrieben hatte. Fast 50.000 Personen überlebten die Internierung nicht.[327]

Insgesamt büßten von 1944 bis 1949 mehr als 60.000 donauschwäbische Zivilpersonen auf dem Boden Jugoslawiens ihr Leben ein. Sie verhungerten, wurden erschossen, begingen Selbstmord oder sind verschollen. Das ist fast ein Drittel der 1944 in ihrer Heimat verbliebenen Volksdeutschen Jugoslawiens.

Die bekanntesten und größten Arbeits- und Konzentrationslager für die Donauschwaben waren folgende Ortschaften, in denen nach der Vertreibung der Bewohner oft zehnmal mehr Menschen eingesperrt wurden, als vorher dort gelebt hatten.

Das berüchtigste war Rudolfsgnad (Knicanin) für die arbeitsunfähigen Deutschen vornehmlich des Mittel- und Südbanats. Die ursprüngliche Einwohnerzahl von Rudolfsgnad betrug 3.200 Menschen, die Zahl der Internierten durchschnittlich 17.200, maximal 20.500 Häftlinge. Das Lager bestand vom 10. Oktober 1945 bis Mitte März 1948. Es gab rund 11.000 Todesfälle. Die Todesursachen waren Fleckfieber, Typhus, Malaria, Unterernährung.

Auf der Teletschka, einem kleinen Feld am Ortsrand von Rudolfsgnad, wurden in einem Massengrab etwa 8.000 Tote begraben. Weitere 3.000 Opfer ruhen auf dem ehemaligen Dorffriedhof. 1998 wurden dort von der Belgrader „Gesellschaft für serbisch-deutsche Zusammenarbeit" zwei Gedenktafeln errichtet.

Jakob Sohl-Daxer berichtete aus Rudolfsgnad: „Wer konnte und rührig war, schlich in der Nacht aus dem Dorf, um auf den Feldern nach Kartoffeln zu suchen und sie gefroren aus der Erde zu buddeln, oder er suchte nach einem Kolben Mais. Einige gingen auch in die Nachbardörfer und tauschten ihre letzten Hemden oder Kleider für etwas Essen. Eine jede solche Nahrungssuche war außergewöhnlich gefährlich, weil verboten. Wer von den Wächtern erwischt wurde, erhielt Prügel und wurde in den Keller oder Bunker geworfen. […] Einige Wächter schossen auf die Suchenden, so daß wir im Frühling erschossene oder erfrorene Lagerinsassen in den Maisfeldern fanden. Letztere hatten gewartet, daß die Wächter vorbeigingen und waren eingeschlafen. Zu Weihnachten 1945 verbot der Kommandant für fünf Tage die Essensausgabe. Im ganzen Monat Januar bekamen wir alle nur je 750 g Maisschrot, sonst nichts. Die Leute starben wie Mücken im Herbst. Die Großmütter verheimlichten den Tod der Kinder, die Kinder meldeten nicht, daß ihr Großvater oder die Großmutter gestorben war, um deren karge Rationen zu erhalten. Bis zum heutigen Tag kann ich die Vergangenheit nicht vergessen, diese dreieinhalb Jahre mit Läusen und Ratten, die ich überlebte ohne Licht, Streichhölzer, Feuer, ohne Brot, nur ab und zu ein steinhartes Stück Maisbrot und niemals war ich satt. Hunde und Katzen waren verspeist worden, Tauben und Spatzen ebenfalls. Ich hatte weder Seife noch warmes Was-

ser, weder Kamm, Nadel noch Bindfaden. Neue Kleider und Schuhe bekam ich nie, alles mußte ich von den Verstorbenen nehmen."[328]

Ein weiteres Lager war Jarek (Backi Jarak) für die arbeitsunfähigen Deutschen der Südbatschka. Die ursprüngliche Einwohnerzahl von Jarek betrug rund 2.000 Menschen. Die Zahl der Internierten belief sich auf bis zu 15.000 Häftlinge. Das Lager bestand vom 2. Dezember 1944 bis zum 17. April 1946. Es gab mindestens 7.000 Todesfälle. Die häufigsten Todesursachen waren Fleckfieber, Dystrophie, Ruhr und Erschöpfung.

Hier folgt der Bericht des Pfarrers Cornelius Weimans vom 18. Februar 1958 über das Lager Jarek: „Die Behandlung seitens der Wachmannschaften war im allgemeinen unmenschlich. Ich hätte es früher nie für möglich gehalten, daß Menschen so grausam sein können. Hätte ich es nicht selbst erlebt und auch am eigenen Leibe verspürt, ich würde es für ein greuliches Märchen halten. Leider aber war es grausame Wirklichkeit. [...] Es ist unbeschreiblich, was diese armen Menschen an Entbehrungen und Peinigungen all die Jahre über zu erdulden hatten. Ich und meine Pfarrerkollegen haben vieles, sehr vieles durchgemacht, aber ich sage noch heute: Schlimmer als all das, was sie selbst durchlitten habe, war dies, was man mit ansehen mußte: des eigenen Volkes Sterben. Wie insbesondere die Kinder und die Alten langsam aber sicher zu Tode gequält wurden."[329]

David Gerstheimer, Jahrgang 1936, schilderte die Zustände im Lager Jarek: „Im Frühjahr 1945 kam ich mit meiner Mutter, den Urgroßeltern väterlicherseits und meinen sechs Geschwistern ins Lager Jarek. Dort herrschten unmenschliche Verhältnisse. Es gab überhaupt keine sanitären Anlagen und gar keine ärztliche Versorgung. Die Menschen im Lager wurden ihrem Schicksal überlassen. Zu essen gab es sehr wenig, und das, was es gab, war kaum genießbar. Um zu überleben, hat man es runtergewürgt. Durch die miserable und schlechte Versorgung sind die meisten Landsleute im Lager verhungert, so auch binnen kurzer Zeit meine sechs Geschwister, meine Mutter und die Urgroßeltern. Nachdem meine Mutter verstorben war, war ich noch kurze Zeit im Lager Jarek. Danach wurden alle Waisenkinder (ich war achteinhalb Jahre alt) ins Lager Gakowa und später nach Kruschiwl transportiert."[330]

Der zwölfjährige Friedrich Glas aus Bulkes, der in Jarek 1945 nacheinander zwei Urgroßmütter und zwei Großmütter sowie seine zweijährige Schwester Erna den Hungertod sterben sah, und sein Freund, der zwölfjährige Peter Kendl, dessen sechsjähriger Bruder ebenfalls verhungert war, wurden beim Herausschleichen aus dem Lager von zwei Partisanen gestellt, festgenommen und in das Wachhaus geführt. Nach geraumer Zeit wurden sie wieder zu der Stelle gebracht, wo sie festgenommen worden waren. Hier wurde ihnen mit Handbewegungen bedeutet, sie könnten weggehen. Nachdem sie einige Meter weit gegangen waren, schossen die Wachmänner von hinten auf sie. Fritz, der sich tot stellte, überlebte. Der verwundete Peter indes schrie, als sich die Partisanen schon entfernten, und begann nach seiner Mutter zu rufen. Er wurde von den zurückkehrenden Partisanen aus nächster Nähe durch einen Kopfschuß ermordet.[331]

Ein drittes Lager war Gakowa/Gakovo für die arbeitsunfähigen Deutschen vornehmlich der Mittel- und Westbatschka. Die ursprüngliche Einwohnerzahl von Gakowa betrug 2.700 Menschen. Die Zahl der Internierten belief sich auf 17.000 Häftlinge. Das Lager bestand vom 12. März 1945 bis Anfang Januar 1948. Es gab mindestens 8.500 Todesfälle. Die häufigsten Todesursachen waren Unterernährung, Typhus, Ruhr und Malaria.

Eine junge Frau berichtete über ihre Erfahrungen: „Schließlich wurde ich in ein Barackenlager außerhalb der Stadt Sombor eingeliefert. Die Lagerräume waren von Volksdeutschen buchstäblich vollgepfercht. Die Leute empfingen mich wortlos mit vielsagendem Blick, vielen war ich durch die Gastwirtschaft gut bekannt. Noch nie habe ich so vergrämte, verbitterte und verzweifelte Menschen gesehen. Sämtliche Lagerinsassen waren verlaust und ungepflegt, da ihnen keinerlei Möglichkeit zur Körperpflege geboten wurde. Der sogenannte Lagerbetrieb wurde streng gehandhabt: Hauptsache war eine möglichst ununterbrochene Schikane. Dienstantritt morgens um 3 Uhr, Aufstellung in Reih und Glied und zunächst stundenlang bewegungslos dastehen, bis dann die nächste Schikane folgte. Die Wache achtete mit Argusaugen auf die Disziplin, es wurde jeder erbarmungslos geprügelt, der sich nur im mindesten rührte. Täglich wurden längere oder kürzere Namenslisten vorgelesen. Die jeweils Aufgerufenen erbleichten, manche fielen auch in Ohnmacht: Man konnte ahnen, was diesen Armen bevorstand. Sie wurden zumeist erschossen oder sonst irgendwie ermordet. Der Kommandant des Lagers hieß Žarko und war, wie fast alle Machthaber, ein schon früher als Taugenichts bekanntes Subjekt. Hauptvergnügen aller dieser Kommandanten war die sadistische Quälerei ihrer Opfer. […] Am 20. Juni 1945 kam ich nieder. Mitten in einem vollgepferchten Zimmer gebar ich meine Tochter. Eine alte Hebamme leistete mir, natürlich ohne jedes Instrumentarium, Hilfe. Es ist mir heute noch vollkommen rätselhaft, wie mein Kind diese Zeit überstehen konnte. Bis dahin und auch nachher kamen sämtliche Neugeborenen und zumeist auch ihre Mütter im Lager Gakowa um. Nach der Geburt meines Kindes hatte ich nur den einen Wunsch: Das Kind möge sterben. Erst in den nächsten Tagen erwachte in mir die Mutterliebe so heftig, daß ich zu dem festen Entschluß kam, für mein Kind durchzuhalten."[332]

Ebenfalls vom Lager Gakowa erzählte Pater Wendelin Gruber: „Nachmittags ging ich in die Kinderheime, die in größeren Bauernhäusern untergebracht waren. Da lagen die Kinder, zu 20 bis 30 in einem Zimmer auf dem Stroh und nur dürftig bedeckt. Sie waren nur noch Haut und Knochen, außerdem voller Skorbutwunden und an Krätze erkrankt. Niemand hat sie gepflegt. Die Kleinen weinten und schrien erbärmlich. Es war der Hunger, der ihnen aus den Augen schaute. Andere wieder, Buben und Mädchen, lagen da, bewegungslos. Sie hatten keine Kraft mehr zu weinen. So ging ich von einem Zimmer ins andere; immer das gleiche Bild. Mit großen Augen schaute man zu mir herauf. Sie hatten keine Ahnung, wer ich war."[333]

Ein anderes Lager war Molidorf (Molin) für die arbeitsunfähigen Deutschen vornehmlich des Nord- und Mittelbanats. Die ursprüngliche Einwohnerzahl von Molidorf betrug rund 1.200 Menschen. Die Zahl der Internierten belief sich auf 5.000 bis 7.000 Häftlinge. Das Lager bestand von September 1945 bis April 1947. Man zählte rund 3.000 Todesfälle. Die häufigsten Todesursachen waren Unterernährung, Wassersucht, Flecktyphus und Malaria.

Karoline Bockmüller aus Deutsch-Czerne erinnerte sich, daß im Lager Molidorf 56 Personen aus ihrer Verwandtschaft den Hungertod starben oder erschossen wurden. Alle Lagerinsassen „jammerten vor Hunger und Schmerz und boten einen unbeschreiblich traurigen und trostlosen Anblick". Ihr persönlich gelang die Flucht nach Rumänien.[334]

Weitere Lager waren:

Kruschiwl (Kruševlje) für die arbeitsunfähigen Deutschen vornehmlich der West- und Nordbatschka
Ursprüngliche Einwohnerzahl von Kruschiwl: 950
Zahl der Internierten: 7.000
Bestandsdauer: 12. März 1945 bis 10. Dezember 1947
Todesfälle: 3.000 bis 3.500
Häufigste Todesursachen: Unterernährung, Typhus, Ruhr

Svilara (Sremska Mitrovica) in der vormaligen Seidenspinnerei Svilara für die Deutschen aus Syrmien
Zahl der Internierten: über 1.200
Bestandsdauer: Anfang August 1945 bis 5. Mai 1947
Todesfälle: rund 2.000
Häufigste Todesursachen: Hunger, Kälte, Typhus, Ruhr

Kerndia (Krndija) mit Zentrallager Oberjosefsdorf (Josipovac) und Zwischenlager Groß Pisanitz (Velika Pisanica) für die Deutschen aus Slawonien und Kroatien
Ursprüngliche Einwohnerzahl von Kerndia: 1.672 Personen
Zahl der Internierten: bis zu 3.000
Bestandsdauer: 15. August 1945 bis Mitte Mai 1946
Todesfälle: 500 bis 1.500
Häufigste Todesursachen: Hunger, Flecktyphus

Walpach (Valpovo) mit Arbeitslager Podunavlje und Zentrallager Tenje für die Deutschen aus Slawonien und Kroatien
Zahl der Internierten: bis zu 3.000
Bestandsdauer: Mai 1945 bis Mai 1946
Todesfälle: 1.000 bis 2.000
Häufigste Todesursachen: Dystrophie, Dysenterie, Flecktyphus

Jakob Sohl-Daxer berichtete aus dem Arbeitslager Pantschawo (Pančevo), in das die arbeitsfähigen Männer und Frauen aus der Umgebung eingeliefert worden waren: „Als die Kriegshandlungen in Belgrad beendet waren, wurden die Männer in Pantschawo eingesetzt, um die Getreidemagazine an der Temesch zu leeren. Einzeln mußten sie Säcke von 100 Kilogramm Gewicht zum Schiff tragen. Von den Partisanen wurden sie auf dem Weg vom Silo zum Schiff mit Peitschen oder Gewehrkolbenschlägen angetrieben. Einige fielen ins Wasser und ertranken. Andere sprangen selbst ins Wasser, um ihre Plagen abzukürzen. Es war höllisch. Die Nacht im Gefängnis war aber noch schlimmer. Niemand konnte vor Angst schlafen. Die Wächter folterten, schlugen und töteten. Jede Nacht wurden 100 bis 200 Inhaftierte mit Draht zusammengebunden und nach dem Dorf Jabuka zum Erschießen gebracht. In mehreren Fällen haben Zigeuner die Leute mit Schaufeln totgeschlagen. Gericht gab es keines. Ausschlaggebend war, daß jemand ein Schwabe war. Gefragt wurde auch nicht, ob jemand ausländischer Staatsbürger sei, wie zum Beispiel die Flüchtlinge aus Rumänien. Sie brachten auch Tschetniks und Kriegsgefangene um. Einmal sah ich, wie sie auf der Straße einen Zug von Menschen mit langen Bärten und Haaren vorbeitrieben. Erschossen wurden auch reiche Serben, Madjaren, Slowaken und Rumänen."[335]

Franz Apfel erzählte, wie Frauen bestraft wurden, die es gewagt hatten, das Lagerdorf zu verlassen, um Lebensmittel für ihre Kinder zu erbetteln: „Von einer Betteltour kommend, waren sie erwischt worden. Nachdem man ihnen alles weggenommen hatte, wurden sie in den Bunker geworfen. Dort waren schon so viele Leute, daß kaum mehr Platz für die Neuhinzugekommenen war. Im Keller war es dunkel, und die Luft war schlecht. Plötzlich wurde die Kellertür aufgemacht, und ein Wachmann stand davor. Er hat einen Stock in der Hand und befahl ihnen, ein ‚Lied von Hitler' zu singen. Der Partisan begann zu dirigieren und schrie: ‚Singt, Schwaben, singt!' Die Frauen begannen mit ‚Großer Gott, wir loben dich'. Der Partisan unterbrach den Gesang und schrie, das sei kein Lied über Hitler, er wolle aber ein Lied über Hitler hören. Dann stimmten die Frauen das Lied ‚Gott ist die Liebe' an, aber im Marschtempo. Da der Partisan deutsch nicht verstand, mußte er annehmen, daß es ein Marschlied sei und dirigierte mit Begeisterung. Und sie sangen mit Inbrunst und fühlten dabei auch, was sie aussprachen. Auf einmal schrie der Partisan: ‚Wo ist jetzt euer Herrgott? Er soll doch kommen und euch herauszuholen und etwas zu essen herunterwerfen. Wenn es überhaupt einen Herrgott gibt, dann bin ich euer Herrgott. Denn ich kann mit euch machen, was ich will. Und das werde ich auch!' Unter Beschimpfungen und Einschüchterungen mußten sie dann den Keller verlassen mit dem Hinweis, daß jeder sofort erschossen wird, der noch einmal erwischt würde, wenn er das Lager heimlich verlassen will. Sie durften dann zurück in ihre Unterkünfte."[336]

In den jugoslawischen Arbeits- und Internierungslagern kamen 1945 bis 1948 fast 50.000 Menschen durch Hunger und Krankheiten um. 558 namentlich bekannte Personen wurden erschlagen oder erschossen.[337] Knapp 35.000 Volksdeutschen gelang unter Lebensgefahr die Flucht aus den Lagerdörfern über die nahen Grenzen nach Ungarn und Rumänien. Tausende verwaiste Kinder wurden zwangsweise in Kinderheime eingeliefert, wo sie zu sozialistischen Staatsbürgern erzogen werden sollten.

Mit der Verordnung Nr. 7161 vom 16. Dezember 1944 befahl Kremlherrscher Josef Stalin die Deportation aller arbeitsfähigen Deutschen aus den von der Roten Armee besetzten Gebieten in die Sowjetunion. Darin heißt es: „Alle arbeitsfähigen Deutschen im Alter von 17 bis 40 Jahren (Männer) bzw. von 18 bis 30 Jahren (Frauen), die sich in den von der Roten Armee befreiten Gebieten Rumäniens, Jugoslawiens, Ungarns, Bulgariens und der Tschechoslowakei befinden, sollen mobilisiert und interniert werden, um sie mit dem Ziel des Arbeitseinsatzes in die UdSSR zu deportieren." 12.380 Personen, über 8.000 Frauen zwischen 18 und 35 Jahren und über 4.000 Männer zwischen 16 und 45 Jahren, wurden zur Jahreswende 1944/1945 aus der Batschka und aus dem Banat zur Zwangsarbeit in die UdSSR deportiert. Von ihnen kamen 1.994 zu Tode: 1.106 Männer und 888 Frauen. Das sind 16 Prozent. Die ersten starben schon während des Transportes in den eiskalten Viehwaggons, viele bei der Rückführung als Kranke und Arbeitsunfähige.

Die „Donauschwäbische Kulturstiftung", eine Einrichtung der vertriebenen Deutschen vom Balkan, sammelte in der Bundesrepublik Deutschland nach dem Krieg Zeitzeugenberichte über die Untaten der Kommunisten an den Landsleuten auf dem Boden Jugoslawiens. Sie sind in den vier Bänden *Leidensweg der Deutschen im kommunistischen Jugoslawien. Erlebnisberichte über die Verbrechen an den Deutschen durch das Tito-Regime in der Zeit von 1944–1948* veröffentlicht. Das Bundesministerium für Vertriebene, Flüchtlinge und Kriegsgeschädigte gab 1961 unter dem Titel *Das Schicksal der Deutschen in Jugoslawien* den Band 5 der *Dokumentation der Vertreibung der Deutschen aus Ost-Mitteleuropa* heraus.

Die Volksdeutschen in Rumänien

Bei der Volkszählung des Jahres 1930 bekannten sich 745.421 Personen, das waren 4,1 Prozent von insgesamt 18.057.028 rumänischen Staatsbürgern, zur deutschen Nationalität. Auf dem Gebiet Rumäniens, das nach dem Ersten Weltkrieg sein Territorium mehr als verdoppelt hatte, lebten damals zwölf deutsche Siedlergruppen, von denen die größte die der Siebenbürger Sachsen war. Sie hatten sich schon im Verlauf der deutschen Ostkolonisation im 12. Jahrhundert im „Land jenseits der Wälder" (Transsilvanien) angesiedelt. Als die Rote Armee 1944 in Rumänien einmarschierte, wurde ein Großteil von ihnen rechtzeitig ins Deutsche Reich zurückgeführt. Für die in Rumänien Zurückgebliebenen begannen Jahre der Entrechtung, Verschleppung und Diskriminierung. Die von der Sowjetunion eingesetzten Behörden übten Rache an den Deutschen, denen sie eine Kollektivschuld an der „Teilnahme Rumäniens am antisowjetischen Krieg und der Besetzung Rumäniens durch Nazideutschland" zuwiesen. Im Januar 1945 wurden rund 70.000 Deutsche in die Sowjetunion verschleppt. Die Deportationslisten nennen 36.590 Männer und 32.742 Frauen. Alle arbeitsfähigen Männer zwischen 17 und 45 Jahren und Frauen zwischen 18 und 30 wurden unter Mithilfe der rumänischen Polizei von den sowjetischen Militärbehörden registriert und abtransportiert, obwohl die rumänische Regierung und der König bei den Westalliierten dagegen protestierten.

Maria M. aus dem siebenbürgischen Mannheim erinnerte sich an ihre Fahrt in die Deportation: „Dann wurden die Türen geschlossen – und ab ging es in eine ungewisse Zukunft. Wir alle heulten wie Kinder [...], und viele waren noch Kinder. Hätten wir wenigstens gewußt, wohin man uns bringt, was uns erwartet, wie lange die Verschleppung dauert, aber so zuckelten wir dahin, hielten unendlich lange an Stationen, fuhren weiter – tage-, wochen-, einen Monat lang. Wir standen auf den Abstellgleisen von Rostow und wurden von hier aus in ein wüstes, grasarmes Steppengebiet mit lehmigem Boden gebracht. Irgendwo war ja dann das Belaja Kalitwa, das weiße Gefängnis. Einige große Pavillons mit Stacheldrahtverhauen verschluckten uns – hier traf ich meine Schwester wieder. Unsere Familie hat fünf Rußland-Deportierte geliefert."[338]

Ungefähr 15 Prozent der Deportierten kamen ums Leben, viele schon in den eisigen Viehwagons während der dreiwöchigen Winterfahrt in die UdSSR. Die zurückgebliebenen Deutschen verloren alle politischen Rechte. Das am 5. Februar 1945 erlassene Minderheitenstatut, das die Gleichberechtigung aller Staatsbürger ohne Unterschied der Nationalität postulierte, galt für sie nicht. Mit dem Agrarreformgesetz vom 23. März 1945 wurden ihnen ihr landwirtschaftlicher Grundbesitz sowie ihre Häuser mit dem gesamten lebenden und toten Inventar weggenommen. Damit wurde den rumäniendeutschen Bauern, die 1945 noch 77 Prozent der gesamten deutschen Bevölkerung ausmachten, die Lebensgrundlage entzogen.

Die Besetzung Südkärntens

In Kärnten endete der Zweite Weltkrieg erst am 21. Mai 1945, als sich die Truppen der Jugoslawischen Volksbefreiungsarmee zurückzogen. In den zwei Wochen nach dem offiziellen Ende des Krieges wurden in Südkärnten noch etwa 1.000 Menschen von Tito-Partisanen ermordet, die das Gebiet in Konkurrenz zu den Briten besetzt hatten. Neben 130 verschleppten deutschen Einwohnern Kärntens waren die Toten antikommunistische Kroaten und Slowenen und Wehrmachtangehörige, die sich auf dem Weg ins Reichsgebiet befanden. In Südkärnten, vor allem in den Gebieten südlich der Drau, in den Bezirken Klagenfurt und Völkermarkt, gab es nach dem Krieg zahlreiche Gräber aus der zweiwöchigen Partisanenbesatzungszeit. Sie wurden von der Bevölkerung als „Heimkehrergräber" bezeichnet. Der Name sollte den Eindruck vermitteln, als seien die Toten bei ihrer Rückkehr in die Heimat ums Leben gekommen. In Wirklichkeit liegen in diesen Gräbern viele nichtdeutsche Opfer, die auf der Flucht vor den Partisanen umkamen. Bei der späteren Exhumierung und Umbettung war in den meisten Fällen nicht mehr festzustellen, woher die Toten kamen.

In Bleiburg im Kärntner Bezirk Völkermarkt kapitulierte die Führung der kroatischen Streitkräfte (Hrvatske Oružane Snage), die an der Seite der Wehrmacht gegen die jugoslawischen Partisanen gekämpft hatten, gegenüber den britischen Truppen, die zur gleichen Zeit wie die jugoslawischen Verbände in Südkärnten einmarschiert waren. Zusammen mit den deutschen und kroatischen Soldaten waren Ustascha-Milizen, Heimwehrangehörige und viele kroatische Zivilisten vor den Tito-Truppen nach Norden geflohen. Es handelte sich mindestens um 200.000 Soldaten und doppelt so viele Zivilisten. Der englische General Patrick Scott lehnte es ab, den Zivilisten Asyl zu gewähren und die Truppen in englische Kriegsgefangenschaft zu übernehmen, obwohl ihn der kroatische General Ivo Herencic bei den Verhandlungen auf Schloß Bleiburg auf die Folgen aufmerksam machte. Die Flüchtlinge wurden bedenkenlos an die Jugoslawen ausgeliefert, weil es sich um Bewohner des 1941 aufgelösten Staates Jugoslawien handelte. Darauf hatten sich ohne Rücksicht auf menschliche Schicksale die Politiker in London geeinigt. Damit die Übergabe ohne Widerstand durchgeführt werden konnte, wurde den Kroaten weisgemacht, sie würden nach Italien gebracht, wo sich die Reste der 392. (kroat.) Infanteriedivision der Wehrmacht befanden. Sobald die Kroaten, die den Zusicherungen der Engländer vertraut hatten, den Grenzübergang bei Grablach passiert hatten, begannen die Massaker, manchmal noch in Sichtweite der Engländer.

Die Behandlung der deutschen Soldaten durch die Volksbefreiungsarmee

Kapitulation und Gefangennahme

Bei den 175.000 bis 200.000 Soldaten, die am Kriegsende in jugoslawische Kriegsgefangenschaft gerieten, handelte es sich um Angehörige der Heeresgruppe E, die sich gegen die letzte Großoffensive der jugoslawischen Volksbefreiungsarmee zur Wehr gesetzt hatte und sich gleichzeitig geordnet nach Deutschland zurückzog. Zu ihr gehörten sieben deutsche Divisionen, zwei Kosakendivisionen und neun kroatische Divisionen, insgesamt mehr als 220.000 Mann.

Anfang Mai 1945 befand sich die Masse der deutschen Divisionen im Raum Agram, nur noch 72 Marschstunden von der Reichsgrenze entfernt, wo sie hofften, von britischen Truppen aufgenommen zu werden. Die Rückzugsbewegung mündete jedoch in die engen Gebirgsstraßen der südlichen Alpenkette und kam ins Stocken. Trotzdem hätte sich die Heeresgruppe nach Deutschland retten können, wenn ihr genügend Zeit geblieben wäre. Die Rückzugsoperation mußte jedoch gestoppt werden, als das Oberkommando der Wehrmacht die bedingungslose Kapitulation für die Nacht vom 8. auf den 9. Mai 1945 befahl und alle weiteren Truppenbewegungen untersagte. Es war versäumt worden, für die Truppen der Südostarmee gesonderte Kapitulationsbedingungen mit den Westmächten auszuhandeln. Die Truppe verhielt sich befehlsgemäß. Der Oberbefehlshaber der Heeresgruppe nahm Verhandlungen mit der jugoslawischen Volksbefreiungsarmee auf, die aus Formationen der Tito-Partisanen entstanden war. Die Übergabe zog sich in die Länge, weil die Tito-Truppen vor der Entwaffnung der Deutschen die Grenzübergänge nach Österreich sperren wollten, zum einen, um einen gewaltsamen Durchbruch zu verhindern und zum anderen, um Menschen und Material in ihre Hände zu bekommen. General Ludwig Kübler handelte das Kapitulationsdokument aus. Darin stand: „Jeder Mann behält sein persönliches Gepäck – Sanitätsmaterial bleibt bei der Truppe – Verpflegung wird vom jugoslawischen Heer geliefert – jede Gruppe, die sich ergibt, wird bis Ende des Jahres außer Land gebracht – nicht gehfähige Verwundete verbleiben in hiesigen Spitälern unter deutschem Sanitätspersonal und werden nach ihrer Genesung unverzüglich in ihre Heimat in Marsch gesetzt – die

Deutschen sollen keine Kriegsgefangenen sein, sondern nur Internierte, weil sie sich nur aufgrund des Waffenstillstandes ergeben haben – sie erhalten dieselbe Verpflegung und Unterbringung wie die jugoslawische Armee und kochen selbst – es wird kein Angriff auf Leib und Ehre ausgeführt." In gutem Glauben an die Vertragstreue der Jugoslawen legten die Angehörigen der Heeresgruppe E in der Nacht zum 11. Mai die Waffen nieder. 70.000 Angehörige der Heeresgruppe, die sich bei Bleiburg auf deutschem (österreichischem) Boden in englische Kriegsgefangenschaft gerettet hatten, wurden zurückgeschickt und gerieten gleichfalls in die Hände der Volksbefreiungsarmee Titos. Von da an waren alle Soldaten der Heeresgruppe der Willkür der Sieger ausgeliefert. Die einen waren einem Betrug und die anderen einer Rechtsbeugung zum Opfer gefallen. Sieger dürfen lügen und betrügen, wenn die Macht in ihrer Hand ist.

Das erste, womit die Soldaten konfrontiert wurden, als sie in jugoslawische Hände gerieten, war Plünderung und Diebstahl. Ihnen wurde alles abgenommen, was den Titoisten von Wert erschien, selbstverständlich Uhren, Ringe und Zigarettenetuis, aber auch Toilettenartikel und Bekleidungsstücke. Sie mußten die Uniformen gegen Partisanenklamotten tauschen oder standen in Unterkleidern da.

„Bei der Gefangennahme am 10. Mai 1945 bei Cilli, Krainburg, Bleiburg usw. wurden wir in Kolonnen zu Tausenden zusammengetrieben und auf großen Wiesen oder Plätzen gesammelt. Am ersten Tag waren wir noch im Besitz unserer Wertsachen, am zweiten Tag waren wir bereits um alles erleichtert, Uhren, Ringe, Rasierapparate, Schuhe, Stiefel und ein Teil der Uniform; besonders hatten Offiziere darunter zu leiden, einige Generale wurden bis auf die Unterhosen ausgezogen."[339]

Die Sieger kümmerten sich nicht um den Artikel 6 der Genfer Konvention, nach dem „die persönlichen Sachen und Gebrauchsgegenstände ebenso wie die Stahlhelme und Gasmasken im Besitz der Kriegsgefangenen verbleiben". Gefangene, die sich wehrten, wurden verprügelt. Wer flüchtete, wurden im Widerspruch zu Artikel 50 der Genfer Konvention zur Abschreckung für andere exekutiert. Im Lager Virovitica wurden für einen geflohenen Landser zehn andere erschossen.[340] Unter kollektiven Vergeltungsmaßnahmen, die nach Artikel 2 der Genfer Konvention verboten waren, litten besonders die Angehörigen der 7. SS-Freiwilligen-Gebirgsdivision „Prinz Eugen", in der viele Volksdeutsche vom Balkan dienten, der 13. Waffen-Gebirgsdivision der SS „Handschar", die überwiegend aus Bosniern bestand, und der Polizei- und Feldgendarmerie. Sie wurden in großer Zahl erschossen. Niemand registrierte die Personalien der Ermordeten.

Die jugoslawische Volksbefreiungsarmee hatte während des Vormarschs zur deutschen Grenze keine Vorkehrungen für die Massen von Kriegsgefangenen getroffen, die am Kriegsende in ihre Hände fielen. Die Gewahrsamsmacht wußte nicht so recht, was sie mit so vielen Gefangenen anfangen sollte. Es gab keine Sammellager und keine entsprechend großen Kriegsgefangenenlager.

Hungermärsche

Die jugoslawischen Militärbehörden waren mit der großen Zahl Gefangener überfordert. Die politische Führung fand zwei Lösungen. Ein Teil der Gefangenen wurde an Ort und Stelle erschossen und der andere in Todesmärschen über Hunderte von Kilometern durch das Land geführt, um der Bevölkerung den Sieg augenfällig zu demonstrieren. Damit verfolgte die Gewahrsamsmacht – wie die Sowjetunion nach dem Abschluß der Kämpfe um Stalingrad – propagandistische Ziele. Die heterogene Zivilbevölkerung des neuen Vielvölkerstaates sollte an der Siegesfreude der Kommunisten und an der Demütigung der deutschen Soldaten teilhaben.

Die sogenannten Hungermärsche standen im Widerspruch zu Artikel 7 der Genfer Konvention, der besagte: „Die Kriegsgefangenen sind in möglichst kurzer Frist nach ihrer Gefangennahme zu Sammelstellen zu bringen." Bei der Rückführung zu Fuß sollte die tägliche Marschleistung in der Regel nicht mehr als 20 Kilometer betragen. Ohne Rücksicht auf diese Bestimmungen wurden die Soldaten, nachdem man sie ausgeplündert und ihnen alles abgenommen hatte, was das Überleben möglich machte, in riesigen Marschsäulen zu Tausenden innerhalb von zwölf Tagen bis zu 900 Kilometer unter großer Hitze über Schotterwege gejagt. Oft waren täglich bis zu 80 Kilometer bei vierzehn Stunden Marschdauer vom Sonnenauf- bis zum Sonnenuntergang mit wenigen Pausen zurückzulegen. Unterwegs bekamen die Gefangenen fast nichts zu essen und wenig zu trinken. In der Regel wurde alle vier Tage ein Brot für 40 Mann verteilt. Die Brunnen wurden von der Dorfbevölkerung abgeriegelt. Wer vor Entkräftung nicht mitkam, wurde erschossen. Diese Märsche nannten die Jugoslawen „Sühnemärsche“. Bei diesen Gewalttouren verloren mindestens 10.000 deutsche Soldaten ihr Leben. Es handelte sich um Todesmärsche und nicht um Sühnemärsche, wobei zu fragen ist, welche Tat durch einen Marsch gesühnt werden könnte.

Kurt Kolar schilderte den 200 Kilometer langen Marsch nach Fiume (Rijeka), an dem er als Offizier teilgenommen hatte und bei dem viele Rotkreuzschwestern und Nachrichtenhelferinnen dabei waren: „Zwei volle Tage marschieren wir im Sonnenschein ohne Wasser. Erste Ausfälle treten auf. In den nächtlichen Raststunden dazwischen dürsten wir wasserlos auf kärglichem Grasboden, am Morgen vom Tau ein wenig erfrischt. Am zweiten Marschtag brechen noch mehr Männer zusammen. Sie sind durch Durst, Hunger und Ermüdung erschöpft. Ohne Erbarmen werden die Sitzenden und Liegenden durch Schüsse getötet. Auch wer seitwärts taumelt, wird erschossen. Ein junger, blondlockiger Sanitäter bemüht sich um einen alten Offizier, der nicht mehr weitergehen kann. Genickschüsse strecken die beiden Gefangenen zu Boden. Noch im Tod hält der junge Kamerad seinen Arm mit der Rotkreuzbinde helfend um die Schulter des alten Soldaten geschlungen. Wild schießen und schreien die Partisanenposten dann in den Straßen von Fiume, weil Italiener uns Wasser und Brot zu geben versuchen. Manche Italienerinnen weinen bei dem Anblick unserer notleidenden und gehetzten Sklavenkolonne, einige Mutige schimpfen auch gegen die Partisanen. Im Raum von Fiume werden wir an diesem zweiten Marschabend – kurz vor dem Verdursten – von Straßenspritzenautos getränkt. […] Die zweite Marschstrecke führt uns nach Pfingsten vom Meer über 130 Kilometer weit bis Karlowac. Während der etwa vier Marschtage quälen uns wieder Hunger und Durst, Hitze und Erschöpfung sowie die Todesschüsse der Partisanen. Jeder nicht mehr Gehfähige wird am Ende des Sklavenzuges erschossen. Oft auch sein Helfer, ohne Rücksicht etwa auf eine Rotkreuzarmbinde. So sterben Hunderte von Kameraden, weil sie sich nicht mehr weiterschleppen können. Entkräftet brechen sie zusammen: durch Durst, Hunger, Alter, Krankheit, Mutlosigkeit, Hitze und Schwäche. Wenige suchen selbst den Tod. Ein blonder Matrose in blauen Uniformresten tänzelt mit geöffneten Pulsadern, sein sonnengebräuntes Gesicht zum Himmel gerichtet, seitwärts ins Gelände. Schüsse aus dem Gewehr eines Partisanen beschließen sein junges Leben. Still sterben Großväter und Enkel durch erbarmungslose Todesschützen, im Staub der endlosen Straße, gehetzt, verhöhnt und geschunden. Alte und junge Männer verhauchen, trotz Qualen durch Gewalt, Not und Elend bis zuletzt von der Sehnsucht nach Frieden und Heimkehr erfüllt.“[341]

Die Marschgruppe Arendt hatte in 20 Stunden 75 Kilometer von Cilli flußabwärts durch das Tal der Sawe zu bewältigen. Im Ort Steinbrück wurden die Männer von der Zivilbevölkerung ausgeraubt. Uhren, Ringe, Brillen, Schuhe, Waffenröcke, Taschen und Tornister, alles war begehrt.

Ein Überlebender erinnerte sich: „Der neue Tageschef, ein Halbwüchsiger noch, ließ durchgeben, er werde einen Marsch demonstrieren, wie er ihn selbst als Gefangener der SS erlebt habe. Unbarmherzig ließ er marschieren und laufen. Nach etwa vier Marschstunden gab es fünf Minuten Pause. Das war zwischen 20 und 21 Uhr. Um Mitternacht erlaubte er die zweiten fünf Minuten Rast. Gegen 2 Uhr morgens, nachdem die Marschgruppe einen tiefen Waldgürtel unter dauerndem Schießen passiert hatte, ließ er 45 Minuten halten. Aber es sollte kein Wasser ausgegeben werden. […] In den langen Stunden war vielen Gefangenen die Beherrschung geschwunden. Ungeachtet der Todesgefahr brachen immer einige zu jeder Pfütze, jedem Bach, jeder Viehtränke aus. Er ließ sofort scharf schießen, und er selbst legte mit sicherer Hand den aufs Korn genommenen Mann um, während viele seiner Posten doch noch über die Köpfe hinweg schossen, wenn er nicht gerade zusah. Die jüngsten unter den Posten ahmten das sadistische Beispiel ihres Chefs bereitwilligst nach.“[342]

Eine Gruppe, die von Triest quer durch Istrien, dann nach Fiume, Delnice und Glina in Zickzack getrieben wurde, erhielt vom 4. Mai bis zum 2. Juni 1945 nur sechsmal Verpflegung; sie bestand aus einer Handvoll Mehl und zweimal je fünf Gramm Margarine und etwas Salz. Daraus mußten die Gefangenen sich eine Mahlzeit bereiten und das Holz selbst suchen. Auf dem Hungermarsch nach Nasice im kroatischen Landesteil gab es während der ersten drei Tage weder Essen noch Wasser.[343]

Neben den bei solchen Sühnemärschen ums Leben gekommenen Soldaten verstarben viele weitere nach der Einlieferung in die provisorischen Kriegsgefangenenlager oder in die Arbeitslager aufgrund der Entkräftung während des Marsches.

Arbeitslager

Zwischen 1945 und 1949 gab es in den sechs Teilrepubliken Jugoslawiens etwa 60 Kriegsgefangenenlager. An der Spitze stand jeweils ein jugoslawischer Lagerkommandant, meistens im Range eines Hauptmanns. An seiner Seite fungierte ein Kommissar für die politische Erziehung der Kriegsgefangenen. Für Verpflegung und Bekleidung war ein Intendant zuständig. Der Lagerkommandant übte die Disziplinargewalt aus. Die Gefangenen wurden in Arbeitsbataillone eingeteilt und zur Zwangsarbeit in allen Wirtschaftsbereichen verwendet. Die Verpflegung war im ersten Jahr mehr als dürftig. Die offizielle Begründung war, daß die jugoslawische Zivilbevölkerung nach der Staatsgründung nur ungenügend Lebensmittel zugeteilt bekommen habe. Es könne nicht erwartet werden, daß die Gefangenen so gut gestellt würden wie die jugoslawischen Soldaten – und wie es das Kriegsvölkerrecht vorsah. Nach dem Wortlaut der Genfer Konvention sollten sie so ernährt werden wie diese. Das galt auch für die Bekleidung. Zum Beginn des Winters 1945/46 hatten die meisten Kriegsgefangenen nur noch Lumpen am Leib, weil es keine neuen Kleidungsstücke und keine Möglichkeit zum Reparieren von Schuhen, Wäsche, Socken und Uniformen gab. Da Deutschland nach der Kapitulation keine Schutzmacht mehr hatte und das Deutsche Reich nach der Inhaftierung der Reichsregierung selbst keine hoheitliche Gewalt ausüben konnte, lagen die Betreuung und der Schutz der Kriegsgefangenen ausschließlich in den Händen des IKRK. Deren Tätigkeit wurde in Jugoslawien zwar zugelassen, aber aus Angst vor einer internationalen Blamage massiv behindert.

Die hygienischen Verhältnisse in den Lagern waren genauso katastrophal wie die Versorgung. Unverhältnismäßig viele Soldaten litten an Hungerödemen, Krätze, Fleckfieber und Ruhr. In einigen Lagern kamen Malaria und Typhus hinzu. Die einseitige und monotone Ernährung förderte Furunkulosen, Phlegmone und Dystrophien. Die Waldarbeit beim Holzfällen und die Grubenarbeit in den Kupferbergwerken forderte besonders viele Opfer, vor allem bei den Ungelernten und Kranken. In den Bergwerken von Nova Pazova im serbischen Landesteil erkrankten zwei Drittel der 1.500 bis 2.000 Kriegsgefangenen an Nachtblindheit. Diejenigen, die fast blind dem Lagerzaun zu nahe kamen, wurden von den Posten erschossen. Krankheit, Überarbeitung und Unterernährung führten zu einer hohen Mortalität. Die Toten wurden in der Regel in Massengräbern beigesetzt. Beim Lager 101 Agram (Zagreb) wurden die 800 Todesfälle in den sechs Massengräbern beigesetzt, in denen schon die Gefangenen begraben waren, die dort unmittelbar nach dem Kriegsende erschossen worden waren. Die Toten des Lagers Laak wurden in 50 Reihen zu je 25 Gräbern beigesetzt, während die unmittelbar nach der Kapitulation ums Leben Gekommenen dort in einem Panzergraben verscharrt worden waren. Diese Gräber wurden schon 1946 dem Erdboden gleichgemacht, nachdem der Höhepunkt der Todesfälle überschritten war. Die meisten anderen Begräbnisplätze wurden erst nach der Auflösung der Lager eingeebnet.[344]

Die Beziehungen der Kriegsgefangenen zur Außenwelt waren in Artikel 36 der Genfer Konvention geregelt. Zwar war es jeder Gewahrsamsmacht erlaubt, die Zahl der Briefe und Postkarten, die die Kriegsgefangenen absenden durften, nach eigenem Ermessen festzulegen, aber spätestens eine Woche nach seiner Ankunft im Lager mußte jeder Gefangene die Gelegenheit erhalten, seiner Familie eine Nachricht über seine Gefangennahme und seinen Gesundheitszustand zu senden. Die Verantwortlichen in Jugoslawien behaupteten, daß die Verwirklichung dieser Vorschrift erhebliche Schwierigkeiten bereitete. Angeblich herrschte ein Mangel an Transportmöglichkeiten, Papierknappheit und eine allgemeine Desorganisation der Verwaltung. In Wahrheit fehlte es vor allem am guten Willen. Erst nach einem Jahr durften alle Kriegsgefangenen vierteljährlich eine Karte nach Hause schicken. Wegen des Ausbleibens von Nachrichten aus Jugoslawien verbreitete sich in Deutschland die Ansicht, es habe dort „Schweigelager" oder „Todeslager" gegeben. Der Suchdienst des Deutschen Roten Kreuzes bestritt das.[345]

Massenhinrichtungen

Die meisten Massenhinrichtungen von Kriegsgefangenen fanden unmittelbar nach der Gefangennahme auf slowenischem Boden statt. Die Grabstätten wurden getarnt und versteckt, damit niemand erfahren sollte, was geschehen war. Erst nach dem Zerfall Jugoslawiens 1992 konnten die Verbrechen der jugoslawischen Volksbefreiungsarmee an ihren Gefangenen aufgedeckt und zugeordnet werden. Oft kam der Zufall zu Hilfe. Als 1999 die Autobahn von Salzburg nach Agram verlängert wurde, stießen die Bagger zwischen Pesnica und Slivnica auf einen Panzergraben aus dem Zweiten Weltkrieg, in dem die Leichen von 1.179 kroatischen Soldaten gefunden wurden. In den Massengräbern auf slowenischem Boden liegen Menschen verschiedener Nationalität begraben, überwiegend Kroaten, Slowenen und Bosnier.[346]

Die Marburger Zeitung „Vecer" bezeichnete am 10. August 2007 Slowenien als ein einziges großes Gräberfeld. Trotz der vielen aufgedeckten

Mordstätten ahnte niemand, auf wie viele weitere man noch stoßen würde. Drei größere Orte waren bekannt: die Karsthöhlen in der Gottschee, die Bergwerkschächte im Gebiet von Tüffer über Hrastnigg bis Trifail und die Panzergräben bei Rann, Cilli und Thesen bei Marburg, die von den Deutschen 1944 als Verteidigungslinien angelegt worden waren. Die zahlenmäßig häufigsten Orte, in denen die Ermordeten verschwanden, waren gewöhnliche Gruben von zehn und mehr Metern Länge.[347] Die größte Hinrichtungsstätte befand sich in Žančani bei Windischgrätz. In Marburg wurden Kroaten und Regimegegner aus der Untersteiermark verscharrt. In Sterntal wurden militärische und zivile Flüchtlinge massakriert und in Schottergruben beseitigt. Massentötungen fanden im Bergwerk Huda Jama (dt. böse Grube) statt. Die Toten kamen in Stollen.[348] Allein in den 590 Massengräbern, die bisher auf slowenischem Boden gefunden wurden, dürften mehr als 100.000 Opfer verscharrt worden sein: Kriegsgefangene und Kollaborateure, aber auch Frauen und Kinder. Zu den Kriegsgefangenen gehörten deutsche Soldaten und Angehörige der Bündnisarmeen. Als Kollaborateure galten alle, die sich während der deutschen Besatzung nicht den Tito-Partisanen angeschlossen hatten. Bisher wurde nur etwa ein Viertel der gefundenen Gräber untersucht, darunter vierzig der hundert Karsthöhlen, in denen Tote liegen, drei Bombentrichter und dreißig Massengräber in den Wäldern bei Marburg. Hier wurden die Soldaten mit Maschinengewehren am Rand der Panzergräben niedergemäht und an Ort und Stelle verscharrt.

Bei Rann an der Grenze zu Kroatien fanden etwa 1.800 volksdeutsche Angehörige der 7. SS-Freiwilligen-Gebirgsdivision „Prinz Eugen“ den Tod. Von dieser Division wurden bereits nach der Einnahme von Kruševac auf serbischem Boden 2.000 Mann füsiliert. 400 bis 500 von ihnen waren reichsdeutsches Rahmenpersonal.

Über die Ermordung von Soldaten der 7. SS-Freiwilligen-Gebirgsdivision „Prinz Eugen“, die bei Zirklach und Krainburg (Kranj) in jugoslawische Gefangenschaft geraten waren, gibt es einen Bericht von Simon Deutsch: „Am nächsten Morgen trieben die Partisanen 120 bis 150 Mann auf die Wiese. Dort mußten sie sich bis aufs Hemd ausziehen und alles, was sie noch besaßen, in Körbe werfen. Dann wurden sie weggetrieben. So ging es, bis wir an die Reihe kamen. So viele Uhren und Ringe, so viel Wäsche und Uniformen habe ich noch nie auf einem Haufen gesehen. […] Solange die Massengräber nicht fertig waren, hatte man die Gefangenen in Stallungen und Keller eingesperrt. Am Abend des

22. Mai wurden sie dann zu zweit mit Draht aneinandergefesselt und rund um das Massengrab aufgestellt. Nun schlugen die Partisanen mit Knüppeln, Gewehrkolben, stachen mit Bajonetten auf sie ein, bis sie in die Grube fielen. Das war ein jämmerliches Geschrei. Dann schossen die Partisanen wie die Wahnsinnigen in den schreienden Haufen der gefolterten Männer und ließen die Grube zuscharren. Die Erde hat sich noch stundenlang danach bewegt."[349]

Der Barbara-Schacht, ein Bergwerksstollen neben der Ortschaft Huda Jama (Gemeinde Laško) in Slowenien, der im Sommer 2008 geöffnet wurde, erwies sich als das größte bisher entdeckte Massengrab. Bis Anfang Dezember 2009 wurden dort 726 Leichen geborgen, doch werden in zwei weiteren Schächten noch etwa 2.500 Tote vermutet. Joze Balazic, der Direktor des Instituts für Gerichtsmedizin, der die Ausgrabungen leitete, sagte, er habe „noch nie Ähnliches gesehen, nicht einmal in einem Film". Der Stollen war nach dem Mord hermetisch abgedichtet worden. Die Täter hatten alles getan, um ihr Verbrechen geheimzuhalten und dessen Spuren zu verwischen. Auf einer Länge von etwa einhundert Metern war der Stollen nach Sprengungen eingefallen. 400 Kubikmeter Gestein, Ziegel und Lehm mußten abtransportiert werden, bis man auf eine fünf Meter breite Sperre aus Ziegeln, Beton, Lehm und Eisen stieß, wohinter eine zweite Ziegelmauer errichtet worden war.

Balazic berichtete: „Hinter der letzten Ziegelmauer lag das erste Skelett, daneben eine Brechstange, als sei sie eben erst benutzt worden. Sonst ist der Stollen an dieser Stelle frei von Leichen, aber übersät mit Schuhen, Stiefeln, Draht und Kleiderresten. Bevor die Gefangenen umgebracht wurden, zwang man sie, sich auszuziehen und ihre Fesseln abzulegen. Einige Meter weiter fanden die Gerichtsmediziner nur noch Berge von zumeist mumifizierten, von weißem Schimmel überzogenen Leichen, die stellenweise bis zu zweieinhalb Meter hoch übereinandergeschichtet waren. Manche Schädel zeigten Einschußlöcher. Allem Anschein nach mußten sich die Gefangenen auf ihre schon toten Kameraden legen und wurden mit einem Kopfschuß getötet. Andere Skelette zeigten Spuren brachialer Gewalt, als seien die Opfer mit Spitzhacken und Eisenstangen malträtiert worden. Einige dürften noch gelebt haben, als man weitere Leichname auf sie legte. Die Gerichtsmediziner fanden eine Mumie, deren Hand eine Fußprothese umklammerte."

Zahlreiche Leichname waren zur Gänze mumifiziert, und die Skelette waren komplett erhalten. Die hermetische Abdichtung des Stollens konservierte die Mordspuren hier besser als in den anderen bisher untersuchten Massengräbern. Der Barbara-Stollen erwies sich als ein „Pompeji des totalitären Horrors". Noch nicht erkundet sind zwei senkrechte Blindschächte, die bis zu einer Tiefe von 45 Metern mit Leichnamen gefüllt sind. Jeder Schacht faßt etwa 200 Kubikmeter; nach den Erfahrungen der slowenischen Gerichtsmediziner können sich in einem Kubikmeter bis zu dreizehn Leichen befinden. Vermutlich stießen die Partisanen ihre Gefangenen lebend in diese Schächte und warfen ihnen Granaten oder Panzerminen hinterher. Der Barbara-Stollen und seine beide Schächte könnten für mehr als 4.000 Menschen zum Grab geworden sein. Diese Einschätzung wird von ehemaligen Partisanen geteilt, die Augenzeugen des Massenmords waren.[350]

Die größte Mordstätte, die seit der Entdeckung des Barbaraschachts gefunden wurde, befindet sich in einem 940 Meter langen Panzergraben in Tezno, einem Vorort von Marburg. Die Ermittler schätzen, daß dort etwa 15.000 kroatische, serbische, montenegrinische und deutsche Soldaten, aber auch Angehörige der deutschen Minderheit und andere „Klassenfeinde", von kommunistischen Todesschwadronen getötet und verscharrt wurden. Zu ihnen gehören Tausende der von den Briten aus Bleiburg zurückgeschickten Kroaten. Auch ein Teil der 11.000 slowenischen Domobranen (Domobranci)*, die in den Lagern Sentvid (Laibach) und Teharje (Cilli) festgehalten wurden, kam halb verhungert, schwer mißhandelt und aneinandergefesselt auf Lastwagen in Tezno an, wo sie erschossen und verscharrt wurden. Die Mordstätte bei Teharje wurde während der Tito-Zeit getarnt, indem eine Mülldeponie und ein See angelegt wurden.[351] Auch in den Wäldern beim Braunkohlebergwerk Trbovlje-Hrastnik und in der zerbombten Siedlung Klausenstein in der Untersteiermark gibt es Massengräber.

Im Hornwald, einem weitläufigen Waldgebiet zwischen Gottschee und Dolenjske im Süden Sloweniens, sollen die Hinrichtungen wie folgt abgelaufen sein: Die Gefangenen wurden an den Handgelenken gefesselt, paarweise aneinandergebunden und mit einem Lastwagen zu einem Kiefernwald gebracht. Dann wurden sie am Rand eines Karstschachtes aufgestellt, erschossen und in den Schacht geworfen. Oft warfen ihnen die Henker Handgranaten in die Grube nach.[352]

* „Hrvatsko domobsanstvo" bezeichnete die regulären Streitkräfte des Unabhängigen Staates Kroatien. – A.d. Verl.

Milan Zajec, der vier Brüder im Karstgebirge verloren hatte, entging dem Gemetzel dadurch, daß er – ehe der Partisan auf ihn schoß – in die Doline sprang. „Als ich nach Minuten wieder zum Bewußtsein kam, sah ich, daß ich auf einem Berg nackter, blutiger Körper lag. [...] Schon sind zehn weitere Opfer neben mich gestürzt, einige waren sofort tot, andere verwundet. [...] Aus dem Berg der Toten und Verwundeten kam ein so schreckliches Stöhnen, daß uns das Grauen überkam. Am schrecklichsten waren die Domobranen anzuhören, die für ihre Feinde beteten. Ich faßte den Entschluß zu versuchen, aus der Höhle herauszukommen, um daheim zu sagen, wo unsere Brüder – die Domobranen – liegen, und der ganzen Welt mitzuteilen, wie die Kämpfer für Volk und Glauben durch die verbrecherische Hand der eigenen Brüder – der slowenischen Kommunisten, denen sie waffenlos in die Hände gefallen sind – als Märtyrer sterben mußten. Große Schuld fällt auf das englische Heer, das uns auf unverschämte Art in die Hände des Feindes ausgeliefert hatte."[353]

Auch in den anderen Landesteilen des ehemaligen Jugoslawiens gibt es Hinrichtungs- und Grabstätten. Nach Aussage des kroatischen Innenministers Tomislav Karamarko befinden sich in Kroatien rund 840 und in Bosnien-Herzegowina etwa 90 Massengräber.[354] Die umfangreichste Begräbnisstätte Kroatiens liegt bei Macelj an der slowenischen Grenze. Dort wurden 12.000 Menschen hingerichtet und begraben, unter ihnen viele Soldaten. Nach Zeugenaussagen wurden die Opfer mit Draht erwürgt, mit einem harten Gegenstand erschlagen oder mit einer Gewehrkugel in den Hinterkopf getötet.[355] In der Karsthöhle von Jazovka in der Nähe der Ortschaft Sošice in der Bergregion Žumberak in Kroatien wurden die Schwerverwundeten aus den Lazaretten in Agram entsorgt. Auf dem Grund der Höhle wurde eine Pyramide aus Menschenknochen gefunden, die zehn Meter hoch war. Man fand Schädel mit Einschußlöchern und mit Draht aneinandergefesselte Armknochen, aber auch Holzkrücken und Uniformteile. Bei der Gemeinde Harmica direkt an der Grenze zu Slowenien wurde ein Massengrab aus dem Zweiten Weltkrieg entdeckt, das auch Leichen deutscher Soldaten enthält. Der stellvertretende Vorsitzende der kroatischen Menschenrechtsorganisation „Helsinki-Komitee", Zvonimir Cicak, berichtete 2009 der Deutschen Presse-Agentur, daß es die sterblichen Überreste von schätzungsweise 4.500 Menschen enthalte, unter ihnen deutsche und kroatische Soldaten der 392. (kroat.) Infanteriedivision, die als Wehrmachtverband gegen die Tito-Partisanen gekämpft und am 7. Mai 1945 in der Hafenstadt Fiume an der Adriaküste kapituliert hatte. Die Divisionsangehörigen trugen auf dem Ärmel ihrer grauen Wehrmachtuniform das kroatische Wappen. Tito befahl ihre Liquidierung. Der Befehl wurde bei Kljuc Brdovecki ausgeführt, einem Ort im Nordwesten von Bosnien-Herzegowina im Tal der Sana. Die Opfer wurden gruppenweise mit Lastwagen zu einem Panzergraben gebracht, der im Krieg ausgehoben worden war, mit Drähten aneinandergefesselt, in Reihen aufgestellt und mit Maschinengewehrsalven niedergemäht. Ein Zeuge erinnerte sich: „Zwei Wochen lang, vom 13. bis zum 26. Mai 1945, hallten die Schüsse der Exekutionen durch die Nacht." Von rund 2.000 Toten sei später im Gemeinderat die Rede gewesen, berichtete sich der Tatzeuge Milo Kresnik. „Als die Massaker vorüber waren, eilten wir mit flüssiger Kreide zu dem Gelände, um die aus der Erde herausragenden Hände und Köpfe damit zu übergießen", sagte er als alter Mann. „Der Gestank war unerträglich." Seine Frau sammelte auf der Straße Fotos und Geldbörsen von Soldaten auf, die diese absichtlich weggeworfen hatten, womöglich um so ihren Angehörigen einen letzten Hinweis auf den Ort ihres Endes zu geben. Später, erzählte Kresnik, hätten die neuen kommunistischen Herren den Dorfbewohnern gedroht, sie ebenfalls zu töten, falls sie ihre Funde nicht ablieferten. „Wir hatten Angst, schreckliche Angst", gestand Kresnik. „Alle wußten von den Massengräbern – doch wir mußten schweigen."[356]

Bei der Stadt Cakovec 90 Kilometer nördlich von Agram wurde ein Massengrab mit schätzungsweise 1.500 Toten entdeckt. Es soll sich auch hier um ermordete kroatische Soldaten handeln, die auf deutscher Seite gekämpft hatten.[357] Insgesamt büßten etwa 40.000 Kroaten und Slowenen ihren Einsatz an deutscher Seite mit dem Tod.

Wie viele deutsche Soldaten nach der Kapitulation auf jugoslawischem Boden umkamen, kann nur geschätzt werden. Die Zeugenaussagen sind ungenau. In Fiume (Rijeka) wurden 400 deutsche Soldaten zur Erschießung so aufgestellt, daß sie gleich in die Adria fielen. Exekutionen an der Sawe wurden so gestaltet, daß die Leichen vom Fluß fortgeschwemmt wurden. Auf dem Marinestützpunkt der Insel Krk wurde die gesamte Besatzung von 420 Mann am Abend der Kapitulation erschossen. Auf der Insel Rab verschwanden Hunderte deutsche Soldaten, die in Gefangenschaft geraten waren. Sie sollen, mit Drahtschlingen gefesselt, in einen Bunker aus der Zeit des Königreichs abgeführt worden sein, dessen Zugang anschließend zugemauert wurde.[358] In der Marinefestung Pola wurden sämtliche Offiziere unmittelbar nach der Kapitulation ermordet. Von den Mannschaften, die nach Dubrovnik gebracht wurden, ertränkten die Jugoslawen 400 der 2.000 Gefangenen im Meer; die Schiffe, mit denen sie übergesetzt werden sollten, kamen nur mit an Deck aufgehäuften deutschen Uniformen im Hafen an.[359] Eine andere Gruppe deutscher Soldaten an der dalmatinischen Küste entkam der Hinrichtung, weil sie zum Minenräumen gebraucht wurde. Obwohl die Männer im Widerspruch zu Artikel 32 der Genfer Konvention, wonach Kriegsgefangene nicht „zu unerträglichen oder gefährlichen Arbeiten" verwendet werden dürfen, eingesetzt wurden, kam die Mehrzahl mit dem Leben davon. Im Vergleich zu ihren Kameraden, die erschossen wurden oder auf den Sühnemärschen umkamen, hatten sie immerhin eine Überlebenschance. Allerdings starben auch von ihnen bis zu 40 Prozent, weil sie keine Kenntnisse über diese Art der Arbeit hatten und über kein geeignetes Gerät verfügten. Die Zusage, daß sie nachher entlassen würden, wurde in keinem Fall eingehalten.[360]

Genaue Angaben über die Anzahl der Opfer, die von der Hand der Tito-Partisanen und der jugoslawischen Volksbefreiungsarmee nach dem Kriegsende zu Tode kamen, liegen nicht vor. Die Morde durften in Jugoslawien nicht thematisiert werden. Von Seiten der Westalliierten erfolgte keine amtliche Untersuchung. Neben deutschen Kriegsgefangenen aus Wehrmacht und Waffen-SS fielen den Morden Angehörige der Streitkräfte aller mit Deutschland verbündeten Staaten zum Opfer, besonders viele Bosnier und Kroaten, aber auch italienische Kriegsgefangene, die in den Statistiken nicht auftauchen. Die Zivilbevölkerung des Balkans wurde dezimiert, weil neben den Kollaborateuren alle Menschen, die dem Sozialismus gefährlich werden konnten, beseitigt wurden.

Strafmaßnahmen gegen die Zivilbevölkerung in den vier Besatzungszonen

Das Hungerdiktat

Die westlichen Besatzungszonen

Den Menschen im zerstörten Deutschland ging es nach dem Krieg schlechter als im Krieg. Seit dem Mittelalter forderten Hunger und Krankheit nie so viele Opfer wie in der unmittelbaren Nachkriegszeit. Die Winter 1945/46 und 1946/47 gehörten zu den strengsten seit Generationen. Das verschlimmerte die Lage. Von Mai 1945 bis Mai 1947 starben in Deutschland an Hunger und Kälte genauso viele Menschen wie bei der britischen Seeblockade nach dem Ersten Weltkrieg, nämlich mindestens 800.000. Einige Publikationen sprechen von bis zu zwei Millionen Menschen, die in den vier Besatzungszonen verhungerten, erfroren, an Seuchen starben, Selbstmord begingen oder ermordet wurden.[361] Hungerödeme führten vor allem bei den Kindern zum Tod. Tuberkulose und andere ansteckende Krankheiten verbreiteten sich rapide.[362] 1946 gab es in Deutschland in den ersten sechs Monaten sechsmal mehr Tote als Geburten. Im amerikanischen Sektor Berlins starben im Juli 1945 19 von 20 Säuglingen. Die meisten verhungerten oder erfroren. Die ausgemergelten Mütter hatten keine Milch, und es fehlte an Heizmaterial und Öfen.[363] Das war anderswo nicht viel anders.

Der Journalist Josef Müller-Marein berichtete in seinem Buch Deutschland im Jahr 1 *aus Hamburg: „Ich habe Kellerräume gesehen, in denen schwangere Frauen wohnten. Und der Anblick jener jungen Frau ist unvergeßlich, die mitten im Gespräch plötzlich kopfüber auf den Tisch kippte, kalkbleich im Gesicht und in Zuckungen verfiel und endlich in eine erlösende Ohnmacht sank. Vorzeitige Wehen? Oh nein, die Nachbarinnen wußten Bescheid: Es war nur der unter den armen Leuten übliche Anfall, ein Magenkrampf, hervorgerufen durch Unterernährung, ausgelöst dadurch, daß diese Frau einen mehr oder minder reifen Apfel, ein Geschenk von mildtätiger Hand, zu sich genommen hatte. In Hambur-*

ger Krankenhäusern kann man die Babys sehen, die unter solchen Umständen geboren wurden: Sie sind ausgezehrt, ehe sie das Licht der Welt erblickt haben, sie haben Hunger schon im Mutterleib gelitten. Ihre Gesichter gleichen denen von bösen Greisen, die in einem langen Leben vieles, vieles erfahren haben, nur nichts Gutes."[364]

In den bombardierten Städten hausten ungezählte Menschen in Ruinen und Kellern ohne Heizung unter unsäglichen hygienischen Bedingungen. Zwischen den Häuserresten in den Ruinenfeldern bauten sie Kartoffeln und Gemüse an und düngten sie mit den eigenen Exkrementen. Was die Frauen damals leisteten, kann nicht genug gewürdigt werden.

„Trümmerfrauen, eine gewaltige Menge von Schuftenden, die nie ermüden dürfen und doch todmüde sind. Leiden über Leiden, und dabei hungern müssen, die eigenen Kinder hungern sehen und nichts geben können. Doch weiter werkeln, nie die Hände in den Schoß legen. Stets ist der Tag zu kurz, er müßte zehn Stunden mehr haben, und wie mühselig, das zu schaffen und zu organisieren, was das Überleben ermöglicht. Unerfindlich, woher diese Frauen die Kraft nehmen, so viel durchzustehen. Es gibt nur eine Erklärung: Der Krieg hat sie gelehrt, sich auf das Unmögliche einzurichten, ob nun bei der Arbeit in den Fabriken oder zu Hause. Lange Jahre des Eingewöhnens in die Zustände, die im Frieden undenkbar gewesen waren. Immer mehr Belastungen, immer mehr Einschränkungen. Und damit hat sich dann eine gewisse Gewöhnung ergeben. Den anderen ist ja auch nichts Besseres beschieden."[365]

Die Lebensmittel, die auf dem Schwarzen Markt angeboten wurden, waren für die meisten unerschwinglich. Der Schwarze Markt war in der Hand von ehemaligen KZ-Insassen, die von den Besatzungsmächten mehr Nahrungsmittel zugewiesen bekamen, als sie brauchten. Noch besser dran waren in den westlichen Besatzungszonen die Soldaten der Besatzungsmächte. Sie verfügten über harte Währungen. Wer in der US-Zone keine Dollars hatte, war arm dran. Die Deutschen tauschten, was sie hatten und fanden: Teppiche, Schmuck, Bilder und Pelze gegen Fleisch, Salz und Essig, Uhren gegen Kartoffeln und Gemüse.[366] Zum „Hamstern" fuhren die Städter mit der Eisenbahn oder mit dem Fahrrad aufs Land, um Lebensmittel bei den Bauern zu erbetteln oder gegen Hausrat, Kleidung oder Wertgegenstände zu tauschen. Oft waren sie tagelang unterwegs. Die Redewendung „Perserteppich im Kuhstall" entstand, da manche Bauern mit den Sachwerten, die sie bekamen, nichts anzufangen wußten. Die erfolgreichen Hamsterer zogen oft vor ihrer Haustür noch den Kürzeren, wenn die Polizei beschlagnahmte, was sie eingetauscht hatten. Das Hamstern war offiziell verboten. Erst nach und nach wurden die strengen Regelungen, die die Alliierten befohlen hatten, gemildert. Wer nach Ausbombung, Flucht oder Vertreibung nichts zum Tauschen hatte, konnte sich mit viel Glück bei einem Bauern tageweise als Knecht oder Magd gegen Naturallohn verdingen.

Die Menschen waren genügsam und erfinderisch. Es wurden Kräuter gesammelt, aus Eicheln Mehl gemacht, aus Bucheckern Öl gepreßt und aus Hagebutten Brotaufstrich gekocht. Da es im Winter 1945/46 in den zerbombten Großstädten keine Kohlen gab, wurde alles, was brennbar war, verheizt. In den Parks und öffentlichen Anlagen und am Straßenrand wurden die Bäume gefällt und die Sträucher abgeholzt. Im Berliner Tiergarten stand 1947 kein Baum mehr. Um ohne Waschpulver und Seife ein Minimum an Sauberkeit zu erreichen, wuschen die Frauen mit Efeublättern (für dunkle Wollsachen und Strümpfe), mit Kastanien (für Mischgewebe), mit Ochsengalle (für schwarze Sachen) und gebrauchten Holzaschenlauge zum Einweichen der Wäsche. Heißes Wasser war eine Kostbarkeit wie Wärme im Winter.[367]

In keiner der vier Besatzungszonen konnte nach der Besetzung die unter deutscher Verwaltung bis zuletzt funktionierende Versorgung mit Lebensmitteln aufrechterhalten werden. Es gab zwar Lebensmittelkarten, aber die monatlichen Zuteilungen reichten nicht zum Leben. Viele für die Bevölkerung vorgesehene Nahrungsmittel verschwanden auf dem Schwarzen Markt. Dort konnte man alles bekommen, wenn man etwas zum Tauschen hatte oder mit Dollar bezahlen konnte. Die Mark hatte die Kaufkraft verloren. Eine Zigarette kostete bis zu 15 Mark, ein kleines Päckchen Tabak 150 Mark. Dem Gebot der non-fraternization – das heißt keinen anderen als rein dienstlichen Umgang mit den besiegten Deutschen zu pflegen – entsprechend, war den amerikanischen Truppen unmittelbar nach dem Krieg untersagt, Lebensmittel an Deutsche weiterzugeben. Es wurde sogar streng darauf geachtet, daß sich die Kinder nichts aus den Mülltonnen der Besatzungsmacht holten.

Der Befehlshaber der amerikanischen Besatzungszone und Vorsitzende des Alliierten Kontrollrats ab 30. Juli 1945, General Dwight D. Eisenhower, hielt den Import von Lebensmitteln aus dem Ausland für überflüssig. Die Deutschen sollten sich aus den Vorräten ernähren, die es in Deutschland noch gab. Er hielt sich an die Bestimmungen der Direktive

JCS 1067/6 vom 26. April 1945 für die westliche Besatzungspolitik, nach denen „Deutschlands rücksichtslose Kriegsführung und der fanatische Nazi-Widerstand die deutsche Wirtschaft zerstörten und Chaos und Leiden unvermeidlich machten und daß die Deutschen die Verantwortung für das, was sie sich zu Schulden kommen ließen, selbst tragen müßten."[368] Nur falls die Ernährungslage die militärischen Operationen oder die Sicherheit der Besatzungsstreitkräfte beeinträchtigen sollte, wollte er von diesem Grundsatz abgehen.

Viele Besatzungsoffiziere sahen wie Eisenhower in der Hungersnot eine gerechte Strafe für die Deutschen. Auch daß der Winter 1945/46 extrem kalt war, schien in das alliierte Rachekonzept zu passen. General Lucius D. Clay, der Stellvertreter Eisenhowers, formulierte diese Einstellung so: „Some cold and hunger will be necessary to make the German people realize the consequences of a war which they have caused." (Kälte und Hunger sind notwendig, damit die Deutschen merken, welche Konsequenzen der Krieg, den sie verursacht haben, für sie hat.)[369] Herbert Hoover, der von 1929 bis 1933 Präsident der USA gewesen war und die Deutschen als „a race of great genius" bezeichnete, schrieb mißbilligend „vengeance comes to Germany" (Die Rache hält Einzug in Deutschland).[370]

Es blieb unberücksichtigt, daß das vierzonale Deutschland 27 Prozent seiner landwirtschaftlichen Nutzfläche im Osten an Polen verloren hatte und daß aus der sowjetischen Besatzungszone keine Lebensmittelimporte für die Westzonen zu erwarten waren. Es gab keinen Wirtschaftsverkehr zwischen den Zonen, weil jede Besatzungsmacht zuerst an sich dachte. Zudem strömten Flüchtlinge und Heimatvertriebene aus dem Osten in großer Zahl in die russische, amerikanische und britische Zone. Zwar sollten nach der Direktive JCS 1067/6 die Lebensbedingungen der Deutschen in keinem Fall besser sein als in einem der benachbarten Länder, aber davon waren alle Besatzungszonen weit entfernt. Auch in Polen, Frankreich und der Tschechoslowakei hatten die Menschen wenig zu essen, aber zu hungern brauchten sie nicht. Besondere Notstandsgebiete in der britischen und amerikanischen Zone waren das Ruhrgebiet, wo im Juni kaum 600 Kalorien pro Tag verteilt werden konnten, und die Provinz Hessen-Nassau, wo die Versorgung der Städter auf 700 Kalorien pro Tag absank. Um die kritische Zeit bis zur Ernte zu überbrücken, wären 630.000 Tonnen Getreide erforderlich gewesen.

Am 15. Juni 1945 schrieb die G5-Abteilung, die in der US-Armee für die Koordinierung vom militärischen und zivilen Belangen zuständig ist, an den Chef des Stabes von SHAEF (Oberkommando der alliierten Streitkräfte in Europa), daß die Ernährungssituation in den drei westlichen Besatzungszonen zu Krankheit, Aufruhr und chaotische Situationen führen könnte, wenn sie nicht verbessert würde. Das Hauptquartier der verbündeten Streitkräfte habe ein Maximum von 1.550 Kalorien für den Normalverbraucher vorgesehen. Davon könne keine Rede sein. In Wirklichkeit lägen die Rationen weit darunter. Angemessen versorgt würden nur die „displaced persons“ (nichtdeutsche Flüchtlinge im Besatzungsgebiet) und die entlassenen KZ-Häftlinge. Sie bekamen 2.000 Kalorien pro Tag. Aus den deutschen Beständen, die in die Hand der Alliierten gefallen waren, seien große Mengen von Brotgetreide nach Österreich und die Tschechoslowakei überführt worden, die jetzt in den westlichen Besatzungszonen fehlten.[371] Besonders schlecht seien die Einwohner in den Großstädten dran. Dort erhielten die Menschen weniger als 1.190 Kalorien. Wegen der Strecken- und Straßenzerstörungen komme es zudem immer wieder zu Verteilungsschwierigkeiten. Noch im Juni müßten 210.000 Tonnen Weizen zur Verfügung gestellt werden, um eine Katastrophe zu verhüten. Besserung sei frühestens nach der Ernte dieses Jahres zu erwarten. Ein Problem stellten auch die Menschen dar, die während des Krieges aus den bombengefährdeten Gebieten Westdeutschlands in die amerikanische Zone geschafft worden waren, zum Beispiel nach Bayern, und die jetzt die dortige Ernährungssituation erschwerten.[372]

Der Bericht an die Führung von SHAEF zeigte Wirkung. Unter Hinweis auf den kommenden Winter beantragte Eisenhower in Washington die Einfuhr von Nahrungsmitteln für seine Zone. Dort stieß er auf Widerstand. Er wurde belehrt, daß angesichts der Nahrungsmittelknappheit auf der ganzen Welt Deutschland am „Ende der Schlange“ stehe. Diese restriktive deutschlandpolitische Grundhaltung blieb aufrechterhalten, bis der zuständige Ausschuß des Kongresses die Gefahren einer hungernden, frierenden und heimatlosen Bevölkerung für die Besatzungspolitik erkannte und Importe zusagte. Trotz der 665.000 Tonnen Getreide, die in der britischen Zone und der 293.000 Tonnen, die in der amerikanische Zone zur Verteilung kamen, malten alle Besatzungsbehörden vor Ort ein düsteres Bild für die Zukunft, weil damit nicht einmal ein mittlerer Lebensstandard erreicht werden könnte.[373]

Um ein Minimum an Gerechtigkeit bei der Verteilung von Lebensmitteln zu erreichen, mußten die westlichen Besatzungsmächte auf die Organisation des Reichsnährstandes aus dem Dritten Reich zurückgreifen.

Viele Funktionäre dieser NS-Organisation, die im automatischen Arrest waren, wurden schnell wieder in Freiheit gesetzt. Sie kannten die Probleme der Ernährungsverwaltung bei knappen Ressourcen und das System der Rationierung besser als jeder andere.[374] Binnen weniger Wochen waren alle Zweige des Reichsnährstands aus dem Dritten Reich bis zur Ortsebene rekonstruiert. So erreichte man in der US-Zone bereits im August 1945 gestaffelte Rationen bis zu 1.550 Kalorien pro Tag und Person. Mehr war unter den gegebenen Verhältnissen auch für die routinierten Beamten nicht zu erreichen, weil bei der Ernte 1945 die Erzeugung gegenüber der Vorkriegszeit bei Brotgetreide um die Hälfte und bei Kartoffeln um 30 Prozent zurückging. Der Schweinebestand sank auf 45 Prozent ab. Mindestens 30 Prozent der ohnehin knappen landwirtschaftlichen Produktion verschwanden auf den Schwarzen Markt. Zum Mangel trug bei, daß sich viele Bauern gezwungen sahen, die von ihnen produzierten Feldfrüchte an das Vieh zu verfüttern, weil ihnen keine Futtermittel zugeteilt wurden wie in Deutschland unter Kriegsbewirtschaftung.

Es war der Hunger, der die Prostitution blühen ließ. Frauen, die hungerten oder Kinder zu ernähren hatten, waren oft bereit, sich demjenigen hinzugeben, der etwas zu essen versprach oder etwas anbot, wofür man Nahrungsmittel bekommen konnte. Die amerikanischen Soldaten hatten Zigaretten und Schokolade im Überfluß. Das waren brauchbare Währungen auf dem Schwarzen Markt. Sie hatten es nicht nötig, sich Frauen mit Gewalt zu nehmen wie die Russen. Sie kauften sie. Der Hunger oder die Sorge um die Kinder machten selbst Mütter gefügig. „Man brauchte kein Gewehr und keine Brutalität mehr, wenn eine Frau am Verhungern war."[375]

In der britischen und französischen Besatzungszone war die Lage schlimmer als in der amerikanischen. Obwohl ein Teil der Bevölkerung des Ruhrgebiets wegen des Bombenkriegs in weniger gefährdete Gebiete evakuiert worden war, konnten die Engländer – in ihrer Zone lag das Ruhrgebiet – in der ersten Juniwoche 1945 den Bewohnern in ihrem Verantwortungsbereich nur 610 Kalorien pro Tag zur Verfügung stellen. Die Sterberate erreichte ein Niveau wie nie seit dem Dreißigjährigen Krieg. Am besten versorgt wurden die Bergarbeiter im Ruhrgebiet. Sie erhielten 3.700 Kalorien. Die von ihnen geförderte Kohle ging zum großen Teil an die Siegermächte.

Die französische Zone nannte man bald die „Hungerzone". Dort waren die Lebensmittelzuteilungen nie höher als 900 Kalorien pro Normalverbraucher, in einigen Orten sogar nur 600 Kalorien. Das war weit weniger, als in den deutschen KZ noch 1944 die Norm war.[376] Den Deutschen standen im Monat 200 Gramm Fleisch zu, während die Angehörigen der französischen Besatzungsmacht täglich 225 Gramm aus deutschen Viehbeständen forderten und erhielten.[377] Auch in der französisch besetzten Zone Österreichs, in Tirol und Vorarlberg, war die Ernährungslage trübe. Im Juni und Juli 1945 bekamen Erwachsene über zwölf Jahre, sogenannte Normalverbraucher, die keiner Arbeit nachgingen, dort nur etwas mehr als 900 Kalorien am Tag. Ende des Jahres 1945 stieg die Zahl auf dürftige 1.200 Kalorien. Das waren in einem Monat 6.100 Gramm Brot, 2.000 Gramm Kartoffeln, 800 Gramm Fleisch, 400 Gramm Fett, 750 Gramm Nährmittel, 250 Gramm Trockengemüse, 500 Gramm Zucker, 250 Gramm Käse, 250 Gramm Keks, 125 Gramm Kaffee, 250 Gramm Salz und 3,5 Liter Magermilch. Vollmilch gab es nur für Kleinkinder bis zu sechs Jahren. Von Ende 1945 3.000 untersuchten Kindern in der französischen Zone war fast ein Drittel tuberkulös. Im Vergleich dazu erhielten die französischen Besatzungssoldaten täglich Nahrungsmittel für 3.000 Kalorien. Ihr Bedarf wurde mit „wilden Requisitionen" gedeckt, wenn die Landwirte nicht genug beibrachten. Im Juli 1945 entsprach der Verbrauch von 22.000 französischen Soldaten dem von 215.000 deutschen Zivilpersonen. Französische Offiziere erhielten im Offizierskasino täglich zum Frühstück 100 Gramm Butter, die Wochenration für einen deutschen Zivilisten.[378]

Die sowjetische Besatzungszone

In den Teilen Deutschlands, die von der Roten Armee besetzt worden waren, war den Bauern das Vieh weggenommen worden. Die Mütter waren auf die kleinen Rationen von Magermilch angewiesen, die gelegentlich bereitgestellt wurden. Der Stadtkommandant von Berlin, Generaloberst Nikolai Bersarin, hatte der Bevölkerung am 13. Mai 1945 Lebensmittel in ausreichender Menge versprochen. Jeder Berliner sollte täglich bis zu 600 Gramm Brot, 80 Gramm Nährmittel, 100 Gramm Fleisch, 30 Gramm Fett, 25 Gramm Zucker und 400 Gramm Kartoffeln erhalten, dazu 19 Gramm Bohnenkaffee, 100 Gramm Ersatzkaffee sowie monatlich 400 Gramm Salz. Geistesarbeiter und Kulturschaffende sollten die gleichen Rationen wie Schwerarbeiter bekommen. Diese Ankündigung weckte Hoffnungen, das Versprechen wurde jedoch nicht eingehalten.[379]

De facto erhielten „Beschäftigungslose" täglich 300 Gramm Brot, 30 Gramm Nährmittel, 20 Gramm Fleisch, 15 Gramm Zucker, 7 Gramm Fett, ein wenig Milch und ein paar Kartoffeln. Der Volksmund nannte diese niedrigste Stufe der Lebensmittelkarte spöttisch die „Friedhofskarte". Aber die Leute wußten sich zu helfen. Wo der Boden geeignet war, entstanden Schrebergärten. In den Parkanlagen wurden zur Gewinnung von Heizmaterial Bäume und Büsche geschlagen. Pappe und Sperrholz ersetzten die Fensterscheiben. Die Raucher litten große Not. Die Zuteilungen auf den Raucherkarten reichten nie. „Tabak-Kleinpflanzer", die mehr als zehn Tabakpflanzen anbauten, brauchten eine Genehmigung.[380]

Im Juli 1945 wurde die Stadt Berlin in vier Sektoren geteilt. Amerikaner, Briten, Russen und Franzosen übernahmen die Regierungsgewalt in ihren Bezirken. Dem Wechsel von einer Besatzungszone zur anderen und von einem Sektor in den anderen stand nichts im Wege, aber die Lebensmittelkarten galten nur dort, wo man amtlich gemeldet war. Gemeinsam war allen Berlinern der Kampf gegen Hunger und gegen Kälte. Sie waren ständig hektisch auf der Suche nach etwas Eßbarem, Brennbaren oder Anziehbaren. Aufgrund der Bombenschäden konnte in vielen Stadtteilen das Abwasser nicht ordnungsgemäß entsorgt werden. Durch Trinkwasserverschmutzung verbreiteten sich Ruhr und Typhus. Jede Woche erkrankten rund tausend Menschen. Dazu kamen Tuberkulose, Diphtherie und Scharlach. Es fehlte an Ärzten und Krankenschwestern. Es gab zu wenige Krankenbetten. In den Alten- und Pflegeheimen im Ostteil der Stadt starben Tausende.[381] Alle arbeitsfähigen Frauen und Männer zwischen 15 und 55 Jahren wurden zum Arbeitseinsatz verpflichtet. Wer bei der öffentlichen Nahrungsmittelverteilung dabei sein wollte, mußte eine Arbeitsbescheinigung vorzeigen. Die Frauen räumten den Bombenschutt weg und klopften den Mörtel von den alten Ziegeln, damit sie wiederverwendet werden konnten. Der Unterricht wurde in den Ruinen der Schulen erteilt. Die Klassenräume waren wegen Kohlenmangels unbeheizt. Die Kinder hungerten wie die Erwachsenen.

Am 24. Juni 1945 besuchte Karl Deutmann die Stadt. Es gab noch keine Sektoren. Er schrieb folgende Eindrücke nieder: „In Berlin herrscht die Ruhr. Große Anschläge fordern die Bevölkerung auf, kein ungekochtes Wasser zu trinken, das Fleisch lange zu kochen oder zu braten, alle Küchen- oder andere Abfälle tief zu vergraben. Aber was nützt das alles? Die Toten liegen unter den Trümmern, die Ratten vermehren sich erschreckend, und es fehlt an Medikamenten und Alkohol.

Vor einem Schlachterladen lud man Fleisch ab. Es waren große Stücke, halbe, angeräucherte Rinder. Aber selbst beim Transport waren die Teile von Hunderten dicker schwarzer Fliegen bedeckt. Auf einem Trümmerfeld, was früher eine Mühle war, wuchsen Roggen und Weizen. Auf anderen Geröllhalden stand hohes Gras und wohl auch eine Blume. Russische Soldaten durchziehen die Trümmerstadt, Autos hupen, Trupps von Frauen beseitigen Trümmer und säubern die Straßen, Kinder buddeln in dem Steingeröll nach Holz, und dazwischen malt ein ergrauter Mann an seinem notdürftig zusammengezimmerten Kellerladen: ‚Damen- und Herrenkonfektion'. In einer kleinen Buchhandlung konnten wir Ansichtskarten, Briefpapier und Stahlfedern kaufen. In anderen Läden hingen Schilder wie: ‚Kartoffeln noch nicht eingetroffen' oder ‚Brot ausverkauft' oder ‚Heute kein Fleisch mehr' usw."[382]

Eine Berlinerin schilderte die Zeit des Hungers so: „Wenn man damals geklaut hat, dann waren wir uns bzw. war man sich keiner Schuld bewußt. Weil uns nichts anderes übrig blieb, um zu überleben. Wir bekamen zwar regelmäßig einen Berechtigungsschein für Fleisch, Fett, Brot und Nahrungsmittel. Diesen Schein bekamen wir vom Ernährungsamt kostenlos. Anders kam man nicht an Nahrungsmittel heran. Eine andere Alternative war das Betteln beim Bauern. Aber die hatten auch nicht gerade Lebensmittel im Überfluß, welche sie verschenken konnten. Immer wenn unsere Lebensmittel fast aufgebraucht waren, mischten wir uns immer mit dem, was wir hatten, etwas zurecht. Die Hauptsache war, überhaupt etwas zu essen zu haben. Wer diesen Schein zu schnell verbraucht oder verloren hatte, der mußte dann alleine zurechtkommen, bis man den nächsten erhielt. Es kam oft vor, daß wir mit den Nachbarn untereinander Lebensmittel ausgetauscht hatten. Zum Beispiel: Falls man mal kein Öl mehr hatte und welches brauchte, sammelten wir Bucheckern und tauschten sie gegen Öl. Wir kochten uns aus Zuckerrüben zum Beispiel Rübensaft. Töpfe, in denen wir gekocht hatten, wurden genauso auch zum Wäschewaschen genutzt. Heute haben wir für unsere Wäsche eine Waschmaschine, für unser Geschirr eine Spülmaschine. […] Damals benutzte man einen Topf für alles. Kleidungsstücke bekamen wir aus einer Kleiderkammer. Diese Kleider kamen aus den Koffern, die Menschen bei der Flucht oder Vertreibung am Bahnhof vergessen hatten. Man durfte einmal hingehen und sich etwas aussuchen. Ich hatte mir mal ein Kleid ausgesucht, und eine Woche später kam eine ältere Dame und meinte, das sei ihr Kleid. Ich fand das nicht sehr witzig. Aber die Dame wollte ihr Kleid nicht zurück."[383]

Internierungen

Zur „Säuberung des deutschen Volkes" von allen „Nazi-Elementen" als Vorstufe der geplanten „Umerziehung" (reeducation) wurden in allen Besatzungszonen Hunderttausende Zivilisten eingesperrt, weil sie angeblich Funktionsträger der NS-Bewegung gewesen waren. Sie kamen in den „automatischen Arrest" (automatic arrest). Die Inhaftierten blieben bei den Westalliierten bis zu drei Jahren, in den Ostblockstaaten bis zu zehn Jahren in Haft. Die Besatzungsmächte fürchteten, daß diese Kreise den Prozeß der Demokratisierung (democratisation) stören könnten, wobei jede etwas anderes darunter verstand.[384] Die deutsche Seite hatte in den einzelnen Militärbezirken die Aufgabe, den Besatzungsbehörden das Dickicht der unterschiedlichen nationalsozialistischen Organisationen und Verbände zu erklären und Hinweise auf belastete Personen zu geben.

Auf dem Boden des Deutschen Reiches füllten sich die ehemaligen Konzentrationslager, Kasernen, Barackenunterkünfte und Fremdarbeiterlager mit deutschen Häftlingen. Von den vier Besatzungsmächten auf deutschem Boden wurden zwischen 1945 und 1949 fast 500.000 Zivilpersonen interniert.[385] Die Inhaftierten sollten über ihr Engagement für den Nationalsozialismus Auskunft geben. Die Befragungen wurden oft unter Anwendung von physischer und psychischer Folter durchgeführt.[386]

In der sowjetischen Besatzungszone war die „Ausrottung des Faschismus", der Gegenideologie des Bolschewismus, das zentrale Ziel aller Maßnahmen. Da Politik und Wirtschaft als Einheit gesehen wurden, fielen den Säuberungen nicht nur ehemalige Nazis, sondern auch die zum Opfer, in denen man Vertreter des Kapitalismus sah. Jeder, der dem sozialistischen Fortschritt potentiell im Wege stand, sollte aus dem Wege geräumt werden. Von den Internierungen betroffen waren dementsprechend nicht nur die Mitglieder der aufgelösten nationalsozialistischen Gliederungen, sondern auch Männer und Frauen aus dem Bürgertum, Bauern, Geistliche und Unternehmer. Unter den Inhaftierten waren sogar verhältnismäßig wenige Funktionäre der NSDAP, weil die meisten vor dem Einmarsch der Roten Armee in den Westen des Reiches geflüchtet waren, wo nach dem Krieg Amerikaner, Briten und Franzosen ihre Besatzungszonen hatten. In der sowjetischen Besatzungszone sperrte der Geheimdienst NKWD/MWD zwischen 1945 und 1950 gemäß den Lagerkarteien 122.672 Zivilisten in 21 Sonderlager (Speziallager) ein. Wahrscheinlich waren es sogar etwa 180.000 Personen. 65.000 bis 80.000 von ihnen kamen in den Lagern um. Die Zahlen schwanken, weil viele der Inhaftierten in die UdSSR zur Zwangsarbeit verschleppt wurden oder namenlos verschwanden. Es gab zehn Lager. Die größten waren Buchenwald, Sachsenhausen, Bautzen, Mühlberg und Fünfeichen. Zu den kleineren gehörten Ketschendorf und Jamlitz. Das Lager Buchenwald durchliefen 32.000 Personen. 12.000 überlebten die Lagerzeit nicht.[387] In Sachsenhausen kamen nahezu gleich viele ums Leben. In allen Lagern waren die Haftbedingungen bedrückend. Die Gefangenen litten unter der Enge in den Sälen und Zellen sowie unter der Willkür der Bewacher. Die absolute Isolierung ohne Verbindung zu den Angehörigen belastete die Psyche. Es gingen keine Nachrichten aus den Lagern hinaus und keine hinein. Kein Angehöriger konnte den Inhaftierten helfen. Die Ernährung war dürftig. Die Häftlinge hungerten schlimmer als die Menschen draußen. Die sowjetischen Militärgerichte verurteilten bis Ende 1946 17.886 Personen nach einem reinen Gesinnungsstrafrecht zu Freiheitsstrafen und Zwangsarbeit und 436 zum Tode.[388] 14.820 wurden als mutmaßliche Kriegsverbrecher in „Speziallager" geschafft und dort nach den Methoden der Lubjanka (Hauptquartier des sowjetischen Geheimdienstes in Moskau) verhört. Ausgeklügelte Folterverfahren brachten jedes Geständnis zustande, das die Folterknechte hören wollten. Dazu gehörten Tritte in den Genitalbereich, das Stehen in Wasserzellen, das Sitzen auf Flaschen. In Berlin-Hohenschönhausen wurden Leute, die den Verhörenden nicht zu Willen waren, in den Wasserkarzer eingesperrt, bis sie willig waren.[389] In Greußen (Thüringen) wurden im Herbst 1945 39 Jugendliche als Werwolf-Verdächtige eingesperrt. 24 von ihnen kamen in der Haft um.[390] Vor den Sonderstrafkammern der deutschen Gerichte, die auf Drängen der Besatzungsmacht zur Sicherung der neuen Ordnung eingerichtet worden waren, mußten sich 12.500 vermeintliche NS- und Kriegsverbrecher verantworten. Im Januar 1950 lösten die Sowjets die letzten Lager auf und übergaben die Häftlinge den Behörden der neu gegründeten DDR.

In der amerikanischen Besatzungszone kamen fast 200.000 Zivilisten in den automatischen Arrest. Die Counter Intelligence Direktive vom 16. September 1944 hatte „arrest and detention" (Festnahme und Haft) für alle Personen vorgeschrieben, die die Besatzungsmacht in Gefahr bringen könnten. Bevor in der Nacht vom 21. zum 22. Juli 1945 die Operation

„Tally-ho" startete, bei der innerhalb von zwei Tagen 80.000 angebliche Nationalsozialisten festgenommen wurden, saßen in den Lagern der US-Streitkräfte bereits 100.000 Personen ein. Weitere Razzien folgten unter den Decknahmen „Lifeboy", „Double Check" und „Nursery".[391] Verhaftet wurden neben höheren Beamten, Industriellen, Kaufleuten und Großbauern alle Amtsträger der NSDAP und ihrer Gliederungen sowie anderer nationalsozialistischer Organisationen bis hinab zum Ortsgruppenleiter, alle Bürgermeister, alle Angehörigen der politischen Polizei, alle Waffen-SS-Angehörigen, alle ehemaligen Offiziere, alle Polizeiangehörigen mit einem höheren Rang als Leutnant sowie alle SA-Führer. Man unterstellte, daß alle führenden Männer in Wirtschaft und Gesellschaft Nazis oder Nazi-Sympathisanten gewesen sein mußten, was die Sieger als ausreichenden Haftgrund ansahen. Zur Befriedigung der amerikanischen öffentlichen Meinung wurden auch Frauen und Männer eingesperrt, die sich mit dem Nationalsozialismus nur marginal identifiziert hatten. Die Militärbehörden wollten jeden Anschein von Milde vermeiden.[392] Den Winter 1945/46 verbrachten etwa 120.000 Personen in amerikanischer Internierungshaft.[393]

Ende 1945 gab es in der amerikanischen Besatzungszone 21 Internierungslager, von denen 14 der 7. US-Armee unterstanden und die übrigen sieben der 3. US-Armee. Die größten waren Darmstadt, Dachau, Hersbruck, Garmisch, Natternberg, Moosburg, Straubing, Plattling, Stephanskirchen und Altenstadt. Im Lager Dachau waren bis zu 30.000, im Lager Darmstadt bis zu 28.000, im Lager Moosburg bis zu 12.000 Internierte eingesperrt.[394]

Obwohl die amerikanischen Internierungslager einen besseren Ruf hatten als die britischen, französischen und russischen, gab es auch dort Drangsale aller Art: Hunger, Streit, Denunziation, Lüge und Vorteilnahme. Im Volksmund hießen sie „Hunger- und Prügellager", obwohl der Hunger das kleinere Problem war. Die Kalorienzahl der Tagesverpflegung der arbeitenden Internierten betrug bei drei Mahlzeiten etwa 1.800 Kalorien. Bis in den Herbst 1945 gab es eine Postsperre. In allen Lagern wurden die Internierten Verhören unterzogen. Sie sollten erzählen, wie sie der NSDAP gedient hatten. Bei den Befragungen waren die Angehörigen des CIC (Counter Intelligence Corps, der Spionageabwehrdienst der US-Armee) nicht zimperlich. Psychische und physische Folter gehörten zum normalen Instrumentarium. Über Mißhandlungen liegen aus Natternberg bei Deggendorf mehrere Berichte vor. In der eidesstattlichen Erklärung des Häftlings Valenta vom 25. Oktober 1949 heißt es: „Ich kann mich an keinen einzigen Fall erinnern, der nicht völlig zerschunden und zerschlagen von der Vernehmung oder Befragung zurückkam. Alle, die von der Vernehmung zurückkamen, hatten blutunterlaufene Striemen im Gesicht oder herausgequollene Augen, eingeschlagene Zähne, viele sogar Kieferbrüche."[395]

In der britischen Besatzungszone wurden nach dem Vorbild der Amerikaner am 30. November 1945 überfallartig alle Unternehmer festgenommen. Nicht nur Kriegszerstörungen, Demontagen und Rohstoffmangel, sondern auch das Fehlen des unternehmerischen Leitungspersonals führten dazu, daß die Industrieproduktion zum Erliegen kam. Es dauerte bis zum Februar 1951, bis der letzte Unternehmer in Freiheit kam.[396]

Das Leben in den britischen Internierungslagern war härter als in den amerikanischen. In einem Brief an den Bischof von Münster, Clemens August Graf von Galen, beklagte ein Häftling am 23. September 1945 die Zustände im Internierungslager Recklinghausen.

„Von den Massenlagern in Kreuznach, Rüdesheim, Büderich und Rheinsberg werden Sie wohl durch entlassene Kriegsgefangene unterrichtet worden sein. Es waren Zustände, die zum Himmel schreien. [...] Hier in Recklinghausen ist es nicht viel anders. Bei der Einlieferung wird man hier buchstäblich ausgeplündert. Man behält nur den Anzug, den Mantel und die Wäsche am Körper. Die Gebrauchsgegenstände [...] werden abgenommen. [...] Die Wände der Baracken sind dünn und undicht. Der Fußboden steht über der Erde und hat breite Fugen und Risse, so daß Wind und Kälte von allen Seiten in den Raum hinein können. Diese Baracken haben nicht alle Betten, sondern die Männer schlafen auf dem Boden. Die Belegstärke beläuft sich auf 130 bis 150 Mann in einer solchen Barakke. Die in Betten schlafen, haben eine, und die auf dem Boden zwei Decken, und jeder hat also auf dem Fußboden nur zirka 35 bis 40 Zentimeter Platz zum Liegen. Es gibt keinerlei Matratzen und Unterlagen für Betten oder Fußboden. Alle liegen auf Holz, auch die hier inhaftierten etwa 300 Frauen. Es sind über 6.000 Internierte hier. Die Wasch- und Klosettverhältnisse sind katastrophal. Viele müssen sich in den Blechdosen und Kochgeschirren waschen, aus denen sie auch essen, da die Wascheinrichtung für die Tausenden einfach nicht ausreicht. Die Wascheinrichtung ist ein an verschiedenen Stellen mit Löchern versehenes Wasserleitungsrohr von drei bis vier Metern Länge und befindet sich im Freien. [...] Viele sitzen hier und wissen nicht warum. Von körperlichen Mißhandlungen will ich hier nicht reden. Es ist eines der traurigsten Kapitel. [...] Wenn man

doch wenigstens den einzelnen Internierten sagen würde, warum man hier ist."[397]

In der französischen Besatzungszone, das heißt in Baden, Südwürttemberg-Hohenzollern und Rheinland-Pfalz, existierten acht Internierungslager für knapp 85.000 Inhaftierte. Bis zum 1. November 1946 wurden 36.216 Personen aus dem öffentlichen Dienst entfernt. Aus den Wirtschaftsunternehmungen kam nur jeder zehnte Häftling in ein Lager, weil der Aufbau der Wirtschaft nicht beeinträchtigt werden sollte. Mit deutschen Antifaschisten besetzte „Kreisuntersuchungsausschüsse" und „Säuberungskommissionen" verhinderten willkürliche Verhaftungen wie in den anderen Besatzungszonen. Alle ehemaligen Mitglieder der NSDAP, „die sich nichts hatten zuschulden kommen lassen", behielten ihre Funktionen in der Wirtschaft und in der Verwaltung. Allerdings wurden gleichgelagerte Fälle in den einzelnen Kreisen recht unterschiedlich behandelt. Das machte böses Blut.[398] Insgesamt jedoch galt die französische Zone in dieser Hinsicht als „Eldorado der Duldsamkeit". General Eisenhower beschwerte sich über die Laxheit der Franzosen bei der amerikanischen Regierung, weil sie die Einheitlichkeit der Entnazifizierung zerstörten, die er in seiner Zone rigoros durchführte.[399] Die Franzosen ließen sich jedoch nicht irritieren.

Kunst- und Patentraub

Kunstdiebstahl

Die Beschlagnahme privaten und staatlichen Kulturgutes war unvereinbar mit der Haager Landkriegsordnung von 1907, die den Schutz nationalen Kulturgutes verlangte. Plünderung war nach Artikel 28 sowie Artikel 47 und 48 der Haager Landkriegsordnung im Krieg verboten. Mit Artikel 46, Absatz 2, und Artikel 56 wurde das Verbot der Wegnahme von Kulturgütern in kriegerischen Auseinandersetzungen oder in der unmittelbaren Folge festgehalten. Die deutschen „Erwerbungen" unter besatzungsrechtlichen Bedingungen während des Krieges wurden von den Alliierten nach 1945 als „Raub" bewertet und restituiert. Bei den Nürnberger Kriegsverbrecherprozessen war Kunstraub einer der Anklagepunkte.[400]

Am 8. Februar 1946 bezichtigte der sowjetische Hauptankläger, General Roman Rudenko, Deutschland des beispiellosen Kunstraubs in der Sowjetunion. Die Liste der Vorwürfe war lang. Sie reichte von der Zerstörung des Puschkin-Museums bis zur Plünderung von 1.670 orthodoxen Kirchen, 237 römisch-katholischen Kirchen und 532 Synagogen. Auch hätten die „deutschen Vandalen" die Staatsbibliothek in Odessa mit zwei Millionen Bänden zerstört.[401] Das meiste, was er sagte, stimmte nicht oder war tendenziös übertrieben. Wichtiger: Während in Nürnberg über die deutschen Hauptkriegsverbrecher verhandelt wurde, beschlagnahmten alliierte Kommissionen unter dem Vorwand der Sicherstellung zahlreiche Kunstgegenstände auf deutschem Boden und schafften sie außer Landes. Sie taten damit genau das, was sie den Deutschen vorwarfen. Am 20. Oktober 1945 ordnete der Alliierte Kontrollrat an, daß alle Personen in Deutschland den Vertretern der Alliierten die verfügbaren Gold- und Silberbestände und Münzen abzuliefern hätten. Wer dem entsprach, sah nie wieder, was er abgegeben hatte.

Die sowjetischen Truppen plünderten besonders ungeniert. Sie raubten die ost- und mitteldeutschen Museen und Bibliotheken aus und suchten die Aufbewahrungsstätten von Kulturgut auf, die die Deutschen während des Krieges zum Schutz vor Bombenschäden angelegt hatten. Vieles, was sie dort fanden, würdigten sie nicht und warfen es weg.

Der Dechant Georg Gottwald von Grünberg sah mit eigenen Augen, wie brutal die Rotarmisten mit deutschem Kulturgut umgingen: „Im Schloß der Exkaiserin Hermine in Fürstenreich, Kreis Grünberg, war der größte Teil des Staatsarchivs Breslau untergebracht. Das Schloß liegt zwischen Oder und den Fürstenreicher Seen. Zu Tausenden sah man unersetzliche Urkunden mit ihren kostbaren Siegeln vom Winde verweht in den Oderauen liegen oder auf dem Wasser der Seen treiben. Alle kostbaren Möbel, Kunstgegenstände, Bücher und Archivalien wurden durch die Fenster in den großen Burggraben gestürzt. Ein Grauen ohne Ende!"[402]

Der unsachgemäße Umgang mit deutschem Kulturgut und der organisierte Diebstahl standen im krassen Gegensatz zu dem Artikel 56 der Haager Landkriegsordnung, der die Beschlagnahme und absichtliche Zerstörung oder Beschädigung von geschichtlichen Denkmälern oder von Werken der Kunst und Wissenschaft untersagt, und auch zu der am 5. Januar 1943 unterzeichneten Londoner Erklärung, in der sich die Länder der Anti-Hitler-Koalition zur Einhaltung der Haager Ordnungen verpflichtet hatten. Nach der deutschen Niederlage scherte sich keiner der Unterzeichner um Völkerrecht, Verträge und Abmachungen. In Moskau wurde ein gigantisches „Museum der Weltkunst" geplant, das vor allem mit den in Deutschland und Ungarn erbeuteten Schätzen bestückt werden sollte. Zu diesem Zweck wurden etwa 2,5 Millionen Museumsobjekte und zirka vier Millionen Bücher, Inkunabeln, Kartenwerke und Manuskripte in die UdSSR verbracht. Hinzu kommen noch die Verluste öffentlicher und privater deutscher Sammlungen durch marodierende sowjetische Truppen. Fast jeder sowjetische Soldat brachte aus Deutschland seine oft mit Waffenandrohung erpreßten Souvenirs nach Hause. Das Supermuseum wurde nie gebaut, und die Beuteschätze lagerten unter freiem Himmel oder in unzureichenden Depots. Trotz des am 9. November 1990 geschlossenen „Vertrags über gute Nachbarschaft, Partnerschaft und Zusammenarbeit" zwischen Deutschland und der Russischen Föderation blieben die geraubten Kunstschätze in russischem Besitz. Am 20. Juli 1999 erklärte das russische Verfassungsgericht die Beutekunst aus deutschem Besitz zum russischen Nationaleigentum.

Die Beschlagnahmungen begannen unmittelbar nach der Besetzung. Schon am 30. Juni 1945 wurden mit einem Frachtflugzeug die im Berliner Flakturm am Zoo untergebrachten drei Holzkisten, die die größten Schätze der Berliner Museen enthielten, nach Moskau gebracht. Diese kostbaren

Museumsexponate aus Gold, Silber und anderen Edelmetallen waren unter der Bezeichnung „Unersetzliches“ verpackt und gesichert worden, um vor Kriegseinwirkungen geschützt zu sein. Es handelte sich um Objekte, die in ihrer Gesamtheit einen unermeßlichen Wert darstellten. Auch die im Flakturm aufbewahrten 30 Tragekästen, in denen zu Kriegsbeginn 1939 weitere unersetzliche Werte verpackt worden waren, kamen nach Moskau. Die Kisten enthielten über 1.500 Edelmetallfunde, zum Beispiel den Schatz des Priamos, 80 Objekte des Eberswalder Goldfunds und die Ausgrabungsstücke des Keltengrabs von Besserringen im Saarland, eines keltischen Fürstengrabes aus dem fünften vorchristlichen Jahrhundert. Die Schätze aus den Schlössern von Potsdam und Berlin gingen nach Leningrad: 177 Gemälde aus staatlichem Besitz, etwa 68 Gemälde der Sammlung Krebs, 130 Bilder aus der Sammlung der Bremer Kunsthalle, zwei Gutenberg-Bibeln der Deutschen Bücherei bzw. der Universitätsbibliothek zu Leipzig. Auch die wertvolle Ostasiatische Sammlung aus dem Berliner Museum für Vor- und Frühgeschichte, sowie die historischen Glasfenster aus der Marienkirche in Frankfurt an der Oder befinden sich bis heute im St. Petersburger Kunstmuseum Eremitage. Bei vielen Objekten aus deutschem Besitz, die heute in Moskau und Petersburg sind, handelt es sich – wie bei den Nachlässen berühmter Deutscher – um Kulturgüter, die eng an die Geschichte Deutschlands und seiner Bevölkerung gebunden sind oder um Zeugnisse der besonderen Museumskultur Deutschlands, die nur an Ort und Stelle ihren besonderen Wert haben. Aber nicht nur Kulturgüter aus staatlichem Besitz wurden unmittelbar nach dem Krieg in die UdSSR verbracht, sondern auch kostbare Stücke aus dem Besitz einzelner Menschen oder privater Organisationen. Zu den geraubten Kunstobjekten kommen etwa drei Millionen Bücher sowie über zwei Regalkilometer Archivgut. Mehrere Beutestücke wurden in Rußland ausgestellt: Gemälde des 19. Jahrhunderts aus den Sammlungen Friedrich Carl Siemens, Eduard von der Heydt, Alice Meyer, Otto Gerstenberg, Otto Krebs, Bernhard Koehler und Monica Sachse, Meisterzeichnungen aus deutschen Privatsammlungen, die Funde Heinrich Schliemanns aus Troja, die merowingischen Funde aus dem Berliner Museum für Vor- und Frühgeschichte, darunter die Schwertscheide von Gutenstein. Viele verschollene, als Kriegsverlust deklarierte Kulturgüter werden in russischen Geheimlagern vermutet, so zum Beispiel der bronzezeitliche Eberswalder Goldschatz, die Bestände der Kunsthalle Bremen mit der Baldin-Sammlung, die Nachlässe von Ferdinand Lassalle und Walther Rathenau, die Gothaer Bibliothek und die Fürstliche Bibliothek von Wernigerode, die Rüstkammer der Wartburg, 87 Gemälde des Suermondt-Ludwig-Museums Aachen und vieles andere. Nachdem 1955 und 1958 Teile des Raubes als „Geschenk aus Freundeshand" an die DDR abgegeben worden waren, befanden sich 1990 noch etwa eine Million Kunstgegenstände in der Russischen Föderation. Georgien gab nach seiner Unabhängigkeit von der UdSSR 1996 100.000 wertvolle Bücher, die dort zu Sowjetzeiten gelagert worden waren, an Deutschland zurück. Die Polen eigneten sich deutsche Kunstschätze an, die während des Krieges zum Schutz gegen alliierte Luftangriffe aus den Museen und Archiven des Reiches nach Schlesien ausgelagert worden waren, zum Beispiel Teile der drei Millionen Bände der Preußischen Staatsbibliothek, die 1941 in 30 Bergwerken, Kirchen, Schlössern und Schulen in Sicherheit gebracht worden waren. Untere der Bezeichnung „Berlinka" sind sie seit 1945 in polnischem Besitz. Der heutigen Staatsbibliothek zu Berlin gingen nicht nur 800.000 Bücher verloren, sondern auch Briefe von Goethe und Partituren von Beethoven.

Die Westalliierten gaben zwar vor, sich nicht an deutschem Kulturgut bereichern zu wollen, aber sie stahlen wie die Raben. Unter dem Vorwand, jüdisches Eigentum und von den Deutschen geraubte Kunstwerke zurückgeben zu müssen, sammelten die amerikanischen Beutekommandos alles, was sie fanden, in den Collecting Points Wiesbaden und München. Sie entdeckten in ihrem Besatzungsbereich mehr als 1.400 mit Kulturgut gefüllte Einlagerungsstätten in Schlössern, Burgen und Bergwerken, überwiegend in Mitteldeutschland und in der bayerisch-österreichischen Alpenregion.

Einige Beutegüter wie die Briefmarkensammlung des Reichspostministeriums und das aus 2.694 Stücken bestehende Kronprinzensilber der Hohenzollern wurden später aus den USA zurückgeführt, wohin voreilige Plünderer sie in offiziellem Auftrag geschafft hatten. Die von keiner Instanz kontrollierte Feldpost der amerikanischen Soldaten aus Deutschland öffnete dem Diebstahl aus privaten und öffentlichen Sammlungen Tür und Tor. In Quedlinburg entwendete ein amerikanischer Offizier aus der Altenburg-Höhle den dort gelagerten Domschatz, dessen früheste Stücke aus dem 9. Jahrhundert stammen, und schickte ihn in mehreren Paketen seiner Mutter, die sich bei ihm dafür bedankte, daß „der Geist des Mittelalters" in ihr Haus eingezogen sei.[403] Das Diebesgut wurde erst 1990 in Texas entdeckt und für drei Millionen Dollar „Finderlohn" von einer deutschen Stiftung zurückgekauft. Dem Gold der Reichsbank, das

US-Einheiten in Thüringen fanden, entnahmen die plündernden Soldaten eine unbekannte Zahl von Barren. Drei Originalhandschriften Martin Luthers aus dem Kulturhistorischen Museum Magdeburg, das Manuskript von Robert Schumanns 2. Sinfonie und zwei Dürer-Porträts aus dem Schloß Schwarzburg, die in die USA geschafft worden waren, kamen erst nach Jahrzehnten wieder zum Vorschein.[404] Die Zinksärge Goethes und Schillers, die in einem Bunker bei Jena lagerten, wurden im Sommer 1945 aufgebrochen. Aus der Universitätsbibliothek Leipzig stahlen Offiziere eine Schrift des Aristoteles sowie eine Gutenberg-Bibel samt 250 Originalbriefen an Erasmus von Rotterdam. Eine Handschrift Martin Luthers, die im Museum St. Louis gelandet war, kam 1996 nach Deutschland zurück. In den Museen der USA befinden sich wohl noch Tausende Kunstwerke aus Deutschland, die von GIs geraubt und in den folgenden Jahren über den Kunsthandel dorthin kamen. Es gab nur ein einziges Strafverfahren gegen amerikanische Militärangehörige wegen Plünderns, und zwar gegen drei Offiziere, die den Familienschmuck des Großherzoglichen Hauses Hessen aus Kronberg gestohlen hatten. Die Diebe von zwölf wertvollen Gemälden der Kunstsammlungen zu Weimar aus dem Depot Schloß Schwarzburg wurden nie angeklagt, obwohl alle Angehörigen der im Frühjahr 1945 dort stationierten US Einheit bekannt waren. Der amerikanische Kunstforscher Kenneth D. Alford kam zu dem Schluß: „Die Amerikaner und Russen waren gleich schlimm, vielleicht sogar schlimmer als die Deutschen, wenn es um Beute ging. Beutemachen war so weit verbreitet, daß es als Soldatensport galt." Die Briten benahmen sich wenig besser. Bei der Plünderung des Schlosses Glücksburg bei Flensburg entwendeten sie den Familienschmuck des Herzogs von Mecklenburg. In der Krypta des Schlosses brachen sie die Sarkophage auf der Suche nach Schmuck auf. Aus dem Schloß Bückeburg transportierten britische Truppen alle wertvollen Möbel und Kunstwerke ab. Sie tauchten nie mehr auf. Bei der Potsdamer Konferenz auf Schloß zu Cecilienhof bedienten sich auch höchste Offiziere aus der Privatbibliothek des deutschen Kronprinzen Wilhelm und entwendeten ungezählte Bücher.

Patentraub

Der Materialwissenschaftler Prof. Werner Osenberg, der im Zweiten Weltkrieges Leiter des Planungsamtes im Reichsforschungsrat gewesen war, übergab den Amerikanern nach dem Krieg eine Zentralkartei mit den Namen von fast 5.000 Wissenschaftlern und Technikern, die er während des Weltkriegs für Rüstungszwecke „unabkömmlich" gestellt und vom Militärdienst befreit hatte. Sie bildete die Grundlage für die Auswahl deutscher Wissenschaftler, von denen 523 im Rahmen der Operation „Overcast" in die USA gebracht wurden. 1.500 folgten ab 1946 im Rahmen der Aktion „Paperclip".

Das Reichspatentamt lag im amerikanischen Sektor Berlins. Am 2. Juni 1945 erschienen dort die ersten amerikanischen Spezialisten auf der Suche nach deutschem Geistesgut. Sie ließen alle Unterlagen, die ihnen wichtig erschienen, fotografieren. Schon im ersten Monat entstanden 30.000 Meter Mikrofilme. Insgesamt beschlagnahmten die Siegermächte 346.000 deutsche Patente, davon rund 200.000 Auslandspatente und 146.000 Inlandspatente. Hinzu kamen 20.870 deutsche Warenzeichen und 50.000 neue Farbformeln, die von den IG Farben noch nicht beim Patentamt angemeldet worden waren. Allein von der Firma Siemens gab es 25.000 Patente neben großen Mengen an Konstruktionszeichnungen. In Bad Culberg in Thüringen fielen den amerikanischen Spezialkommandos die ausgelagerten Akten des Reichsluftfahrtministeriums, insgesamt 204 Kubikmeter, in die Hand. Im Air Document Research Center in London wurden alle die Zivilluftfahrt betreffenden Akten gesammelt. In der amerikanischen Luftfahrt-Forschungszentrale in Wright Field (Ohio) stapelten sich 1.500 Tonnen an einschlägigen militärischen Geheimdokumenten, darunter alles über das Düsenflugzeug Me 262, die Flugraketen (V-Waffen) und die biologischen Waffen zusammen mit vielen anderen militärtechnischen Entwicklungen. Daß die Amerikaner in Thüringen auch auf eine fertige deutsche Atombombe stießen, gehört zu den bislang unbewiesenen Behauptungen.[405]

1946 veröffentlichte „News Chronicle" einige Geheimnisse aus den nach der deutschen Niederlage beschlagnahmten Akten. Darunter befanden sich beispielsweise Anleitungen zur Herstellung von synthetischem Treibstoff, synthetischem Gummi, synthetischem Schmieröl, synthetischen Fasern und Textilien, Verbesserungen zu Dieselmotoren, optischen Geräten, schweren Druckerpressen und Windkanälen, Bauanleitungen für Infrarotzielgeräte, Kassettenrecorder, elektrische Kondensatoren, Maschinen zum Einwickeln von Lebensmitteln, Methoden zur Haltbarmachung von Fruchtsäften, Produktionslizenzen für synthetische Saphire, laufmaschenfreie Damenstrümpfe, Quarzuhren, Zelluloseprodukte,

Formeln für pharmazeutische Produkte, für Insektizide, für Koloide als Rostschutzfarbe und als Ersatz für Zinkchrom, Patente für Kunstleder, Plastik, Farbfotographie und eine Unzahl von Präzisionsgeräten, viele chemische, physikalische, technologische und elektronische Neuerungen. Anfang 1947 war die Mikroverfilmung der Unterlagen erst zur Hälfte gelungen. Sie umfaßte 3.858.000 Seiten in sieben größeren Sammlungen aus allen Feldern der Wissenschaft und Technologie. Darunter waren auch 146.000 nicht bearbeitete Patentanmeldungen aus den Kriegsjahren, Doktorarbeiten, naturwissenschaftliche Drucke, alle wissenschaftlichen und industriellen Zeitschriften und alle technischen Dokumente der deutschen Ministerien. Alles wurde der amerikanischen Industrie zur Verfügung gestellt. Der Schub, den sie in den zwanzig Jahren nach dem Krieg erfuhr, ging zum großen Teil auf diese Unterlagen zurück.

Anmerkungen

1 Verhandlungen des Deutschen Bundestages vom 25.9.1974, Anders, 357; Ahrens, Die Wahrheit, 79 ff.
2 Ahrens, Dokumente, 51 ff.
3 Bellinger, „Märkische Zeitung“ vom September 2000, S. 11 f.
4 Zit. nach Czesany, S. 192
5 Frey, 72
6 Zit. n. Boveri, 46
7 Kern, 155
8 Groehler, 330
9 Kern, 173
10 Middlebrook, 663
11 Ebd., 664
12 Kern, 154
13 Bundesminister, 1. Beiheft, 298
14 McKee, 175 f.
15 Gläser, 66 f.
16 Bundesminister, 1. Beiheft, 308
17 McKee, 214 ff.
18 Ebd., 185
19 Bundesminister, 1. Beiheft, 322
20 Moessner-Hecker, 122 f., 134
21 Middlebrook, 669
22 Kern, 151
23 Moessner-Hecker, 133; Kern, 151
24 Kern, 151
25 Ebd.
26 Friedrich, 334
27 Ebd., 504
28 Dokumente deutscher Kriegsschäden, 385 f.
29 Ebd., 443
30 Ebd., 389 ff.
31 Ebd., 440 f.
32 Ebd., 378 f.
33 Ebd., 424 f.
34 Ebd., 387 f.
35 Ebd., 404 f.
36 Ebd., 438
37 Toliver / Constable, 49
38 www.awm.gov.au / exhibitions / ... / 6.asp
39 „Neuburger Rundschau“ vom 22.4.1994
40 Toliver, 301; Galland, 375
41 Galland, 135; Toliver / Constable, 49
42 Nolywaika, 304
43 de Zayas, 368 ff.
44 Beckert / Breuer, 385
45 Seidler / de Zayas, 181
46 Peillard, 206 f.; Deckert / Breuer, 392
47 Thürling, S.76 f.
48 Middlebrook, 663 f.
49 Morgenbrod / Merkenich, 253 f.
50 Beckert / Breuer, 385
51 Der große Wendig, Band 4, 499 ff.
52 Hartmann / Nöldeke, 173 ff.
53 http: / / www.nexusboard.net / sitemap / 6365 / schon-geredete-alliierte-kriegsverbrechen-t296858 /; http: / / www.zweiter-weltkrieg-lexikon.de / forum / viewtopic.php?f=5&t=476
54 Maschke, XV, 94
55 Seidler, Verbrechen, 56 ff.
56 Schmolke, 86 ff.; Günther, 374
57 Cole, 264; Thiemann, 69
58 Thiemann, 69
59 Whiting, 1689
60 Gallagher,111
61 Hemingway, 702
62 Brief an Charles Scribner vom 27.8.1949, Hemingway, 672
63 Hemingway, 601; „Schwarzwälder Bote“ vom 23.7.1999, S. 5
64 „Paderborner Zeitung“ vom 4.4.1992; „Westfalenblatt“ vom 28.3.1995
65 Kern, 291
66 Günther, 374
67 Kern, 324
68 Ebd., 295
69 Ebd., 302 ff.
70 Seidler / de Zayas, 109 ff.
71 http: / / www.nexusboard.net / sitemap / 6365 / us-kriegs-und-nachkriegsverbrechen-t297272 /
72 Jacobi, 90
73 Ebd.
74 „Frankfurter Rundschau“ vom 16.8.1986; Kern, 290
75 http: / / groups.yahoo.com / group / 45thinfantry / files /
76 Der große Wendig, Band 2, S. 242 f.
77 „Dachauer Nachrichten“ vom 10.5.1975
78 Kern, 315 ff.
79 Ebd., 314
80 The Dachau Massacre of Guards, http: / / www.twcenter.net / forums / showthread.php?t=47284
81 Der Große Wendig, Band 2, S. 241
82 Bayern 2, 9.5.2010, 12.05–12.10 Uhr
83 Saalfrank / Marsen, 6
84 Ebd., 11
85 Ebd., 7
86 Ebd., 6
87 Ebd., 7
88 Lilly, 34
89 Ebd., 86 f.

[90] Ebd., 40; Borek, 34
[91] Bourke, 184
[92] Borek, 34
[93] Lilly, 221
[94] Ebd., 266 f.
[95] Ebd., 42
[96] Ebd., 41, 78
[97] Saalfrank/Marsen, 11
[98] Brownmiller, 77
[99] Lilly, 191 ff.
[100] Ebd., 207 ff.
[101] Ebd., 209
[102] Ebd., 209 f.
[103] Ebd., 226 f.
[104] Ebd., 227 f.
[105] Ebd., 229
[106] Ebd., 229
[107] Frey, 56 f.; Steidle, 206
[108] Lilly, 245
[109] Brownmiller, 48 ff.
[110] Strom, 2
[111] Blumenstock, 239
[112] Beschwerde vom 4.2.1945, Archiv des Verfassers
[113] Quillet, 35 ff.
[114] Ahrens, Dokumente, 179
[115] Kral, 241 ff.
[116] Ebd., 243
[117] Ebd., 243
[118] Roth, 157. ff.
[119] Koop, 40 f.
[120] Kern, 275 f.
[121] Steidle, 197 f.
[122] Pfister, 1260
[123] Roth, 156 f.
[124] Archiv Pflanz, Landsberg
[125] Seidler/de Zayas, 236 f.
[126] Volksbund, 83
[127] Knabe, 42 f.
[128] „Ostpreußenblatt" vom 5.3.1951
[129] Reuth, 48
[130] http://www.nexus-board.net/sitemap/6365/ostpreussen-es-begann-nicht-erst-in-nemmersdorf-t296876/
[131] http://www.wlb-stuttgart.de/seekrieg/ksp/ostsee/schiffe.htm
[132] Barbara Berger am 1.2.2012
[133] Knabe, 42
[134] Naimark, 95
[135] Ahrens, Dokumente, 17
[136] Ebd.
[137] Mitzka, 9
[138] Frey, 12
[139] Seidler/de Zayas, 230
[140] Volksbund, 95
[141] Macdonogh, 25
[142] Münch, 42, 53
[143] Ebd., 51; Beevor, 445
[144] Knabe, 76 ff.
[145] Naimark, 125
[146] Jacobs, 21 f
[147] Sattler, 24
[148] Ebd., 70
[149] Jacobs, 118 f.
[150] Sattler, 80
[151] Reuth, 142
[152] Volksbund, 132
[153] Reuth, 74 f.
[154] Dokumentation der Vertreibung I/2, 128 f.
[155] Münch, 181
[156] Jacobs, 203
[157] Ebd., 201 f.
[158] Knabe, 85 f.
[159] Sattler, 44
[160] http://de.wikipedia.org/wiki/Massaker_von_Metgethen - cite_note-Sommer147-9
[161] Dokumentation der Vertreibung I/2, 302
[162] Dokumentation der Vertreibung I/1, 395
[163] Knabe, 87
[164] Grau, 44
[165] Ebd., 45
[166] Ebd., 56
[167] Ebd., 73
[168] Ebd., 74 f.
[169] Moll, 14 ff.
[170] Grau, 138
[171] Seidel, 151 f.
[172] Fleischer, 88 f.
[173] Seidel, 69 f.
[174] Ebd., 31
[175] Ebd., 117 ff.
[176] Ebd., 42
[177] Ebd., 42 f.
[178] Ebd., 46 f.
[179] Ebd.
[180] Ebd., 48 f.
[181] Ebd., 105
[182] Ebd., 49 ff.
[183] Ebd., 58 f.
[184] Ebd., 61 f.
[185] Ebd., 57
[186] Ebd., 89
[187] Ebd., 90
[188] Ebd., 105
[189] Ebd., 106
[190] Mitzka, 31; Polian, 7
[191] Klier, 195
[192] Polian, 10
[193] Böhme, 159
[194] Ebd., 162
[195] Ebd., 161 f.
[196] Ebd., 201
[197] Ebd., 201
[198] Bischof / Ambrose, 23
[199] Smith, 86
[200] Bischof /Ambrose, 19 f., 92
[201] Schreiber, 1 ff.
[202] http://www.nexus-board.net/sitemap/6365/die-kriegsgefangenenlager-die-keine-waren-t297273/
[203] Peter, 68
[204] Ebd., 62 f.
[205] Lehmann, 63
[206] Ebd., 84
[207] Carell, 295
[208] Böhme XIII, 49
[209] Koop, 156
[210] Ebd., 146 ff.
[211] Böhme XIII, 59
[212] Ebd., 71 f.
[213] Koop, 158
[214] Böhme XIII, 61
[215] Carell 182 f.
[216] Ebd., 175
[217] Koop, 170
[218] Ebd., 174
[219] Ebd., 176

220 Böhme XIII, 78
221 Maschke XII, 10
222 Völker, 30
223 Maschke XII, 117
224 Thamm, 14 f.
225 Ebd., 48
226 Jung, XII 181 ff.
227 Thamm, 11
228 Ebd., 74
229 Maschke XV, 294
230 Carell, 197
231 Enquist, 195
232 Runsteen, 421
233 Carell, 198
234 Runsteen, 12
235 Gammelgaard, 37
236 Mix, 36
237 Ebd., 43
238 Gammelgaard, 139
239 Lyloff, 224
240 Mix, 139
241 Gammelgaard, 153
242 Mix, 69 f.
243 Ebd., 72
244 Gammelgaard, 144
245 Petrick, 53
246 Mix, 124
247 Ebd., 120
248 „Berliner Zeitung“ vom 3.5.2008, online
249 Reuth, 74 f.
250 Kibelka, 40
251 Volksbund, 215
252 Kibelka, 144
253 Ebd., 90
254 Ebd. 94
255 Ebd., 125 f.
256 Ebd., 105
257 Dokumentation der Vertreibung I/2, 134
258 Knabe, 48
259 Ahrens, Dokumente, 175 f.
260 Ebd., 77
261 Spiegel Special 2/2002 vom 1.6.2002
262 Beer, 76
263 Dokumentation der Vertreibung I/2, 655
264 Douglas, 141
265 Frey, 155
266 Ahrens, Die Wahrheit, 52
267 Frey, 158
268 Ebd., 149
269 Douglas, 158 ff.
270 Esser, S. 16
271 Ebd., S. 17, 20
272 Ahrens, Dokumente, 203f.
273 Dokumentation der Vertreibung I/2, 593 ff.
274 Hirsch, 124
275 Ahrens, Dokumente, 99
276 Hirsch, 143
277 Mitteilung des Heimatkreisvertreters Bodo Rückert vom 10.1.2009
278 „Junge Freiheit“ vom 16.1.2009. S. 10 und 23.1.2009, S. 6
279 Schreiben Bundeskanzleramt an den Autor vom 30.1.2009
280 „Unabhängige Nachrichten“ 2/2009
281 „Witikobrief“ 2/2011, S. 19
282 Krystlik, 212
283 Nawratil, 89
284 Douglas, 147 ff.
285 Dennler, 200 f.
286 Nawratil, 85
287 Kern, 226
288 Frey, 162 f.
289 Ebd., 164 f.
290 Anders, 368
291 http://members.iinet.net.au/-gduncan/massacrees.html
292 Turnwald, 51
293 Reuth, 22
294 Beer, 82
295 Kern, 235 f.
296 Thorwald, 486 f.
297 Turnwald, 5 f.
298 Ebd., 9.
299 Frey, 50
300 http://www.peter-rathay.de/Lamsdorf/national.htm; „Junge Freiheit“ vom 20.5.2011
301 Kern, 227; Turnwald, 15
302 Turnwald, 45
303 Staněk, 70
304 Turnwald, 280
305 „Witikobrief“ 2/2011, S. 18
306 Kern, 251 ff.
307 Krystlík, 208
308 MacDonough, 139 ff.; Chiodo, 254 ff.
309 www.mitteleuropa.de/kladno01.htm
310 Kern, 247
311 Londynske Listy (London Letters) vom 15.8.1948, S. 143 f.
312 Vogel, 191
313 „Junge Freiheit“ vom 28.4.2006
314 Nawratil, 61
315 Turnwald, 226
316 Ebd., 331, 385 f., 491, 507
317 Ebd., 193
318 Turnwald, Dokumente, 499
319 Thorwald, 485 ff.
320 Turnwald, 168
321 „Zur Zeit“ 4/03, S. 30
322 http://www.heimatkreis-freudenthal.de/Vertreibung/zum_gedenken.htm
323 Böss IX, 84
324 Ebd., 85
325 Dokumentation der Vertreibung V, 92 E; Donauschwäbische Kulturstiftung, 109 ff.
326 Ahrens, Die Wahrheit, 69
327 Stefanović, 58
328 Ebd., 89 ff.
329 Dokumentation der Vertreibung, 390
330 Donauschwäbische Kulturstiftung, 244
331 Ebd., 247
332 Dokumentation der Vertreibung, 174 f.

[333] Donauschwäbische Kulturstiftung, 245
[334] Ahrens, Dokumente, 302
[335] Stefanović, 89
[336] Dokumentation der Vertreibung, 164
[337] Leidensweg IV/1013
[338] Klier, 147
[339] Böhme I/1, 103
[340] Ebd. I/1, 106
[341] Kaltenegger, 66
[342] Anders, 88
[343] Ebd., 89 f.
[344] Böhme I/1, 262
[345] Ebd. I/1, 272
[346] Rulitz, 247
[347] Vecer vom 10.8.2007
[348] Rulitz, 248 ff.
[349] Wildmann, 279
[350] http://www.nexusboard.net/sitemap/6365/volkermord-der-tito-partisanen-1944-1948-t296681/
[351] Rulitz, 250
[352] Ebd., 252
[353] „Junge Freiheit" vom 26.5.2000
[354] Rulitz, 256
[355] Ebd., 258
[356] www.einestages.spiegel.de/.../raetsel_der_verschwundenen_division.html
[357] „Frankfurter Allgemeine Zeitung" vom 15.4.2009
[358] „Ostpreußenblatt" vom 6.7.1985
[359] Böhme I/1, 113
[360] Ebd. I/1, 114
[361] „The Telegraph" vom 25.4.2007
[362] Koop, Besetzt: Amerikanische Besatzungspolitik, 261, 267
[363] „Stars and Stripes" vom 2.9.1946
[364] Müller-Marein, 76 f.
[365] Trümmerfrauen, 23
[366] Macdonogh, 112
[367] Trümmerleben, 37 ff.
[368] Trittel, 18; Nash, 773
[369] Bischof/Ambrose, 17
[370] Nash, 769, 771
[371] Bischof/Ambrose, 236
[372] Ebd., 238 f.
[373] Trittel, 42
[374] Ebd., 28
[375] Beevor, 450
[376] Koop, Besetzt: Französische Besatzungspolitik, 80
[377] Kleist, 396
[378] Eisterer, 48 ff.
[379] Koop, Besetzt: Sowjetische Besatzungspolitik, 30
[380] Oehme, 20
[381] Jacobs, 181 ff.
[382] http://www.hdg.de/lemo/forum/kollektives_gedaechtnis/011/index.html
[383] http://www.dhm.de/lemo/forum/kollektives_gedaechtnis/132/index.html
[384] Schick, 301 f.
[385] Sigel, 22
[386] Jagschitz, 387
[387] Frey, 177
[388] Henke / Woller, 93
[389] Seidler/de Zayas, 268
[390] Ebd., 269
[391] Horn, 42
[392] Ebd., 47
[393] Niethammer, Deutschland danach, 53
[394] Koop, Besetzt: Amerikanische Besatzungspolitik, 155 ff.; Meyer, Kathrin, 30
[395] Aschenauer, 13
[396] Frei, Nürnberger Prozeß, 73 ff.
[397] Löffler, 1224
[398] Henke/Woller, 42
[399] Henke, 47
[400] Der Prozeß VII, 65; VIII, 59; X, 450 f.
[401] Ebd., VII, 212
[402] Ahrens, Dokumente, 191
[403] Heydenreuter, 193
[404] Der große Wendig, Band 2, 307
[405] Pash, 213 ff.

Literaturverzeichnis

Ahrens, Wilfried. Verbrechen an Deutschen: Die Wahrheit, die Bonn verschweigt, Sauerlach 1980.
Ahrens, Wilfried. Verbrechen an Deutschen: Dokumente der Vertreibung, Arget 1983.
Oehme, Ursula (Hrsg.). Alltag in Ruinen: Leipzig 1945–1949, Leipzig 1995.
Alliierte Kriegsverbrechen und Verbrechen gegen die Menschlichkeit, zusammengestellt im Jahre 1946 von Internierten des Lagers 91 Darmstadt, Kiel 1997.
Anders, Wilhelm. Verbrechen der Sieger: Das Schicksal der deutschen Kriegsgefangenen in Osteuropa, Leoni 1975.
Ay, Erwin. Von Ostpreußen nach Dänemark, Norderstedt 2005.
Bacque, James. Der geplante Tod: Deutsche Kriegsgefangene in amerikanischen und französischen Lagern 1945–1946, Selent 2008.
Bährens, Kurt. Deutsche in Straflagern und Gefängnissen der Sowjetunion. Zur Geschichte der deutschen Kriegsgefangenen des Zweiten Weltkriegs, Band V/1–3, hrsg. von Erich Maschke, München 1965.
Bartling, Dieter. So wurden deutsche Kriegsgefangene ermordet, in: Deutsche Geschichte Nr. 68, S. 33 ff.
Beckert, Erwin/Breuer, Gerhard. Öffentliches Seerecht, Berlin u.a. 1991.
Beer, Mathias. Flucht und Vertreibung der Deutschen: Voraussetzungen, Verlauf, Folgen, München 2011.
Beevor, Antony. Berlin 1945: Das Ende, München 2002.
Bischof, Günter/Ambrose, Stephen E. Eisenhower and the German POWs: Facts against Falsehood, Baton Rouge u.a. 1992.
Böhme, Kurt W. Die deutschen Kriegsgefangenen in Jugoslawien 1941–1949. Zur Geschichte der deutschen Kriegsgefangenen des Zweiten Weltkriegs, Band I/1–2, hrsg. von Erich Maschke, München 1962 und 1964.
Böhme, Kurt W. Die deutschen Kriegsgefangenen in amerikanischer Hand. Zur Geschichte der deutschen Kriegsgefangenen des Zweiten Weltkriegs, Band X/2, hrsg. von Erich Maschke, München 1973.
Bohn, Robert/Elvert, Jürgen. Kriegsende im Norden: Vom heißen zum kalten Krieg, Stuttgart 1995.
Borek, Ted B. Legal Services during War, in: Military Law Review 1988, S. 19 ff.
Böss, Otto. Die deutschen Kriegsgefangenen in Polen und der Tschechoslowakei. Zur Geschichte der deutschen Kriegsgefangenen des Zweiten Weltkriegs, Band IX, hrsg. von Erich Maschke, München 1974.
Bourke, Joanna. An Intimate History of Killing: Face-to-face Killing in Twentieth-century Warfare, London 1999.
Boveri, Margret. Tage des Überlebens, Berlin 2004.
Breyer, Ludwig. Bericht vom 29.1.1951.
Brownmiller, Susan. Gegen unseren Willen: Vergewaltigung und Männerherrschaft, Frankfurt 1984.
Buechner, Howard A. The Hour of the Avenger, Metairie 1986.
Dokumente deutscher Kriegsschäden. Hrsg. vom Bundesminister für Vertriebene, Flüchtlinge und Kriegsgeschädigte, 5 Bände, Bonn 1958–1964.
Carell, Paul/Böddeker, Günter. Die Gefangenen: Leben und Überleben deutscher Soldaten hinter Stacheldraht, Berlin u.a. 1980.
Chiodo, Marco Picone. Sterben und Vertreibung der Deutschen im Osten 1944–1949, Frontenhausen (o.J.).

Cole, Hugh M. The Ardennes: Battle of the Bulge, in: United States Army in World War II, Washington 1965.
Cyž-Ziesche, Jan. Die Kämpfe um die Befreiung der Lausitz während der großen Schlacht um Berlin im Frühjahr 1945, Bautzen 1975.
Czesany, Maximilian. Alliierter Bombenterror: Der Luftkrieg gegen die Zivilbevölkerung Europas 1940–1945, Leoni 1986.
Dedina, Sidonia. Edvard Beneš: Der Liquidator, Dinkelsbühl 2000.
Dennler, Wilhelm. Die Böhmische Passion, Freiburg u.a. 1953.
Der Große Wendig: Richtigstellungen zur Zeitgeschichte. Hrsg. von Rolf Kosiek und Olaf Rose. Band 1–4. Tübingen 2006 ff.
Der Prozess gegen die Hauptkriegsverbrecher vor dem Internationalen Gerichtshof, München u.a. 1984.
Dieckert, Kurt / Grossmann, Horst. Der Kampf um Ostpreußen: Ein authentischer Dokumentarbericht, München 1960.
Dokumentation der Vertreibung der Deutschen aus Ost-Mitteleuropa. Hrsg. vom Bundesministerium für Vertriebene, Flüchtlinge und Kriegsgeschädigte. 5 Bände. Wolfenbüttel 1953–1961.
Donauschwäbische Kulturstiftung (Hrsg.). Verbrechen an den Deutschen in Jugoslawien 1944–1948: Die Stationen eines Völkermords, München 2000.
Douglas, R.M. Die Vertreibung der Deutschen nach dem Zweiten Weltkrieg, München 2012.
Eisterer, Klaus. Französische Besatzungspolitik: Tirol und Vorarlberg 1945/46, Innsbruck 1991.
Enquist, Per Olov. Die Ausgelieferten, Hamburg 1969.
Esser, Heinz. Die Hölle von Lamsdorf: Dokumentation über ein polnisches Vernichtungslager, Bonn 1951.
Filip, Ota. Die stillen Toten unterm Klee: Wiedersehen mit Böhmen, München 1992.
Fisch, Bernhard. Nemmersdorf, Oktober 1944: Was in Ostpreußen tatsächlich geschah, Berlin 1997.
Fleischer, Wolfgang. Das Kriegsende in Sachsen 1945: Eine Dokumentation der Ereignisse in den letzten Wochen des Krieges, Wölfersheim-Berstadt 2004.
Frey, Gerhard (Hrsg.). Befreiung? Die Wahrheit über den 8. Mai 1945, München 2004.
Friedrich, Jörg. Der Brand: Deutschland im Bombenkrieg 1940–1945, München 2002.
Fritsch, Ludwig A. Amerikas Verantwortung für das Verbrechen am deutschen Volk: Ein Gewissensappell an die amerikanische Führungsschicht, Tübingen 1981.
Fritz, Peter. Ort der Gefangennahme: Schweden – Zur Auslieferung von Angehörigen der deutschen Wehrmacht aus Schweden an die Sowjetunion 1945/1946. In: Schwedische Perspektiven: Schriften des Zentrums für Deutschlandstudien, Band 4, S. 145 ff.
Gallagher, Richard. The Malmedy Massacre, New York 1964.
Galland, Adolf. Die Ersten und die Letzten: Die Jagdflieger im Zweiten Weltkrieg, München 1975.
Gammelgaard, Arne. Ungeladene Gäste, Leer 1985.
Gläser, Ronald. Dresden 1945: Maximal 25.000 Tote? Hamburg 2011.
Grau, Karl Friedrich. Schlesisches Inferno: Kriegsverbrechen der Roten Armee beim Einbruch in Schlesien 1945, Stuttgart 1966.
Groehler, Olaf. Bombenkrieg gegen Deutschland, Berlin 1990.
Gun, Nerin E. The Day of the Americans, New York 1966.
Günther, Helmut. Die Sturmflut und das Ende: Mit dem Rücken an der Wand, München 1991.
Hagemann, Helge. Under Tvang, Kopenhagen 1998.

Hartmann, Volker / Nöldeke, Hartmut. Verwundetentransport über See: Deutsche Lazarett- und Verwundetentransportschiffe im Zweiten Weltkrieg, Bochum 2010.
Heckmanns, Klaus M. Freudenstädter Heimatblätter, Beilage zum Schwarzwälder Bote vom 5.5.1995.
Hemingway, Ernest. Selected Letters 1917–1961, New York 1981.
Henke, Klaus Dieter. Politische Säuberung unter französischer Besatzung: Die Entnazifizierung in Württemberg-Hohenzollern, Stuttgart 1981.
Henke, Klaus-Dietmar / Woller Hans. Politische Säuberung in Europa: Die Abrechnung mit Faschismus und Kollaboration nach dem Zweiten Weltkrieg, München 1991.
Hirsch, Helga. Die Rache der Opfer: Deutsche in polnischen Lagern 1944–1950, Berlin 1999.
Horn, Christa. Die Internierungs- und Arbeitslager in Bayern 1945–1952, Frankfurt a.M. 1992.
Irving, David. Und Deutschlands Städte starben nicht: Ein Dokumentarbericht, Zürich 1967.
Jacobi, Uwe. Das Kriegsende: Szenen 1944/45 in Heilbronn, im Unterland und in Hohenlohe, Heilbronn 2007.
Jacobs, Ingeborg. Freiwild: Das Schicksal deutscher Frauen 1945, Berlin 2008.
Jagschitz, Gerhard. Der Einfluß der alliierten Besatzungsmächte auf die österreichische Strafgerichtsbarkeit von 1945 bis 1955. In: Justiz und Zeitgeschichte. Symposionsbeiträge 1976 bis 1990, Band 1, S. 372 ff.
Jung, Hermann. Die deutschen Kriegsgefangenen im Gewahrsam Belgiens, der Niederlande und Luxemburgs. Zur Geschichte der deutschen Kriegsgefangenen des Zweiten Weltkriegs. Band XII. Hrsg. von Erich Maschke, München 1966.
Kaltenegger, Roland. Titos Kriegsgefangene: Folterlager, Hungermärsche und Schauprozesse, Graz 2001.
Kennel, Herma. Bergersdorf, Furth im Wald 2003.
Kern, Erich. Das andere Lidice: Die Tragödie der Sudetendeutschen, Klagenfurt 1950.
Kern, Erich. Verbrechen am deutschen Volk: Dokumente alliierter Grausamkeiten 1939–1945, Preußisch Oldendorf 1964.
Kibelka, Ruth. Wolfskinder: Grenzgänger an der Memel, Berlin 2003.
Kleist, Peter. Auch Du warst dabei: Ein Buch des Ärgernisses und der Hoffnung, Heidelberg 1952.
Klier, Freya. Verschleppt ans Ende der Welt: Schicksale deutscher Frauen in sowjetischen Arbeitslagern, Berlin 1998.
Koop, Volker. Das Recht der Sieger: Absurde alliierte Befehle im Nachkriegsdeutschland, Berlin 2004.
Koop, Volker. Besetzt: Französische Besatzungspolitik in Deutschland, Berlin 2005.
Koop, Volker. Besetzt: Amerikanische Besatzungspolitik in Deutschland, Berlin 2006.
Koop, Volker. Besetzt: Sowjetische Besatzungspolitik in Deutschland, Berlin 2008.
Kotek, Joël / Rigoulot, Pierre. Das Jahrhundert der Lager: Gefangenschaft, Zwangsarbeit, Vernichtung, Berlin u.a. 2001.
Kral, Silke. Vergewaltigungen nach dem Krieg in Lörrach, in: Badische Heimat 1995.
Kraus, Werner H. Mit der Roten Armee hielt der Tod in Ostbrandenburg Einkehr, in: „Märkische Zeitung“ Februar 2005.
Krystlík, Tomáš. Verschwiegene Geschichte. Band 2. Dinkelsbühl 2012.
Kumpf, Friedwald. Die Verbrechen an Deutschen, Ludwigshafen 1979.
Lehmann, Albrecht. Gefangenschaft und Heimkehr: Deutsche Kriegsgefangene in der Sowjetunion, München 1986.
Leidensweg der Deutschen im kommunistischen Jugoslawien: Erlebnisberichte über die Verbrechen an den Deutschen durch das Tito-Regime in der Zeit von 1944–1948, 4 Bände, München u.a. 1991 ff.

Lilly, J. Robert. La face cachée des GI´s: Les viols commis par des soldats américains en France, en Angleterre et Allemagne pendant la Seconde Guerre mondiale, Paris 2003.
Löffler, Peter. Bischof Clemens August Graf von Galen: Akten, Briefe und Predigten 1933–1946. Band 2. Mainz 1988.
Lyloff, Kirsten. Barn eller fjende? Uledsagede tyske flygtningebörn i Danmark 1945–1949, Kopenhagen 2007.
Macdonogh, Giles. After the Reich: The Brutal History of the Allied Occupation, New York 2007.
Maschke, Erich: Die deutschen Kriegsgefangenen des Zweiten Weltkrieges: Eine Zusammenfassung, Band 15, München 1974.
McKee, Alexander. Dresden 1945: Das deutsche Hiroshima, Hamburg u.a. 1982.
Middlebrook, Martin / Everitt, Chris. The Bomber Command War Diaries: An Operational Reference Book 1939–1945, Leicester 2000.
Mitzka, Herbert. Zur Geschichte der Massendeportationen von Ost- und Südostdeutschen in die Sowjetunion im Jahre 1945: Ein historisch-politischer Beitrag, Einhausen 1985.
Mitzka, Herbert. Zur Geschichte der Deportationen von Ostdeutschen in die Sowjetunion im Jahre 1945, Einhausen 1986.
Mix, Karl-Georg. Deutsche Flüchtlinge in Dänemark 1945–1949, Stuttgart 2005.
Moessner-Hecker, Ursula. Pforzheim – Code Yellowfin: Eine Analyse der Luftangriffe 1944–1945, Sigmaringen 1991.
Morgenbrod, Brigitte / Merkenich, Stephanie. Das Deutsche Rote Kreuz unter der NS-Diktatur, Paderborn u.a. 2008.
Müller-Marein, Josef. Deutschland im Jahr 1: Reportagen aus der Nachkriegszeit, München 1986.
Münch, Ingo von. „Frau, komm!“ Die Massenvergewaltigungen deutscher Frauen und Mädchen 1944 / 45, Graz 2009.
Naimark, Norman M. Die Russen in Deutschland: Die sowjetische Besatzungszone 1945 bis 1949, Berlin 1997.
Nash, George H. (Hrsg.). Freedom Betrayed: Hoover's Secret History of the Second World War and Its Aftermath, Stanford 2011.
Nawratil, Heinz. Schwarzbuch der Vertreibung 1945 bis 1948, München 2007.
Niethammer, Lutz. Deutschland danach: Postfaschistische Gesellschaft und nationales Gedächtnis, Bonn 1999.
Nietzel, Barbara. Das amerikanische Kriegsgefangenenlager in Heidesheim 1945, hektographierte Facharbeit.
Nolywaika, Joachim. Entlastung für Deutschland: Richtigstellung der Kriegs- und Nachkriegsgeschichte dieses Jahrhunderts, Rosenheim 1996.
Nowak, Edmund. Lager im Oppelner Schlesien im System der Nachkriegslager in Polen 1945–1950, Oppeln 2003.
Overmans, Rüdiger. Soldaten hinter Stacheldraht: Deutsche Kriegsgefangene des Zweiten Weltkriegs, München 2000.
Paash, Boris T. The Alsos Mission, New York 1969.
Paul, Ernst. Es gibt nicht nur ein Lidice, München 1994.
Peter, Erwin (Hrsg.). Von Workuta bis Astrachan: Kriegsgefangene aus sowjetischen Lagern berichten, Graz u.a. 1998.
Peters, Ludwig. Das Schicksal der deutschen Kriegsgefangenen, Tübingen 1995.
Petrick, Fritz. Kapitulation und Befreiung: Das Ende des Zweiten Weltkriegs in Europa, Münster 1997.
Pfister, Peter (Hrsg.). Das Ende des Zweiten Weltkriegs im Erzbistum München und Freising. Teil 2. Regensburg 2005.

Pilop, Max. Die Befreiung der Lausitz, Bautzen 1990.
Poljan, Pavel. Internierung und Deportation deutscher Zivilisten aus den besetzten deutschen Gebieten in die UdSSR. In: Diktaturdurchsetzung. Hrsg. von Andreas Hilger u.a., Dresden 2001.
Prinz, Friedrich/Krauss, Marita (Hrsg.).Trümmerleben, München 1985.
Quillet, Pierre. Le chemin le plus long, Paris 1997.
Reuth, Ralf Georg. Deutsche auf der Flucht: Zeitzeugen-Berichte über die Vertreibung aus dem Osten, Augsburg 2007.
Rhode, Gotthold. Phasen und Formen der Massenzwangswanderungen in Europa. In: Eugen Lemberg (Hrsg.). Die Vertriebenen in Westdeutschland. Band 1. Kiel 1959.
Rommel, Hans. Vor zehn Jahren. 16./17. April 1945: Wie es zur Zerstörung von Freudenstadt gekommen ist, Freudenstadt 1955.
Rostowski, Dieter. Der historische Platz des Kampfes der 2. Polnischen Armee und ihr Anteil an der Schlußphase des Zweiten Weltkriegs unter besonderer Berücksichtigung des Kreises Kamenz, Diss. Dresden 1983.
Roth, Heinz. Wieso waren wir Väter Verbrecher? Auf der Suche nach der Wahrheit, Odenhausen 1970.
Rulitz, Florian. Die Tragödie von Bleiburg und Viktring: Partisanengewalt in Kärnten am Beispiel der antikommunistischen Flüchtlinge im Mai 1945, Klagenfurt 2011.
Runsteen, Enar. Schutzlos in Schweden: Schicksale deutscher Soldaten, Königstein 1995.
Saalfrank, Maximiliane/Marsen, Thies. Das Tabu Sexuelle Gewalt in der amerikanischen Besatzungszone. Bayerischer Rundfunk, Bayern 2, 9.5.2010.
Sattler, Gert O. Leidensweg deutscher Frauen 1944–1949, Kiel 1996.
Schaarschmidt, Wolfgang. Dresden 1945: Daten – Fakten – Opfer, München 2005.
Schick, Christa. Die Internierungslager. In: Von Stalingrad zur Währungsreform. Hrsg. von Martin Broszat u.a., München 1989.
Schickel, Alfred. Vergessene Zeitgeschichte, München 1985.
Schmidt, Hans-Jörg. Massenmord in Böhmen steht nach 64 Jahren vor Aufklärung, in: „Die Welt" vom 3.6.2009.
Schmidt, Rudolf/Kludas, Arnold. Die deutschen Lazarettschiffe im Zweiten Weltkrieg, Stuttgart 1978.
Schmolke, Heinz. Die Kriegsentscheidung: Verrat in der Normandie, Horb 2004.
Schön, Heinz. Die „Cap Arcona"-Katastrophe: Dokumentation nach Augenzeugenberichten, Stuttgart 1989.
Schön, Heinz. Tragödie Ostpreußen 1944–1948: Als die Rote Armee das Land besetzte, Kiel 1999.
Schön, Heinz. Flucht aus Ostpreußen 1945: Menschenjagd der Roten Armee, Kiel 2001.
Schön, Heinz. Ostpreußen 1944/45 im Bild: Endkampf – Flucht – Vertreibung, Kiel 2007.
Schön, Heinz. Königsberger Schicksalsjahre: Der Untergang der Hauptstadt Ostpreußens 1944–1948, Kiel 2012.
Schreiber, Günter. Gedenkschrift zur Einweihung des Kriegsgefangenen-Denkmals in Helfta am 20. Mai 1995. Hrsg. vom Deutschen Kriegsgefangenen- und Heimatverein Helfta e.V.
Schumacher, Björn. Die Zerstörung deutscher Städte im Luftkrieg: „Morale Bombing" im Visier von Völkerrecht, Moral und Erinnerungskultur, Graz 2008.
Seidel, Theodor. Kriegsverbrechen in Ostsachsen: Die vergessenen Toten von April/Mai 1945, Berlin 2001.
Seidler, Franz W. Verbrechen an der Wehrmacht. Kriegsgreuel der Roten Armee, Selent 1997.

Seidler, Franz W./Zayas, Alfred M. de. Kriegsverbrechen in Europa und im Nahen Osten im 20. Jahrhundert, Hamburg u.a. 2002.
Seithe, Horst/Hagemann, Frauke: Das Deutsche Rote Kreuz im Dritten Reich (1933 bis 1939), Frankfurt 1993.
Smith, Arthur L. Die „vermißte Million": Zum Schicksal deutscher Kriegsgefangener nach dem Zweiten Weltkrieg. In: *Vierteljahrshefte für Zeitgeschichte* 65 (1992), S. 86 ff.
Spiwoks, Erich. Endkampf zwischen Mosel und Inn: XIII. SS-Armeekorps, Coburg 1999.
Staněk, Tomáš. Verfolgung 1945: Die Stellung der Deutschen in Böhmen, Mähren und Schlesien, Wien u.a. 2002.
Statistisches Bundesamt (Hrsg.): Die deutschen Vertreibungsverluste: Bevölkerungsbilanzen für die deutschen Vertreibungsgebiete 1939/50, Stuttgart 1958.
Stefanović, Nenad. Ein Volk an der Donau: Das Schicksal der Deutschen in Jugoslawien unter dem kommunistischen Tito-Regime, München 1999.
Steidle, Bernhard (Hrsg.). Verheimlichte Dokumente: Was den Deutschen verschwiegen wird. Band 2. München 1995.
Strom, Kevin Alfred. „Ravishing the Women of Conquered Europe", www.library.flawlesslogic.com/massrape.htm
Taylor, Frederick. Dresden: Dienstag 13. Februar 1945, München 2005.
Thamm, Wolfgang. Festung Holland: Landminenräumung in den Niederlanden 1945–1947, o.O. 2009.
Thiemann, Ralf. Der Malmedy-Prozeß: Ein Ringen um Gerechtigkeit, Coburg 1993.
Thorwald, Jürgen. Die große Flucht, München u.a. 1979.
Thürling, Horst. Die 7. Seenotstaffel 1941–1944, Berlin 1997.
Toliver, Raymond F./ Constable, Trevor J. Das waren die deutschen Jagdflieger-Asse 1939–1945, Stuttgart 1976.
Trittel, Günter J. Hunger und Politik: Die Ernährungskrise in der Bizone (1945–1949), Frankfurt u.a. 1990.
Turnwald, Wilhelm. Dokumente zur Vertreibung der Sudetendeutschen, München 1951.
Vincent, Paul C. The Politics of Hunger: The Allied Blockade of Germany, 1915–1919, London 1985.
Vogel, Christine (Hrsg.). Bilder des Schreckens: Die mediale Inszenierung von Massakern seit dem 16. Jahrhundert, Frankfurt 2006.
Völker, Karl/Mößle, Helmut: Das Kriegsgefangenenlager PWTE/PWE 314 Neu-Ulm, Ludendorffkaserne, Ulm 2008.
Volksbund Deutsche Kriegsgräberfürsorge e.V. (Hrsg.). Treibgut des Krieges: Zeugnisse von Flucht und Vertreibung der Deutschen, Berlin 2008.
Whiting, Charles. The Battle of the Bulge: Britain's Untold Story, London 2003.
Wildmann, Georg. Verbrechen an den Deutschen in Jugoslawien 1944–1948: Die Stationen eines Völkermords. Hrsg. vom Arbeitskreis Dokumentation, München 2000.
Wolf, Adolf. Das Massaker von Nachod. In: Deutscher Ostdienst (DOD) Nr. 48 vom 3.12.1999, S. 8–9.
Wolff, Helmut. Die deutschen Kriegsgefangenen in britischer Hand: Ein Überblick. Zur Geschichte der deutschen Kriegsgefangenen des Zweiten Weltkrieges. Band XI /1. Hrsg. von Erich Maschke, München 1974.
Zarusky, Jürgen. „That is not the American Way of Fighting." Die Erschießung gefangener SS-Leute bei der Befreiung des KZ Dachau. In: *Dachauer Hefte*, Dezember 1997.
Zayas, Alfred M. de. Die Wehrmacht-Untersuchungsstelle: Dokumentation alliierter Kriegsverbrechen im Zweiten Weltkrieg, München 2001.

Abkürzungen

AK	Armia Krajowa, poln. Untergrundarmee
AVNOJ	Antifašističko veće narodnog oslobodjenja Jugoslavije, dt. Antifaschistische Rate der Nationalen Befreiung Jugoslawiens
CIC	Counter Intelligence Corps, Spionageabwehrdienst der US-Armee
CID	Criminal Investigation Division, US-Einheit zur Fahndung nach „Kriegsverbrechern"
DEF	Disarmed enemy forces, entwaffnete feindliche Streitkräfte
DRK	Deutsches Rotes Kreuz
GULAG	Glawnye Uprawlenie Lagerej, sowjet. Lagerhauptverwaltung
HLKO	Haager Landkriegsordnung
HMS	His Majesty Ship, Seiner Majestät Schiff
IKRK	Internationale Kommission vom Roten Kreuz
IPN	poln. Institut der Nationalen Erinnerung
NKWD	Narodnyi Kommissariat Wnutrennych Del, sowjet. Innenministerium
NSDAP	Nationalsozialistische Deutsche Arbeiterpartei
NSKK	Nationalsozialistisches Kraftfahrerkorps
OSS	Office of Strategic Services, US-Militärgeheimdienst
PG	Prisonniers de guerre, Kriegsgefangene
RAF	Royal Air Force, brit. Luftstreitkräfte
SA	Sturmabteilung
SEP	Surrendered enemy personnel, kapituliertes Feindpersonal
SHAEF	Supreme Headquarters Alliied Expeditionary Force, alliiertes Oberkommando in Europa
SS	Schutzstaffel
VTS	Verwundetentransportschiffe

Personenregister

Ortsregister

Inhalt

Pour le Mérite

FRANZ W. SEIDLER
DAS RECHT IN SIEGERHAND
Die 13 Nürnberger Prozesse 1945–1949
368 S., farb. Bildteil, geb. im Großformat – € 25,95. – Der Autor widmet sich der menschenverachtenden Behandlung der Angeklagten und den haarsträubenden Rechtsbeugungen durch Gericht und Kläger.

FRANZ W. SEIDLER
SCHULDIG!
Die alliierten Siegerprozesse gegen Soldaten, Polizisten und Zivilisten. – Fliegerprozesse, Malmedy-Prozeß, Oradour-Prozeß, Schanghai-Prozeß
288 S. – viele s/w. Abb. – geb. im Großformat – € 19,95. – Der Autor zeigt: Nicht die Bestrafung Schuldiger, sondern die Kriminalisierung eines Volkes war Ziel dieser Prozesse.

A. SCHICKEL (HRSG.)
KEIN DOGMA! KEIN VERBOT! KEIN TABU!
Dem Historiker gehört die Geschichte. Festschrift für Prof. Franz W. Seidler
320 S., s/w. Abb., geb. im Großformat – € 19,95. – Die Themen reichen von „Wie souverän ist Deutschland?" bis „Wie aus einem Massengrab ein deutsches Kriegsverbrechen wurde".

WILHELM TIEKE
ZWEIMAL MOSKAU UND ZURÜCK
Der Sturm ins russische Riesenreich 1812 und 1941
208 S., viele Karten und Abb., geb. im Großformat – € 19,95. – Der Autor schildert in seinem neuesten Werk in einer faszinierenden Rückschau die Feldzüge Napoleons und Hitlers in paralleler Gegenüberstellung.

HROWE H. SAUNDERS
DER VERRATENE SIEG
Die alliierte Invasion in der Normandie 1944 und ihre Hintergründe
352 S., viele Abb., geb. im Großformat – € 25,95. – Die Geschichte hätte einen anderen Verlauf genommen, wenn es der deutschen Wehrmacht gelungen wäre, die feindliche Invasion in Nordfrankreich zurückzuschlagen.

PATRICK J. BUCHANAN
CHURCHILL, HITLER UND DER UNNÖTIGE KRIEG
Wie Großbritannien sein Empire und der Westen die Welt verspielte
368 S. – viele s/w. Abb. – geb. im Großformat – € 25,95. – Der Autor belastet Churchill schwer als Kriegstreiber und Politiker ohne Moral.

Verlag für Militärgeschichte

Pour le Mérite

DMITRIJ CHMELNIZKI
DIE ROTE WALZE
Wie Stalin den Westen überrollen wollte

288 S. – s/w. Abb. – geb. im Großformat – € 25,95. – Zehn internationale Historiker belasten die Sowjetunion, indem sie bis ins Kleinste nachweisen, wie intensiv Stalin von Anfang an auf die Auslösung des großen Weltkrieges hingearbeitet hat.

VIKTOR SUWOROW
DER EISBRECHER
Hitler in Stalins Kalkül

512 S. – geb. im Großformat – € 24,80. – In diesem Standardwerk beweist der russische Historiker Stalins Strategie, die darauf zielte, daß die Armeen West- und Mitteleuropas sich derart schwächen würden, daß er schließlich mit einer eigenen Aggression das erschöpfte Europa überrollen könnte.

WERNER MASER
DER WORTBRUCH
Hitler, Stalin und der Zweite Weltkrieg

480 S. – viele s/w. Abb. – geb. im Großformat – € 24,80. – Materialreich wird die langjährige Planung Stalins für einen Erstschlag gegen das Deutsche Reich belegt und so mit der Legende von der „heimtückisch von Hitler überfallenen" Sowjetunion aufgeräumt.

JAMES BACQUE
DER GEPLANTE TOD
Deutsche Kriegsgefangene in amerikanischen und französischen Lagern 1945–1946

400 S. – davon 16 s/w. Bildseiten – geb. im Großformat – € 19,95. – Der kanadische Historiker Bacque belegt, daß US-General Eisenhower absichtlich fast eine Million deutsche Soldaten sterben ließ.

JAMES BACQUE
VERSCHWIEGENE SCHULD
Die alliierte Besatzungspolitik in Deutschland nach 1945

312 S. – geb. im Großformat – € 19,95. – Nicht nur die Rote Armee, sondern ebenso Amerikaner, Briten und Franzosen stillten nach dem Krieg ihren Haß an den Deutschen. Die „Befreier" als selbsternannte Richter und Henker.

KURT PFÖTSCH
DIE HÖLLE VON KURSK
SS-Grenadiere 1943 im Kampf

256 S. – s/w. Abb. – geb. im Großformat – € 25,95. – Die fesselnden Erinnerungen des ehem. SS-Untersturmführers versetzen uns mitten ins Kampfgeschehen der größten Panzerschlacht der Militärgeschichte. Die Gruppe des Autors stand bei der Offensive nahezu ständig im Nahkampf.

Verlag für Militärgeschichte